U0452255

王中江著作系列

第7卷

进化主义在中国的兴起

王中江 著

商务印书馆
The Commercial Press

图书在版编目（CIP）数据

进化主义在中国的兴起/王中江著.—北京：商务印书馆，2024（2025.8 重印）
（王中江著作系列；第 7 卷）
ISBN 978-7-100-23611-9

Ⅰ.①进… Ⅱ.①王… Ⅲ.①创造进化论—哲学思想—研究—中国—20 世纪 Ⅳ.① B261.5

中国国家版本馆 CIP 数据核字（2024）第 067235 号

权利保留，侵权必究。

王中江著作系列（第 7 卷）
进化主义在中国的兴起
王中江 著

商务印书馆出版
（北京王府井大街36号 邮政编码100710）
商务印书馆发行
北京虎彩文化传播有限公司印刷
ISBN 978-7-100-23611-9

2024 年 9 月第 1 版　　开本 710×1000　1/16
2025 年 8 月北京第 3 次印刷　印张 32 3/4

定价：190.00 元

总　序

想在这个世界上留下一点什么的人们，会将他们所认定的事情作为重要之事来对待。以学术为志业的人们，想在不同领域中成为一位真正的学者，同样也会将自己所从事的学术之业视为重要之事，这也意味着他喜欢这种事务，乐在其中。这没有设定他应该和必须达到何种程度。不管我们的愿望和期望是高是低，我们获得的结果都是一个自然的过程，时间和积累是这一个过程的主要见证者。瞬间超越很动听，但只有在一个临界点的意义上这句话才是一个真理。怀特海说的"瞬间没有超越"，关注的是过程，这很符合他过程哲学的特性。中国哲人在这方面的智慧是"大器晚成"和"美成在久"，晚和久的时间性都是自我实现的关键要素。

世界上确实有一些天才，在同样的环境和同样的心力之下，他们也许容易早成。历史上中国魏晋时代的王弼早逝，但此时他已成为两部伟大经典——《周易》和《老子》——著名的注释家，由此他也成就了自己的哲学家身份。世界上可能没有比他更早成的哲学家了。晚清带着圣人情结的康有为，属于天才式人物，他对自己的学问、学说有一种唯我独尊的自负，称"吾学三十岁已成，此后不复有进，亦不必求进"。他的弟子梁启超以对比的方式说他的老师太有成见，他自己则是太无成见。他不断变化，总是"不惜以今日之我，难昔日之我"。他所说的"难"，如果不是否定式的今是昨非，而是不断扩大自己的学术天地和升华自己的学术境界，那么每个人的学术就只有延长线，没有终止符，这正合乎俗语学无止境一词的意义。

没有人会否定世界广大无限，学问广大无限，新知广大无限；没有人会不赞成庄子说的"计人之所知，不若其所不知"。这也是为什么苏格拉底将追求智慧看成是"认识自己的无知"，为什么老子说"知不知，尚矣"，为什么学问家们、思想家们和科学家们，总是对知识、学问和思想保持着开放性，为什么波普尔为自己的自传加了一个"无尽的探索"（Unended Quest: An Intellectual Autobiography）的主标题，为什么一般情况下越有学问的人越谦虚，越自信的人越会不自伐、不自是和不自彰。学术和科学的精神就是人类要在一切事物面前保持谦卑。大器早成或晚成没有固定的时间点，甚至就像庄子说的成与不成都不好确定。只是在一个十分相对的意义上，我们才可以说，有的人早成，有的人晚成。大多数人不太早，也不太晚。我的偏见是，人学到什么时候，他就老到什么时候。相比于学问的无限性，我们在知识和学问世界中的所得十分有限。人的自信也就来源于这十分有限的东西。

对于做任何值得自己做的事的人来说，他躲进的不是什么象牙塔，他坐的也不是什么冷板凳。动辄指责别人不到什么地方去的人肯定会批评老子说的"不出户，知天下；不窥牖，见天道。其出弥远，其知弥少"，但《老子》第四十一章就同时也对这种人做了回应："下士闻道，大笑之。不笑不足以为道。"在学术探索过程中，人们何时留出点时间，想想自己都做了什么、留下了什么，若不是一个严肃的安排，往往带有随机性。有的人很年轻时，就开始为自己写自述。如流亡日本时的康有为四十岁就为自己写了《我史》，后来的胡适也有《四十自述》。如果有人能计算出准确时间，为自己写"我的前半生"，他写得越晚，就越需要拉长他生命的长度。说到这里，我想谈一点有关自己的小故事。虽已年过数十载，我仍不想用什么篇幅为自己写一个自述。为这一著作系列的出版写一个总序，也不是一个合适的地方。直到出版社催促我时，我才意识到总要说点什么，但说什么令我犹豫。

我们这一代人很可能就像殷海光说的那样先天不良、后天不足。我和20世纪50年代来到这个世上的人们一样,出生于"跃进"时期,生活在大锅饭、人不容易活下来的灾害严重的时期,成长在动乱无法在学校安静学习的时期。幸运的是,因改革开放新时期的到来,我们这一代人也终于有了通过考试进入大学之门的机会,这是改变我们这一代人生不逢时命运的最大契机,我也有机会从村里到了城里。我曾自号汝州山人、山顶洞人,准确说是山下洞人。经历了高中毕业担任公办代课老师后,我于1979年考上了郑州大学。入学时我进入的是政治系,一年后哲学系成立,又到了哲学系。学士学位论文写的是有关王阳明哲学的评价问题,指导老师是冯憬远先生。我于1983年入北大哲学系读中国哲学的硕士研究生,导师是楼宇烈先生,硕士论文的主题是考察金岳霖知识论中的"意念论"(ideational theory)。1986年,我开始在北大哲学系攻读博士学位,也算是当时较早的博士研究生,导师为张岱年先生。中间有幸到东京大学游学一年多,指导老师是户川芳郎先生。在日本的这一经历,也为我留下了师生之谊和同窗之谊,每当想起沟口雄三、池田知久、土田健次郎、菅野博史、坂元弘子、小岛毅、村田雄二郎、马渊昌也、中条道昭、久保田、高柳信夫、李良、陈力卫等先生和同仁时,总会在脑海里浮现一些难忘的故事。特别是和马渊昌也同仁同甘共苦,忧乐共鸣。

从1989年在北大博士毕业到现在,我从事中国哲学这一领域的研究工作已有三十多年了。三十多年对我们有限的生命来说算是很长了,但面对学术的无限性来说又太短,我所做的工作还太少。我也有了不知老之将至的感觉,不时说现在的自己是忘年忘月忘日。晚年的孔子对他的一生有一个在世界上可称得上是最小的自传:"十有五志于学,三十而立,四十而不惑,五十而知天命,六十而耳顺,七十而从心所欲,不逾矩。"从孔子的自传来看,他对自己的人生很满足啊。他没有为他仕途上的挫折而郁郁寡欢。如果他看到了司马迁对他的赞美,他也会深感欣慰吧！（"天下君王至于贤人众矣，当时则荣，没则已焉。孔子布衣，传十余世，学者宗之。自天子王侯，中国言'六艺'者折中于夫子，可谓至圣矣！"）

现在不时有人评论说，孔子很不幸，他是一位失败者。我很不赞成这种评论。如若孔子在仕途上很得志，那么我们今天面对的孔子就有可能完全是另一番景象了。同样，当时庄子如果接受楚国的盛情去楚国担任令尹，那他能不能留下《庄子》这部不朽的伟大著作就会成为一个疑问。老子的一个智慧之言说："物或损之而益，或益之而损。"失之东隅、收之桑榆的形象化说法，可以抽象表达为"得到的是失去的补偿"。什么都想要的人，是要把整个世界都变成他自己的，这是权力垄断者的绝对特权。这种人不喜欢开放和价值多元的社会。但具有包容心的人，都希望生活在一个开放和价值多元化的社会中。在这种社会中，人能够自由、自主地去选择某种东西，去做自己想要做的事情，他也乐意接受他选择的结果。套用孔子的人生自传，我调侃自己说，截止到目前，我的人生历程是：十五未志于学，三十未立，四十而惑，五十不知天命，六十耳不顺。由此类推，七十很可能是从心所欲就逾矩，但我乐意接受一个这样的自己。把我没有进入仕途视为最大遗憾，决非仅是家乡人才有的看法，但我从来不这样想，也从来没有这种奢侈的愿望。我没有问过父母的想法，我只知道，他们从来没有给我说我应该走另外的路。我的爱人苑淑娅一直默肯我的选择，一直帮助我，这是我人生快慰的主要来源之一。

对于中国哲学这一领域的探索，我主要在两个方向上展开。一个是早期中国哲学，更具体说是作为中国哲学源头的东周子学，这又多集中于儒家、道家和出土文献的哲学思想上；一个是作为中国哲学新近流变的近代哲学。在这两条战线上，我主要围绕很远的中国过去和很近的中国近代展开讨论，尝试追问和探寻近代中国的困境所在和突围之道，尝试解释和揭示早期中国哲学的突破、内在精神和气质。不管这种求解和给出的答案是否或多大程度上接近于我的期望。

　　历史有重要转变的时刻。在这种时刻，社会有巨大的变迁，伴随着混乱和失序，新的各种可能性和新颖性不断展开。人们常说殷周之变和唐宋之变。但两周（从西周到东周）之变、成周秦汉之变（从东周到秦汉）、清季民国之变（从清末到民国）等，也都是中国历史上的特殊时刻。清季民国之变是从旧文明帝国向新文明民族国家转变的时期，是引入世界新文明和建立充满活力的新秩序的时期。但在最实质的转变上，这一过程困难重重。

　　近代中国哲学同近代中国社会政治革新有着强烈的互动关系。新的学术体制建立，按照学术自身的要求而走向思想的学院化、体系化，在一些人物上表现出来，就有了清末知识人和行动者严复、康有为、章太炎、孙中山等，有了新文化运动知识人胡适、陈独秀、梁漱溟、李大钊等，后来又有了学院派哲学家张东荪、熊十力、冯友兰、金岳霖、唐君毅和张岱年等。对严复、金岳霖两位哲学家的专门考察，我先后著有《严复与福泽谕吉——中日启蒙思想比较》（河南大学出版社1991年修订版，中国人民大学出版社2020年版）、《理性与浪漫》（河南人民出版社1993年版）、《金岳霖学术思想评传》（合著。北京图书馆出版社1998年版）、《严复》（东大图书股份有限公司1997年版）等。此外，我还专门考察了自称为"五四之子"的殷海光，著有《万山不许一溪奔——殷海光评传》（水牛图书出版事业有限公司1997年版；大陆版题名为《炼狱——殷海光评传》，群言出版社2003年版），收入这一著作系列中的有《世界巨变：严复的角色》（题名略改）、《严复与福泽谕吉启蒙思想比较》（题名略改）和《理性与浪漫——金岳霖的生活和哲学》。另收入的还有《从古典到现代：观念和人物》，这是过去和新近一些论题和人物思想的讨论。

　　近代中国巨变在一些观念上表现出来，就是古典的人文和文化普遍主义思维方式在很大程度上被引向了力量上的自强主义思维方式。

新的进化主义世界观扮演了既解释中国近代危机又提供变革动力和方向的双重角色。在学院派和体系化的思想中，中国主要是从英美的经验主义、新实在论和逻辑分析主义，还有英美法的生命主义中发展出近代中国思想，而不像日本那样主要是摄取德国哲学并发展出近代日本哲学，这形成了一种对照；中国近代之后难以建立新的政治权威而产生许多混乱，日本近代重建了政治权威而又走向绝对主义，这又适成一种对照。近代中国思想中对民主、自由、平等、公理等观念的热衷，同近代中国政治权威的建立难以融合。30年代民主与独裁的争论，就反映了这种冲突。

近代中国思想整体上是在固有思想和西方思想及日本媒介等关系中展开的，它把处理过去与现在关系的古今模式转变为中西模式、新旧模式或传统与现代模式，把处理内部自我与外部他者关系的夷夏模式转变为中国与世界模式，或者通过展现自身固有思想和智慧的独特性，或者通过使西方思想和智慧融会到自身之中，以使自己获得思想上的新生。由此来看，所谓现代中国意识危机、所谓西化主义对文化保守主义、所谓启蒙与救亡的双重变奏等概括，所看到的不过是近代中国思想中的表象而不是实质。对近代中国转变的研究，我以主题和专题先后展开著有《进化主义在中国》（首都师范大学出版社2002年版；增订版题为《进化主义在中国的兴起——一个新的全能式世界观》，中国人民大学出版社2010年版）、《近代中国思维方式演变的趋势》（四川人民出版社2008年版；中国人民大学出版社2018年增订版）、《自然和人：近代中国两个观念的谱系探微》（商务印书馆2018年版）等。在这几部著作中，我致力于探讨近代中国建立的新的进化主义世界观、新的自强主义思维方式，致力于揭示近代中国思想如何既内在于古代思想而又有超越古代思想的一些新的特性。

殷周之变是政治反抗和文武革命的结果。两周之变虽非易朝换代，虽因周名，但其实则为日新。这是西周天子体系动摇和瓦解的过程，是诸侯列国力政兴起和强大的过程；是西周封建制、采邑制、世袭制、身份等级制衰落的过程，是郡县制、官僚制和身份平等制萌生和强化的过程；是井田制、公田制萎缩的过程，是授田制和私田制扩大的过程；是士者失官、官学式微、礼崩乐坏的过程，是士人大流动、私学子学隆盛和文化繁荣的过程。东周子学革命，是"三代"文明、文化和思想长期积累的结果。东周是中国历史上最有创造性的时代，它造就了各种哲学，造就了中国哲学之后的源头活水。真正认识东周哲学和思想的内在性，比我们想象的要困难得多，这也是产生不准确判断和误读的原因之一。

澄清早期中国哲学文本、准确揭示其内在性意蕴的渴求，因新出土简帛的大量发现和新方法、新视角的引入而被增强。在东周子学的探索方向上，我对贯通性的论题有所考察，重点是道家、黄老学及其相关的出土文献研究，是儒家及其相关的出土文献的研究。有关这方面的著作有《道家形而上学》（上海文艺出版社2001年版）、《简帛文明与古代思想世界》（北京大学出版社2011年版。2015年中华书局出版的《出土文献与道家新知》和2020年孔学堂书局出版的《出土文献与早期儒家的美德伦理学》则是其分编本）、《儒家的精神之道和社会角色》（中华书局2015年版）、《道家学说的观念史研究》（中华书局2015年版；其中收入《道家形而上学》列为"上编"）、《根源、制度和秩序》（中国人民大学出版社2018年版）、《宇宙、天下和自我：早期中国的世界观》（中国人民大学出版社2023年版）等。收入这一著作系列的有《简帛时代与早期中国思想世界》（分上下两卷；题名略变）、《根源、制度和秩序：从老子到黄老学》、《道家形而上学及其展开》（题名略变）和《儒家的精神之道和社会角色》。

单就出土简帛而言，我展开了四个方面的研究，一是根据郭店楚简《太一生水》、上博简《恒先》和《凡物流形》等文献，认识和把握周秦宇宙生成模式的丰富性以及所构想的宇宙生成各层次的内涵；二是从上博简《鲁邦大旱》《鬼神之明》和《三德》等资料出发，揭示随着周秦时代人文意识、人事作用的扩大，此前的宗教信仰和祭祀礼仪如何在被弱化的同时又以不同面貌表现出来的复杂情形；三是从马王堆帛书《黄帝四经》、睡虎地秦简《为吏之道》、郭店楚简《唐虞之道》、上博简《从政》等文献出发，探讨在周秦时代和社会历史条件下思想家提出的治理国家和天下的公共理性、规范的多种形态；四是从郭店简《性自命出》《五行》《穷达以时》等资料出发，考察周秦时代的思想家通过"内外""身心""天人"等关系建立德性伦理的过程和方式。在这四个方面的研究中，我主要运用把新出土资料与传世文献结合起来的方法，以确定这些文献在周秦思想史中的恰当位置并克服以往根据通行本进行研究存在的局限，努力究明出土资料为中国古代思想世界带来的变化，关注这些新的思想资源对当代中国和世界的意义。

　　战国竹简文献除了像《周易》《老子》等有传世本外，大多数是千古未知的佚文。像《黄帝四经》《五行》，即使有相应的记载，但它们的真面目过去一直是个谜。它们的重见天日，完全称得上是奇迹。子学传世文献与佚文之间的关系，也许可用早期中国哲学、思想的干流和支流关系来解释。流传下来的一般来说是重要的，没有被流传下来的也许不都那么重要。《论语》《墨子》《孟子》《老子》《庄子》《荀子》等代表的是早期中国哲学和思想的主流，而战国简多为佚文，不管多么重要，相对来说它代表的或许是早期中国哲学和思想的支流。从战国简帛中，我发现中国思想在源头上就与西洋思想形成了鲜明的对比。如战国简进一步证明中国形而上学和宇宙观既是存在论又是生成论，而不同于西洋的构成论和本质主义。战国出土资料中没有明显的逻辑方面的思想史资料，与此也是一致的。中国的生育式宇宙观，能够促使东方建立一种新的生态形而上学。把战国出土资料中的身心、性情、天人、禅让、穷达等一系列论题同古希腊思想关注的数、灵魂、理念、第一因等论题相比，都能看出两者的差异，这就要求研究者更加注意中国思想与西洋思想之间的差异性。

对于截止到目前我所做的工作，如果问自己是否满意，那很难简单用是或否来回答。坦率地说，自己也不是评定自己的合适人选。如果允许我说一句，那可以这样说：既满意，又不满意。在学术上，我还算专心和专一；所做的一些研究，可能也有学术上的贡献和意义；但我的生活习惯有些从心所欲，工作时间也不好用严格的时段来计算，这可能是所做工作没有达到我所期望的程度的主要原因。现在的时间被分割得更厉害，不时繁忙得真可以说是无所事事。历史上确实有一些全身心投入、专注于哲学志业的人。康德的生活和工作方式大家知道。现代中国的一些哲学家们，都有自己比较严格的生活方式和工作方式，比如冯友兰先生、金岳霖先生和张岱年先生。他们能够排除外部的干扰，又能够严格约束自己。想想自己还期望对中国哲学做出某种整体性的刻画，还期望在哲学上提出自己的某种见解，而目前所做的工作还不到一半，真是任重而道远，虽然这只是对自己设定的目标。为此，特别需要凝神做减法，但在目前的情况下，做减法越来越难，这竟成了考验我们的意志是否坚定的试金石。

在学术追求和探讨的历程中，我要特别感谢张岱年先生，在我开始从事哲学事务的工作之后，他也一直关心和帮助我。我要特别感谢陈鼓应先生，在我的学术之路上，他一直厚爱我。一些师长如冯友兰、朱伯崑、汤一介、许抗生、杜维明、安乐哲、许全兴、余敦康、蒙培元、李学勤、卢中锋、耿云志、姜广辉、孙长江、刘鹗培等先生，也使我多受教益。从事学术活动，我从不感到孤独和寂寞。回想一件事，在没有来北京工作之前，我不时从郑州到北京参加学术活动，多承友人王博同仁的盛情款待，我们一起讨论学术，有时是同陈鼓应先生一起。至今还记得很清楚，有一天下午，我和同仁王博坐在北大图书馆南门外的长椅上。当时那里是绿茵茵的草地，夕阳之下，我们谈论哲学,谈论我在《道家文化研究》上刊出的《存在自然论》,他给予鼓励并说我适合谈谈哲学。这是我引以为珍贵的一个鼓励。遗憾的是,在这个路线上,我步履缓慢,也因此让厚爱我的余敦康先生不满。最近几年,围绕"关系""关联"和"普遍相关性"等关键词我开始了建立"关系世界观"的尝试,陆续发表了部分论文,也受到同仁王博、郑开的关心。但进展依然有些缓慢。原因之一是在中国,立一家之言意义上的"做哲学"只是一个业余,我的哲学专门和方向是"中国"哲学,是中国固有用语中的诸子学、玄学、义理学,现在完全可以叫作道术学、明道学或明哲学。不管有没有翻译和借用源于西方的"哲学"一词对研究中国诸子学无关紧要,因为多少世纪以来中国古典学术中一直有这方面的"实有"和"实在"(人物、文本、经典和学说)。

列入这一著作系列之中的著作,此前曾在不同出版社出版,大都有后记。这些后记记载了这些著作的一些相关事项。现在将这些著作汇合起来作为系列出版,我不再为每部著作新写后记,而是保留原版的后记并略作改动。

我希望这一著作系列的出版,能够成为中国学术从革命年代的荒芜到新时期恢复和重建的一个小小的印证。破坏一个世界非常容易,建设一个世界十分艰难,如果是对人类文明的真正建设。四十年来中国学术的重建来之不易,中国学术的自立、独立和创发来之不易。我们必须珍惜和捍卫学术这项志业的纯朴性、纯洁性和纯真性。

人们从事的各项事务伴随着人与人之间情感的音符,也因这种情感而变得愉悦和美妙。这一著作系列的出版,留下了一些重要的记忆和情谊,令人感怀和感铭。我要感谢商务印书馆执行董事顾青和总编辑陈小文,感谢他们将这一著作系列列入出版计划,我要感谢友人黄藤先生、朱陈松先生和苟君厉先生的帮助,感谢李婷婷、冷雪涵、董学美、李南男、赵星宇和于娜等各位同仁为这一著作系列的编辑和出版付出的辛劳,感谢叶树勋、吕存凯、常达、李秋红、高源、冯莉、张翊轩、孙雨东、汪柔竹、张可佳、马克和程鹏源等后学助力这一著作系列的校对。

最后,庄子的智慧"来世不可待,往世不可追",令人闲适有所损,孔子的智慧"往者不可谏,来者犹可追",令人精进有所益。

前　言

"思想"的输入，始终不会像"物品"的输入那样，有所谓"原装"的情形。在思想输入中，哪怕是最"忠实性"的翻译（"直译"），也总伴随着"理解"和"消化"，目的是为了让原作品在另一种"语境"中"投胎转世"。[①] 思想的介绍、传播和运用，往往更伴随着我们的立场、理解结构和兴趣，"改装"和"重组"不过是程度上的差异而已。这并非公然鼓励"随意"地处理任何思想，而只是说"思想"在传播过程中不仅会发生变化，也会增长（如创造性地解释）。

进化主义是19世纪后期以来输入中国的许多西方思想中的一种，它在中国的复杂"经历"提供了"思想"移植和再生的典型个案。

诞生在西方的进化主义，本身就是一个巨大的"复合体"。其源也远，其流也长。站在许多人的肩上，达尔文以无与伦比的创造性实现了"进化主义革命"，使作为上帝杰出作品的"人"，成为无限时间之流中长期演化和适应的产物。尽管一些人仍然宁愿站在"天使"一边而不愿成为"猿猴"的近亲，但达尔文的勇敢捍卫者（如"斗犬"赫胥黎），最终为达尔文赢得了广阔的存在地盘，并衍化出了许多"进化"理论。主要限于"生物"领域的达尔文进化主义，迅速扩展为"社会"进化主义（如"社会达尔文主义"）和进步主义。在这一方面，

[①] 有关翻译中"消化"的问题，请参见钱钟书：《林纾的翻译》，见《翻译论集》，商务印书馆1984年版，第696—699页。

斯宾塞的"普遍进化主义"扮演了关键性的角色。正如本书导论所说："进化主义像一个腰缠万贯的富翁和慈善家一样,资助着一切'事业'。它具有无限的解释力,它本身也在经历着理论上的变迁,不断衍生出新的理论。"进化主义的泛化和普遍运用,为它增加了扑朔迷离的不定性。(详见导论部分)

这样,似乎已经是"三头六臂"的进化主义,在19世纪中叶以后率先渡海"自西徂中"。有趣的是,进化主义在中国的传播初期,传教士恰恰是一个重要的桥梁。西学东渐一开始主要表现为传播西方的"格致"和"器物"之学,进化主义最初基本上也是作为"格致之学"进入中国的,因此可以称之为"自然进化主义"(当然不是说完全没有"社会"的意义)。因为在初期传入中国的进化主义,除了翻译性的著作(其代表为《地学浅释》)之外,介绍和说明性的文字,不仅零碎简单,而且立场也比较超然,因此可以称之为中国进化主义的"知识时期"。(详见第一章)19世纪末,由于严复的出色工作(集中体现为《天演论》的翻译出版)和价值信仰,"中国进化主义"思潮诞生了。从维新派、革命派到五四新文化运动,进化主义逐渐成为中国最具影响力的世界观、价值观和社会秩序观,并与中国社会政治、思想文化变革息息相关。对严复、康有为、梁启超、孙中山、胡适、陈独秀、李大钊等几代中国知识分子来说,"进化"不仅是"普遍的公理",也是"普遍的价值"("进步");不仅是"自然的过程",也是"人为的创造";不仅是个人自由的根据,也是集体合群的向导;不仅是拒绝传统的"良药",也是走向未来理想的兴奋剂。这是从一般意义上说的。具体而言,中国知识分子在理解和运用进化主义上,歧见丛生,逻辑不一。从维新变法到辛亥革命再到五四新文化运动,是中国进化主义历程中的"信念时期",其基本形态可以说是一种"社会进化主义"。(详见第三章、第四章、第五章、第六章和结语)当然,作为自然科学理论的进化主义,也有了很大的传播,许多这方面的著作被翻译和介绍进来。

在五四运动之后和20世纪50年代之前,进化主义仍然具有相当的影响力。50年代以后,进化主义经历了既被整肃(特别是所谓的"庸俗进化论")又被使用(特别是作为马克思主义来源之一)的"二重化时期"。至此,进化主义从19世纪末20世纪初的顶峰时期衰落了。需要附带指出的是,本书使用"进化主义"而不使用大家习惯的"进化论",只是想突出一下这一思潮的"意识形态性"。

"焦虑"与"期望"是保罗·蒂里希(Paul Tillich,1886—1965)在《政治期望》一书中解释乌托邦时所使用的两个重要术语。[①] 我惊奇地发现,用这两个术语去概括进化主义思潮在中国的传播和发展历程,是如此的合适,以至于使我有一种恰到好处的安逸感。欲知其中的奥妙,这就依赖于读者的耐心了。

[①] 参见蒂里希:《政治期望》,徐钧尧译,四川人民出版社1989年版,第162—180页。

目 录

导　论　西方进化主义及其东渐 ……………………………………… 1
　　一、从古希腊到 18 世纪 ……………………………………………… 3
　　二、达尔文：进化主义的突破及其震撼 …………………………… 17
　　三、进化主义的变奏 ………………………………………………… 27

第一章　进化主义初传中国及其早期形态 …………………………… 33
　　一、进化主义初传中国 ……………………………………………… 34
　　二、早期形态 ………………………………………………………… 45

第二章　中国进化主义与日本的中介作用 …………………………… 54
　　一、进化主义在日本 ………………………………………………… 54
　　二、日本进化主义对中国的影响 …………………………………… 57
　　三、日本进化主义著作的翻译 ……………………………………… 61

第三章　在天道与人道之间：中国进化主义的诞生
　　　　——严复进化主义的复合结构 ………………………………… 66
　　一、游心进化主义的过程 …………………………………………… 68
　　二、"进化"原理及其普遍性 ………………………………………… 75
　　三、"进化"法则与"人道"世界 ……………………………………… 81
　　四、进化："个体"、"群体"与"社会有机体" ……………………… 88
　　五、进化或进步信念 ………………………………………………… 98
　　六、社会改革合理性的进化尺度 …………………………………… 107

第四章　进化主义与渐进"变法"思想
　　——康有为和梁启超的视角······115
一、"富强之道"——"变法"、"合群"、"进化"······117
二、"三世"进化历史图式······125
三、"竞争"、"乌托邦"与"种族论"······131
四、明证性：作为"公理"的"进化主义"······142
五、"合群"与"竞争"和"进化"······151
六、"强权主义"逻辑······163
七、进步乐观主义······179

第五章　进化主义与激进"革命"思想
　　——以革命派和无政府主义者为中心······190
一、"进化"与"革命"······193
二、进化："竞争"耶？"互助"耶？······212
三、进化：平等主义乌托邦······230
四、章太炎的"反进化主义"······237

第六章　进化主义与五四新文化运动······250
一、"五四"人物、思潮与进化主义······254
二、作为"五四"激烈反传统的进化主义······276
三、进化之"源"及"人"的塑造······293

第七章　生命主义的进化思想
　　——生命、心灵和进化······309
一、生命和人心的进化······310
二、"真情之流"与宇宙进化······330
三、"本心"进化论······348

第八章　实在主义的进化思想
　　——实在、进化和人类 ……………………………… 370
　　一、"架构"进化论 ………………………………… 370
　　二、"道演"：进化与人类 ………………………… 395
　　三、进化：从物质实在到生命和人 ………………… 419

结　语 …………………………………………………… 436

中国进化思想文献 ……………………………………… 442
研究参考文献 …………………………………………… 459
名词索引 ………………………………………………… 469
人名索引 ………………………………………………… 486
书名索引 ………………………………………………… 493

导　论
西方进化主义及其东渐

　　社会政治思想家霍布豪斯（L. T. Hobhouse）在描述一个时期英国思想受到来自德国的强烈影响时，曾形象地作了这样的比喻："莱茵河已流入泰晤士河，不管怎样已流入泰晤士河的上游，当地人称为艾西斯，而德国唯心论的河水已从艾西斯散开，分布在大不列颠的整个学术世界中。"[①]这很容易使我们联想到晚清以后中国学术思想界同西方世界所发生的那种更为惊人的情形。仿佛是大西洋的水以不可阻挡之势滚滚流入中国海一样，西方世界的思想观念和各种学说，在以往根本难以想象的速度中，很快弥漫到了中国学术思想界的各个角落里，令人眼花缭乱。人们对此感到惊讶和疑惑，并不奇怪。曾一直拒绝"用夷变夏"的"孤傲中国"，何以会一下子成为考验或检验西方思想观念的巨大"试练场"呢？中国无法再继续"关闭"，不管它多么希望像过去那样不被"污染"而保持"清一色"；中国是一个极其虚弱的"病体"，虽然一些人更愿意用"沉睡的雄狮"来形容它。人们提出的解决问题的逻辑并不复杂，西方世界是富强的，这根源于它们具有的"普遍性"的技术、政治、思想和文化。中国要医治各种痼疾，实现富强，也必

[①]　金岳霖：《T. H. 格林的政治学说》，见《金岳霖学术论文选》，中国社会科学出版社1990年版，第26页。

须采取这些对西方有效对我们也同样有效的东西。这种逻辑,的确带有乐观主义的情调,但它"根本上"就不能成立吗?

"简化"事物复杂性和多样性的逻辑,往往会冷却人们的激情,但它一旦成为人们行动的"方针",甚至能把人带入到"疯狂"的实践境地。主导性的观念已经形成,面对历史课题的巨大和紧迫性,一切问题的答案最终都归结到输入作为"法宝"的西方的"公理"、"科学"和"学说",通过它们的奇迹般的"魔力",中国就可得到拯救。不管实际上的效果如何,经过急风暴雨式的输入过程,西方的思想和观念首先在中国找到了自己的空间和代理者,中国思想界由此变得异常丰富,至少形式上是如此。因为我们根本来不及去消化那些既庞大又众多的思想食物。当然,"思想观念"的吸纳和输入,绝不会像"产品"的输入那样,可以贴上"原装"的标签。一旦发生接触,就存在着"理解",就会有某种程度的"改装",哪怕自称为最"忠实"的介绍。这种现象实际上并不少见,它包含着这样一个具有普遍性的问题,即当一种(多种也一样)思想进入到另外一个完全陌生的世界后,它总会发生某种程度的"变异"。对思想史研究者来说,寻找思想的历史变迁,特别是寻找它在另外世界所发生的"变异",并不是多余的事,甚至很诱人。但是如果一开始就不承认思想有什么"本身"以及由之所做的认定,那么谈论它发生了什么"变异",自然也就毫无根据。我们必须强调,思想在传播和理解过程中,绝不只是因环境变化而发生"变异"("变异"只是它的一个向度),它还因接受者的"客观性"要求而使其获得自我认同和自我确认,这就是我们把某一被接受的思想(除非它完全变质)仍称之为那种思想的主要根据之一。我不相信,思想一旦被理解和解读,就会完全失去它的那些最基本的东西而变成另一种思想,从而不再有任何公分母或可通约性。因此,当我们寻找一种思想是否发生了变异时,我们最终仍然依赖于对那种思想"本身"的认定。

如果把这作为出发点之一来观察与西方思想"广泛"相遇之后

的中国现代众多思想及其相承性和变异性,那么往往会使我们产生回到它的原坐标中去的愿望,即首先要到它的源头——西方看一看。这虽然是一项辅助性(或预备性)的工作,但对我们的主题来说仍然是需要的。通过它可以为我们寻找一个基本的参照系,以使我们更便于对各种思想做出比较和对照。我们的主题是进化主义思潮在中国的传播和发展历程,无疑,它只是众多西方思想降临中国的一系,但却是非常重要的一系,因为它已经渗透到了许多其他思想中,并作为普遍有效的世界观和意识形态被广泛地运用。根据我们的研究思路,在系统进入西方进化主义思潮的中国经历之前,我们要抑制一下急于观察"主角"的心情,先回到它的源头上去。正如"进化"这个观念本身所意味的那样,西方"进化主义"本身也在不断地"进化"着,它源远流长,形态各异。[①] 正如所说,进化主义是一组观念,"这一组观念本身存在很多差异"[②]。如果不加节制,回到源头的努力,就会使我们应接不暇。我们只能在主题所需要的限度内,以压缩性的方式来处理一下这一"庞然大物"。

一、从古希腊到 18 世纪

如同西方其他许多思想都能在古希腊找到它们的根源一样,西方的进化观念或思想,在古希腊时期也有了它的萌芽。[③] 说到一种事物的"萌芽",当然往往意味着它的弱小、幼稚和单纯,但它毕竟萌发出来了,因此它往往又成为未来的一种预兆。

[①] 有关这方面的研究成果累累。英国鲍勒(Peter Bowler)的《进化思想史》,可以说是这方面最有代表性的论著之一。此书已经有中文本(田洺译,江西教育出版社 1999 年版),请参考。

[②] 李亦园总审订:《观念史大辞典》(自然与历史卷),台北,幼狮文化事业公司 1988 年版,第 525—549 页。

[③] 单就进化思想的萌芽来说,在中国和印度文化的早期都不难发现。

古希腊的进化观念，主要为前苏格拉底时期的自然哲学家们所拥有。他们对自然的好奇，促使他们对自然做出理智性的解释。他们摆脱了巫术和超自然力量的解释方式，试图从自然自身中解释自然。他们的进化思想，没有神秘的色彩，也没有设计论的因素，进化和秩序被认为是自然力的结果。作为希腊"七贤"之一和第一位具有哲学家声誉之人的泰勒斯（Thales，约前624—前547），可能根据动植物维持生命所需要的一些因素（如食物、湿度）都含有水分，因而直觉地推断"水"是万物的本源。①这意味着动物和植物的根源是水。他可能把水设想为一种黏质物，以此来说明固体、液体和生物的具体起源。他相信自然有生命、能活动和有变化，但他又肯定万物最终复归于水。阿那克西曼德（Anaximandros，前610—前546）最早具有了一种天体进化的思想，按照这种思想，太阳、月亮和地球都是通过未经分化的大块物质的永恒运动和分离而形成的。最初的生物是从太阳蒸发的元素中产生的。动物是从海泥中产生出来的，人来源于鱼，他们离开水移到干燥的陆地后，适应了新的环境。比起泰勒斯来，阿那克西曼德把原质的因素解释成演化出来的东西，并试图描绘出变化过程的不同阶段。但他相信来源于大块原质的万物，又要回到它们的出发点，开始新的演化，这种循环往复无穷，没有止境。②阿拉克西米尼（Anaximenēs，前588—前525）认为植物、动物及人类依先后次序

---

① 有关泰勒斯的思想，是通过传说和后人的记载来了解的。亚里士多德明确地解释了泰勒斯何以把"水"看成是万物的本源："泰利士（即泰勒斯）之所以产生这种思想，也许是因为他看到一切的养料都是温润的，而温度本身也由这种（温润的）东西生成，生物皆藉温润以维持其生存。但是为一切事物所从出的那种东西，就是一切事物的原则。因为这个缘故，同时也因为一切种子都具有温润的本性，而水又是一切湿润物的本源，所以他得到了这种思想。"（黑格尔：《哲学史讲演录》，第1卷，贺麟、王太庆译，商务印书馆1959年版，第182—183页；另参见亚里士多德：《形而上学》，吴寿彭译，商务印书馆1959年版，第7页）

② 参见梯利：《西方哲学史》（增补修订版），葛力译，商务印书馆1995年版，第14页。

出现于地球上，但它们都直接来源于原始的元素。具有超常性的恩培多克勒（Empedocles，约前490—前430）认为，一切事物都是通过爱和恨两种力量，由作为万物之根的四大元素"土、气、水、火"混合或分离而成。生命是从土来的，先有植物，然后是动物的各个部分，它们偶然地结合在一起，从而出现了不同的动物。动物经过分分合合的过程，产生出了适合生存的形式，并为后代所延续。这里似乎包含了生物选择进化和遗传观念的因素。以提倡"原子论"而闻名的德谟克利特（Democritus，约前460—前370）用原子运动来解释宇宙的演化。在他看来，原子有大小和形状上的不同，它们在无限的空间中运动，互相冲击，形成直线运动旋把类似的原子结合到一起，形成无数的世界，其中同环境适合的世界才能存在下来。"在这里，我们可以看见星云假说和达尔文的自然选择说的微弱的前兆。"[1] 德谟克利特还具有一种雏形性的社会和文明演化思想，这种思想认为人类是从初期无组织、无技术的野蛮生活中逐渐进入到有组织和有技术的社会和文明生活中，促成这种演化的原因是人类的需要，语言在这一过程中也扮演了重要角色。

古希腊早期因哲学家对自然的兴趣而兴盛的自然哲学及其所阐述的一些演化思想，在古希腊中后期消沉了下来，这是时代的变化和哲学家兴趣转移的结果。他们对人类自身的兴趣超过了对自然的兴趣，这"导致了对人类精神问题的研究，即研究人类思想和人类行为，研究逻辑、伦理学、心理学、政治学和诗论。后来，注意力更特别集中于伦理问题：什么是至善？什么是人生的目的和目标？……最后，上帝和人同上帝的关系问题，即神学问题，占有显著地位，希腊哲学像它开始一样，乃归结于宗教"[2]。这种情形，在古希腊最著名的

---

[1] W.C.丹皮尔：《科学史及其与哲学和宗教的关系》，上册，李珩译，商务印书馆1975年版，第61页。

[2] 梯利：《西方哲学史》（增补修订版），第7—8页。

两位哲学家——柏拉图（Plato，前427—前347）和他的弟子亚里士多德（Aristotle，前384—前322）那里同样如此。当然，他们对自然世界仍有自己的看法，并论及生物界。只是，他们在其观念体系中对生物所做出的解释，与演化论格格不入，反而扼杀了演化思想。柏拉图把"理念"看成是现实世界的基型，每一种事物都只有"一种"理念，现实世界的事物都不过是各种理念的复制品，其真实性程度要看它们与各种理念的接近性程度，但永远无法达到理念的完整性。按照这种观念，生物体也只是对理念的复制，它们的特性取决于作为它们基型的理念的特性，而不取决于演化和适应性过程。当柏拉图的一类事物有一种理念作为基型的思想被作为生物分类的基础时，各种生物就被不可逾越的界限划分成不同种类，从而否认了一种物种进化成另一物种的可能和中间状态的存在。依据不同理念对事物进行分类的分类法，深远地影响了生物进化主义的分类法。集希腊哲学之大成的亚里士多德，著有专门的生物学著作，在生物研究中做出了引人注目的贡献。在动物分类上，他反对根据对分原则把动物划分成互成对比的两类（如陆上动物与水居动物），因为这很容易把具有很近亲属关系的动物分开。他提出了巨大"存在之链"的体系，肯定在无生命物和生物之间，在生物的不同种类之间，都存在着一个连续性的链条，如在他看来，在自然界里面，由无生命物到动物之间存在着一个不间断的联系。但是，亚里士多德这种看上去似乎是进化的思想，却具有内在的致命限制。他把连续性系列中的生物，都固定在一个静态的位置中，这实际上是对生物进化的否认[①]；此外，他

[①] 正如论者所说，亚里士多德的生物与生物之间存在着连续的观点同他的各种物种彼此又不相干的观点无法并存，这使他"永远不可能相信一种动物种属能够慢慢地变化成另一种动物种属，他同样不可能相信，大自然所存在的复杂的阶层次序是由一种简单的原始状态慢慢演变出来的。对他而言，宇宙是永生的永远不变的。其中的一切事物均各有定位，不受其由可能状态变成实存状态所必需的变化力量所左右"（李亦园总审订：《观念史大辞典》（自然与历史卷），第527页）。

相信事物都具有自己的"自然"(本性)和目的(也就是事物的"形式"或"本质"),这是"它自己的活动性的原理,不转化为别物,而是按照它自己特有的内容,规定变化以适合它自己,并在变化中保持自己"①。把这种思想运用到生物领域,结论当然就是,生物也是合乎目的和自然(本性)的结果。也就是说,生物只能按照它先在的固有形式来塑造自己,而不是在"无先定性"的自然中通过进化而形成并通过进化而获得变异。总之,亚里士多德同柏拉图一样,具有内在的反进化的思想,这也产生了严重的负面影响。扼杀进化思想的力量,还有起于希腊后期并兴盛于中世纪的基督教。按照基督教教义中的创世故事,宇宙是由全知、全能的上帝在不到一周的时间中奇迹般地创造出来的。他先是创造了天地,然后根据需要,依次创造了光、空气、水、陆地和水中的生物,最后按照自己的形象创造出了管理一切生物的人。这样,万物俱备,各安其位,构成了一个完美的、和谐有序的和稳定不变的宇宙。基督教的这种一劳永逸的创世说,与任何类型的进化主义都难以相容。更准确地说,它使自己站到了与一切进化主义相敌对的立场上。当它的这种立场同垄断思想的强大权力结合之后,它就让进化思想窒息了。

被认为是为欧洲学术和思想带来转机和活力的文艺复兴,也唤醒并促进了进化观念的兴起。从文艺复兴时期到18世纪,进化观念在两个有着相互影响的大的研究方向上都获得了长足的进展。这两个方向一个发生在科学领域,另一个是在哲学领域,二者都以各自不同的方式促进着进化主义。科学注重具体证据和事实,当观察和掌握的材料尚不足以支持进化的结论时,它会持谨慎的态度。哲学主要是通过理性思辨和直觉来思考进化问题,它往往更容易提出一些大胆的论点。

---

① 黑格尔:《哲学史讲演录》,第 2 卷,贺麟、王太庆译,商务印书馆 1960 年版,第 310 页。

文艺复兴之后进化主义的新生，首先在哲学家那里展现了出来。他们在两个方面推进着进化主义，一个方面是对宇宙起源的看法，另一个方面是对自然史和人类社会历史领域所抱有的进步信念。

从宇宙起源论来说，笛卡尔（René Descartes，1596—1650）、莱布尼兹（Gottfried Wilhelm Leibniz，1646—1716）、康德（Immanuel Kant，1724—1804）等，把包括太阳系在内的宇宙，看成是依照机械定律自然生成的，这就等于承认了自然界和宇宙的自然历史过程，否认了创世的故事。如笛卡尔在保持上帝第一推动的前提下，通过机械论来解释具体的物理世界（神不干预），用物质的涡旋运动说明太阳系的生成。莱布尼兹把构成万物的实体看成是没有生灭、不同性质并且自身具有"力"的"单子"。宇宙由无数的"单子"所组成，"单子"从低级到高级不断演化。① 按照"连续性原理"，单子的演化完全由不间断的链条连续着。这就意味着"自然从来不飞跃"，完全是处在连续性的渐进状态之中。但由于莱布尼兹设定了单子的内在固有本性，单子的演化不受外界的决定，其他单子也无法参与进来，因此，单子从低级到高级的演化，实际上只不过是展开它预先就有的东西，它是"携带着过去"来"孕育未来"的。这种"预成论"的演化立场，也多为那个时代的一些生物学家所持有。受笛卡尔宇宙起源论的启发，康德提出了宇宙起源的假说——"星云说"。他认为星云从原始的混沌中形成。他拒绝了笛卡尔等人所摆脱不了的上帝"第一推动力"观念，而完全用物质自身所具有的两种力（引力与斥力）的相互作用而引起的运动来解释太阳系和宇宙的生成。也就是说，宇宙是通过物质

---

① 按照这种过程，莱布尼兹肯定宇宙演化的方向性和线性，即它朝向圆满性的目标前进，如他说："为了在上帝的作品的成就中，认识其普遍的美妙和完满性，我们必须承认整个宇宙的某一种永久的和十分自由的进步，这就是它经常前进以便得到更大的改善。"（莱布尼兹：《莱布尼兹自然哲学著作选》，祖庆年译，中国社会科学出版社1985年版，第125页）

自身的运动、经过一系列的自然过程逐渐形成的。康德在《自然通史与天体理论》一书中提出的这一"假说",在拉普拉斯（Pierre-Simon de Laplace, 1749—1827）之前"有首创一个确有成果的假说的功绩"①,但有的部分纯粹是想象性的空想,如所有的行星上都有人居住,最远行星上的居民最优秀。这表达了没有根据的地球人的一种谦虚。②顺便说一下,几十年后,科学家拉普拉斯提出了对后世有重大影响的行星系起源的"星云"假说。按照这个假说,太阳系是从一堆旋转着的白热气体中演化来的。在这一过程中,上帝无所事事。③18世纪的法国哲学家,如著有《人是植物》、《人是机器》的拉美特利（Julien Offroy de La Mettrie, 1709—1751）,著有《自然论》、《达朗贝的梦》的狄德罗（Denis Diderot, 1713—1784）等,都不同程度地拥有进化主义思想。能动的唯物主义观念,使狄德罗相信宇宙是一个自组织系统,物质内部具有原动力,一切都在不停息地变动和演变,生命是从无机物或有机物"自动"产生的,物种是变化的。他在同达朗贝的谈话中这样说:

> 如果是先有蛋后有鸡还是先有鸡后有蛋这个问题使你感到困难,那是因为你假定了动物原来就是它现在这个样子。这多傻啊!人们不知道动物将来的样子,也同样不知道动物过去的样子。在污泥中活动的小到看不出的蛆虫,也许在走向大动物的状态;大得使我们吃惊的巨大动物,也许在走向蛆虫的状态,也许是这座

---

① 参见罗素：《西方哲学史》,下册,马元德译,商务印书馆1976年版,第248页。
② 同上。
③ 据载,有人告诉拿破仑说拉普拉斯的书（可能是《宇宙体系论》）没有提到上帝的名字。当拿破仑得到拉普拉斯所献的书后,就问道："拉普拉斯先生,有人告诉我,你写了这部讨论宇宙体系的大著作,但从不提到它的创造者。"在政治上很圆滑但对哲学观点则具有殉道者气概的拉普拉斯,挺直身子,率直地回答说："我用不着那样的假设。"（W.C. 丹皮尔：《科学史及其与哲学和宗教的关系》,上册,第259页）

行星上的一种特殊的暂时产物。①

对自然史和人类社会历史抱有强烈的进步信念，使进化主义在18世纪获得了一种新的形式。②主张自然史是进步的，是基于对自然"基型"或"典型形式"的设定。按照这种设定，自然史的展开或变迁，就是"基型"或"典型形式"一步又一步朝着更完美或更完整的方向体现出来的过程。动物界中渐渐出现的很多动物，都是不同"基型"在自然史中的体现，而"人"则是最完美的体现，它是动物演化的最终目标。自然史何以具有这种朝着完美进步的方向性，何以它不是朝向退化，思想家们对此的解释并不相同。他们或是将其归结为"创造力"，或是将其说成自然界中的模糊性"目标"，或是将其解释为某种"神力"的作用。相信自然史具有进步性的思想家，如罗比内特（J.R.Rene Robinet，1735—1820）、赫尔德（Johann Gottfried von Herder，1744—1803）等，都不同程度地都受到了古老的柏拉图观念和它的修正形态——莱布尼兹"单子论"的影响。把自然史视为进步及对其原因所做的解释，充满着浪漫主义的玄想，但它对一些生物学家却甚具诱惑力。

文艺复兴之后，随着人类知识的积累和技术力量的增长，随着新大陆的发现，人类对自身和社会的信心也与日俱增，惊人地促发了"进步"的观念。开始时，它并不是全面性的，也不是线性的；它集中体现在个别部门，特别是体现在外部的物质世界及其文明中；它意味

---

① 狄德罗：《狄德罗哲学选集》，江天骥、陈修斋等译，商务印书馆1983年版，第125页。

② 当然，严格来说，"进步"意识和观念并不是18世纪才有，它像"进化"观念一样，也具有更早的历史渊源。（参见戴维·米勒等编：《布莱克维尔政治学百科全书》，中国政法大学出版社1992年版，第604—605页）但18世纪空前兴盛的进步观念，同进化观念变得难离难分，故在一个相对的（因为实际上存在着差别）意义上，把它作为进化主义的一种形态。

着知识量的迅速扩大和人类生活条件的改善，意味着我们已经进入的新境地比以往任何时候都好。培根相信，我们已经获得了优越于以往的知识基础（"新工具"），通过这种基础而不断掌握到的新知识，能够为人类带来无限的福祉。比埃尔·贝尔（Pierre Bayle，1674—1706）在描述他对新生活的感受和对新时代的自豪感时这样说："我们生活在一个一天比一天更明朗的世纪里，与其相比，以往的世纪可以说是纯粹的黑暗。"[1] 以日益增长的物质力量为基础的"进步"观，刺激了18世纪启蒙思想家们的胃口，他们开始相信一种全面的、直线的进步观，特别是相信人性和道德不断进步和完善的"进步"观。[2] 卢梭（Jean-Jacques Rousseau，1712—1778）和蒙博杜（Lord James Burnett Monboddo，1714—1799）相信，人类的发展过程是把动物性提升为人性的过程。杜尔哥（Anne-Robert-Jacques Turgot，1727—1781）也坚信，"人性曾有各种迷惑，但终会步向完美"[3]。虽然在历史进程中，人类社会和人身上都会暴露出阴暗性，使"进步"受到挫折，但"进步"的总方向不会逆转，而且"阴暗性"也不总是消极的，它也可以作为"进步"的酵母发挥某种积极性。杜尔哥毫不怀疑地说："方式变得逐渐温和；人的心灵亦逐渐开放；独立国家间亦彼此愈来愈接近；贸易与政治结合了世

---

[1] 转引自彼德·欧皮茨（Peter J. Opitz）：《"进步"：一个概念的兴衰》，载《中国社会科学季刊》（夏季号），1994年第8期。

[2] 对此，欧皮茨从三个方面作了恰当的概括："1. 如果说在15、16世纪进步概念主要限制在个别部门和领域，特别是外部物质世界及文明发展进程，那么现在它已蔓延到以人为中心的领域中，并倾向于带来社会及人本身的道德和理智的进步。2. 如果说它在初期仅仅表示知识量的增加，其总和会改善人类的生存条件，那么现在占统治地位的则是人性的质的改善，推而广之，就是人类共同生活，即社会的质的改善。3. 如果说人们以往更多想到的是由人们适宜的努力可能引起的进步的话，那么孔多塞及他的精神继承者们则相信这种涵盖世界一切领域的并使其不断完美的进步有不可逆性。"（彼德·欧皮茨：《"进步"：一个概念的兴衰》，载《中国社会科学季刊》（夏季号），1994年第8期）

[3] 李亦园总审订：《观念史大辞典》（自然与历史卷），第339页。

上各个角落及人群；安定与暴动、好与坏轮次发生；但其始终，虽很慢，是朝向更完美的目标前进。"①康德对启蒙运动所做的"人类脱离自己所加之于自己的不成熟状态"这一著名界定，就暗含着人性进步的强烈信念。康德关注人的自我完善和道德进步，异常明显。这使他把人类自身的过程视为"人"的道德化、理性化的整体进步过程：

> 人类之脱离这座被理性所描绘成是他那物种的最初居留的天堂，并非是什么别的，只不过是从单纯动物的野蛮状态过渡到人道状态，从本能的摇篮过渡到理性的指导而已；——总之一句话，就是从大自然的保护制过渡到自由状态。究竟人类在这场变化中是得是失，可以说是不再成为一个问题，只要我们肯看一下他们整个物种的命运：那就不外是一场走向完美状态的进步而已——尽管为了贯彻这个目标，它的成员在最初的、甚至于是一系列漫长的前仆后继的尝试之中，可能犯下那么多的错误。这一历程对于整个物种来说，乃是一场由坏到好的进步。②

康德承认，人道的进步过程，伴随着挫折和错误，走向完美的历史目标亦十分遥远（"此希望是遥远而渺茫的，在其实现之前尚需若干个世纪"），但是，他的启蒙乐观主义和历史"目的论"，使他对历史的进步充满信心，使他对达到完善的人类最高目标——普遍的世界公民状态充满信心："应该满足于天意，应该满足于人间事务全体的总进程，这个进程并不是由善开始而走向恶，而是从坏逐步地发展到好；对于这一进步，每一个人都受到大自然本身的召唤来尽自己最大的努力做出自己的一份贡献。"③从人类历史的具体进程对人类进步做出系统

---

① 李亦园总审订：《观念史大辞典》（自然与历史卷），第339页。
② 康德：《历史理性批判文集》，何兆武译，商务印书馆1996年版，第67—68页。
③ 同上书，第78页。

性论证的孔多塞（Marie Caritat, de Condorcet, 1743—1794），不仅肯定以往人类的历史，特别是人类的精神史，都是在进步之中度过的，而且相信未来不可逆转地亦将朝着进步的方向无限地迈进，除非产生了人类所左右不了的外部自然力量的阻碍：

> 依据推理并依据事实，自然界对于人类能力的完善化并没有标志出任何限度，人类的完美性实际上乃是无限的；而且这种完美性的进步，今后是不以任何想要扼阻它的力量为转移的；除了自然界把我们投入在其中的这个地球的寿命而外，就没有别的限度。毫无疑问，这种进步所经历的行程可能或快或慢；但是，只要大地在宇宙的体系中仍将占有同样的地位，只要这个宇宙体系的普遍规律不会在这个大地上产生一场整个的天翻地覆，或者产生那样一些变化，以致人类在其中不再能保存并运用他们的这些能力或者再也找不到同样的这些资质，那么这种进步就决不会倒退。①

把从工具理性及其与之相联的物质世界中所产生的进步信心，扩展到对人类道德、人性和精神领域的更强烈的进步信念，一直到19世纪都兴盛不衰。人们稍微注意就会发现，在不同的观念和思想体系中，都展现着共同的主题和信念：历史是进步的，历史进步是必然的。如唯心主义的黑格尔，在"绝对精神"的展开中，发现了历史的进步性及其必然性②；而实证主义的孔德，则通过"神学、形而上学和科学"

---

① 孔多塞：《人类精神进步史表纲要》，何兆武、何冰译，三联书店1998年版，第2—3页。

② 如黑格尔曾这样说："变化只能归之于理念本身，因为只有理念才在进化。……把从一个天然的形式和领域到一个更高的形式和领域的变化，看作是外部的与实际的产物，那是一个蠢笨的念头。"（丹皮尔：《科学史及其与哲学和宗教的关系》，下册，第370页）

直线式的历史演化，揭示了具有明显阶段性的历史进步图式。

仿佛是在另外的战场上与哲学家共同进行作战的科学家，在实际上新兴的地质学、博物学和生物学领域，也纷纷有力地推进着进化主义。康德、拉普拉斯对宇宙特别是太阳系起源的研究，促使人们对作为太阳系一部分的地球的兴趣。从创世记出发的人，以不变应万变地处理一切问题，认为地球是好心的上帝创造的，地球表面的变化是大灾难的结果，人们所看到的化石只不过是"造物的游戏"或神秘的"溯形力"。[①]但是，对地球和化石的这种解释，越来越不能满足科学家们的理智，他们要探索出地球和化石的真正奥妙。有人开始推测，地球的年龄远比《圣经》计算出的创世年代（纪元前 4004 年）悠久得多（至少有好几万年）；有人认为化石是古生物的遗体，它的形成经过了长期的演变。这都为科学的地质学开辟了道路，并先后在赫顿（James Hutton，1726—1797）和赖尔（Sir Charles Lyell，1797—1875）那里结出了硕果。1785 年，赫顿在爱丁堡皇家协会上提出了为地质学奠定基础的"均变说"。1788 年，赫顿又发表了《地球论》。根据他的理论，"地球在本质上起着一种热机作用"，地球的内部是火热的熔岩，通过地球内部的热力，经历漫长的时间，形成了不同层次的地质。现代的地质过程，在整个地质时期，都以相同的方式发生过。可以用它来解释地球过去的格局变化。[②]在赫顿地质学理论的基础上，赖尔通过长期在国外的游历和实地考察，并根据所掌握到的地球变化的大量证据和化石事实，对地质学第一次做了高度的综合。体现这种综合的《地质学原理》（三卷，1830—1833）一书，证明地球表面的所有特征，都是在难以觉察的长时间的自然演变中形成的；证明地球的岩石记录了亿万年的历史，并以此拒绝了《圣经》或灾变论的超自然解释。赖尔根据所发现的原始人使用

[①] 据说，在 19 世纪中期，还有人非常认真地说，化石是上帝（或魔鬼）埋藏在地下的，目的是为了考验人们的信心。

[②] 赫顿的理论因与当时流行的观念不符而遭到了反对。

的石器、动物遗骸和兽骨，认为人类在地球上的出现远比《圣经》所说的年代要早得多，人类从原始状态到文明人，约在距今百万年至千万年之间。建立在充分事实基础上的赖尔的地球和人类的缓慢演变说，成为达尔文生物"进化主义"非常重要的来源之一。

在博物学领域，布丰（Georges-Louis Leclerc, Buffon, 1707—1788）的洋洋巨著《自然史》（全书共44卷，布丰生前完成了36卷），明确地表达出了生物进化的思想。他看到了生物变异与环境之间的关系，并认为物种具有共同的祖先（"人和猿同源；事实上，一切动植物全都同源"）；他从连续性和不间断性观念出发，并根据物种是否具有交配关系来界定其种属关系，而不是像林奈（Carl Linnaeus, 1707—1778）那样，用恒定不变的生物特质这种人为的标准来对生物进行分类；他对地质进行了具体的分期，并推测地球的年龄可能已经长达七万多年，地球上的生物可能在四万年前就已经出现。这些看法，都有理由使人们把他看成是进化主义历程中的一位重要人物。如达尔文就称他为"近代第一个以科学精神对待物种起源问题的学者"。但他却没有正式宣扬进化主义，一般认为这是因为他承受着宗教的压力。

在生物学领域中，作为"分类学之父"的林奈，虽然开辟了系统的生物分类方法，但他的"物种不变"思想使他与进化主义无缘。在比较解剖学、古生物和化石分类工作中都做出了重要贡献的居维叶（Georges, Baron Cuvier, 1769—1832），因其宗教信仰，埋藏了他理论中的进化因素，甚至成为进化主义的反对者。来自生物学自身和胚胎学领域的对进化主义的反对和质疑，在作为达尔文进化主义的两位先驱人物伊拉兹马斯·达尔文（Erasmus Darwin, 1731—1802）和拉马克（Jean-Baptiste de Monet, chevalier de Lamarck, 1744—1829）那里受到了抑制。达尔文的祖父E.达尔文，在《动物生物学或生命规律》中，用富有诗意的语言，表达了生物在适应环境的过程中产生进化的重要观点："动物的变形，如由蝌蚪到蛙的变化……人工造成的改变，如人工培育的马、狗、羊的新品种,……气候与季节条件造成的改变,……一切温血动物结构的基本一致,……使我们不能不断定它们都是从一种同样的生命纤维产生出来的。"[①] 在达尔文之前的生物学天才拉马克,通过对植物和动物的深入研究,提出了一个比较系统的生物进化主义观点。他首次使用"生物学"一词;他创设了"脊椎动物"和"无脊椎动物"概念,并在不被注意的无脊椎动物研究领域取得了重要成果。1809 年,拉马克的生物学名著《动物学哲学》出版。根据这部著作,拉马克主要提出了以下生物进化学说。第一,生物是从简单到复杂、从低级到高级逐步进化的;物种之间有无数的变种存在,并没有截然分明的界限,对物种的分类亦应当按照"自然分类法"进行,以显示出物种的连续性和阶梯性序列,而不能像林奈那样用"人为分类法"把物种固定化。第二,生物进化不是按单线系列进行,而是像一棵大树那样不断地分叉,形成一个显示着进化的树状谱系。这既解释了居维叶对直线进化的疑问[②],又保证了物种的进化性。第三,环境的变化引起动物习性的改变,环境是引起生物进化的主要原因。第四,生物的器官,经常使用就渐趋发达,经常不使用就渐趋退化,拉马克称之为"用进废退法则";环境影响所造成的获得性状可以遗传,拉马克称之为"获得性状遗传法则"。当然,拉马克的理论还存在着一些缺陷,如他的"获得性状遗传法则",缺乏证据,只是一种猜测;他是一位有神论者,其进化主义仍带有神意论的色彩;他假定生物天生具有进化的倾向和欲望,并把它作为进化的原因之一,也是臆测。总之,拉马克的生物进化学说使进化主义在历史上第一次获得了系统性和科学性的形态,为达尔文的进化主义铺平了道路。

---

① 丹皮尔:《科学史及其与哲学和宗教的关系》,下册,第371页。
② 居维叶主张至少有四种基本上不同的动物,人们无法使它们隶属于一个渐次的系列,或把它们看做同一个基型演变出来的。

二、达尔文：进化主义的突破及其震撼

古老并在18世纪得到了相当发展的进化主义，终于在19世纪的达尔文那里获得了伟大的"突破性"进展。这是偶然的幸运吗？看来不是。如果要追问达尔文何以能在进化主义上做出划时代的贡献并成为进化主义的代表性人物，下面一些因素可能起了关键作用。①

兴趣往往是最好的教师。根据达尔文的传记材料，他是受似乎与生俱来的兴趣引导并执着于兴趣的人。达尔文在自传中这样说："我在学校时期的性格就我所能回忆的来说，其间对我后来发生好影响的是，我有强烈的和多样的兴趣，非常热爱使我感兴趣的东西，并且深喜理解任何复杂的问题和事物。"②在达尔文早年比较广泛的兴趣中，其中就有对植物、博物学的兴趣。8岁时，他被送进一所学校。在此，"我对博物学特别是采集的嗜好大大地发展了。我试着为植物定名，并且采集各种各样的东西，如贝类、印记、书信上的印章、钱币和矿物"③。在中学，他的心思不在学习上，这使他最慈善的父亲也发怒了："除了打猎、养狗、捉老鼠以外，你什么都不操心。"④他父亲希望他当医生，或者能够成为体面的牧师。为此，他先后被送到了爱丁堡大学和剑桥大学去学医学和神学。但是，这两者都使达尔文感到枯燥乏味。他依然凭兴趣行事，完全脱离了他父亲为他确定的目标。在爱丁堡大学，达尔文结识了比他高几年级的葛兰特。葛兰特向达尔文宣扬进化主义。达尔文承认，这对他"在《物种起源》一书中以不同方式提出这种观

---

① 有关达尔文主义的起源，鲍勒进行了比较系统的讨论，参见鲍勒：《进化思想史》，田洺译，江西教育出版社1999年版，第188—233页。
② F.达尔文编：《达尔文生平》（一），叶笃庄、叶晓译，辽宁教育出版社1998年版，第21页。
③ 同上书，第7页。他奇怪，他当时还那么小，就"已对植物的变异性感兴趣了"。
④ 同上书，第11页。

点是有帮助的"。葛兰特有时还带他去参加"魏尔纳学会"的集会,在会上,人们宣读和讨论各种博物学的论文和问题。在爱丁堡,达尔文还结识了一位博物馆馆长,他们就博物学进行过很有趣味的谈话。不愿意做医生的达尔文,又被他父亲送到剑桥学神学,但他再次违背了父亲的意愿。他回忆说:"在剑桥的时候,没有一项工作比搜集甲虫使我更为热心、更感兴趣的了。"① 在剑桥,他同亨斯罗教授建立起了对他一生都有重大影响的友谊。照达尔文的说法,亨斯罗"在植物学、昆虫学、化学、矿物学、地质学方面的知识都很渊博",他经常邀请达尔文去他家里吃饭,他们常常一起散步。跟着兴趣走的达尔文,在剑桥没有学好神学,却培养了博物学的基本素养。

兴趣把达尔文引向了博物学,而博物学素养,又使他意外获得了跟随"贝格尔"舰进行环球考察的机会,并为他一生的事业奠定了基础。当亨斯罗得知"贝格尔"舰需要一位博物学家时,他就推荐了达尔文。但达尔文的父亲坚决反对他去,在关键时候,他的舅父帮助了他。② 1831年底,"贝格尔"舰从英国的普利茅斯港出发,1836年10月返回到了它的出发地,历时近5年。航行的主要路线是:南下非洲,横渡大西洋,绕过南美洲,穿过太平洋至澳洲、印度洋,然后绕过非洲南部再行至美洲,最后由美洲回国。经过这次不平凡的环球实地考察,达尔文不仅慢慢形成了生物进化的观念,改变了正统的宗教观念,而且采集了大量的动植物标本,了解到许多不同地方的地质情况,获得了不少古生物化石,这些都成为他日后提出进化主义的重要证据和根据。达尔文在谈到环球航行对他的影响时说:"(贝格尔)舰的航行

---

① F.达尔文编:《达尔文生平》(一),叶笃庄、叶晓译,辽宁教育出版社1998年版,第35页。

② 在反对之余,达尔文父亲的一句话("如果你能找到任何一位有常识的人赞成你去,我就可以答应你")为达尔文环球考察留下了可能性。达尔文的舅父赞成他去,他父亲也就同意了(参见F.达尔文编:《达尔文生平》(一),第42页)。

在我一生中是极其重要的一件事，它决定了我的整个事业。……我总觉得这次航行第一次给我提供了真正的思想教育或训练；我被引导去密切注意博物学的几个部门，因而我的观察能力得到了改进。"[①]

除以上两个重要因素之外[②]，再就是进化思想的已有积累，为达尔文提供了足资借鉴的灵感。对达尔文思想影响最大的人物，有两位是我们上面提到的，这就是生物学家拉马克和地质学家赖尔，再一位就是提出"人口论"的马尔萨斯。拉马克是达尔文之前最有代表性的生物进化主义者，他的进化观念，如物种的可变性、变异与环境的关系、获得性性状的遗传等，都直接影响了达尔文，甚至成为达尔文进化主义的工作假设。照达尔文的说法，拉马克坚信一切物种包括人类在内都是从其他物种传下来的观念，第一次唤起了我们注意生物界和非生物界的一切变化都是根据自然界的规律产生的，而不是神灵干涉的结果。赖尔的地质学肯定地质年代的无限漫长，为物种的缓慢进化提供了时间保证；他根据岩层和化石而得出的地质渐变思想，实际上就等于肯定生物也有一个演变过程。带着赖尔的《地质学原理》进行环球考察的达尔文，从赖尔那里得到了许多思想和方法上的启示：

> 我曾随身携带莱伊尔（赖尔）的《地质学原理》第一卷，并且用心地加以研究；这本书在许多方面对我都有极大好处。当我考察第一个地方——佛得角群岛的圣特雅哥岛时，我便清楚地看出莱伊尔处理地质学的非常优越的方法，绝不是我随身携带的或以后谈到的著作的其他任何作者所可比拟。[③]

---

① 参见 F. 达尔文编：《达尔文生平》（一），第 45 页。
② 参见鲍勒：《进化思想史》，第 204—219 页。
③ 同上书，第 45—46 页。达尔文在一些地方，对赖尔在地质学上的贡献，作了最高程度的肯定和赞赏。这也表明，达尔文受到了赖尔的巨大影响。正如史壮柏格（R.N.Stromberg）所说："他的地质学为达尔文在生物学上的发现形成了一种重要的背景；'我觉得我的书一半是出自李约尔爵士的头脑'，达尔文有几次如此写道。"（转下页）

马尔萨斯对达尔文的影响,是偶然发生的。达尔文迫切需要一种能够解释生物进化机制的理论假定,他从马尔萨斯的"人口论"中惊喜地得到了灵感:

> 我偶尔阅读马尔萨斯的"人口论"来消遣,并且由于长期不断地观察动物和植物的习性,我已具备很好的条件去体会到处进行着的生存斗争,所以我立刻觉得在这等环境条件下,有利的变异将被保存下来,不利的变异将被消灭。其结果大概就是新种的形成。于是我终于得到了一个据以工作的理论。①

似乎一切因素都在促成一个最伟大的生物进化主义者出现。达尔文究竟做了什么或推动了什么,使他能够像伽利略和牛顿那样,被誉为改变人类心智的最伟大科学家呢?答案就在1859年出版并产生了深远影响的《物种起源》这部名著中。

这部名著所要表达的主要观点,在20年前已有眉目,一般认为是因为证据不够充分或为了得到更可靠的证据,达尔文的写作迟延了下来。②1858年,达尔文突然收到比他年轻十几岁的华莱士(Alfred Russel Wallace, 1823—1913)的信和一篇论文③,华莱士希望达尔文对他的论文提出意见,并希望转交赖尔发表。论文的观点使达尔文惊讶不已,因为它实际上也就是达尔文多年前研究所得出的理论要点。他不

(接上页)(史壮柏格:《近代西方思想史》,蔡伸章译,台北,桂冠图书公司1995年版,第479页)

① F. 达尔文编:《达尔文生平》(一),第76页。一些学者认为,达尔文的思想同马尔萨斯的思想并没有必然的联系(参见鲍勒:《进化思想史》,第217—218页)。

② 有关达尔文写作迟延的原因,参见斯蒂芬·杰·古尔德(S.J.Gould):《自达尔文以来:自然史沉思录》,田洺译,三联书店1998年版,第1—11页。

③ 也许是巧合,作为博物学家的华莱士,也做过许多动植物实地考察,并从马尔萨斯的人口论中得到了灵感。

想与华莱士争夺优先权,甚至也不想继续《物种起源》的写作。赖尔和胡克得知此事的原委后,采取了公正的方式,让达尔文把 1842 年和 1844 年所写的提纲、1857 年写给阿萨·格雷(Asa Gray,1810—1888)的信同华莱士的论文一同在林奈学会宣读,使之共同获得承认。① 在赖尔的督促下,达尔文加快了《物种起源》的写作速度,并在一年之后出版了因预告而使人们久已期盼的划时代著作。

人们已指出而且达尔文自己也承认,他的进化主义从他的前辈那里获得了许多启发,如他的工作假设或理论前提,有的就是直接来自先前的积累。但是,也正如人们所指出的那样,已有的进化主义存在着必须加以克服的如下严重缺陷:它缺乏丰富的、系统的证据,带有猜测性和臆断性;它没有提出一个能够加以检验的理论来说明进化的机制;它或多或少都带有"神意论"的色彩,不能摆脱超自然的力量。达尔文进化主义的革命性意义,在于他使进化主义成了一种真正的科学学说。他通过大量而又丰富的证据,证实生物的确经历了一个长期的进化过程,地球上现存的生物种属,都是由最初的物种在漫长的时间中逐渐演变而成的;他提出了一个可检验的生存斗争和自然选择理论,来解释生物何以进化这一难题。根据这一理论,生物界存在着剧烈的生存斗争②,在相似的条件之下,那些有利于生存的变异就会积累和保存下来,而那些不利于生存的变异就要被淘汰。正是这种"自然的"选择(即"适者生存")促使了生物的进化。既然"生物"是进化的,而进化又完全是"自然选择"的结果,那么,从"神造论"或

---

① 这提供了一个很好的例证,即如何恰当地处理研究同样的问题而又得出接近结论的科学家之间的关系。

② 达尔文所说的"生存斗争",不只是指生物之间的冲突,它还包括了生物之间的依存等更多的关系。达尔文在解释这个词的用意时这样说:"我应该先说明我应用生存斗争这个名词是广义的、比喻的,包含有生物的相互依赖性,而更重要的是包含不仅有生物的个体生存,并且亦有'繁殖其类'的意义在内。"(达尔文:《物种起源》,谢蕴贞译,科学出版社 1972 年版,第 43 页)

"设计论"出发而对"生物"所作的任何超自然解释,都被一笔勾销。"人"作为上帝的杰出作品,在《物种起源》特别是在《人类的由来》中被彻底摧毁。"人"从他的"本能"、"生理结构"到他的"情感"、"心智"甚至道德感、宗教信仰等,在达尔文那里,都被认为是自然选择和演化的结果。自以为很高贵的"人",实际上与猿类具有着共同的祖先。根据返祖现象,人的动物祖先长有长毛和尾巴。达尔文并非故意要与宗教人士过不去,而是他根据自己的证据,实在无法再相信创世故事和神意设计。这样,达尔文就"摧毁了科学界里面那种半神学式的思考方式,从此以后,生物学家再也不用考虑《圣经》里面的创世故事,也不用担心洪水故事的地质学"①。

《物种起源》这部震撼性的著作一出版,很快就销售一空,作者也一举成名。它为英国带来了强烈的兴奋点,也引起了人们的心理恐慌。对它的反应开始在相互对立的两个方向上展开。在知识界和思想界,它赢得了衷心的拥护者和捍卫者;但它同样也为自己树立了反对者和批评者,特别是在宗教界。当初,对它的怀疑、批评和反对之声,比支持者的声音更有市场。丹皮尔这样描述说:

> 最初许多人觉得接受这个理论就要把人类在哲学上和宗教上的各种重要成果一概推翻,摧毁的东西就未免太多了。我们决不可不假思索地斥责当时广泛流行的这一心理状态。今天,进化的观念已经成为我们的学术观点的一个熟悉的因素,我们很难想象它在那时具有怎样的革命意义,我们也很难想象当进化论的证据放在世人的面前的时候,有能力判断这种证据的价值的人又是多么寥寥无几。……现在,他们却觉得自己被迫要做一抉择:要么否认所得出的结论的有效性,要么抛弃祖先世世代代传下来的

---

① 李亦园总审订:《观念史大辞典》(自然与历史卷),第535页。

信仰。①

　　宗教界和那些对人的优越性抱有强烈好感的人，对达尔文进化主义的反对最为激烈。他们不能容忍使人同万能上帝的密切关系一刀两断，使人成为偶然和机遇的自然产物；他们不能容忍使人与猿同类，并把他降低到更原始的动物种类上。萧伯纳说："如果整个宇宙乃是由这种淘汰所产生的获得证明的话，那么只有傻瓜与流氓才能忍受活下去。"②一位名叫里德（Winwood Reade）的作家在他的一本书中记载说，一个年轻人把《人口论》说成是"疑虑之书"，把《物种起源》看成是"失望之书"，他因不能容忍这两部书而自杀。宗教人士的气愤和反对更是无以复加，基督教信徒们惊叫"达尔文说人是猴子的后裔"，并诬蔑说达尔文提倡这种骗人的学说，是因为他长得像猴子。1860年，威尔伯福斯主教（Bishop Samuel Wilberforce，1805—1873）在同赫胥黎（Thomas Henry Huxley，1825—1895）的一次辩论上，攻击达尔文的进化主义说："达尔文先生要我们相信的是，每一头四足兽、每一条爬虫、每一条鱼、每棵植物、每只苍蝇、真菌全都是第一个会呼吸的生命原生质细胞传下来的，这简直就是否认神的意志的干预的存在。"他还侮辱赫胥黎说："请问赫胥黎教授，您是通过祖父还是通过祖母接受猴子的血统的？"赫胥黎用理智和机敏回敬了主教，他说他宁愿遗传于一只诚实的猿猴，也不愿遗传于虽有头脑但拒绝使用它的人。③反对达尔文理论的还有博物学家和解剖学家，如欧文（Richard Owen，1804—1892）就是其中之一。

　　反对的声浪虽然很大，但达尔文并不孤立。胡克、赫胥黎、格雷

---

① 丹皮尔：《科学史及其与哲学和宗教的关系》，下册，第375—376页。
② 史壮柏格：《近代西方思想史》，第485页。
③ 参见吴国盛：《科学的历程》（下），湖南科学技术出版社1995年版，第626—627页。有关他们的辩论，另参见F.达尔文编：《达尔文生平》（二），第316—319页。

等都赞成他的理论。赖尔在 1864 年，也宣布接受进化主义。自称是"达尔文的斗犬"的赫胥黎，自始至终都是达尔文进化主义的坚定捍卫者，他替达尔文回击了来自不同方向的进攻者。达尔文在描述这位好勇斗狠者时说：

> 他的思想就像闪光那样迅速，像利刃那样锋利。他是我所知道最健谈的一个人。他从来不会四平八稳地写东西和说话。从他的谈话中，没有人会想象到他能以多么犀利的语言来歼灭他的敌对者，他能这样做，而且他的确这样做了。他是对我最厚道的朋友，一贯为我承担任何麻烦。他在英国是生物逐渐进化论的主要支柱。①

当然，赫胥黎对达尔文的理论并不是毫无保留地加以接受，他指出用"自然选择"来说明进化的轮廓是可以的，但应用在种的差异上就不行了。赫胥黎也不因为支持进化主义而允许把它的适用范围无限地扩大。如他拒绝把它运用到社会领域中，他的最早作为进化主义著作被翻译引进到中国的《天演论》[《进化论与伦理学》(Evolution and Ethics)]，就是要把宇宙的自然过程与人类的伦理过程严格区分开。

在英国本土之外，人们对达尔文理论的反应，同样具有反对和支持的双重性。德国的海克尔（又译赫克尔，Ernst Haeckel，1834—1919）是欧洲大陆最积极的进化主义支持者。1859 年，他读了《物种起源》后，就皈依了进化主义，在德国扮演了类似于赫胥黎在英国所扮演的角色。他一方面热心地传播进化主义，另一方面作为一位辩者反击那些进化主义的反对者。他到英国多次访问达尔文，他们彼此都互相尊敬，并因坚持共同的理论而结下了深厚的友谊。达尔文和赫胥黎都高

---

① F. 达尔文编：《达尔文生平》(一)，第 66 页。

度评价了海克尔在传播和推动进化主义上的贡献。他先后出版了《形态学概论》(1866)、《自然创造史》(1866)、《人类的进化》(1874)、《宇宙之谜》(1899)等。特别是在最后这部书,海克尔建立起了与唯物主义相关联的一元论,把进化主义变成了一种哲学信条,连达尔文恐怕都想不到他的拥护者会走得这么远。

在此,我们还要提一下后面会再次谈到的进化主义哲学家斯宾塞(Herbert Spencer,1820—1903)。这位具有极强综合能力的维多利亚时代的哲学家,先于达尔文提出了进化的观点。1864年,在《生物学原理》中,他提出了"适者生存"一语。斯宾塞非常赞赏达尔文把进化主义变成了可证实的理论。也正因为这样,斯宾塞那种主要是从演绎和定义出发而得出的进化结论,对达尔文来说派不上什么用场。他们见过面,达尔文对他怀有一种矛盾的心情。① 但是,正是因为斯宾塞的提倡,"进化"作为达尔文学说的核心词才变得家喻户晓。在达尔文之前,英语中已有"进化"一词,但它有特定的含义,一是在学术上被用来描述胚胎学理论;二是作为一个常用语,含有进步发展的意思。因此,达尔文在《物种起源》中,主要使用的是"带有饰变的由来"(descent with modification),而不是"进化"(evolution)。他只是在书的最后,才用到这个词。② "带有饰变的由来"一语,实际上准确地概括了不带有"进步性"的生物变异性。但人们需要一个更简明的词汇,并且需要把"变异"与进步联系起来。斯宾塞对"进化"一词的广泛使用及其界定,恰恰满足了人们的需要。此外,他把达尔文学说推广到社会领域而引出的"社会达尔文主义",更激发了人们的兴致。这样,简洁悦耳的"进化"一词就取代了达尔文的"带有饰变的由来"这一笨拙表述。

正如以上所说,具有革命性和颠覆性的达尔文"进化主义"引

---

① 参见F.达尔文编:《达尔文生平》(一),第68页。
② 参见斯蒂芬·杰·古尔德:《自达尔文以来:自然史沉思录》,第20—25页。

起强烈的抵触,毫不偶然。主张"自然从来不飞跃"的进化主义,恰恰在自然之外带来了"飞跃性"的效果。弗洛伊德(Sigmund Freud, 1856—1939)恰当地概括了这种飞跃性:"在过去的时间里,科学之手对于人类朴实的自恋有过两次重大的打击。第一次是认识到我们的地球并不是宇宙的中心,而是大得难以想象的世界体系中的尘埃……第二次是生物学的研究剥夺了为人类特创的特殊优越性,将人类废黜为动物的后裔。"[1] 虽然对达尔文的反对和批判(不管是在生物学领域,还是在其他领域;不管是出于严肃的学术立场,还是出于心理和情感的偏执)一直不断,但是,随着时间的推移,达尔文理论不断地扩展着自己的地盘,人们纷纷接受它,甚至于宗教界也试图同它握手言欢。特别是到了19世纪末,达尔文的广泛影响力,超出了狭隘的生物学领域,实际上遍布到了广大的学术和思想领域,并延伸到了社会生活和实际的许多领域中,正如史壮柏格所说:"演化的观点几乎在每一个可以想象的领域里,渗透于我们现在的思想……在它们的发展上,它已变成研究现象的正常程序……对演化的兴趣已走出学圈,而进入到商业与工业的领域。"[2] 可以这样说,还没有一种"科学"理论(包括伽利略和牛顿的物理学)像达尔文的"进化主义"那样,产生了一种远远超出它自身的众多方面的影响,它改变了人们看待事物和问题的方式,带动和催生了许多领域和观念的扩展和形成。这就是下面要谈的进化

---

[1] 参见斯蒂芬·杰·古尔德:《自达尔文以来:自然史沉思录》,"序言",第9页。把具有强烈"优越感"的人的祖先贬低为"动物",不仅损伤了他们本身的自尊,更损伤了他们尊崇祖先的心理意识。因为"人们都喜欢想象他们的祖先要比自己高贵,不认为他们自己在社会水平上和种族质量上胜过祖先,这是一种奇怪的心理事实。……原始种族相信自己是神的直系后裔或为神所特造,也和这种情况相仿佛。文明人又何尝不是这样呢?当他们被迫在《创世记》与《物种原始》之间作一抉择时,他们最初也是随着迪斯累里(Disraeli)高喊:他是'站在天使方面的'"(丹皮尔:《科学史及其与哲学和宗教的关系》,下册,第414页)。

[2] 史壮柏格:《近代西方思想史》,第491—492页。

主义的新进展。

三、进化主义的变奏

在达尔文的强烈影响之下,进化主义具有哪些新的进展和形态呢?[①]生物学领域当然要有所表现。我们已经知道,达尔文的进化主义并不排斥拉马克,事实上,它吸取了拉马克的思想(如"用进废退"和"获得性遗传"观念)。然而,在达尔文之后,维护达尔文的新达尔文主义者与支持拉马克的新拉马克主义者,却因在自然选择和获得性遗传问题上的歧见而成为展开争论的对立两派。拉马克和达尔文所相信的"用进废退"以及由此而获得的性状可以遗传观念,并没有得到严格的证实。但是拉马克主义者,则坚持这一理论,并以此来解释生物的进化。遗传学的奠基人孟德尔(Gregor Johann Mendel,1827—1884)和新达尔文主义的主要倡导者德国的魏斯曼(August Weismann,1834—1914),通过对"遗传"问题的研究,弥补了达尔文进化主义在此的不足,并对"获得性状遗传"提出了尖锐的挑战。担任修道院院长的孟德尔在达尔文《物种起源》出版六年之后,就提出了对后来遗传学影响极大的理论。孟德尔认为,单靠自然选择理论不足以说明新物种的形成。他在进行了大量豌豆杂交实验之后,提出了通过"遗传单位"或"基因"传递的颗粒遗传系统概念以及两条规律(即遗传单位的分离规律和自由组合规律)。肯定代代相传的遗传基因的存在,就与达尔文的连续变异的进化理论相冲突。但在达尔文主义笼罩之下的学界,孟德尔的学说默默无闻。直到几十年之后,它才被重新发现,并结出硕果。魏斯曼坚信用达尔文的自然选择理论,可以解释生物的进化。但他反对"获得性状可以遗传"的观点。他通过观察和实验提

[①] 有关达尔文之后进化论的演变,参见鲍勒:《进化思想史》,第234—464页。

出了"种质说",认为生物体由体质细胞和种质细胞所组成,二者具有截然分明的界限。种质细胞具有一脉相承的遗传性,它不会发生改变,而由种质细胞生出的体质细胞则不具有连续的遗传性,它受到环境的影响而变化,并因生物个体的死亡而消失。根据这一理论,后天"获得性状遗传"理论就不能成立。这一严峻的结论,曾一度使一些人感到吃惊。因为他们已经习惯了用"获得性状可以遗传"的理论来解释生物或种族的进化。但很快就被生物学家所接受的魏斯曼的"种质说"也给进化主义提出了新的难题:如果种质不变,生物的变异和新物种又是如何可能的呢?进化主义的另一个新的理论"突变论",不仅修正补充了达尔文的"变异论",而且也对新物种何以产生的问题提供了一个解释。这一理论是由荷兰植物学家、遗传学家德弗里斯(Hugo de Vries, 1848—1935)和贝特森(William Bateson, 1861—1926)提出的。他们在观察和研究中发现,生物不仅存在着许多"小变异",还存在着不少"大变异",即"突变"。"突变"可以迅速地形成新的物种,而不是像达尔文所说的那样,物种只是以微小变异的渐变方式形成,在一物种到另一物种之间,存在着许多过渡类型。"突变"的性质因后来摩尔根(Thomas Hunt Morgan, 1866—1945)的出色工作而得到了比较清楚的理解。把达尔文的自然选择学说和遗传理论结合起来,就产生了"综合进化主义"。多布赞斯基(Theodosius Dobzhansky, 1900—1975)的重要著作《遗传学与物种起源》,改变了当时的人们对遗传和进化的许多观点,把进化主义的研究又推进了一步。后来,他还出版了《人类的进化》《进化过程的遗传学》等著作,是一个多产的科学家。

　　达尔文的进化主义给人类学、哲学和人们的思想观念带来的影响可能更为巨大。在使本来就具有"进步"意蕴的"进化主义"更加向"进步"意义倾斜的过程中,"进化"的线性、方向性、级别性,特别受到人们的认同。主要限于生物领域的达尔文的进化主义,拒绝其理论向范围之外的推论。但是,它的那些拥护者们,并不仅仅满足于它在生物领域的有效性，他们要使它具有更普遍的有效性。当它被运用在人类研究的时候，它促进了人类学的发展。其代表人物是达尔文的表弟高尔顿（Francis Galton，1822—1911）。他把选择和遗传观念运用到人的智力和心理研究上，他得出的结论是，生理、才能和心理都是遗传的，人的天赋差别很大。如果要防止种族退化，就要使选择继续发挥作用。他提出了"优生学"一词[1]，旨在研究人类遗传的天赋特点以及如何扩大优质人口的比例。这一在《遗传与天赋》（1869）一书中所表达的观点，对很多人特别是相信"人人生而平等"的人来说，是很难接受的。当达尔文读了这部把他的进化主义扩展到人类研究的书之后，他写信给高尔顿说："你使一个对手改变了信念，因为我一直认为除了白痴之外，人在智力上差别不大，只有热情和勤奋上的差别。"

流行于19世纪晚期的"社会达尔文主义"，常被认为是达尔文学说超范围运用的一个典型。它"最合适的用途在于，力图为自然选择的达尔文规律（或者如同人们后来所说的那样，'适者生存'）寻求社会相似之处，并按照这一规律的作用方式说明人类历史的进程。这种理论典型地表现为以冲突或竞争作为其'规律'或控制力量的各种历史哲学，它也常常是一种宿命论哲学"[2]。说来有些讽刺，达尔文并不认为他的理论适用于社会，形形色色的社会达尔文主义，与达尔文的学说究竟有多少联系也实在是一个疑问。被认为是社会达尔文主义的头面人物而出尽风头的斯宾塞，其进化学说主要来自拉马克，把社会看成类似于生物有机体并认为后者的规律也完全适合前者的说法，也是他的发明。[3] 社会达尔文主义者被披上"达尔文主义"的外衣，可能是因为他们大都相信"生存斗争"、"适者生存"（"自然选择"）的生物学规律也适合人类社会，并喜欢运用它们来解释人类的历史。但是，在

---

[1] 中国学者曾把这个词译成"善种学"、"淑种学"和"哲嗣学"。
[2] 戴维·米勒等编：《布莱克维尔政治学百科全书》，第705页。
[3] 参见鲍勒：《进化思想史》，第357—387页。

对这些规律的运用中，人们导出的结论或从中要寻找的东西，却很不相同甚至是对立的。斯宾塞从中为个人主义、自由竞争和不干涉主义找到了合理的根据；马克思主义者使之符合于社会主义和集体主义的需要，他们从中引出了"阶级斗争"的理论，并用它来解释人类社会进步的原因；尼采（Friedrich Wilhelm Nietzsche，1844—1900）利用它得出了"强者"与"弱者"斗争、"弃弱就强"的结论，使之服务于自己的"超人"和"权力意志"哲学；种族主义在与它的联姻中所发现的是种族之间为了生存而不断地进行斗争的残酷事实，并相信优秀的种族必定要淘汰劣等的种族；无政府主义者克鲁泡特金（Peter Kropotkin，1842—1921）受到的启发是，人类社会不是通过"斗争"而恰恰是通过"互助"进化的。这些没有内在联系的各种形式的社会达尔文主义，在19世纪晚期是如何被促成的呢？有人根据这个时期的历史和知识的四个条件对此作出了解释。一是一门新学科——社会学的出现以及为它赋予基础的需要；二是政治学中个人主义与集体主义的争论；三是帝国主义或军国主义扩张的需要；四是欧洲国家的紧张局势和军备竞赛。①不管如何，"由达尔文理论导出的结果这样的分歧，至少说明一个事实：把自然选择的原理应用到社会学上，是一个异常复杂的问题，几乎任何思想学派都可以从这里面为自己的特殊学说找到有力的根据"②。

达尔文学说还促成了不同形态的形而上学进化主义。它与机械论哲学的结合，产生了机械的进化主义。按照这种理论，无机界与有机

---

① 参见戴维·米勒等编：《布莱克维尔政治学百科全书》，第705页。
② 丹皮尔：《科学史及其与哲学和宗教的关系》，下册，第414页。这也正如巴克所说："达尔文致力于研究的是自然科学，他从未创立社会哲学。他的学说面临的问题在于为一群自诩的社会哲学家们强为己用，从而在诸如反教权主义、帝国主义、社会主义以及军国主义等各种旗号下为人们所利用。"（欧内斯特·巴克：《英国政治思想——从赫伯特·斯宾塞到现代》，黄维新、胡待岗等译，商务印书馆1987年版，第91页）

界、生物与人类的活动，都是物质质量或能量机械运动的表现。人类的起源和发展，也受机械和因果律的支配。信心十足的海克尔对此做了典型的说明：

> 我们现在完全同意一种对于自然界的一元论的看法，即全宇宙，包括人类在内，作为一个奇妙的统一体，都被永恒不变的定律所支配……我已经努力说明这种纯粹的一元论是根基稳固的，而我们既然承认宇宙为同一进化原理的全能规律所支配，就不能不提出一个单一的最高的定律，即囊括一切的"物质定律"，或质量守恒与能量守恒的联合定律。假使这个真正的"一元哲学家"查理·达尔文当初没有创立用自然选择说明人类起源的学说，为我们铺平道路，并且在他毕生伟大工作之余还把他的学说和自然主义的人类学联系起来的话，我们绝不会达到这一最高的普遍的概念。①

更多的是受拉马克影响的斯宾塞，表达了一种比海克尔更为精致的机械进化哲学。在他那里，进化是通过物质的整合与分化，从原来的非定型、简单的同质状态走向确定的、复杂有联系的异质状态。但是，斯宾塞又给他的进化主义套上了锁链。他预测进化最终将会寿终正寝，宇宙循环进入退化的过程中；他为了调和科学和宗教，假定了现象界和绝对实在界两个不同的世界，科学处理前者，而后者则属于宗教领域。根据这种划分，进化只是现象界的事，而不可知的绝对实在则是不变的。

这种机械进化哲学，受到了以柏格森（Henri Bergson，1859—1941）为代表的活力进化主义的抵制。在柏格森看来，用抽象的、死

---

① 丹皮尔：《科学史及其与哲学和宗教的关系》，下册，第424页。

的物质规律，根本解释不了"绵延"中的活的、变动不居的事物，更解释不了生物的起源和进化。生物的进化不是按照机械规律进行的，也不是适应外在环境的结果，根本上是由于宇宙中所存在的"生命冲动"或"活力"作用的结果。"生命冲动"贯穿于物质之中并用它创造出生物来，生物又在生命冲动作用下不断创造出新的形式。更多地得益于浪漫性和想象性的柏格森的活力进化主义，受到了一些不满意机械论哲学的人士的喜爱。

形而上学进化主义还有其他不同形态，如"突变进化主义"、"实用进化主义"等，我们对此不再一一叙述。在20世纪，进化主义还以许多方式进入到众多的学术思想和文化领域中。如在文学中、在广泛意义的文化领域中，都浸透着进化主义。进化主义像一个腰缠万贯的富翁和慈善家一样，资助着一切"事业"。它具有无限的解释力，它本身也在经历着理论上的变迁，不断衍生出新的理论。对进化主义的批评，甚至严厉的批评，就像它开始迸发出来时一样，实际上从未间断过。但整体上，这种声音比起拥护者的声音来，要微弱一些。

经过以上这一似乎是考验读者耐心的西方进化主义漫游之后，我们终于可以进入到它东渐中国的历史过程了。

第一章
进化主义初传中国及其早期形态

正如浦嘉珉（James Reeve Pusey）在《中国与达尔文》（*China and Charles Darwin*）一书开头所说的那样，"斗犬"赫胥黎从没有到过中国海，达尔文也没有来过中国，但是，他们的名字、他们的思想却进入到了对西方人来说一直具有神秘性的古老的中国土地，并顽强地生存了下来，就像那些不远万里、千辛万苦来到中国并千方百计在此扎下了根的传教士一样。在我们谈论进化主义初传中国之前，让我们先简单接触一下西方传教士在西学东渐中的角色，因为他们的形象仍然还受着扭曲。

也许让中国人过于感到难堪，西方事物和思想进入中国恰恰又是这些并不总是受到欢迎的西方传教士带来的"礼物"。中国人在相当长的一个时期内一直认为，他们在一切方面都自足有余，那些被视为不怀好意的传教士或者外国人，恰恰是有所欲求才来到中国这块宝地的。因此，刚开始，传教士在中国受到的更多的不是礼遇，而是冷遇，甚至是"忌怨"。越来越多的研究表明，从19世纪中叶开始，在中国了解和接受西方新事物方面，传教士是一个"最重要"的桥梁。几乎没有人会再像过去那样简单地认为，传教士只不过是帝国主义的帮凶，他们除了进行文化侵略外，没有干过有益于中国的事情。但是，只要我们看一看近代中国输入西方科学技术的初期历史，也许我们对那些早已被遗忘的传教士的感激之情会油然而生。传教士所传播的基督教，使中国了解到了西方传统中最重要的价值来源；他们所传播的科学和技术，使中国获得了现代西方的新事物和学术。尽管在当时甚至在相当长的一个时期内，为了满足一时的虚荣心而虚骄的一些中国人认为，这些东西都源于中国（"西学中源"）。无疑，中国古代对西方文明的发展曾经做出过贡献，人们在中国传统中也能发现某种"现代"的意识和观念，但是，这同现代西方的科学和技术都"源于"中国的看法，完全是两回事。显然，肯定中国传统也具有某种科学意识并拥有某些伟大的发明，并不等于说中国"自生"出了现代"科学和技术"观念体系。在此，我们不能去讨论"何以如此"这一复杂问题。在中国古代"发现"了某些"现代"事物的萌芽，绝不等于说中国"已经"拥有"现代"系统的科学技术形态。这一点也适用于作为科学形态的"进化主义"与中国古代进化思想的关系。严复和胡适都是西方进化主义的传播者和信仰者，但他们恰恰又是在中国古代发现了"进化主义"的代表性人物。[1] 就连严复有时也把西方"进化主义"与中国古代的进化思想因素混为一谈。看看他的《〈老子〉评语》和《〈庄子〉评语》便可知道。西方进化主义当然也是一个历史过程，但"各种形态"的进化主义的"突破"，它是相关的"一组"科学的结果，它是"一组"系统的命题结构，它是"众多"科学家和思想家深入研究和思考的结果。

一、进化主义初传中国

我们下面将要讨论的"进化主义"，初期恰恰"主要是"通过传教

---

[1] 参见王栻编：《严复集》，第4册，中华书局1986年版，第1077页；胡适：《先秦诸子进化论》，载《科学》，1917年第1期。

士输入的。这也许令人奇怪。进化主义不正是"上帝"和创世说的对立物吗?在这一点上,传教士究竟"多少"是出于忌讳心理而有意识地回避,这仍然是一个疑问。尽管人们习惯地认为,传教士故意拖延了进化主义在中国的传播,或者不得已才做出了有限的报道。根据现有的有限研究,传教士对生物进化主义在中国的初期传播,发挥了关键作用。依据他们不翻译和系统介绍达尔文的《物种起源》,就说他们阻挠进化主义的传播,很难站住脚(最多说他们不积极)。[①]我们知道,就连严复这位中国进化主义的奠基者,不也没有翻译这部生物进化主义的最重要的经典著作吗?这部著作的完整版本,一直到1919年才由马君武译完并由中华书局出版,题为《达尔文物种原始》。达尔文的另一部生物进化主义著作《人类的由来及性选择》,翻译出版的时间则更晚(马君武译,题为《人类原始及类择》,商务印书馆,1930)。何以人们早已经热衷进化主义而却对进化主义最重要著作的翻译漫不经心呢?我们必须考虑其他因素的影响。很明显,在众多的科学"学科"中,"进化主义"并不是一门独立地与数理化等学科并行的学科,它只是隶属于生物学、植物学、动物学或地质学的一种"理论"或"学说",或者说它是交叉地存在于这些学科之中的一种新学说。因此,19世纪中叶以后,当中国分门别类输入西方科学技术的时候,进化主义显然只能伴随着生物学、植物学、地质学等门类传播进来。其次,从注重"器艺"和实用性来说,生物进化主义在19世纪90年代以前的自强洋务运动中,比起其他实用性的"科学"来,更缺乏"实用性"。90年代以后,进化主义在中国被注重,恰恰不是因为它在"科学"自身中的位置,而是因为它与中国社会政治改革、历史观念和文化运动密切相联,因为它具有了"宇宙观"、"世界观"("道")的功能,而

[①] 有关这一问题,请参见胡卫清:《近代来华传教士的科学观》,见《学人》,第14辑,江苏文艺出版社,1998年。

在此前的世界观或道，仍然主要来自中国传统本身。因此，19世纪90年代以前中国对进化主义的"有限"输入，在很大程度上不能归咎于传教士的有意限制，它基本上反映了那个时代的整体状况。

有关19世纪90年代以前"进化主义"东渐中国的经历，人们已经进行了不少研究，挖掘出了初传的一些新的事实。[1]根据当时翻译和介绍西学的大量书目，我们可以推测，很可能还存在着没有被发现的有关进化主义方面的文献。据目前已经掌握到的文献，19世纪90年代，在进化主义成为中国时代强音——新的世界观或意识形态之前，它已经慢慢地、零散地东传到了中国。下面，我们沿着时间顺序，先看一看进化主义初传中国的事实。

根据浦嘉珉的说法，与达尔文同年出生的阿礼国（Rutherford Alcock）[2]，在达尔文《物种起源》出版的四年前，就在上海提出了民族、种族、国家莫不"弱屈于强"这一类似于"达尔文主义"的法则。[3]这一说法，非常符合19世纪中叶以后中国知识分子的"危机意识"。当时中国明智的知识分子，虽然还坚信儒学正统意识形态（或"道统"）和价值的优越性，但是，大都普遍感到在西方"强大"的"器艺"面前中国所显出的"弱势"。在他们看来，为了立于不败之地，中国必须"师法"西方的"器艺"。这表明，当时那些仍具有儒家士大夫身份的知识分子已不再把"自强"的希望完全寄托在"儒学"上，他们强烈

---

[1] 如伊藤秀一的《清末における进化论受容の诸前提——中国近代思想史における进化论の意味その一》（载神户大学文学会编：《研究》，史学篇22号，1960年）；佐藤慎一的《〈天演论〉以前の进化论——清末知识人の历史意识をめぐって》（见《思想》，792号，1990年）；汪子春等的《达尔文学说在中国初期的传播与影响》（见《中国哲学》，第9辑，三联书店，1983年）；熊月之的《西学东渐与晚清社会》（上海人民出版社1994年版）。

[2] 阿礼国（1809—1897），英国外交官，1845年抵福州，接替李太郭，继任驻中国福州领事。阿礼国与以著《瀛环志略》而闻名的徐继畲具有密切的交往关系，是中国近代早期了解西方的少数人物之一。

[3] 参见浦嘉珉：《中国与达尔文》，钟永强译，江苏人民出版社2008年版，第3页。

要求借助于"西艺"以对抗"西方"。有的开明之士甚至走得更远,开始疏离儒家的"德治中心主义",而向法家的"力治主义"靠拢。① 如王韬这样说:"盖富强即治之本也,……故舍富强而言治民,是不知为政者也。"② 陈虬在《治平通议·救时要议》中亦强调说:"何以立国,曰富;何以御夷,曰强。"这种从"强弱"、"自强"、"富强"出发考虑中国问题的方式,已经"暗含"着中国19世纪90年代之后流行起来的"优胜劣败"、"弱肉强食"的社会达尔文主义法则。从我们已知的情况来看,当时所输入的零星的"进化主义",反而不具有服务于"富强"的明显"社会意向"。

国内一般"笼统"地把《地学浅释》说成是1873年"出版"的。但严格而言,它是在1873年"出齐"的。根据王韬校录的《格致书院课艺》其中所收课艺——孙维新的《泰西格致之学与近刻翻译诸书详略得失何者为最要论》(1889)——记载,此书从1871年(同治十年)已经开始刊行,经过两年,在1873年(同治十二年)出完。③ 据此可以肯定,中国系统翻译《地学浅释》的工作,应在1871年之前已经开始。当时的译书中心、翻译和出版《地学浅释》的机构——江南制造局,正式成立于1868年,从此年前后到1870年1月,由传教士傅兰雅(John Fryer,1839—1928)主要负责为该局从英国订购的三批书籍共190种,《地学浅释》即为其中一种。④《地学浅释》,原英文书

---

① 注重实力和富国强兵的韩非,把历史看成是一部"竞争史",认为他所处的时代是"竞于力"的时代。有关这一点及先秦儒家"德治"与法家"力治"问题,请参见王中江:《从"德治"到"力治":历史推演与"焚书坑儒"》,见《国际儒学研究》,第6辑,中国社会科学出版社,1999年,第435—446页。

② 王韬:《兴利》,见《弢园文录外编》,卷二,中州古籍出版社1998年版,第96页。

③ 另参见伊藤秀一:《清末における进化论受容の诸前提——中国近代思想史における进化论の意味その一》,载神户大学文学会:《研究》,史学篇22号,1960年。

④ 第一批52种、第二批98种、第三批40种(参见熊月之:《西学东渐与晚清社会》,上海人民出版社1994年版,第497页),但不知《地学浅释》属于哪一批。

名为 Elements of Geology，今通译为《地质学原理》。原作者是 Lyell，当时译为"雷侠儿"，今译为赖尔或莱伊尔。口译者为玛高温（Daniel Jerome MacGowan，1814—1893）[①]，笔述者为华蘅芳（1833—1902）。华蘅芳在《地学浅释·序》中讲述翻译此书的困难说："惟余于西国文字未能通晓，玛君于中土之学又不甚周知，而书中名目之繁、头绪之多，其所记之事迹每离奇恍惚，迥出于寻常意计之外，而文理辞句又颠倒重复而不易明，往往观其面色、视其手势，而欲以笔墨达之，岂不难哉！"把这里所说的同 20 多年后严复翻译《天演论》时的感受比较一下，可以说当时翻译《地学浅释》更是难乎其难。

正如我们在导论中所说，赖尔的《地质学原理》，以大量的证据证明，地质是渐变的，地壳岩石记录了亿万年的历史，地球表面的特征是在很长时间中自然形成的，而不是什么灾变等超自然力量的结果。《地质学原理》为生物进化主义奠定了基础，深深地影响了达尔文的《物种起源》。傅兰雅和玛高温应该都知道此书同达尔文生物进化主义的密切关系，而他们仍然购置此书并翻译，说明他们并不想回避"进化主义"在中国的传播。伊藤秀一把《地学浅释》的主要内容概括为七项：第一，地质的层次，显示了地球的历史过程；第二，从地质的构成和化石变化中，可以否定"洪水说"和"天变地异论"；第三，生物从产生到现在经历着连续性的变化；第四，环境的变化引起了生物形体的变化；第五，生物本来就具有适应环境变化的能力；第六，生物物种的多样性，是通过自然环境的变化同生物固有的适应性的相互作用历史地形成的，"创造说"的物种不变论不能成立；第七，有关生物物种变化的学说虽然被提出了，但还未被普遍接受。根据这里的概括，可以说《地质学原理》在《物种起源》之前，已经向上帝"创世说"提出了有力的

[①] 玛高温为美国浸礼会传教医师，1843 年抵华，在中国主要从事医疗事业，并兼作翻译工作，常常是边译书边为人治病，是江南制造局翻译馆资格最老的译员之一。

挑战。《地学浅释》第13卷是比较集中讨论生物进化的部分,在谈到生物渐变时说:"古时之地学家,地球上之生物,常以灭一世界再生一世界为之所以。然今之地学家,疑古说之不确,自古至今,各生物之形皆渐变,看之似绝然大异,然中间之间相去必甚久,故人未能寻其渐变之迹。盖今人已考得古生物,尚不过万分之一也。"有关生物渐变之原因,《地学浅释》解释说:"生物之形渐变,不独古时然,即考现今动植之物,亦有渐变之据。其每物类之渐变,各有其故,非偶然也。此事另有专家考之。观其书,能知某处之物,因其地形水土渐改变,故某物之属渐繁盛,某物之属渐衰息。"值得注意的是,此卷还谈到了"拉马克"(当时译为"勒马克")和"达尔文"(当时译为"兑儿平"),并简要比较了他们在生物进化主义上的不同:

  螺蛤之种类,其绵延于世,如是久长,令人知一切生物之性,于燥湿寒暖,各有性之所相宜,不能遂其性,则不能全其生,其处世甚久者,必更诸变而不灭者也。其更诸变而不灭者,必其孳生之地广者也。盖生物中,每有迁徙水土而乃生者。如水中之物,有在陆地亦能生者,冰地之物,有至暖处乃不死者,此必其物能兼具燥湿寒暖相宜之性,故能族类繁盛,历诸变而其种不绝。此造化之理也。前论之意若谓造化生物之时,其某物之形体性情各有一定,不能改变,亦不能变此物为彼物,此旧说也。后有勒马克者,言生物之种类,皆能渐变,可自此物变至彼物。亦可自此形变至彼形。此说人未信之。近又有兑儿平者,言生物能各择其所宜之地而生焉,其性情变亦时能改变。此论亦未定,姑两存之。

据此,生物进化主义及其最重要人物,在19世纪90年代前都已经进入到了中国。可以肯定,《地学浅释》在传播进化主义上起了先锋作用,对晚清中国产生了很大的影响。它多次再版,许多学校把它作为教科书，不少知识分子如孙维新①、康有为②、梁启超、谭嗣同等都受到过它的影响，鲁迅在南京读书时还手抄过此书。此外，该书"雅洁"的译笔，也受到了人们的称赞。如徐维则在概述了此书的主要内容后表彰说："大旨以地球全体为均土石凝结而成，其定质虽为泥为沙为灰为炭，而皆谓之石类，均有逐渐推移之据。观地中生物之形迹，可知当时生长，既有水陆湖海之不同，又有冷热凝流之各异，故地层累不明，无从察金石之脉。是书透发至理，言浅事显，各有实得，且译笔雅洁，堪称善本。"③梁启超在《读西学书法》中亦肯定说："人日居天地间，而不知天地作何状，是谓大陋。故《谈天》、《地学浅释》二书，不可不急读。二书原本，固为博大精深之作，即译笔之雅洁，亦群书中所罕见也。"④

就在《地学浅释》出齐的1873年（同治十二年），《申报》（8月21日，旧历闰六月二十九日）上发表了一则报道，题为《西博士新著〈人本〉一书》，向国人介绍了达尔文的《人类原始》。所谓《人本》，即《人类原始》的当时译名，达尔文当时音译为"大蕴"。我们知道，达尔文的《人类的由来及性选择》（马君武译为《人类原始及类择》）出版于1871年2月，一年多以后就被介绍到中国，这样的速度在当时显然是惊人的。

1873年至1876年之间，由韦廉臣（Alexander Williamson）撰写、

---

① 孙维新评价此书说："论地体之层累，土石之形质，沧桑之变迁，物迹之种类，详且备矣。"（孙维新：《泰西格致之学与近刻翻译诸书详略得失何者为最要论》，见发园重校：《格致课艺汇编》，卷四，上海书局1897年石印本，第23页）

② 参见曾乐山：《中西哲学的融合——中国近代进化论的传播》，安徽人民出版社1991年版，第41—43页；伊藤秀一：《进化论と中国の近代思想》（一），载《历史评论》，123号，1960年第11期。

③ 徐维则等：《增版东西学书录·地学第二十》，见王韬、顾燮光等编：《近代译书目》，北京图书馆出版社2003年版，第220—221页。

④ 梁启超：《读西学书法》，见夏晓虹辑：《〈饮冰室合集〉集外文》，下册，北京大学出版社2005年版，第1161页。

先后连载于《教会新报》（第 220 期至第 280 期，1873 年 1 月 9 日至 1874 年 4 月 4 日）及《万国公报》（第 301 卷至第 383 卷，1874 年 9 月 5 日至 1876 年 4 月 15 日）的《格物探原》，介绍了地质学知识和地球演变的观点："太初地球本一火球耳，类如镕金在冶，后球面凝冷成壳，壳即为石，壳上有水，后乃迸裂，再凝而为石，其时水加多，如此者屡矣，乃所以成世界各种石类。……其最高者为第一磐石类，其次为第二类，其次为第三类，其次则为新泥，由雨冲磐石，消磨而出。"[①]但是，作者没有介绍生物进化主义，他还坚持上帝的主宰，把人和生物看成是上帝的创造。

继《中西闻见录》之后，由傅兰雅 1876 年 2 月（光绪二年正月）在上海创办的《格致汇编》，连载有《格致略论》（译自英国《幼学格致》），此文对地质演化、生物进化主义介绍说："各种土石结成层者，工必由渐，时亦极迟，从地球初造之时，以至新层俱成之时，所历日期必极多，或为数千万年，或为数万万年。当此多年之间，尚未生人，即今之所有禽兽，亦大半未生，略地已成球之后必若干万年，尚无动物发生。久之始有蛤类出现。" 1877 年 8 月，《格致汇编》载有傅兰雅撰写的《混沌说》一文，该文介绍了生物从简到繁的渐化过程，并首次谈到了"人从猿来"（"人猿同祖论"）这一起初甚至在很长时间内都不能被西方基督教教士容忍的说法："西国人士近来多稽考人类之原始初生何处，原由何法所生，及地球自生人以来几何年岁等事……，又云初有之动物，皆甚简便，后来逐渐由简而繁也。即初有者为虫类，后渐有鱼与鸟兽，中最灵者为大猿，猿渐化为人。是人盖从贱而贵、从简单而繁也。此固理明说通，可以入信矣。"身为传教士的傅兰雅，主动介绍并宽容地对待"人猿同祖说"，表明他已经能够站在一个比较

[①] 韦廉臣：《论地质》，见《格物探原》，第三卷，1876 年版，第 7—8 页。出版者不详。

客观的立场。当然，对傅兰雅来说，人们更需要关心的不是人类之始，而是人类的未来："地球之有人已久，其根源如何，亦与今人无关紧要，惟尚未有人论起人类之末日，如费多年之心思考究人类之始，何不费工夫考究人类之终。"

由文教治口译、朱庆轩述、益智书会于1881年出版的《地学指略》，在其中册（第七章）中亦概略地谈到了生物进化问题："各物种类，由少而至多，由卑而至尊，皆逐渐增加，非骤然全备也。"照这里所说，生物种类是由少到多不断地增加，从而否认了物种一成不变说；生物的种类的增加是一个"渐进"的过程，并非像"创世说"所说的那样是在很短的时间内一应俱全。

1883年，美国长老会传教士、担任同文馆总教习的丁韪良（William A.P.Martin，1827—1916），在同文馆做了有关"西学"的报告，经同文馆学员贵荣和时雨花翻译整理后，于1884年以《西学考略》为题出版。两位最重要的生物进化主义创立者拉马克和达尔文分别以"赖摩"和"达尔温"的译名出现在此书中。该书在介绍他们的进化学说时提到："法国有赖摩者，又创新说，……则谓动、植各物均出于一脉，并非亘古不易。太初之世，天地既分，生物始出如水中虫蛰。其初或一类或数类，后年代渐远，变形体分支派，生足而行陆地，生翼而飞青空，又越千万代，兽之直立者（如猩猩之类）渐通灵性，化而为人。此说当时鲜有信之者，皆谓动植各物无不各从其类，不变不易。必是大造有命，而各类陡然而出，生生不息。至人则抟土而成，形灵并出，为万物之灵，超万物之上。若谓人类仰猩猩为宗，万无是理。（此旧说也，意固宏美，其于新说有别者，在陡渐之分。无论人、物，或陡然俱出，或经万劫次第而出，皆凭大造之命而成也。）四十年前，有英国医士达尔温者，……乃举赖氏之说而重申之。伊云：各类之所以变形者，其故有三。一在地势，……盖太古之时，地面多水，其生物水陆皆宜，后水陆分界，陆地禽兽始出。至人则在地之最新一层方有骨迹，可知人生最后也。……由动、植物万类，而溯生人之始，皆不外乎密探造化之踪迹。盖天地之生物，皆次第经营而成，实有聪明智慧而为万物之主宰也。"①在此，丁韪良试图调和生物进化事实与超自然"主宰者"的关系，即在承认生物"直接""自然"进化的同时，又肯定了"主宰者"间接的始源性作用。

1876年，由麦华陀爵士（Sir Walter Henry Medhurst，1823—1885）倡议创办的以求"中国士商深悉西国人事，彼此更敦和好"为宗旨的学校——"格致书院"——在上海正式成立。这所集博物馆和科技学校为一体被称为"科学之家"的学院，在20多年（1900年后式微）的时间中，为中国培养了许多科技方面的人才，在"西学"的传播和启蒙上发挥了重要作用。只要看一看学校的考课、特课所出的课艺命题及学生的答卷，我们便可清楚这所学院在传播西学方面的作用。正是在课艺命题答卷中，人们发现了有关生物进化主义的重要内容。1889年，李鸿章主持了格致书院的春季特考，考题是让学生叙述从古希腊到近代西方科学的发展。钟天纬的考卷，令人吃惊。他对达尔文和斯宾塞的生平和学说已经有相当的了解并能做出概括。下面是他留下的迄今我们所知的有关达尔文和斯宾塞其人其学的最详细文字：

迨一千八百零九年而达文生焉。达文为英之塞罗斯玻里人，祖为医生，父为格致家。幼入公塾，聪慧绝伦，及长入苏格兰壹丁培格大书院读书，得入选。后随英国兵船，环游地球，测量绘图，并考究动植各物及舆地等事，返至英国，凡天下所有格致博物等会，无不邀请主盟，屡得金牌等奖赏。一千八百五十九年，特著一书，论万物分种类之根源，并论万物强存弱灭之理。其大

---

① 丁韪良：《西学考略·西学源流》，见《续修四库全书·子部·西学译著类》，1299册，上海古籍出版社2002年版，第739—740页。

旨谓，凡植物动物之种类，时有变迁，并非缔造至今一成不变，其动物植物之不合宜者，渐渐渐灭，其合宜者得以永存。此为天道自然之理。但其说与耶稣之理相反，故各国儒士，均不服其言。初时辩驳蜂起，今则佩服者渐多，而格致学从此大为改变。此亦可谓千秋崛起之人也。至于施本思，名赫白德，生于英国豆倍地方，小于达文者十一年，生平所著之书，多推论达文所述之理，使人知生活之理、灵魂之理。其书流传颇广，其大旨将人学而确可知者与确不可知者，晰分为二。其谓确可知者，皆万物外见之粗质，而万物之精微，则确有不可知者在也。夫万物精微，本亦一物，而无形无体之可见，及其化成万物，皆已昭著于人之耳目，故格致家得诸见闻而测知之。至若圣教中之所言上帝，格致学之所论原质，虽非人思力所能知能测，而要皆实有，更无疑义。且万物化成，既皆原于此无形可测之一物，则此一物为本，而万物为末明矣。施本思所论，大率如此。近人译有《肄业要览》一卷，即其初著之书也。①

值得注意的是，文中谈到了"万物强存弱灭之理"，它很容易与晚清社会政治盛行的"强弱"论式结合在一起，或者说它很容易被转换运用到"社会领域"中。这是我们第一次看到的从"强弱"角度对达尔文"生存斗争"、"适者生存"所作的理解，而且作者已经把"强存弱灭"看成是"生物"（万物）领域的普遍法则。

另外，在1888年刊行的《西学大成》中收有慕维廉（William Muirhead）的《地学举要》，其中说："地学家，察地球中诸物之迹，知种类古今不同。古之种类今已无，则今之种类亦非常有也。"这里也强调了生物变化论。

---

① 钟天纬：《格致说》，见《刖足集》，1932年版，第93页。出版者不详。

二、早期形态

　　上文根据历史线索粗略列举和梳理了19世纪90年代以前中国传播进化主义的重要事实和文献。我们仍然倾向于相信，在19世纪90年代以前传播的以科学技术为主的"西学"论著中，还可能存在着不被所知的有关进化主义的文献。仅就以上事实和文献来看，我们可以得出如下初步结论：1. 在中国早期进化主义的传播中，西方传教士发挥了关键性的作用，不能简单地认为他们是在半阻碍半无奈之中这样做的；2. 在早期，进化主义"主要"是作为"西艺"的一个方面被介绍进中国的；3. 整体而言，生物进化主义还没有被"自觉"或"有意识"地进行"社会性"的运用。由于中国古代哲学对人和万物来源的形而上学解释往往采取了自然主义的立场，因此，在中国，生物进化主义并不像在西方激烈冲击基督教那样冲击中国的传统观念和价值体系。这种情形恰恰也符合了晚清"中体西用"提倡者的意图。当然，生物渐进进化（非一成不变）、生物适应环境而变异、生物强存弱灭、人猿同祖、否定造物主等观念，也完全可能对晚清的社会政治、历史和价值观念产生某种影响。佐藤慎一把《天演论》翻译出版之前的中国进化主义称为"原型进化主义"，并认为在很多场合，进化主义已被视为是政治改革论，"完全"没有把它作为纯粹的生物学的观念来提倡。中国并不拒绝进化主义对人类社会的适用，甚至可以说人们恰恰是在社会的立场上来把握进化的。这种方式在"原型进化主义"阶段就开始了。从这种意义上说，"原型进化主义"本身就是"社会进化主义"。[①]需要指出的是，一来当时确实存在着"纯粹"作为"生物学"、

---

① 参见佐藤慎一：《〈天演论〉以前の进化论——清末知识人の历史意识をめぐって》，载《思想》，第792号，1990年。

"地质学"和"新知识"来介绍和传播进化主义的重要方面；二来根据我们已经掌握的"直接例证"（实际很少），对"生物进化主义"进行社会政治性运用和理解的侧面并不"明显"或"突出"。因此，截至目前，在"生物进化主义"的社会政治运用这一点上，我们还必须谨慎行事。

但是，从一般意义来说，可以肯定西方"格致之学"已经影响到了人们的思维方式、价值方向，也促使人们产生了据此寻求社会政治"原理"的意欲。如王佐才在课艺命题考试中，对西方格致之学的方法论特点及其意义已经具有了明确的意识：

> 泰西各国学问，亦不一其途，举凡天文、地理、机器、历算，医、化、矿、重、光、热、声、电诸学，实试实验，确有把握，已不如空虚之谈。而自格致之学一出，包罗一切，举古人学问之芜杂，一扫而空，直足合中外而一贯。盖格致学者，事事求其实际，滴滴归其本源，发造化未泄之苞符，寻圣人不传之坠绪，譬如漆室幽暗，而忽燃一灯，天地晦冥而皎然日出。自有此学，而凡兵、农、礼乐、政刑、教化，皆以格致为基。是以国无不富，而兵无不强，利无不兴而弊而无不剔。①

这里已经明确要求把"格致之学"及其方法看成是"礼乐、政刑、教化"的基础，也就是说，要求从格致之学中寻找思考"社会政治"

---

① 弢园重校：《格致课艺汇编》，卷一，第22—23页。当然也有人试图摆脱西方格致之学对中国传统"神道设教"意识的冲击，如车善呈对西学（《谈天》所代表的看法）视天文现象与人事无涉的观点批评说："至谓彗星无与于灾异，何以往史所言，彗出而天下必有事变？使人君及早警戒，尚可消患于未形。果若《谈天》所言，适足启人主之纵肆，而天变亦不足畏矣。以是而论，《谈天》一书，其日躔月离，平行经纬度分定率，亦足资授时之用，而其悖理妄诞之见，学者不可不深察而决去之也。"（弢园重校：《格致课艺汇编》，卷四，第30页）

问题的出发点。不仅如此,格致之学已经影响到了人们的历史意识和价值观念。可举两个例子来看看。其一是王佐才比较中西"古今"、"新旧"观的立场:"然而中西相合者,系偶然之迹,中西不合者,乃趋向之歧。此其故由于中国每尊古而薄今,视古人为万不可及,往往墨守成法,而不知变通;西人喜新而厌故,视学问为后来居上,往往求胜于前人,而务求实际。此中西格致之所由分也。"[1]这种看法后来被一批知识分子(包括著名的严复)一直强调。其二是钟天纬对中西"形上形下"和"道艺"不同价值态度的说法:"格致之学,中西不同。自形而上者言之,则中国先儒阐发已无余蕴;自形而下者言之,则泰西新理方且日出不穷。盖中国重道而轻艺,故其格致专以义理为重;西国重艺而轻道,故其格致偏于物理为多。此中西之所由分也。"[2]这种说法在晚清甚至民初都很有市场。只是有关生物进化主义"直接"影响晚清社会政治和历史意识的具体事实和细节还有待进一步求证。

这是从作为"本位"的科学技术("西艺")对"社会"、"政治"和"历史"所产生的影响来说的。从作为"次要"内容传播到中国的西方社会政治思想和人文观念来看,它的影响既直接又迅速,它参与到了晚清历史"进步"观念的塑造之中,参与到了在"危亡变局"处境之下摸索"避弱就强"之路的过程中。一般来说,19世纪90年代以前,直接以生存竞争、优胜劣败、适者生存和进步为主要特质的进化主义或社会达尔文主义并未成为一种新的世界观或主流意识形态。但是,在西学东渐和列强巨大的压力之下,中国已经在铺垫着进化主义担当大任的土壤,或者说它已经在"尝试"或孕育着后来进化主义世界观的"胚胎"。从这种意义上说,佐藤慎一的看法是正确的,即清末进化主义在中国的流行绝不是"突发性"现象,它与先前的理性摸索

---

[1] 弢园重校:《格致课艺汇编》,卷四,第5页。
[2] 同上书,第16页。

过程是相连接的。而且，佐藤从"变局与历史转机"、"运会与历史法则"、"'智'与历史的不可逆性"和"'商战'与优胜劣败"等四个方面，以知识分子历史意识的变化为主，对《天演论》出版之前中国原型进化主义所做的考察，也具有启发性。① 但我们希望从更广的方面，看一看在各种复杂因素促使下形成的中国进化主义世界观的早期形态。历史意识的变化是一个重要方面，它已经开始萌生出"进步性"进化观念，历史进步目的论也在酝酿之中；那种以"强弱"论天下、论时事的"立场"或"思维方式"，与后来人们习惯的弱肉强食等社会达尔文主义观念也具有内在的联系；生物"渐进变化"观念也在为社会政治上的"渐进"变法诉求做理论上的准备。下面，我们就稍微具体考察一下。

中国近代早期形成的"强弱"意识和"强弱"论式，显然是在中西激烈冲突（最突出地表现在军事上）之下形成的。人们很容易联想到中国诸侯争霸的春秋战国时期以"强弱"论天下的历史经历。事实上，我们也可以从古代找出"强胜弱败"的逻辑，如《列子·说符》所说的"物以智力大小相制"，《论衡·物势》所说的"物以势力优劣相胜"等。中国近代的一些知识分子往往把近代中国的"变局"同战国时期诸侯争霸局面相提并论。在这种比较中，贯穿着这样的意识：其一，中国已不再是"天下的中心"或"天朝"，它只是国际关系中的"一员"，是世界上众多国家中的"一国"。这意味着以华夏为中心的"华夷之辨"观念，以"大一统"和"平天下"为旨趣的"一统垂裳"观念，已经发生动摇。这无疑是为了应对西方列强的强烈冲击所做出的"调整"和"选择"。与此相关，其二，中国在被看成是国际社会中的"一员"的时候，比起西方"列强"，又是一个"弱者"。很简

---

① 参见佐藤慎一：《〈天演论〉以前の进化论——清末知识人の历史意识をめぐって》，载《思想》，第792号，1990年。

单，在"以力服人"而非"以理服人"的现实中，"弱者"就要受制于"强者"。虽然伴随着新的"国际社会"观念的胎动，中国近代早期知识分子，也在逐渐增生着"国际秩序"中的"公正"意识（如"万国公法"），在国家之间交往中要求"平等权"。但面对西方强国在中国的"强权"现实，面对国际关系中的"敌对性"和争夺性冲突，他们更感到"势力"和"力量"的重要。只要看一看当时的习惯说法"兵战"和"商战"、看一看以"强"为核心的"自强"和"富强"追求，便可清楚。并不反对国际契约同时也具有国际公法意识的王韬，非常"务实"地认为，不可依赖于"公法"和"公约"，必须把"自强"放在首位："盖立约之事，本非有所甚爱而敦辑睦之谊也，亦非有所甚畏而联与国之欢也。不过势均力敌，彼此无如之何。……故夫约之立也，己强人弱，则不肯永守；己弱人强，则不能终守；或彼此皆强，而其约不便于己，亦必不欲久守。……是知约不可恃，道在自强。"[①] 这实际上是把国际社会关系看成是以"势力"和"富强"为基础的激烈的"生存竞争"关系，把国际社会秩序看成是没有"富强"和"力量"单凭所谓"公法"和"公约"就难以获得"生存权"的秩序。当时的外国传教士以及比较开明的中国知识分子，往往都是通过中国的"弱势"与西方"列强"的强烈对比，来警告国人以求觉醒和自强。德国传教士花之安（Ernst Faber，1839—1899）强调他写作《自西徂东》的动机就是要使"中国人"充分认识到中国在西方"列强"面前处于"弱势"的"危机性"："《自西徂东》之书何为而作也？欲有以警醒中国之人也。噫！中国之大势，已有累卵之危矣。在今日熙熙攘攘，似太平景象，然亦思强邻环列，果能怀柔否乎？夫当今之时势，外邻多日益富强，然中国能改弦易辙，不拘于成迹，发奋为雄，亦无不可共臻强

[①] 王韬：《泰西立约不足恃》，见《弢园文录外编》，卷五，第206—207页。有关这方面的看法，另请参见王韬：《洋务上》，见《弢园文录外编》，卷二，第79—81页。

盛，措天下于磐石之安，顾亦思所行者为何如耳。"① 既然在激烈的生存斗争中，只有"富强"、"自强"才能立于不败之地，才能获得生存权，那么接着的问题就是何以"富强"、"自强"。人们对此提供的答案并不一致，但就其大的或主要的倾向而言，在洋务运动时期，一般是把输入和学习"西用"（即"器艺"）作为迅速富强的"最有效"方式。当时的人们相信，高度发展的"格致之学"，是西方"富强"的法宝。这一思想后来表现为对"科学"和"技术"的信仰（"科学技术主义"）一直被强化。众所周知，传统儒家把"德"看成是治国平天下的根本（"政本"），荀子也把是否"能群"和"义"看成是区分人与动物的主要标准。虽然在洋务运动时期，人们在观念上仍把传统道德的复兴作为主体（"中体"），但在现实层面上，却恰恰是把"格致之学"提到了"首位"。强调"格致之学"，也就是注重"智力"和"智慧"的力量。格致是人优于动物的"长处"所在，就像花之安所说的那样："盖人虽为有生之最灵，然爪牙不足以供守卫，肌肤不足以自捍御，趋走不足以逃利害，无羽毛以御寒暑，苟无智慧，则禽兽胜于人多矣。所以人必资物以为养，故任智而不恃力，贵能成物以为天下用也。是知能用物者，便可显人之智慧，而大智者更能善用其物。"② 格致更是人类进步到"高级"阶段的主要特质，郑观应对此的说法颇有代表性："夫以上古游猎之世，耕牧之世，犹尚教养，况于今日地球之中已患人满，弋猎固无以为粮，而耕牧犹虞不给，教养讵可废乎？故西人广求格致，以为教养之方。盖世界由弋猎变而为耕牧，耕牧变而为格致，此固世运之迁移，而天地自然之理也。顾格致为何？穷天地之化机，阐万物之元理，以人事补天工，役天工于人事。"③ 在此，郑观应已经用"历

---

① 花之安：《自西徂东》，"自序"，上海书店出版社2002年版，第1页。
② 同上书，第212页。
③ 郑观应：《盛世危言·教养》，见《郑观应集》，上册，上海人民出版社1982年版，第481页。

史阶段"和"历史变迁"表达了某种"历史进步论"的观点,用"格致补天工"表达了类似于培根的"知识就是力量"的思想。可以说,在洋务运动时期,人们通常使用"格物"、"格致之学"等术语去强调"智力"和"智能",实际上已经成为后来中国"主智主义"(或"科学主义",像严复、梁启超等)"以智相竞"的历史媒介或契机。

中国古代的历史观念或历史意识,除了法家以"今胜于古"的方式强调历史进步论外,儒家更多的是以"古胜于今"或"一治一乱"方式强调"历史衰退论"或"历史循环论"。从整体上而言,在洋务运动时期,人们并没有"完全"摆脱儒家的历史衰退论(如"世风日下")或循环论(如"否极泰来"),但是这种历史意识已经开始动摇,一种新的接近于历史进步论或进化主义的历史意识逐渐成长起来。上面谈到的郑观应的说法就是一例。近代早期的历史进步或进化主义,其突出表现就是用带有"价值"和"理想"的尺度去划分历史阶段和判断历史变迁,并用具有历史趋势、历史必然性意味的"运会"去强调历史的"不可逆性"。我们以王韬的说法为例看一下。王韬不同意西方人认为中国历史"自古不变"的观点,强调中国"何尝不变":"泰西人士尝阅中国史籍,以为五千年来未之或变也。夫中国何尝不变哉!巢、燧、羲、轩,开辟草昧,则为创制之天下;唐、虞继统,号曰中天,则为文明之天下;三代以来,至秦而一变;汉、唐以来,至今日而又一变。……由此观之,中国何尝不变哉!"① 若这里所说主要是强调历史的可变性,其历史进步的意味还不明确的话,那么把这里的说法同王韬向往的"世界历史"的"未来"理想局面——"六合混一"或"大同"结合起来,就足以看出历史进步的意旨。王韬根据西方发

---

① 王韬:《变法上》,见《弢园文录外编》,卷一,第50页。王韬在《六合将混为一》中也表达了类似的意思:"故草昧之世,民性睢睢盱盱,民情浑浑噩噩,似可以长此终古矣,乃未几而变为中天文明之世,未几而变为忠质异尚之世,且未几而变为郁郁彬彬之世,可知从古无不变之局。"(《弢园文录外编》,卷五,第218页)

达的交通工具把世界各洲日益连接起来的这一趋势，预测"万国"最终将走向统一的大道或大同之世："今日欧洲诸国日臻强盛，智慧之士造火轮舟车，以通同洲异洲诸国，东西半球足迹几无不遍，穷岛异民几无不至，合一之机将兆于此。夫民既由分而合，则道亦将由异而同。形而上者曰道，形而下者曰器。道不能即通，则先假器以通之，火轮舟车皆所以载道而行者也。……故泰西诸国今日所挟以凌侮我中国者，皆后世圣人有作，所取以混同万国之法物也。此其理，中庸之圣人早已烛照而券操之。其言曰：天下车同轨，书同文，行同伦。而即继之曰：天之所覆，地之所载，日月所照，霜露所坠，舟车所至，人力所通，凡有血气者莫不尊亲，此之谓大同。"① 一般而论，预设了历史的最高目标或目的（不管它多么遥远），其合乎逻辑的结论就是历史终结论。然而，只要历史被置于某种目标或目的之下，那么朝向目标或目的的历史变迁，同时也就意味着历史的进化。王韬不仅强调了历史的进化过程，而且把这一过程看成是一种从"特殊性"到"普遍性"的过程。郑观应的历史图式——"从封建天下到郡县天下"、"从郡县天下到华夷联属之天下"，实际上也是把历史看成是朝向未来的进步运动。② 在王韬、郑观应等人那里，历史已经不再是时间上的"逆向"倒转，不再是复兴"三代盛世"（或黄金时代）的"往回"追溯。他们的乌托邦主义，已经被纳入到了"不可逆"的时间之流和历史之中。这种在危亡变局之下形成的新的历史进步意识和理想设计，与翻译并连载于《万国公报》（1891年12月至1892年4月）上的《回头看纪略》一书中所设想的乌托邦主义③，成了清末严复、康有为、梁启超的历史

---

① 王韬：《原道》，见《弢园文录外编》，卷一，第36页。
② 参见郑观应：《论公法》，见《郑观应集》，上册，第65—66页。
③ 《回头看纪略》，李提摩太译，原作者为贝拉米（E.Bellamy），当时译为毕拉宓。1894年出版单行本，题为《百年一觉》。有关此书对维新派的影响，请参见熊月之：《西学东渐与晚清社会》，第411—413页。

进化主义和大同乌托邦主义的先在"引路者"。同样,近代早期开明知识分子强调"变",强调"渐变"①,以此作为实现历史进步和理想的方式,也影响到了晚清的渐进变法思想和渐进历史观。

至此,可以说清末优胜劣败的社会达尔文主义和历史进化主义,在洋务时期就具有了一定的先在形态。从这种意义上说,存在着差异的清末的政治变法运动与洋务运动,在其思维方式和观念上,也贯穿着一些重要的前后相连的东西。

---

① 如王韬强调历史进步和变迁是以"渐变"方式进行的:"即欧洲诸国之为治,亦由渐而变,初何尝一蹴而几,自矜速化欤?"(王韬:《变法上》,见《弢园文录外编》,卷一,第50页)"而其致之也必由有其渐,其成之也必有所由。"(王韬:《六合将混为一》,见《弢园文录外编》,卷五,第218页)

第二章
中国进化主义与日本的中介作用

说起中国的进化主义思潮，人们马上会想到严复的名字，这是很自然的。严复是中国近代传播西学的重要人物，在其所输入的西学中，对中国思想界影响最大的就是进化主义。但是，除了严复之外，中国进化主义思潮还与日本有重要关系。这是由两个因素促成的，一是进化主义思想在通过严复"比较多"地传入中国之前，已经较多地输入到了日本，并通过日本人的消化和吸收，成长为日本思想观念的一部分。二是清末中国仁人志士和大批留学生来到日本，希望通过日本来间接地学习西方的思想文化或直接学习日本维新之后的新文化，以使它们在中国发挥作用。本章的目的就是要考察一下中国进化主义思潮与日本的关系。

一、进化主义在日本

为了便于讨论，在考察中国进化主义思潮与日本的关系之前，我们先简要介绍一下进化主义从西方传入日本的情况。

根据日本生物学史研究者上野益三博士的说法，在日本最早谈到生物进化的是1875年（明治八年）松森胤保所写的《求理私言》。[①]

---

① 参见八杉龙一：《进化论の历史》，东京，岩波书店1895年版，第168页。

稍后，即1877年（明治十年），美国生物学家莫斯（Edward Sylvester Morse，1838—1925），来到日本，作为外国教师，在东京大学讲授生物学、动物学。这是日本系统接受生物进化主义的开始。据说，莫斯在日本介绍宣传进化主义甚为努力，活跃在大学内外，还同反对这种学说的西方传教士展开论战。[1]1883年，《动物进化论》在日本刊出，这是日本第一部有关生物进化主义的书。此书是一部译著，译者为石川千代松，莫斯在日讲学时，石川是听讲的学生。莫斯是用英文讲的，石川做了笔记。之后，石川与同时一起听讲的平沼淑郎商量，决定把笔记手稿译成日文，最后，这些笔记以《动物进化论》之名在日本出版。当时东京大学的生物学教授矢田部良吉为该书写有序言。1891年（明治二十四年），石川千代松所著《进化新论》出版，这是日本生物学家经过自己的消化之后，首次对生物进化主义所做的介绍性著作。至此，作为生物进化主义创立者的达尔文的著作，也开始被译为日文，在日本出版。不过，日本人首先翻译出版的并不是达尔文的《物种起源》，而是他的《人类的由来》（日译名为《人祖论》）。而《物种起源》直到1896年（明治二十九年）才由立花铣三郎译出，以《生物始源》（一名《种源论》）在日本出版。之后又有不同的译本。[2]

差不多与介绍生物进化主义同时，日本对社会进化主义的介绍也开始了，而且后者对日本社会所产生的影响更大。外山正一首当其先。1865年（庆应元年），他留学英国，1870年（明治三年），他又到美国留学，在密歇根大学研究自然科学和哲学。1876年（明治九年），他回国，任职于东京大学，上面提到的莫斯，就是由他引荐到日本做外籍教师的。外山是日本社会学开创者，他深受斯宾塞社会进化主义的影响，因而向日本人传输的也主要是斯宾塞的社会进化主义。1878

---

[1] 参见近代日本思想史研究会：《近代日本思想史》，第1卷，马采译，商务印书馆1983年版，第155页。

[2] 如社会主义者大杉荣有重译本，新潮社1916年版。

年（明治十一年），由莫斯所介绍的一位美国学者费诺罗萨（Ernest Francisco Fenollosa, 1853—1908）到达日本，担任哲学教师，主要讲授哲学和逻辑学。期间，他曾大力宣传斯宾塞的社会进化主义，并使之普及；此外，他还对日本的美术界影响很大。上文已有提及的矢田部良吉，在为《动物进化论》所写的《绪言》中，也把进化主义与社会联系了起来，强调进化的普遍性。加藤弘之早期作为启蒙思想家，主张自由和天赋民权思想，但到了后来，他却一改初衷，反对"天赋人权说"。其标志是他1882年（明治十五年）出版的《人权新说》。在此书中，他宣扬社会达尔文主义，认为基于自然选择的自下而上的竞争不可避免，优胜劣败是社会的原理，并以此批评"天赋民权"观念。加藤的《人权新说》，引起了一场争论，不少人纷纷撰文，批驳加藤的理论。[①]1904年（明治三十七年），丘浅次郎出版了他的《进化论讲话》，此书一直到昭和时代，还被广泛阅读，对日本的社会和思想颇有影响。从明治末年到大正时代，进化主义在日本社会主义者那里，也颇有市场，代表人物有幸德秋水、大杉荣、堺利彦、山川均等。对他们来说，进化主义体现了历史进步的观念。当然也有无政府社会主义者，并不把社会看做进化的，如石川三四郎撰写的《非进化论与人生》，就持这种观点。

不管如何，从明治初年开始，进化主义（生物进化主义和社会进化主义）逐步成为日本近代思想领域中的一大思潮，正如有人所描述的那样："1877年（明治十年）来到东京大学讲学的美国动物学者莫斯所开始介绍的进化论，完全风靡了日本学术界，特别是以东京大学为中心的官学学院。'进化论这个名词好像长上了翅膀，飞遍整个日本，留心新知识的人常常开口进化，闭口进化，好像只要谈进化，任何问题都

[①] 如矢野文雄：《人权新说驳论》（1882年）；植木枝盛：《天赋人权辩》（1883年）；马场辰猪：《天赋人权论》（1883年）等。

可以解决似的。'"① 连井上哲次郎后来也自认当时"我们热心研究进化论，而且很喜欢它"②。进化主义作为日本近代的一大思潮，对日本思想界的影响主要有以下方面：一是社会达尔文主义的流行。社会达尔文主义认为人类社会与动物界一样，通行的是优胜劣败的法则。如加藤弘之说："我们人类既各有其优劣等差，因而也就发生无数的优胜劣败的作用，这实在是万物法的一大定规，永久不易不变的原理。"③ 二是社会和国家有机体说的流行。这一学说不把社会和国家看做个人的机械结合，而是认为它们与动物有机体一样，也是一种有机体。而自下而上的竞争主要是在不同的社会、国家和民族之间进行，为了在竞争中生存下来，就需要每个人把社会、国家和民族放在第一位。这种看法导出了社会至上和国家主义。加藤弘之、外山正一和石川千代松的进化主义都体现了这一点。三是自由主义和个人主义观点流行。斯宾塞的进化主义，带有自由主义和不干涉主义的倾向，这一点对日本的自由民权派甚具吸引力。如坂垣退助把斯宾塞的著述视为自由民权的教科书大加赞赏。四是历史发展进步论流行。这种观点认为，社会历史只有在不断的进化发展中才具有生命力，日本的社会主义者多持此种主张。

二、日本进化主义对中国的影响

如上所说，进化主义输入到日本，始于1877年（明治十年）左右。而在中国，进化主义作为一种"主义"的输入和传播一般认为是从严复开始的。④ 1895年，严复在天津《直报》上发表了《原强》，此

---

① 三宅雪岭：《明治思想小史》，见《近代日本思想史》，第1卷，第118页。
② 井上哲次郎：《明治哲学界的回顾》，见《近代日本思想史》，第1卷，第118页。
③ 近代日本思想史研究会：《近代日本思想史》，第1卷，第114页。
④ 参见王中江：《严复与福泽谕吉启蒙思想比较》，商务印书馆2024年版，第266页。

文对达尔文的《物种起源》(严复译为《物类宗衍》)和斯宾塞的社会学均做了简要介绍。照王栻的说法,严复翻译赫胥黎的《进化论与伦理学》最迟在1895年,可能在1894年已开始,初稿当时被私人印行(有陕西味经书处1895年刻本,这可能是《天演论》的最早刻本)。[①]1898年,《天演论》正式出版,它对中国思想界产生了深远的影响。但就在严复直接从西方传输进化主义之际,日本的进化主义也开始与中国发生关系。这种关系首先表现在,日本所译的与进化主义有关的一套术语被引进中国,并逐渐通行和固定下来。

众所周知,严复译《天演论》,其中的重要术语,都是首次被译,没有现成的译法,颇费心思。正如他所说:"新理踵出,名目纷繁,索之中文,渺不可得,即有牵合,终嫌参差。译者遇此,独有自具衡量,即义定名。……如物竞、天择、储能、效实诸名,皆由我始。一名之立,旬月踟蹰,我罪我知,是在明哲。"[②]"严译名著丛刊"原编者在对《天演论》所加的注中,把严复所译的下列名词与以后的通行译法做了对比:evolution 一词,严氏译为天演,近人撰述,多以进化二字当之;struggle for existence,严氏译为物竞,今通译生存竞争;selection,严氏译为天择,今通译天然淘汰;biology,严氏译为生学,今通称生物学;artificial selection,严氏译为人择,今通译为淘汰;heredity,严氏译为种始之说,今通称遗传说。[③]

由此来看,严复颇费苦心的一些译名,却没有通行起来,而是被别的一些译法所取代。这些别的译法,大都来自日本。evolution 一词,1881年(明治十四年)出版的井上哲次郎等人编著的《哲学字汇》已经译出,初版和再版(1884年,即明治十七年)均译为"化醇"、"进

---

① 参见王栻:《论严复与严译名著》,见王栻主编:《严复与严译名著》,商务印书馆1982年版,第5—6页。

② 严复译:《天演论》,"译例言",商务印书馆1981年版,第12页。

③ 参见严复译:《天演论》,第1、3、4、17、64页。

化"、"开进"。同时被译出的还有 theory of evolution，被译为"化醇论"、"进化论"。struggle 被译为"竞争"，struggle for existence 被译为"生存竞争"，selection 被译为"选择"、"淘汰"，natural selection 被译为"自然淘汰"，artificial selection 被译为"人为淘汰"。survival of the fittest 一词，初版被译为"适种生存"，再版时被译为"优胜劣败"。很明显，日本的一些进化主义用语，在1881年的《哲学字汇》中，已基本被确定下来，并开始出现在一些论著中。在1881年出版的《东洋学杂志》中，"自然淘汰"、"人为淘汰"已被用在了文章中。[①]1882年（明治十五年）出版的加藤弘之的《人权新说》，则更多地使用了进化主义的用语，除了"自然淘汰"和"人为淘汰"之外，还有"进化主义"、"生存竞争"和"优胜劣败"等。同年，在评论加藤《人权新说》的文章中，也有了"自然淘汰"和"优胜劣败"等用语。[②]1883年（明治十六年）出版的由石川千代松翻译的《动物进化论》一书，使用了"进化主义"、"自然淘汰"和"人为淘汰"等术语。同时，在矢田部良吉为该书写的"绪言"中，则使用了"生存竞争"、"适者生存"等用语。日本所译的进化主义用语，有的是根据英文原词的意义新创设的，如"进化主义"、"适者生存"等，而有的则是借用了中国古汉语中已有的词汇或对古汉语词汇进行组合，前者如"进化"，后者如"自然淘汰"，此语是古汉语中的"自然"和"淘汰"的组合。[③]

现在的问题是这些术语是如何被引进中国的。我们在此不能详细考察，只能大致说一下。在严复开始介绍进化主义的时候，日本所译的术语，中国知识分子可能已经开始接触，并与严复所译的术语一起使用。1896年，严复在给梁启超的信中说："拙译《天演论》，谨将原

[①] 参见《东洋学杂志》，第1、2、4、5、6号，1881年。
[②] 《人权新说ヲ评ス》，载《东京横滨每日新闻》，1882-11-01 至 1882-11-26。
[③] "自然"出于《老子》，"淘汰"出自白居易的"赋之赋"。"进化"一词，疑为古语，然至今尚未在古籍中寻到出处。

稿寄去。"据此，梁启超此时已读到了严复的《天演论》手稿。梁启超在上海《时务报》上连载了长文《变法通义》，此文一方面使用了严复的术语，如《论译书》一节中说："近译者，有《治功天演论》《辩学启蒙》等书。"另一方面，又有几处使用了日本的译语。如《论变法必自平满汉之界始》一节说："自大地初有生物，以至于今日，凡数万年，相争相夺，相搏相噬，递为强弱，递为起灭。一言以蔽之曰：争种族而已。始焉物与物争，继焉人与物争，终焉人与人争。始焉蛮野之人与蛮野之人争，继焉文明之人与蛮野之人争，终焉文明之人与文明之人争。茫茫后顾，未始有极。呜呼！此生存相竞之公例，虽圣人无如之何者也。……夫世界之起初，其种族之差别，多至不可纪极，而其后日以减少者，此何故乎？凭优胜劣败之公理，劣种之人，必为优种者所吞噬所朘削，日侵月蚀，日澌月灭，以至于尽。"其中使用了"优胜劣败"一语。又如《论变法后安置守旧大臣之法》一节说："且其中之有才而能任事者，仍可授新衙门之差遣。则新班之数日增，而旧班之数日减。此亦自然淘汰之公理也。"其中使用了"自然淘汰"一语。虽然尚无明确的证据来肯定梁启超使用的词语来自日本，但通过他与黄遵宪的交识可以有所推测。黄遵宪1877年被任命为日本公使馆参赞，在日期间他既向日本人介绍中国文化，同时又研究日本文化，特别是明治维新的历史，着手写《日本国志》（完成于1887年）。应该说，他对日本的进化主义用语是熟悉的。1896年4月，梁启超与黄遵宪在上海交识，共同创办了《时务报》，因此，梁启超极有可能通过黄遵宪了解日本有关进化主义的用语。[①] 同时，《时务报》聘用日本人担任译职，这也是一条重要渠道。1898年，政变事起，梁启超亡命日本，这就为他提供了一个直接了解日本近代文化的机会，当然也包括了解日本的

[①] 1897年，梁启超与日人山本梅崖在上海相识，这也是一个机会。参见铃木修次：《日本汉语と中国》，东京中央公论社1981年版，第207—208页。

进化主义用语。同年11月，梁启超在日本横滨创立《清议报》，在上面发表文章，其中使用了日译进化主义用语，特别是"进化"一词。如《论支那宗教改革》一文说："今胜于古，后胜于今，此西人打捞乌盈士·士啤生氏等所倡进化之说也。"又如《论中国人种之将来》说："此乃二十世纪全世界一大进化之根源，而天运人事所必不可避者也。"还有"生存竞争"和"优胜劣败"等名词，也都出现在梁启超的文字中，如《论爱国》说："呜呼！以如此之民，而与欧西之种并立于生存竞争、优胜劣败之世界，宁有幸耶？宁有幸耶？"正是由于像梁启超这样的中介人物不断地使用日译进化主义用语，而他的文字又在中国思想界影响很大，所以，不少日本译法的进化主义用语反而取代了严复的译语，成为通行的用语。

三、日本进化主义著作的翻译

除了使用日译进化主义术语外，从19世纪末到20世纪初，中国留学生还翻译了不少日译本和日本人著述的进化主义书籍，传播进化主义思想。

中国留学生所译的进化主义著作主要有：《政治进化论》，（英）斯宾塞著，译者不详；《权利竞争论》，（法）伊耶陵著，译者不详；《物竞论》，（日）加藤弘之著，杨荫杭译，东京译书汇编发行所1901年出版；《加藤弘之讲演集》，加藤弘之著，作新社译，作新社1902年出版；《天则百话》，加藤弘之著，吴建常译，广智书局1902年出版；《人权新说》，加藤弘之著，陈尚素译，开明书店1903年出版；《道德法律进化之理》，加藤弘之著，金寿庚等译，广智书局1903年出版；《政教进化论》，加藤弘之著，杨廷栋译，广智书局1911年出版；《社会进化论》，（日）有贺长雄著，麦鼎华译，广智书局1903年出版；《族制进化论》，有贺长雄著，译者不详，广智书局1902年出版；《进化新论》,(日)石川千代松著,译者不详。

从这一目录来看,加藤的著作占了大多数。上面已述,加藤是日本人宣传社会进化主义的主要代表人物,他以"进化主义"反驳"天赋人权说",对当时的日本思想界产生了很大的冲击。中国留学生之所以把他的著作大量地翻译成中文,恐怕与他的这种影响有关。梁启超在日本时,也比较注意加藤的进化主义,而且持有评判的态度。如1902年,他在《新民丛报》摘要介绍加藤的《天则百话》说:"日本文学博士加藤弘之,德国学派之泰斗也。专主进化主义,以爱己心为道德法律之标准。其言因多偏激有流弊,然持之有故,言之成理,故其影响于日本学界者甚大焉。"但他强调,他并不想把加藤的进化主义介绍到中国来,因为在他看来,加藤的进化主义带有强烈的利己主义倾向,不合中国时宜,他说:"此等学理,最不宜于今日之中国。""余夙爱读其书,顾不欲介绍其学说于中国,盖虑所益不足以偿所损也。"但既然翻译了加藤的那么多著作,无论如何,他的进化主义总要对中国有所影响。如鲁迅青年时代除了热心阅读严复译的《天演论》外,还读过加藤的《物竞论》。又如早年留学日本的李大钊,也受到过加藤进化主义的影响。李大钊回国后,1917年撰写《自然的伦理观与孔子》,1919年撰写《物质变动与道德变动》,文中都运用进化主义的观点,解释伦理道德的形成和发展。他虽然没有明说这里的进化主义来源于加藤,但据相关学者考察,前文是以加藤1912年发表的《自然与伦理》为底本而写出的,而后文的观点,实际上也与加藤的进化主义密切相关。当然,李大钊对加藤的进化主义,也有所选择。他主要接受了加藤的伦理道德不是固定不变而是不断进化和发展的观点,而不赞成加藤的优胜劣败的社会达尔文主义。1919年元旦,李大钊在其发表的《新纪元》中说:"从前讲天演进化的,都说是优胜劣败,弱肉强食,你们应该牺牲弱者的生存幸福,造成你们优胜的地位,你们应该当强者去食人,不要当弱者,当人家的肉。从今以后都晓得这话大错。

兼取斯、葛二家，其说以社会拟有机，而曰非一切如有机。知人类乐群，亦言有非社会性，相与偕动，卒其祈向，以庶事进化，人得分职为候度，可谓发挥通情，知微知章者矣"①。正是出于对岸本能武太《社会学》一书的高度赞赏，章太炎从日本回国后，很快就把此书译成了中文，交由广智书局出版。

虽然中国进化主义思潮与日本有重要关系，但当时的中国知识分子绝不是通过日本照抄进化主义，他们也进行了自主性的选择。下面，我们就进入到中国进化主义思潮的具体场景中来看一看。

---

① 章太炎：《社会学自序》，见《章太炎政论选集》，上册，第170页。

第三章

在天道与人道之间：中国进化主义的诞生
——严复进化主义的复合结构

正如前面我们已经说到的那样，在中国，严复并不是最早传播进化主义的人，在他之前，达尔文及其生物进化主义，通过在华传教士这一桥梁，已经进入到中国本土。当然，它们还只是以非常零星和非常简单报道的形式被传入的。因此，不管我们如何追踪进化主义在中国的初传情况，都不影响严复在中国进化主义思潮中的开山地位。严复是西学第一人，这一有充足理由的说法，已深入人心。从《天演论》在很大程度上已成为严复思想的象征符号这一点而言，我们可以肯定地说，严复是中国进化主义第一人。从研究进化主义的专门性和系统性上来说，我们不难举出后来居上者，如陈兼善、朱洗等人，但他们就像是林中小屋中的人物那样，只有在我们偶尔进入到这个天地中时，才会漫不经心地瞥上一眼，或者只是在特别需要的时候，才会走过去同他们打一下交道。然而，严复的进化主义却总是不能被绕开的。时代为严复的进化主义提供了广阔的空间，反过来，严复的进化主义又强烈地影响着历史时代，使许多人感到振奋。从外形来看，严复的进化主义，往往伴随着达尔文、斯宾塞、赫胥黎的名字，似乎只是他们进化主义思想的翻版。[①]但

[①] 这样说，也是相对的。因为即使是自认为最忠实的介绍，也难免具有其自身的"理解"向度。

第三章 在天道与人道之间：中国进化主义的诞生

是，在引介和传播达尔文特别是斯宾塞和赫胥黎进化学说外形的内部，却深深贯彻着严复对进化主义所持有的独特逻辑和立场。从实质上看，达尔文同斯宾塞的进化主义是极其不同的，而赫胥黎也持有同斯宾塞的社会达尔文主义相反的立场。但是，他们都处在大不列颠工业革命的兴盛时代，所感受到的仿佛是太平盛世的一番景象：强大、富庶、和平和自由。在他们那里，展现给世人的进化主义，或者是深思熟虑的严格科学，或者是从容不迫的学理。曾一度直接感受过英国繁盛景象并一直身临"危亡变局"国度的严复，却是在无限焦虑、不安和紧迫之中与进化主义相遇的。经过时代危机的折射，在严复那里，进化主义则成了"自强保种"、"保群自存"、"合群自强"的同义语。通过传统理念的过滤和内外包装，严复的进化主义基本上已经本土化或者说具有了古色古香的格调。我们完全有必要通过严复是如何在斯宾塞或赫胥黎之间进行选择（如笔者）或者他倾向于谁（如史华慈的说法）等方式来观察他的进化主义。[①] 但笔者现在认识到，严复的进化主义，已经不是简单地在斯宾塞或赫胥黎之间（或在传统与现代之间）左右取舍、挑挑拣拣的问题。可以说，严复的进化主义是属于"严复的"，是经过严复的吸收和消化之后而形成的"观念形态"（虽然从文本形式上看它显得零零碎碎）。如果先做一点暗示的话，严复的进化主义体现了对不同观念的一种精心"整合"（不能理解为折衷）。换句话说，他既不完全是斯宾塞式的，又不完全在赫胥黎之外，我们最好把它作为一种"复合结构"来理解。

[①] 参见王中江的《严复》（台北，东大图书公司1997年版，第207—218页）和史华慈的《寻求富强：严复与西方》（江苏人民出版社1995年版，第90—104页）。另，有关严复在斯宾塞和赫胥黎之间进行选择及其倾向问题，高柳信夫不同意手代木有儿的观点，他像史华慈一样坚持认为，严复完全站在了斯宾塞一边。参见手代木有儿：《严复〈天演论〉におけるスペンサーとハックスリの受容——中国近代における〈天〉の思想》，载《集刊东洋学》，第58号，1987年；高柳信夫：《〈天演论〉再考》，载《中国哲学研究》，1991年第3期。

一、游心进化主义的过程

严格说来，严复的进化主义只是他的广大的"西学"世界的一部分。但就其在严复思想中的重要性而言，说它居于首要地位，并不夸张。严复的宇宙观、社会政治观、历史观和伦理观等，在很大程度上，都建立在进化主义这一基础之上。如果说严复热心推广的包含着很多不同内容的西学，都是他追求的急切"富强"目标所需要的，那么，在严复那里，进化主义作为一种"根本性"的世界观，则承担着使富强成为可能（提供无限的活力或力量）的"普遍性"角色。这一点本身，就使进化主义在中国获得了与西方有所不同的最直接的特殊功能。说起来，严复一再强调西方的"富强"根源于"西学"，而英国又被认为是这方面的模特儿。严复留学英国时除了极其专业化的航海驾驶专业外还关注西方政治、经济和社会等思想，就是相信这些思想对中国的富强最为有效。尽管这样，严复在英国时究竟阅读了多少这方面的著作，还难以肯定。实际上可能并不多，而且对于各种思想他大概是处在一般了解和观察的层面上。严复与进化主义相遇，应该有身临其境之感。因为他在英国留学之时，正是进化主义兴盛的时代。他后来一直推崇的进化主义的三大人物——达尔文、赫胥黎和斯宾塞，当时也处在非常活跃的时期。有理由相信，进化主义这一时代思潮当时就会进入到具有广泛兴趣的严复的视野中，哪怕是无意识的。

进化主义最早出现在严复的论著中，是1895年3月他在天津《直报》上发表的《原强》一文。严复的动机非常明确，他要使那些先前谈西学讲洋务的人知道，在近五十年中，西人所追求的"近之可以保身治生，远之可以利民经国"的东西是什么。在严复看来，这就是达尔文的学说和斯宾塞的"群学"。在此，严复还没有涉及斯宾塞的"进化主义"，但达尔文的《物种起源》（严复翻译为《物类宗衍》）的进化学说，则以简明扼要的形式被表达了出来：

> 物类之繁，始于一本。其日纷日异，大抵牵天系地与凡所处事势之殊，遂至阔绝相悬，几于不可复一。然此皆后天之事，因夫自然，而驯致若此者也。①

在注重生物进化主义本身的内容之外，严复还特别强调这一基于实证的理论给西方思想文化所带来的强烈冲击和影响（"泰西之学术政教，为之一斐变焉"②）。这一点，严复本人肯定有直接的感受，这当然得自他留学英国的经历。严复在对达尔文《物种起源》的引介中，特别注重其中的两章——一是第三章的"生存斗争"（严复译为"争自存"）；二是第四章的"自然选择"——即适者生存（严复译为"遗宜种"）。严复对这两章的译名，很难说偏离了原题，但在对这两章内容的具体解说上，却似乎与原题有所疏离。严复这样说：

> 所谓争自存者，谓民物之于世也，樊然并生，同享天地自然之利。与接为构，民民物物，各争有以自存。其始也，种与种争，及其成群成国，则群与群争，国与国争。而弱者当为强肉，愚者当为智役焉。迫夫有以自存而克遗种也，必强忍魁桀，趫捷巧慧，与一时之天时地利洎一切事势之最相宜者也。③

达尔文的《物种起源》，主要是从"生物"、"物种"立论，避开了"人类"（"民"）的进化问题，既没有"社会"（"群"）和"国家"（"国"）的概念，又没有"弱肉强食"、"愚者智役"的明确表述。

---

① 王栻编：《严复集》，第 1 册，第 5 页。
② 同上。
③ 同上。

但是，严复很轻易地就把它们挂在了达尔文的《物种起源》名下。从这里开始一直到后来，与关心严格意义上的生物进化相比，严复更关心进化主义在人类和社会中的普遍适用性。这样，"社会达尔文主义"一开始就在严复的进化主义中打上了烙印。《原强》对进化主义的介绍和理解，是极其简略的，它只是在与主题相关的意义上被涉及。严复之所以能成为中国进化主义思潮的奠基性人物，完全取决于他所翻译的《天演论》一书。这部书既是对一个进化主义文本的翻译，同时也为严复充分表达其进化主义观念提供了机会（通过加按语。这种形式在严复的译书实践中，一再被运用）。这本部头实际上很小的书，后来所产生的广泛影响，可能完全出乎严复的意料，因为他翻译这部书并非精心选择的结果。说来或许令人难以置信，他认为译书是为了消磨时光，同时此书的内容不太艰深，翻译起来比较容易。而且由于此书纯粹的学理性，非现实迫切需要，他甚至不愿把它公之于世。严复在"译《天演论》自序"和"译例言"中分别说：

> 夏日如年，聊为迻译，有以多符空言，无裨实政相稽者，则固不佞所不恤也。
>
> 是编之译，本以理学西书，翻转不易，固取此书，日与同学诸子相课。……顾惟探赜叩寂之学，非当务之所亟，不愿问世也。

最后，严复是在友人的劝告下才把这部书公开出版的。有关这一方面的内容，我们过去注意得不够。凭着《天演论》的影响力，我们很容易想象严复当初就会具有一种惊人的动机。但实际上却差不多可以说是"无心插柳柳成荫"。当然，《天演论》之所以能赢得广泛的反响，既取决于它向中国人展现了一种全新的世界观，也取决于这种世界观实际上也是当时寻求富强的中国所迫切需要的（"自强保种之事"）。

由赫胥黎在牛津大学"罗曼尼斯讲座"的讲演所汇编而成的《进化论与伦理学》一书,是1894年出版的。① 严复对此书的反应速度,令我们吃惊。他很可能在此书出版当年的年底或次年初就拿到了它。② 他是通过什么途径得到这部刚出版的书,我们还不清楚。我们猜测他的留学背景和英国朋友可能起了作用。译本《天演论》的正式出版是在1898年,但在1895年就已经脱稿。严复曾把译稿寄给梁启超阅读,梁启超又推荐给其师康有为和夏曾佑传阅,他们对该书表示了高度的推崇。③ 严复以如此快的速度获得此书并把它翻译出来在另一个国度传播,一下子缩短了中国思想界与世界思想界的距离。

有关严复翻译《进化论与伦理学》的方式,我们已经有了不少讨论,在此不必细说。简言之,他翻译的方式,不是"直译",而是"意译"和"编译"。他还把赫胥黎的现代英文文体变成了古雅的"桐城"文言文,阅读起来,仿佛是在阅读先秦诸子,甚至比它还难。这表明严复无意于对传统的文言文做出改革,他宁愿复兴这一传统。在严复看来,古雅的文言文,并不是表达高深学理的障碍,恰恰是它得以可能的条件。这符合于他提出的"信达雅"的翻译原则。他相信他用古文翻译西方的现代著作就是力求实践这一原则。④ 但是,正像人们已

---

① 1893年首次出版的《进化论与伦理学及其他论文》,包括了赫胥黎的五篇论文。1894年出版的《进化论与伦理学》,只包括原书的前两篇论文,其中的"导论"是新加的。

② 按严璩的《侯官严先生年谱》记载,严复是在1895年中日甲午战争签订"和议"之后开始翻译此书的:"和议始成,府君大受刺激。自是专力致于翻译著述。先从事于赫胥黎之《天演论》,未数月而脱稿。"如果是这样,"和议"签订于4月,那么在之前他就应该有了这部书,时间很可能是1894年底或1895年初。

③ 参见《梁启超致严复书》,见《严复集》,第5册,第1580页。

④ 如他在"译例言"中非常自信地说:"译文取明深义,故词句之间,时有所颠倒附益,不斤斤于字比句次,而意义则不倍本文。""译者将全文神理融会于心,则下笔抒词,自善互备。至原文词理本深,难于共喻,则前后引衬,以显其义。凡此经营,皆以为达,为达即所以为信也。"

经指出的那样,严复所翻译的《天演论》,对原文的增删、改动之处,随处可见。史华慈说:"他的译著《天演论》,其实不太像原著的译本,倒更像原著的缩写本,其他译著则较尊重原著。"①他把《进化论与伦理学》的书名,译成《天演论》本身,就颇有象征性。因此,无论是从用优雅的古文语词表达现代观念方面来说,还是从改译方面而论,严复的《天演论》都可以作为独立创作的作品来阅读。

《天演论》一书的一些内容,包括严复所加的部分按语,正像严复所说,并非"富强"这一当务所需。书中涉及了西方文化的一些一般性知识,严复的补充又加强了这一点。它们虽对现实没有直接的效用,但从中国思想文化的发展来说,却并不多余。特别是由于这些知识对于中国人来说大都是前所未闻,所以仍有不小的诱惑力。令人奇怪的是,严复选择了一部他不太欣赏的著作进行翻译。他更欣赏的是斯宾塞的著述。②他之所以没有首先翻译斯宾塞的著作,照他的说法是因为斯宾塞的《综合哲学》"数十万言……其文繁衍奥博,不可猝译"③。由于赫胥黎的《进化论与伦理学》一书的主旨,恰恰是批评斯宾塞的"社会达尔文主义",认为"生存竞争"的生物法则不适合社会,社会需要的是伦理原则,没有"进化"的伦理,而只有"伦理"的进化。这样,在客观上,赫胥黎就与十分欣赏斯宾塞进化观念的严复处在看似比较对立的位置上。但最终的结果却是,严复通过翻译赫胥黎的著述,找到了为斯宾塞的进化观念进行辩护的机会。④但这决不意味着赫

---

① 史华慈:《寻求富强:严复与西方》,第88页。有关严复偏离原著的情况,请参见林基成:《天演=进化=进步?重读〈天演论〉》,载《读书》,1991年第12期。

② 如他曾这样介绍斯宾塞说:"斯宾塞尔者,与达同时,亦本天演著《天人会通论》,举天、地、人、形气、心性、动植之事而一贯之,其说尤为精辟宏富。……呜呼!欧洲自有生民以来,无此作也。"(严复译:《天演论》,第4—5页)但是,19世纪末,斯宾塞在西方的声望,已开始剧烈下降。

③ 严复译:《天演论》,第6页。

④ 照史华慈的说法,是一个"极好"的机会。

胥黎的《天演论》就成了严复所需要的反面教材。正如人们所认识到的那样，在"人道"和"人治"的立场上，严复与赫胥黎又有很大的亲和性。严复如何在独特的理解结构之下"整合"斯宾塞和赫胥黎的观念从而形成自己的独特进化主义，后文将进行具体讨论。

在翻译《天演论》之后的一段时间内，严复讨论进化主义比较多的著作，主要有1905年在东京出版的《侯官严氏评点〈老子〉》[①]、1906年由商务印书馆出版的《政治讲义》和1913年在北京《平报》上连载的《天演进化论》。与在其他方面采取的方式一样，在进化主义上，严复也并不困难地在中国传统中发现了进化主义的相似物。这不是简单或廉价地要为人们提供自信或骄傲的资本，因此不能把严复同那些轻率地宣扬"古已有之"的人相提并论。严复这样做至少表明了一个愿望，即用新的观念重新解释古老的传统。对严复来说，达尔文进化主义在中国道家的始祖老子那里就有了它的最早形态，如对于老子所说的"天地不仁，以万物为刍狗；圣人不仁，以百姓为刍狗"《道德经·第五章》，严复这样批注说："天演开宗语。""此四语括尽达尔文新理。至哉！王辅嗣。"[②]这是批注式的评论，不能用严格的标准来衡量其恰当性，但显然过于夸张了。另一方面，严复在老子那里也发现了与进化主义难以弥合的鸿沟。老子以"质朴"为本真的"自然主义"，使他认为"文明化"不仅不是"进化"，反而是一种"退化"。这样，社会历史的"进化"，就必须是在逆反或倒流的时间中"返朴归真"。对于相信时间不可逆、文明化趋势、社会历史朝向未来进化的严复来说，老子的这种观念是无法接受的：

今夫质之趋文，纯之入杂，由乾坤而驯至于未济，亦自然之

[①] 1931年商务印书馆重版此书时，改名为《严复评点〈老子道德经〉》。1986年，此书节录收入《严复集》时，改名为《老子评语》。

[②] 王栻编：《严复集》，第4册，第1077页。

势也。老氏还淳返朴之义，独驱江河之水而使之在山，必不逮矣。夫物质而强之以文，老氏訾之是也。而物文而返之使质，老氏之术非也。何则？虽前后二者之为术不同，而其违自然，拂道纪，则一而已矣。①

按照老子"顺其自然"的逻辑，从"物"到"文"，也完全可以是一个自然的过程。依此而论，老子非议"文明"本身，恰恰就是"非自然"的。严复从这一点上批评老子，可以说是"以其道还治其身"。但是严复又肯定老子对强行使"质"为"文"的批评是恰当的。从"人属于自然"的自然主义来说，"强行"本身也是"自然"的。只有在"人"与"自然"相对的意义上，"强行"才是"非自然的"。因此，从前一意义上讲，老子批评"强行"在理论上仍然不通。

在由一系列演讲稿汇编而成的《政治讲义》中，严复把进化主义的方法和理论运用到国家和社会群体领域中，强调国家和群体都是有机体，它们自然而生，也遵循着自然的法则而进化。基于这个前提，严复认为研究国家和群体，也必须采用类似于研究生物的进化主义方法。如他说："国家为有机体，斯其演进之事，与生物同。"②"国家是天演之物，程度高低，皆有自然之理。……国家既为天演之物，则讲求政治，其术可与动植诸学，所用者同。"③这种在生物进化主义投射之下的国家观和社会观，在严复的《天演进化论》这一专门论文中，显然得到了加强。在此，从人（男女）的进化到社会有机体和国家的演进，都显示了严复把生物进化主义和社会进化主义统一起来的逻辑。

人们很容易想起第一次世界大战之后严复对西方文明和进化主义的悲观性反应。这是一个令人不快的事实。因为严复的变化至少从表

---

① 王栻编：《严复集》，第 4 册，第 1082 页。
② 严复：《政治讲义》，见《严复集》，第 5 册，第 1266 页。
③ 同上书，第 1250 页。

面上看既突然又巨大。简单地说,这是严复在其理想被严酷的现实粉碎之后所做出的急剧对应。笔者不想过分夸大这种"简单"断裂事实的重要性,但倾向于相信,进化主义是严复一生整个思想观念中的比较稳定的"常数"。

以上只是从严复接受和传播进化主义的主要经历及其文本进行了回顾,下面我们将从一些具体的方面,分别对严复进化主义的观念形态和复合结构,对他在西方进化主义和中国传统之间是如何做出整合的做一些探讨。

二、"进化"原理及其普遍性

让我们先从严复对 evolution 所做的富有感染力的译名"天演"谈起。evolution 的希腊文为 evolver,原意为"展示"。如同我们在导论中所指出的那样,拉马克、达尔文以及海格尔(Ernst Haeckel,1834—1919)这三位 19 世纪的伟大进化主义者,都没有用"进化"这个词来表达他们的核心思想。达尔文只是在"变迁"的意义上用过这个词。后来人们表达他的观念使用的"进化"一词,在他那里则是一个非常质朴性的说法——"带有饰变的由来"(descent with modification)。达尔文没有用"进化"一词,据考证与两个因素相关:一是当时"进化"在生物学中已经具有了特定的含义,被用来描述与生物发展理论有所不同的胚胎学理论;二是在母语中,"进化"含有"进步发展"的意义,这与达尔文所要表达的东西不合。[①] 但是,由于斯宾塞的提倡,达尔文所不愿使用的"进化"一词,却偏偏又成了他的"带有饰变的由来"的同义语被广泛使用。如果按照斯宾塞在《第一原理》中对"进化"的理解(即"进化是物质及其消耗运动的整合,其中物质从不确定的、不

---

① 参见斯蒂芬·杰·古尔德:《自达尔文以来:自然史沉思录》,第 20—24 页。

一致的同质体变成确定的、一致的异质体"），它作为严格狭义的"带有饰变的由来"的同义语，是不可能的。起关键作用的是斯宾塞在《生物学原理》中对"进化"的运用，即用它来描述生物界的变化，并把变化的原因归之为内部作用力和外部环境作用力的相互作用。这不仅符合了19世纪不少生物学家的观点，而且还能满足人们要求用一个简洁词汇表达其观念的愿望。①

严复清楚地知道，"进化"一词是由斯宾塞确定的。如他说："天演西名'义和禄尚'，最先用于斯宾塞，而为之界说。"② 严复所留意的也只是斯宾塞对"进化"所做的"世界观性"的界定，他根本没有注意到达尔文的"带有饰变的由来"概念，更没有注意到斯宾塞的"进化"在什么意义上与达尔文的"带有饰变的由来"相通。于是，就出现了这样一种现象，对斯宾塞，他津津乐道于"进化"、"世界观"；而对达尔文的进化主义，则只是取其"物竞"、"天择"法则，并把这种生物学法则统一到"进化"世界观中。因此，当严复思考evolution中文译法的时候，他首先所想到的就是寻找一个带有世界观意义的词汇来作为译语。他把中国传统思想的核心观念"天"同"演"结合起来，创造出了"天演"这一具有宇宙观意义的evolution的译名。他把赫胥黎的《进化论与伦理学》译为《天演论》，也正是要满足他突出进化世界观的愿望。这里的根本是"天"。不用多说，"天"是中国传统思想中具有多种意义或者说是容易引起歧义的观念之一。严复对这一带有迷雾般的词汇，并不感到惊讶。他梳理了这个词在中国传统中的不同用法，并界定了他所说的"天演"的"天"是何种意义上的"天"：

中国所谓天字，乃名学所谓歧义之名，最病思理，而起争端。

---

① 参见斯蒂芬·杰·古尔德：《自达尔文以来：自然史沉思录》，第20—24页。
② 严复：《天演进化论》，见《严复集》，第2册，第309页。

第三章 在天道与人道之间：中国进化主义的诞生

以神理言之上帝，以形下言之苍昊，至于无所为作而有因果之形气，虽有因果而不可得言之适偶，西文各有异字，而中国常语，皆谓之天。如此书天意天字，则第一义也，天演天字，则第三义也，皆绝不相谋，必不可混者也。①

凡读《易》、《老》诸书，遇天地字面，只宜作物化观念，不可死向苍苍抟抟者作想。苟如是，必不可通矣。②

天者何？自然之机，必至之势也。③

照这里的说法，"天"不是"实体"，只是物质"自然而然的因果内在必然性"④。从"自然而然"意义上的"天"来说，严复的"天演"与达尔文的"自然选择"观念，显然可以相通。只是，严复的用法，具有普遍世界观的意义，决不限于生物学。严复需要的是解释世界的统一原理，斯宾塞的普遍"进化"观自然更适合他的胃口。他也很容易通过中国传统哲学观念把它表达过来。严复对"进化"的理解，也就是斯宾塞对"进化"所作的"机械性"的界定：

斯宾塞尔之天演界说曰："天演者，翕以聚质，辟以散力"。方其用事也，物由纯而之杂，由流而之凝，由浑而之画，质力相推，相剂为变者也。⑤

---

① 严复：《〈群学肄言〉按语》，见《严复集》，第4册，第921—922页。
② 严复：《〈老子〉评语》，见《严复集》，第4册，第1078页。
③ 严复：《〈原富〉按语》，见《严复集》，第4册，第896页。
④ 在严复那里，"天"是否还有意志或人格化的意义？李强根据严复所说的"物特为天之所厚而择焉以存也者"加以肯定（参见李强：《严复与近代思想的转型——兼评史华慈〈寻求富强：严复与西方〉》，载《中国书评》，1996年第2期）。但我们认为，严复的"天"基本仍是"自然"之"天"。
⑤ 严复译：《天演论》，第6页。

这样，在严复那里，"进化"作为普遍的世界法则，就把所有的物质运动变化都纳入到它的范围之内。"天演"既然是"天道"或宇宙的自然原理，它当然也毫无疑问地适合于"人道"或人类社会，即"人道"或人类社会必须遵循"天演"（像斯宾塞所界定的意义）的天道，展开其"进化发展"的历史过程。如严复说："十九期民智大进步，以知人道为生类中天演之一境，而非笃生特造，中天地为三才，如古所云云者。"① 对此提出疑问是完全可能的，人类社会无论如何都不能同"自然"之物相提并论，制度是人制定的，不是自然的产物。事实上，严复遇到了这方面的质问。但他不会轻易在这一根本问题上有所让步，他坚信，人类社会及其制度，"归根结底"是天演的结果，是天演中之"一物"②。像"国家"这种事实上是人所设立的"组织"，对严复来说也是"自然"之物。这种说法，来自法国一位政治学家。③ 但它非常合乎严复的需要，能够加强他的普遍进化原理。

严复坚信"人道"、"人类社会"的进化改善，最终就是基于作为"天道"的普遍进化原理。实际上不只是"生类"，在严复那里，一切都被纳入到了普遍的"进化"轨道："小之极于跂行倒生，大之放乎日星天地；隐之则神思智识之所以圣狂，显之则政俗文章之所以沿革。言其要道，皆可一言蔽之，曰：天演是已。"④ 但是，除了"天演"这

---

① 严复译：《天演论》，第29页。
② 如他这样说："或曰：政制者，人功也，非天设也，故不可纯以天演论。是不然，盖世事往往虽为人功，而不得不归诸天运者，民智之开，必有所触，而一王之法度，出于因应者为多。饮食男女万事根源方皆以为田所设施者，出于不自知久矣，此其所以必为天演之一物也。"（《严复致夏曾佑》，见《中国哲学》，第6辑，三联书店1981年版，第341页）
③ 如严复说："盖今之国家，一切本由种族，演为今形，出于自然，非人制造。"（严复：《政治讲义》，见《严复集》，第5册，第1251页）又说："天性，天之所设，非人之所为也。故近世最大政治家有言：'国家非制造物，乃生成滋长之物。'"（同上书，第1249页）
④ 严复译：《天演论》，见《严复集》，第5册，第1326页。

一普遍原理之外，达尔文的"物竞"、"天择"，斯宾塞的"优胜劣败"、"适者生存"法则，也是具有普遍性的"天道"吗？对达尔文来说，它们严格都是生物领域中的法则；对斯宾塞来说，它们是生物领域和社会领域的共同法则。不用说，严复更接近于斯宾塞的"社会达尔文主义"。但是，他比斯宾塞走得更远，他并没有局限于从"生物"进化法则的意义上来强调它对人类及其社会的适合，他实际上把"生物"的进化法则也视为"天道"或自然法则，从"天道"的立场来说明"生存竞争"、"自然选择"同样适合于人类。在达尔文和斯宾塞之间，严复没有觉得有什么障碍或有什么无法弥合的鸿沟，他很容易就把斯宾塞机械世界观中的"天演"与达尔文生物领域中的"物竞天择"这两个"实际上"相差很远的东西，通过中国传统的"体用"观念整合为统一的"世界观"：

> 以天演为体，而其用有二：曰物竞，曰天择。此万物莫不然，而于有生之类为尤著。①

在此，达尔文的"物竞"、"天择"的"生物学"法则，被作为与"体"相连的"用"提到了"世界观"的高度，"万物"当然都逃不脱这种法则的作用。严复坚持"进化"、"物竞"、"天择"是普遍性的"公理"或"公例"，就是不愿使进化的原理和法则在任何地方被打折扣，尤其是在人类及其事务中，"舟车大通，种族相见，优胜劣败之公例，无所逃于天地之间"②。这样，斯宾塞基于个人"竞争"的政治"不干涉主义"、"自由放任主义"，在严复那里，就成了"任天为治"、"天行"、"尚力"等来自"天道"的必然性。严复对赫胥黎的不满，在很大程度

---

① 严复译：《天演论》，见《严复集》，第 5 册，第 1324 页。
② 严复：《〈社会通诠〉按语》，见《严复集》，第 4 册，第 929 页。

上，都可以归结到这一点上。严复不能接受软心肠的赫胥黎企图限制"宇宙过程"和残酷法则在人类社会中通行，他要使自然天道法则，保持住它的普遍有效性。

严复执着地建立这种统一的、普遍的"进化"世界观及其法则，并不懈地维护其有效性，从理论上说，他走了一条与他所信奉的斯宾塞相类似的道路。正如巴克所正确指出的那样，斯宾塞不是从生物学入手，也不是从生物学借用进化观念然后普遍地运用于各个领域，他是从普遍进化主义入手，然后把它推广到各个领域，"斯宾塞并非从生物学的角度，也不是运用任何生物学的类推法提出'社会进化论'，而是从物理学所阐述的普遍进化的总见解的角度提出这一学说的。这一见解的范围包括社会学和生物学，也包括天文学和地理学，它们同样都是同一规律的并行不悖的表现形式"①。严复接受的正是斯宾塞的普遍进化主义，而且一开始就把达尔文的"生物进化"法则视为"普遍进化"法则来加以运用。严复对严格意义上的生物进化主义不感兴趣，他需要的是能为中国寻找出路的世界观。这就涉及严复传播进化主义的实践动机。严复提倡进化主义的过程，同时也就是一种对国人不断进行"严重"警告和"择优"的努力。面对外来强大势力的"挑战"，严复没有采取那种"封闭"和"排外"式的"民族主义"。实际上，他严厉批评那种情绪激昂的"排外民族主义"。②严复关注的无疑是"富强"、"自强"。但是，如何才能达到这种目标呢？根据进化的法则，严复认为，要达到"富强"、"自强"，必须通过激烈"竞争"和"适应"

---

① 欧内斯特·巴克：《英国政治思想——从赫伯特·斯宾塞到现代》，第62页。
② 如严复这样说："徒倡排外之言，求免物竞之烈，无益也。与其言排外，诚莫若相勖于文明。果文明乎，虽不言排外，必有以自全于物竞之际；而意主排外，求文明之术，傅以行之，将排外不能，而终为文明之大梗。"（严复：《与外交报主人书》，见《严复集》，第3册，第558页）又说："外物之来，深闭固拒，必非良法。要当强立不反，出与力争，庶几磨砺玉成，有以自立。"（严复：《有如三保》，见《严复集》，第1册，第82页）

的过程。这样，把中国纳入到国际竞争秩序中，在确实面临着被"淘汰"危机的同时，对严复来说，它更是改变传统"大一统"、"相安相养"没有活力状态的一种机遇。我们知道，严复一直对传统社会缺乏"竞争"深为不满。这决不偶然，信仰进化主义的中国知识分子，大都持有严复的这种立场。在严复的进化主义中，始终贯穿着通过"物竞天择"这种"无情"的警告和寻找复兴机会的双重动机，"顾此数十年之间，将瓜分鱼烂而破碎乎？抑苟延旦夕而瓦全乎？存亡之机，间不容发，视乎天心之所向，亦深系乎四万万人心民智之何如也。……顺天者存，逆天者亡。天者何？自然之机，必至之势也"[①]。按照"优胜劣败"的法则，对于贫弱的中国来说，"亡国、亡种、亡教"决不是杞人忧天的自扰。这也许容易把中国带到无可逆转的命定论或宿命论的境地，但对严复来说，主要还是促使人们觉醒的警钟。严复从来没有把"优劣"看成是一种固定不变的状态，因此顺应"天道"，并不像乍看上去那样是接受一种固定的"命运"，而是主动选择"优化"自己的道路，改变已有的命运。

三、"进化"法则与"人道"世界

通过把达尔文生物学法则或斯宾塞的社会达尔文主义同世界观联系在一起而要求普遍"进化"的严复，用强有力的逻辑把人类社会也纳入到了"优胜劣败"、"适者生存"的法则之下。如上所述，严复把这种普遍的进化原理及其法则，原则上都归入到"天行"、"天道"或"自然"的序列中，就像他别出心裁的"天演"这一译名本身所意味的那样。但是，在严复那里，这种根源于"天"的进化法则在运用到人类社会时并不像运用到自然领域那样简单。在自然领域，"对象"只

[①] 严复：《〈原富〉按语》，见《严复集》，第 4 册，第 896 页。

是"无意识"地被动地接受和顺应"进化"法则;但是,在充满着意识和理智的人类社会中,难道也是这样吗?严复对进化法则与人类社会关系的处理方式,把问题引向了深处。从统一的"天道"或宇宙自然来说,"人道"或"人类社会"显然也是它的一部分,后者并不能完全独立于前者而存在,它们既是整体与部分的关系,又是普遍与特殊的关系。作为部分或特殊的"人道"或人类社会,只能隶属于整体和普遍的"天道"或宇宙自然过程。上面所讨论的严复的普遍进化主义立场,正是这样来处理人类社会与宇宙自然的关系的。但是,在严复那里还存在着一种把"天道"、"天行"、"自然"和"力"同"人治"、"人事"、"人道"和"德"等"相对"起来加以把握的思想结构。按照这种结构,严复在把具有优越感的人及其所组织的社会统一到宇宙自然之下的同时,又使之从宇宙自然中分离出来,成为"相对于"宇宙自然的一种存在。

史华慈由于过分强调严复同斯宾塞的亲和性,忽视了严复进化思想的这种"结构"。我们无意于否认严复同斯宾塞的密切关系,但严复的进化主义决不是斯宾塞的翻版。正如史华慈所看到的那样,严复在把西方思想引进到中国的过程中,实际上也改造了那些思想。这一点同样适用于严复同斯宾塞的关系。严格讲来,严复并不是斯宾塞"社会达尔文主义"的忠实不二的信徒。他的思想具有多种来源,他有意识地把中国传统儒家和赫胥黎的思想同他所接受的斯宾塞的思想结合了起来。严复并不像史华慈所认为的那样,只是关注以"力"为中心的"富强",他还像李强所指出的那样,有对"道德主义"的诉求。[①]赫胥黎作为斯宾塞社会达尔文主义的早期尖锐批评者,完全拒绝自然、宇宙过程和进化法则对人类社会的适用性。对他来说,自然和宇宙过

---

① 参见李强:《严复与中国近代思想的转型——兼评史华慈〈寻求富强:严复与西方〉》,载《中国书评》,1996年第2期。

程与伦理过程恰恰是对立的两极,"宇宙的本性不是美德的学校,而是伦理性的敌人的大本营"[1],人类社会及其伦理过程不能仿照宇宙过程和进化法则,相反而是要抑制或代替宇宙过程或进化法则,用"小宇宙"来对抗"大宇宙","它要求用'自我约束'来代替无情的'自行其是';它要求每个人不仅要尊重而且还要帮助他的伙伴以此来代替推行或践踏所有竞争对手;它的影响所向与其说是在于使适者生存,不如说是在于使尽可能多的人适于生存。它否定格斗的生存理论"[2]。根本不存在所谓"进化的伦理",应该把它颠倒过来,强调"伦理的进化"。自然界中老虎和狮子那样的生存斗争,决不是人类学习的榜样。人类通过伦理进化过程显示了与宇宙过程截然不同的方式。[3] 赫胥黎用他的这种进化二元逻辑,彻底拒绝了斯宾塞的进化一元逻辑。

但是,严复在接受斯宾塞一元逻辑的同时,并没有完全拒绝赫胥黎的"二元逻辑"。这种二元逻辑,是在维护普遍天道立场之下进而又把天道与人道"相对化"的立场。但在严复那里,"天道"与"人道"的对立,远比在赫胥黎那里的意义要广。对赫胥黎来说,问题是宇宙过程与社会伦理的冲突,但"天道"、"天行"与"人道"、"人治"的对立,并不限于自然与伦理之间。因此,当严复用"天道"和"人道"来概括赫胥黎的二元逻辑时,他显然扩大了它的内涵,它不仅表现为残酷的自然和"道德"的冲突,还表现为"自然"和"人为"的冲突。

严复并不假定"自然"或"天"的"善意性",他所说的"道固无善不善之论"和对老子"天地不仁"[4]的解释,都表明他站在了天

---

[1] 赫胥黎:《进化论与伦理学》,科学出版社1971年版,第53页。
[2] 同上书,第57—58页。
[3] 如赫胥黎说:"文明的前进变化,通常称为'社会进化',实际上是一种性质根本不同的过程,即不同于在自然状态中引起物种进化的过程,也不同于在人为状态中产生变种那种进化过程。"(赫胥黎:《进化论与伦理学》,第26页)
[4] 王栻编:《严复集》,第4册,第1078页。严复解释说:"老子所谓不仁,非不仁也,出乎仁与不仁之数,而不可以仁论也。"(严复译:《天演论》,第61页)

道自然主义的立场,这自然也排除了从"自然"或"天"中寻找"道德"根据的可能。严复既不同于斯多亚主义对"自然"的美化,也不接受程朱理学把"天"和"自然"道德化的"天理"。在此,他与赫胥黎具有共同的立场。赫胥黎明确反对斯多亚主义从自然出发所要求的"顺应自然而生活"。严复没有从"自然"、宇宙过程或进化法则中导出"道德",也没有从中引出价值上的应该。他承认"进化"原理和法则的普遍性,只是承认了一种无情的客观事实,承认了人类社会也要受到天道的统治。但严复肯定天演是"善演",实际上预设了演化的合目的性。问题不在于"进化"法则是否"应该"被运用在人类社会中,而在于它"事实"上是在人类社会中通行着。但是,人类社会又不同于自然物,人类能够通过"道德"和"人事",使自己从盲目的自然统治中获得"独立的位置"。对严复来说,在人类社会中,"强者"决不只是最"有力者",它还体现在"智"和"德"的水准上。我们知道,严复一直强调"民智"、"民德"、"民力"三种性质合一的"人格","民德"的进化在他那里是不可缺少的。"国家"、"种族"和"群体"的强弱,都是来源于个体"智德力"的强弱。"夫如是,则一种之所以强,一群之所以立,本斯而谈,断可识矣。盖生民之大要三,而强弱存亡莫不视此:一曰血气体力之强,二曰聪明智虑之强,三曰德行仁义之强。是以西洋观化言治之家,莫不以民力、民智、民德三者断民种之高下,未有三者备而民生不优,亦未有三者备而国威不奋者也。"[①]严复一般并没有提倡国家之间可以通过"强权"的方式来竞争,"弱肉强食"中的"弱"和"强",不能被简单地理解为只是"力量"上的强大和弱小。他对德国强占中国胶州湾以及英国报纸为之辩护所做出的反应,是把它们归之为还没有进化到"开化之民"的"野蛮之民",并用人类社会的"公理"和"公法"、"公道"和"大义"谴责其非正当

[①] 严复:《〈原强〉修订稿》,见《严复集》,第1册,第18页。

性。① 到了晚年，面对中国的政治危机和第一次世界大战，严复也没有轻易对德国、日本的"富强"方式表示肯定，他认为："西方一德，东方一倭，皆犹吾古秦，知有权力，而不信有礼义公理者也。"② 在"强权"与"公理"之间的选择方式，表明严复始终不是一个偏隘的民族主义者、种族主义者。他强烈希望中国"强大"，要求"保国"、"保种"和"保教"，但这一切都必须依据"公理"，而且依据"公理"也能够强大。他要求的是一种通过合理"国际秩序"中的竞争而获得的"富强"。严复对"公理"持乐观态度，也具有"人道主义"情怀，这种乐观性和情怀不仅同他的英国先师有关，也与中国传统有关。严复的选择方式，在19世纪中叶以来的中国时空中无疑有一定的代表性，但不是全部。中国的后进性，反而使它容易有强烈的"目的意识"和更多的选择余地。我们在下面的叙述中，不难看到中国知识分子在"公理战胜强权"和"强权战胜公理"这两种信念之间的冲突。

我们有必要关注一下"适者生存"和"优胜劣败"中的"适"和"优"。赫胥黎极其消极地仅仅从宇宙过程中看待"适者"。他准确地看到了人们对"适者"赋予了"最好"的含义，而最好又有一种"道德"的意义。但是，在自然界中，"最适者"依赖于各种条件。如果地球变冷，最适者可能就是一些低等生物。在人类社会中，受宇宙过程的影响越大，就越会使那些最适合于环境的人得以生存。但不能说他们就是最优秀或最有道德的人。社会进展和伦理进化越能对抗宇宙过程，伦理上最优秀的人就越能得以继续生存。严复没有把"适者"限定在"宇宙过程"中，也没有仅从"强者"和"最有力者"来理解"适"和"优"的意思。他赋予了"适者"更广的意义，"适"和"优"

---

① 参见严复：《驳英〈太晤士报〉论德据胶澳事》，见《严复集》，第1册，第55页。

② 严复：《与熊纯如书》，见《严复集》，第3册，第622页。

包括了被赫胥黎排除在外的"道德"的"适应"。如他在《群学肄言·自序》中说:"真宰神功,曰惟天演,物竞天择,所存者善。"只是,严复对于"力"这一方面,仍像赫胥黎那样,把它纳入到了"天行"("宇宙过程")一边,而把"德"视为"人治"范畴:

  以尚力为天行,尚德为人治,争且乱则天胜,安且治则人胜。此其说与唐刘、柳诸家天论之言合,而与宋以来儒者以理属天,以欲属人者,致相反矣。大抵中西古今,言理者不出二家,一出于教,一出于学。教则以公理属天,私欲属人;学则以尚力为天行,尚德为人治。言学者期于征实,故其言天不能舍形气;言教者期于维世,故其言理不能外化神。赫胥黎尝云:天有理而无善。此与周子所谓诚无为,陆子所称性无善无恶同意。①

在此,"天行"与"人治"的对立表现为"尚力"和"尚德"的对立。显然,"人治"或"人事"并不限于"道德"方面,建立社会秩序,用人的智慧同异己的自然力量相对抗都属于它的范围。在严复对刘禹锡的"天人交相胜说"与赫胥黎的"天道人道观"的比较中,"天行"与"人治"的对立已转换为"自然状态"与"法制秩序"的对立:

  刘梦得《天论》之言曰:"形器者有能有不能。天,有形之大者也;人,动物之尤者也。天之能,人固不能也;人之能,天亦有所不能也。故天与人交相胜耳。天之道在生植,其用在强弱;人之道在法制,其用在是非。……故人之能胜天者,法大行,则是为公是,非为公非,蹈道者赏,违道有罚,天何予乃事耶!……故曰:天之所能者,生万物也;人之所能者,治万物

---

① 严复译:《天演论》,第92页。

也。"案此其所言，正与赫胥黎氏以天行属天，以治化属人同一理解，其言世道兴衰，视法制为消长，亦与赫胥黎所言，若出一人之口。①

严复把赫胥黎的"宇宙过程"（也可以说是"非伦理过程"）和"伦理过程"的对立转换或扩大为一般性的"天道"、"天行"和"人道"、"人治"（"人事"）的对立，促使我们再次关注他试图整合斯宾塞和赫胥黎对立的愿望。如果说斯宾塞是主张"天人合一"、赫胥黎是主张"天人相分"，那么严复所坚持的则是"天人合一"与"天人相分"的双重结构。我们看看他从"进化"立场对"国家"所作的解释即可明白："有最要之公例，曰国家生于自然，非制造之物。此例入理愈深，将见之愈切。虽然，一国之立，其中不能无天事、人事二者相杂。方其浅演，天事为多，故其民种不杂；及其深演，人功为重，故种类虽杂而义务愈明。第重人功法典矣，而天事又未尝不行于其中。"②在对"国家"的这种理解中，严复并没有倒向斯宾塞和赫胥黎中的任何一方，实际上他兼顾了二者。对赫胥黎来说，"人类社会"受"宇宙过程"支配的程度，取决于社会文明的进化程度，后者进化程度越高，它受宇宙过程的支配就越小，社会文明的进化可望最终能够摆脱宇宙过程。很明显，严复的解释打上了赫胥黎的烙印。我们不能简单地看待严复对斯宾塞"任天为治"的社会达尔文主义与赫胥黎"自强保种"（或者像吴汝纶所概括的"以人持天"）的"人道主义"冲突的理解及其整合方式。严复的"进化主义"具有"独特性"或"独特的结构"，因此，我们不能过分渲染斯宾塞学说对严复的影响。在以下的讨论中，我们能够继续看到他的"独特性"。

---

① 严复译：《〈天演论〉手稿》，见《严复集》，第 5 册，第 1471—1472 页。
② 严复：《政治讲义》，见《严复集》，第 1 册，第 1252 页。

四、进化:"个体"、"群体"与"社会有机体"

　　这里的问题与上面所说的内容仍然相关。斯宾塞和赫胥黎这两位很早便相识并长期保持着友谊和愉快关系的朋友,在思想上则处处争论和打仗。前后并不完全一致的斯宾塞,基本上是一位个人主义和自由放任主义者,对国家和集体持消极态度。他强调个人权利,甚至像卢梭那样,把这种"权利"与"天赋"联系到一起。他的逻辑是,个人维护其生命的行为是合理的,因此要求其行为和自由的权利也是正当的。但是,赫胥黎对国家和政府,则给予了一种更积极的评价,认为二者对增进人类利益和确保社会和平都是必要的,"对斯宾塞宣扬过的全部无政府主义学说进行了抨击。他不承认国家比其他任何'股份公司'更糟糕"①。赫胥黎对"自我维护"或"自我肯定"说得并不明确,但从他要求以"自我约束"取替"自我肯定"来看,他把"自我肯定"更多地视为宇宙过程中的一种"自然属性",它适应于"生存斗争",而不适合于"社会"。社会需要的是"自我约束"。我们不能简单地把赫胥黎的思想归到国家主义或集体主义范围中,但他对国家、社会或群体显然更为热心,他不欣赏斯宾塞的"个人主义"和"天赋权利"。在他看来,按斯宾塞"天赋权利"的逻辑,老虎也有它们的权利。

　　严复所把捉的斯宾塞的"任天为治"与赫胥黎的"自强保种"之间的紧张,实际上还蕴涵着他们在个体与群体问题上的对立。对19世纪中叶以来的中国知识分子来说,处理"群体"与"个体"的关系是他们肩上所背负的沉重问题,他们不约而同地对此产生了兴趣并参与到了这一话语系统之中。严复对这一问题的处理方式,仍然带有"独

---

① 欧内斯特·巴克:《英国政治思想——从赫伯特·斯宾塞到现代》,第95页。

特性"。他对斯宾塞的个人主义和自由主义，显然是热心的。他没有把国家设定为基础，而是把个人及其自由设定为国家的基础。他把"群"看成是"己"的复合体，"群"由己组成，舍己无"群"。严复立场和方法论上的这种个体主义，似乎把他带到了"个人主义"的一边。像斯宾塞那样，严复主张放任（"任天演自然"），如说："任自然者，非无所事事之谓也，道在无扰而持公道。"① 严复对个人自由和自由竞争，显然是热情的，这种热情来自它们的价值。他相信自由竞争和个人能力的发挥，是进化得以可能并最终导致理想盛世的条件。他转引斯宾塞的话说："人道所以必得自繇者，盖不自繇则善恶功罪，皆非己出，而仅有幸不幸可言，而民德亦无由演进。故惟与以自繇，而天择为用，斯郅治有必成之一日。"② 在《〈老子〉评语》中，他也表达了类似的看法："今日之治，莫贵乎崇尚自由。自由，则物各得其所自致，而天择之用存其最宜，太平之盛可不期而自至。"③ 很明显，自由或竞争是在把进化作为目标的意义下被正当化的。但是，严复对"自由"和"个人"充分发挥作用并不像斯宾塞那样放心。他对个人自由的理解，一开始就是同不损害他人这一限制联系在一起的。没有什么比他把穆勒的《自由论》译成《群己权界论》更能表明他对"自由"的理解方式了。在他身上有一种类似于格林（T. H. Green）的"积极自由"的东西④，即对"自由"的享受，依赖于个人的能力，而这种能力恰恰又是"进化"的产物：

真实完全自繇，形气中本无此物，惟上帝真神，乃能享之。禽兽下生，驱于形气，一切不由自主，则无自繇，而皆束缚。独

---

① 严复译：《天演论》，第90页。
② 严复：《〈群己权界论〉译凡例》，见《严复集》，第1册，第133页。
③ 《严复集》，第4册，第1082页。
④ 参见金岳霖：《T. H. 格林的政治思想》，见《金岳霖学术论文选》，第129页。

人道介于天物之间，有自繇亦有束缚。治化天演，程度愈高，其所得以自繇自主之事愈众。由此可知自繇之乐，惟自治力大者为能享之。①

在《政治讲义》中，严复把"自由"与"管治"看成是相反之物。他认为"自由"的初义是"无拘束"、"无管治"，引申义为"拘束少"、"管治不苛"，而后者才是国民实际上所享受到的自由。严复还强调，人们享受自由的多寡，与一国受外部势力威胁的程度成正比。这一切都表明，严复对"个体"的自由，一方面是热情，另一方面是限制。早期的严复偶然流露出一点"天赋权利或自由"②，但他后来就再也不相信这一被卢梭也包括斯宾塞所主张的学说。严复不满意赫胥黎对"自我维护"（"自营"）的限制，他相信斯宾塞的"开明利己主义"，也相信亚当·斯密对"利益"的双向性安排。他说：

自营一言，古今所讳，诚哉其足讳也！虽然，世变不同，自营亦异。大抵东西古人之说，皆以功利为与道义相反，若薰莸之必不可同器。而今人则谓生学之理，舍自营无以为存。但民智既开之后，则知非明道，则无以计功，非正谊，则无以谋利，功利何足病？问所以致之之道何如耳。故西人谓此为开明自营，开明自营，于道义必不背也。复所以谓理财计学，为近世最有功生民之学者，以其明两利为利，独利必不利故耳。③

---

① 严复：《〈群己权界论〉译凡例》，见《严复集》，第 1 册，第 133 页。
② 参见王中江：《严复与福泽谕吉启蒙思想比较》，第 237 页。
③ 严复译：《天演论》，第 92 页。严复对此多有强调，如他还说："惟公乃有以存私，惟义乃可以为利。"（《严复集》，第 4 册，第 897 页）"晚近欧洲富强之效，识者皆归功于计学，计学者，首于亚丹斯密氏者也。其中亦有最大公例焉，曰大利所存，必其两益；损人利己，非也，损己利人亦非；损下益上，非也，损上益下亦非。"（严复译：《天演论》，第 34 页）

在此，严复对这种进化而来的"开明自营"显然是乐观的。他没有意识到，这种"开明自营"即使在理论上很动听，在实践上也可能并不感人。那种"自利"的人，很可能在道理上一清二楚，而实际上只是追求自己的利益。严复通过对赫胥黎所说的"自营"加上斯宾塞的"开明"，为个人追求利益提供了正当性的根据，但他并没有在赫胥黎所说的意义上为"自营"进行辩护。

严复在不同场合对群体与个体之间关系的说法，并不都是一致的，甚至还有矛盾。但他有一个基本的倾向，这就是试图建立一种合理的"群己"、"个体与群体"的良性互动关系，这种关系既要满足个人的自由竞争，提供无限活力和资源，又要满足国与国、群体与群体之间的整体性竞争需要，以立于不败之地，这都是进化所需要的。但是，在这两种竞争中，"个体"与"群体"并不总是合拍的。一旦二者产生冲突，在"群己"并重难以维持之时，必须优先选择"群"，舍弃"自我"。"两害相权，己轻群重"，"群己并重，则舍己为群"，严复的这些说法，不是更符合中国传统儒家的观念吗？他与赫胥黎注重社会有实质性的差别吗？严复比他的西方老师斯宾塞更为复杂和难以捕捉。在他对"社会有机体"的理解中，再次体现了这一点。

习惯于在中国传统观念与西方观念之间进行相互发明的严复，用中国传统的"群"去理解斯宾塞所说的"社会"。斯宾塞的社会观念，有时甚至也把国家包括了进去。严复所说的"社会"，意义比较广。他把"群"视为"人道"的一部分："荀卿曰：'民生有群。'群也者，人道所不能外也。群有数等，社会者，有法之群也。社会，商工政学莫不有之，而最重之义，极于成国。"① 对严复来说，"群"不仅是进化的产物，而且也处在不断的进化过程之中。对荀子有关"群"的解释，严复没有接受。照荀子的说法：人之所以异于禽兽者，以其"能

---

① 严复:《〈群学肄言〉译余赘语》，见《严复集》，第 1 册，第 125—126 页。

群"(《荀子·王制》)也。但人为什么"能群",而其他动物不"能群"呢?荀子的回答是"分",即人能够进行"分工"并分别完成自己的"职分"。但是,严复则把"分工"看成是"能群"的结果,而不是"能群"来自于"分工"。照卢梭的解释,在"自然状态"不利于人类的生存、人类不加改变甚至就会消灭这一情况下,人类就不得不寻找一种新的结合方式。这就是通过"契约"来组成社会。卢梭的这种说法,严复并不陌生。但是,他根本不同意卢梭的看法,认为它是一种没有任何事实根据的虚构。他毫不留情地批评道:"西人旧籍中有著名巨谬而不可从者,如卢梭《民约》之开宗明义谓:民生平等而一切自由是已。盖必如其言,民必待约而后成群,则太古洪荒,人人散处,迨至一朝,是人人者不谋而同,忽生群想,以谓相约共居乃极利益之事,尔乃相吸相合,发起一巨会者然,由是而最初之第一社会成焉。此自虚构理想不考事实者观之,亦若有然之事,而无如地球上之无此。"①斯宾塞曾把"社会契约"拒之门外,但当他需要它的时候,他又把它请了回来。严复是如何解释"群"的起源的呢?他没有采取契约的说法,从形式上看他也反对赫胥黎的说法。照赫胥黎的看法,在人类中存在着一种原始结合的情感,它进化为一种有组织和人格化的同情心。这类似亚当·斯密所说的"良心"。我们知道,这也是儒家孟子早就假定的。但是,严复更接近于荀子的观念,即人类早期更多的是"形气之物",他们从自然本能出发追求自己的利益。他们结合成群的动机是出于"安利",而不是出于"相感通"("原始结合的情感")。有利于"群"的善相感通("同心情"或"良心"),是自然选择的产物。严复说:

  盖人之由散入群,原为安利,其始正与禽兽下生等耳,初非

---

① 严复:《天演进化论》,见《严复集》,第2册,第310页。

由感通而立也。夫既以群为安利,则天演之事,将使能群者存,不群者灭;善群者存,不善群者灭。善群者何?善相感通者是。然则善相感通之德,乃天择以后之事,非其始之即如是矣。其始岂无不善相感通者,经物竞之烈,亡矣,不可见矣。①

从严复对原始人动物性和自然性的看法中,从他对善相感通产生的解释上,我们可以看出,他与赫胥黎并没有实质性的差别。赫胥黎不是明确肯定同情心是进化和伦理化过程的结果吗?

如同上面所说,严复所说的"社会",所包至为广泛。小如民间组织,大如国家,都是社会。各种社会组织形式、机构及其功能,纵横交织,分工合作,使复杂的社会生活得以正常进行。正是由于社会结构的这种复杂性,加之近代生物学的影响,为严复把生物"有机体"概念同"社会"联系起来提供了某种启发。斯宾塞是提倡"社会有机体"的代表人物。生物"有机体"的意思是指:(1)一个由不同种类的部分组成的有生命的结构;(2)由于它们之间的差异,上述部分互为补充并相互依存;(3)整体的正常状况取决于各部分正常履行各自的适当功能。因此,有机体便具有高度分化性以及高度整体性相互关联的特性,因而"有机统一体"就是在差异之中并通过差异所形成的统一体。②在斯宾塞看来,社会同生物类似,也是一种有机体。他的《社会学研究》对二者的相似性作了许多比较,如生物有血液循环,社会有交通商贸;生物有神经系统,社会有法律政府;生物有不同的器官并各司其事,社会有不同的组织和机关并各负其责;等等。但从这种类似性比较中,仍很难说社会也是一种"有机体"。简单来说,"有机性"只是生命所特有的,而社会并没有生物学意义上的"生命",但

---

① 严复译:《天演论》,第32页。
② 参见欧内斯特·巴克:《英国政治思想——从赫伯特·斯宾塞到现代》,第73页。

斯宾塞对此是不管的，他只是从二者的相似性出发，就把其中一个的性质赋予另一个，并为此惊喜不已。当然，斯宾塞也试图在"社会有机体"与"生物有机体"之间寻找出差异。在他看来，最明显的差异就是，"生物有机体"的各个部分没有知觉，而作为一个整体则有知觉。与此不同，组成"社会有机体"最基本单位的"人"则有知觉，而社会整体却无知觉。斯宾塞的这一说法，对严复来说，既新颖又诱人，他没有不同意的理由，他以赞成的态度介绍说：

> 生物之有机体，其中知觉惟一部主之，纵其体为无数细胞、无数么匿所成，是无数者只成为一。至于社会有机体，则诸么匿皆是觉性，苦乐情想咸于人同，生物知觉聚于脑海，而以神经为统治之官，故以全体得遂其生，为之究竟。至于社会团体则不然，其中各部机关通力合作，易事分功，求有以遂全体之生固也，而不得以是为究竟。国家社会无别具独具之觉性，而必以人民之觉性为觉性。其所谓国家社会文明福利，舍其人民之文明福利，即无可言。生物有时以保进生命，其肢体可断，其官骸可鑢，而不必计肢体官骸之苦乐。君形者利，不暇顾其余故也，而社会无此独重之特别主体也。①

对严复来说，不仅社会是一个有机体，而且国家也是一个有机体，因此，国家也要经历像自然之物那样的演进道路："盖既以国家为有机体，斯其演进之事，与生物同。生物受自然之陶铸，本天生之种性，与乎外力逼拶之威，而一切之官体渐具，由此有以自立于天地之中，不亡于物竞之剧烈也。人群亦然。其始本于家族神权之相合，逼之以天灾人祸，相救以图自存，于是其形式渐立，其机关渐出，而成此最

---

① 严复:《天演进化论》，见《严复集》，第 2 册，第 314—315 页。

后之法制。"①斯宾塞对"社会"或"国家"与"有机体"做类似比较的根据，并不一致。他或者是认为它们是一种复杂的关系密切的联合体，损害其中的一个部分就将影响全体；或者是认为，它们是自然生成之物，而不是被创造出来的。不管如何，把"社会"和"国家"与"有机体"类比，不是一件难事。但严复很相信这种类比。

从"生物有机体"与"社会有机体"的这种不同比较中，我们再次与斯宾塞对个人与社会、国家关系这一重要问题的观点相遇。个人与社会和国家的关系，可以分为两方面的问题，一是谁取决于谁；与此相联，二是两者何者优先。按照"社会有机体"的一种理论，社会整体大于部分之和，部分的性质是由整体决定的。由这种理论导出的个人同社会和国家的关系，自然是社会和国家优先于个人，个人的存在只能以社会和国家的存在为最终目的。持这种观念的代表人物是黑格尔。但是，由于斯宾塞对个人与社会、国家谁决定谁的关系，作了与上面所说相反的设定：是个人决定社会和国家的整体的性质，而不是社会和国家决定个人的性质，所以个人是最高的目的，它优先于社会和国家，社会和国家不是目的，也不优先于个人。严复引述他的话说："是故治国是者，必不能以国利之故，而使小己为之牺牲。盖以小己之利而后立群，而非以群而有小己，小己无所利则群无所为立，非若生物个体，其中一切匿支部，舍个体苦乐存废，便无利害可言也。"②对于斯宾塞的这种理论，严复自觉地几乎不加保留地接受了下来，对此，他做了如下的说明：

东学以一民而对于社会者称个人，社会有社会之天职，个人有个人之天职。或谓个人名义不经见，可知中国言治之偏于国家，

---

① 严复：《政治讲义》，见《严复集》，第5册，第1266页。
② 严复：《天演进化论》，见《严复集》，第2册，第315页。

而不恤人人之私利,此其言似矣。然仆观太史公言《小雅》讥小己之得失,其流及上。所谓小己,即个人也。大抵万物莫不有总有分,总曰"拓都",译言"全体";分曰"么匿",译言"单位"。笔,拓都也;毫,么匿也。饭,拓都也;粒,么匿也。国,拓都也;民,么匿也。社会之变相无穷,而一一基于小己之品质。①

从严复对于斯宾塞的这种认同和倾心中,我们也许会说,他对斯宾塞是不加分析地先入为主。但事实上并不如此简单,他恰恰是通过比较而做出自己的选择的。严复清楚地了解到,斯宾塞把个人置于社会和国家之上、视个人为目的的思想,是18世纪以来的自由民主学说:它"与前人学说,治道根本反对。希腊、罗马前以哲学,后以法典,皆著先国家后小己为天下之公言,谓小己之存,惟以国故,苟利于国,牺牲小己,乃为公道,即我中国旧义亦然。故独治之制得维持至六千年不废"②。对于个人同社会、国家关系这两种截然对立的理论,有人以各自适用性为由对二者均给予肯定。但是,严复像斯宾塞那样也确有激进的"个人为上"的观念:

应之曰:子云民生所以为国固矣,然子所谓国者,恐非有抽象悬寓之物,以为吾民牺牲一切之归墟。而察古今历史之事实,乃往往毁无数众之权利安乐,为一姓一家之权利安乐,使之衣租食税,安富尊荣而已,此其说之所以不足存也。路易"权[朕]即国家"之说,虽近者不□见于"言论",乃往往潜行于事实,此后世民主之说所由起也。③

---

① 严复:《群学肄言·译余赘语》,见《严复集》,第1册,第126页。
② 严复:《天演进化论》,见《严复集》,第2册,第315页。
③ 同上。

由此来说，实际上并不像史华慈所说的那样，严复误解了斯宾塞，从斯宾塞"社会有机体"理论中得出的是要把社会和国家放在首位的观念。当然，正如我们上面所谈到的那样，严复在个人与社会、国家的关系上，前后确实存在有不一贯之处。面对社会和国家的迫切危机，他有时又捺不下心，急于通过把"社会"和"国家"放在首位来扭转不可收拾的时局。如他有时把个人自由同国家自由对立起来，要求优先考虑后者："特观吾国今处之形，则小己自由，尚非所急，而所以祛异族之侵横，求有立于天地之间，斯真刻不容缓之事。故所急者，乃国群自由，非小己自由也。"①而且，我们知道，严复把是否善于"合群"看成是在激烈竞争中能否立于不败之地的关键，而"合群"与"个人优先"是不容易协调的。在个人同社会利益发生冲突之际，他的要求是"己轻群重"、"舍己为群"。②这不仅被打上了中国传统"群本位"的烙印，而且也体现了赫胥黎注重"社会"（当然目的并不一样，严复是为了群与群的竞争，赫胥黎是为了对抗自然过程）的倾向。这一切都给严复所介绍和拥护的斯宾塞的"个人主义"增加了复杂的色彩。这种复杂性，不只是严复思想中所特有的现象。19世纪以来的不少中国思想家，都不同程度地在"个体"与"群体"之间左右摇摆，并且他们的思想因加入了进化主义的因素而变得更为复杂。主张竞争进化的梁启超，一方面宣扬"个人主义"，提升个人的地位和价值，另一方面，又认为中国人需要增加"合群"意识，倡导"国家主义"。这种复杂性，显然不只是理论上的，它与中国社会和政治的现实息息相关。

---

① 严复:《〈法意〉按语》，见《严复集》，第4册，第981页。
② 参见严复译:《天演论》，第32页;《严复集》，第2册，第360页。

五、进化或进步信念

严复的"天演"译名,凸显了"自然"的色彩,这更符合达尔文生物学意义上的 evolution(没有固定不变的生物)。从直观上看,"天演"没有"合目的"的方向性和累加性的特征。但是,日本人的"进化"译名,乍看上去,就带有一种合目的的进步的积极倾向。"进化"的译法,更符合斯宾塞为这个词所赋予的意义。这也许可以解释严复后来何以接受了这一译名,并把它与"天演"连在一起("天演进化")使用。但是,凸显了自然和天道性的"天演"译名,对严复接受"进步性"的"进化"观并没有构成什么障碍①,它更容易扩大进化性"进步"的范围。事实上,严复建立在"天演论"基础上的进步观明显带有"普遍的"意义。宇宙从简单到复杂、从混沌到分化,对严复来说都意味着进步性的进化。

这里有必要再次回顾一下"进步"的西方背景。说起来,"进步"的观念并不是西方 19 世纪的产物,文艺复兴之后,伴随着科学和工业革命的出现,这一观念也很快地成长起来,人们对历史产生了空前的美好理想。19 世纪达尔文和斯宾塞"进化主义"的诞生,又大大加强了人们对历史的"进步"信念。斯宾塞的"普遍进化主义",同时就意味着历史的"进步论"。斯宾塞的进化主义不仅为严复提供了社会领域的法则,而且也使严复对历史抱有了进步的乐观主义信念。柯林武德(R.G.Collingwood,1889—1943)指出:"19 世纪的后期,进步的观念几乎变成了一个信条。这种观念是一种十足的形而上学,它得自进化的自然主义并被时代的倾向而强加给了历史学。它无疑地在 18 世纪把

---

① 如严复说:"天演者,时进之义也。……得此以与向之平等自由者合,故五洲人事,一切皆主于谋新,而率旧之思少矣。"(严复:《政治讲义》,见《严复集》,第 5 册,第 1241 页)

历史作为人类在合理性之中前进并朝着合理性前进的这一概念中有着它的根源;但是在19世纪,理论的理性已经是在指掌握自然……而实践的理性则已经是在指追求快乐……从19世纪的观点看来,人道的进步就意味着变得越来越富足和享受越来越美好。而且斯宾塞的进化哲学似乎是证明这样一个过程必然会要继续下去,而且无限地继续下去。"① 但是,一种观念一旦被无限制地推演,对它的怀疑和挑战就会应运而生。在"进步性"进化观上,斯宾塞再次遇到了他的论敌赫胥黎。主张"伦理进化"的赫胥黎,恰恰在历史全面性"进步"上退却了下来。他是在人们对历史进步普遍叫好的声音中,发出质疑和唱反调的。他对历史的"阴暗"意识,使他向历史进步论者特别是斯宾塞当头泼了一盆冷水,他毫不犹豫地拒绝了历史朝向理想境界迈进的乐观主义:"进化论并不鼓励对千年盛世的预测。倘若我们的地球业已经历了亿万年的上升道路,那末,在某一时间将要达到顶点,于是,下降的道路将要开始。最大胆的想象也不敢认为人的能力和智慧将能阻止大年的前进。"②

但是,对于中国来说,以进化主义为基础的历史"进步"观念,显然是新颖和吸引人的,而且中国所需要的也正是对未来进步的信念。所以,西方已经出现的那种对历史"进步"的怀疑,在中国还为时尚早。严复一生的主要时期,都受着"进步性"之"进化"的强烈

---

① 柯林武德:《历史的观念》,何兆武、张文杰译,中国社会科学出版社1986年版,第164页。

② 赫胥黎:《进化论与伦理学》,第59—60页。柯林武德就赫胥黎向斯宾塞进步观所作的挑战论述道:"斯宾塞的进化论及其对于后天获得性的遗传和自然规律的仁慈性的信仰,到这时已经为一种新的、色调更阴暗的自然主义所代替了。1893年,赫胥黎发表了他的《进化与道德》的罗曼尼斯讲演,讲演中他主张社会的进步只有是在自然规律的面前翱翔时,才是可能的;即它要在'每一步都核对着宇宙过程并且可以叫做伦理过程的另一个过程来代替它'。人的生活,只要它遵循着自然的规律,就是一种兽性的生活;与其他兽性不同的只是在于有着更多的智力而已。他结论说,进化的理论并没有为千年福王国的希望提供任何基础。"(柯林武德:《历史的观念》,第166页)

鼓舞。他在比较斯宾塞与赫胥黎在历史观上的对立时说:"赫胥黎氏是书大指,以物竞为乱源,而人治终穷于过庶。此其持论所以与斯宾塞氏大相径庭,而谓太平为无是物也。斯宾塞则谓事迟速不可知,而人道必成于郅治。"① 在斯宾塞与赫胥黎的对立中,严复没有采取中立立场,他选择了斯宾塞的进步性"进化观"。赫胥黎那种对历史"进步"的悲观和质疑态度,在严复眼里成了没有根据的无稽之谈。在《天演论》的最后一章,赫胥黎认为,善恶总是相伴而行的,善进恶也进,决不可能有一天人类会发展到只有善而无恶的理想境界。但是,严复认为,在整个《天演论》中"此篇最下",关键在于赫胥黎所持的"恶演"论,意欲驳斥斯宾塞的观点,而实际上并没有认真研究斯宾塞立论的基础。在严复看来,斯宾塞的历史"进步论"具有坚强的理论根据,是无法驳倒的:

> 盖意求胜斯宾塞,遂未尝深考斯宾氏之所据耳。夫斯宾塞所谓民群任天演之自然,则必日进善不日趋恶,而郅治必有时而臻者,其竖义至坚,殆难破也。何以言之?一则自生理而推群理。群者,生之聚也,今者合地体、植物、动物三学观之,天演之事,皆使生品日进……斯宾塞氏得之,故用生学之理以谈群学,造端此事,粲若列眉矣。然于物竞天择二义之外,最重体合,体合者,物自致于宜也。彼以为生既以天演而进,则群亦当以天演而进无疑。而所谓物竞、天择、体合三者,其在群亦与在生无以异,故曰任天演自然,则郅治自至也。②

严复指出,斯宾塞也承认善恶都是历史过程的产物。但是,他提

---

① 严复译:《天演论》,第35—36页。
② 同上书,第89—90页。

出了社会自我保存的三个"公理":一是民未成丁,功食为反比例;二是民已成丁,功食为正比例;三是群己并重,则舍己为群。这是否能成为"社会"的"公理",仍然是一个疑问。如,假若每一个"己"都同时舍"己"为"群",那么这个"群"又是一个什么样的"群"呢?这不就是一个没有了"己"的群呢?没有己的群,又怎么会是"群"呢?严复没有进一步去考虑其中的问题,他肯定斯宾塞所说的就是"公理",而且又进一步推论说,如果社会都遵循这三条"公理"进化,"恶"最终将会被抑制住,就会只剩下"善"展翅飞翔:"民既成群之后,苟能无扰而公,行其三例,则恶将无从而演,恶无从演,善自日臻。此亦犹庄生去害马以善群,释氏以除翳为明目之喻已。"[①]

在斯宾塞功利主义伦理学那里,快乐被视为善,痛苦则被划归为恶。但是对许多伦理学家来说,善而不乐,德而不福;恶而不苦,无德而幸,在现实中并不少见。赫胥黎看到了现实中善与乐、恶与苦的非对应性,认为"舍己为群"虽然体现了道德精神,是一种"善行",但人们所牺牲的恰恰就是自己的快乐。在这一点上,严复同样是站在斯宾塞的立场上,认为善与乐、恶与苦的非一致性只是社会历史落后状态的产物,随着历史的不断进步,在其理想的境界中,它们是完全能够统一起来的。严复断定说:"一群之中,必彼苦而后此乐,抑己苦而后人乐者,皆非极盛之世。极盛之世,人量各足,无取抱注,于斯之时,乐即为善,苦即为恶,故曰善恶视苦乐也。……由此观之,则赫胥黎氏是篇所称屈己为群为无可乐,而其效之美,不止可乐之语,于理荒矣。"[②]

历史进步论往往是与社会乌托邦联系在一起的,它不仅设定了历史的方向,而且设定了这一方向所要达到的目标图式。严复坚信历史

[①] 严复译:《天演论》,第90页。
[②] 同上书,第46页。

进步总是在接近"理想的"目标,尽管达到这一目标的过程相当遥远和复杂。但是,为历史设定理想目标,同时也为历史设定了停止的结局。很明显,一旦达到了目标,历史最终就会在一个绝对美好的时点上休止。这样来说,历史进步论,最后就成为一种历史"终结论",进步一开始就在它自身的逻辑中包含着它的反面"停止"。进步论者对这种"吊诡"是没有兴趣的。他们只是为"进步"而欢呼舞蹈,只是为最终的理想而陶醉不已。斯宾塞的"普遍进化主义"就包含着一种广义的演化终止论,而这被认为对社会历史领域同样有效,社会最终会停止向前的跃动而归于静止。照巴克的说明:斯宾塞"不论视进化为生命趋于个体化的倾向抑或力趋于均衡的倾向,都可视之为最终达到了均衡。这个在将来可能达到因而可以视之为遥远的乌托邦的目标,便成为一种绝对标准或模式。进化将要达到的绝对均衡……体现了社会理想。这种理想必然是静止的,因为当达到这一理想时,进步便停滞不前,运动也就停止了"[1]。但是,在此,严复没有跟着斯宾塞走到底。也许是他不喜欢幻想得太遥远,他只坚信历史是进步的,相信未来比现在美好,但是否会有斯宾塞所说的"终极"理想景象,"不可知论"帮助他刹住了想象,他把它推到了"不可思议"之地:

> 然则郅治极休,如斯宾塞所云云者,固无有乎?曰:难言也。大抵宇宙究竟与其元始,同于不可思议。不可思议云者,谓不可以名理论证也。吾党生于今日,所可知者,世道必进,后胜于今而已。至极盛之秋,当见何象,千世之后,有能言者,犹旦暮遇之也。[2]

---

[1] 欧内斯特·巴克:《英国政治思想——从赫伯特·斯宾塞到现代》,第64页。
[2] 严复译:《天演论》,第47页。

第三章 在天道与人道之间：中国进化主义的诞生 | 103

这表明，严复的进步性进化观最终并没有导致对社会乌托邦工程的设计。这实际上意味着他对乌托邦的拒绝。经验主义的他，不愿在经验之外无限地进行梦游。这使他与中国后来的许多进步论者不同。他们的进步论也不过是被人讥之为"美妙谎言"的"高尚"乌托邦。能够满足人们"希望"心理的进步论使人乐观；能够满足人们一切要求的乌托邦则使人疯狂。这两者容易走到一块，但并不必然合为一体。并不保守的哈耶克（Hayek）相信进步，但断然彻底拒绝任何形式的乌托邦设计和实验。与乌托邦保持着距离的严复的进步论，为中国历史观提供了新的基调。这种基调，除了提供乌托邦所需要的历史进步论外，还提供了对传统及其历史的批判资源。

当严复被斯宾塞的进步历史观武装起来之后，他就对中国传统的历史观挥舞起了砍伐的大刀。他把中西在这一至关重要方面的差别，做了两极性的对比：

> 尝谓中西事理，其最不同而断乎不可合者，莫大于中之人好古而忽今，西之人力今以胜古；中之人以一治一乱、一盛一衰为天行人事之自然，西之人以日进无疆，既盛不可复衰，既治不可复乱，为学术政化之极则。①

从一般意义上说，在中国传统中，有两种历史观念是很盛行的。一是"一治一乱"的"循环史观"，一是"好古非今"的"退化史观"。显然，这两种历史观，同"进步史观"都是格格不入的。特别是"退化史观"，它把历史的"黄金时代"置于遥远的历史的"过去"，如儒家津津乐道的"三代"，道家意识中的"自然原始状态"。② 在严复看

---

① 严复：《论世变之亟》，见《严复集》，第1册，第1页。
② 历史退化论当然是以相信历史的过去有一个"黄金时代"或"理想盛世"作为参照物的，这并非只是中国传统的产物，在早期的西方也程度不同地存在着这（转下页）

来,这实际上都是把"过去"理想化的产物。严复相信历史决不走回头路。他说:"今夫法之行也,必有其所以行;而政之废也,亦有其所以废。自三代之衰,学者慨慕古初,其贤者莫不以复古为己任,然而卒不能者,非必俗之不善也。民生降繁,世事日新,虽欲守其初,其势有必不可得故也。当此之时,脱有圣人,固当随时以为之今,不当逆流而反之古为得。其道将以日新。惟其不然,使宜进者反以日退,而暴乱从之矣。此真吾国学者之大蔽也。"① 显然,这里贯穿着历史"不可逆"并朝着"日新"方向前进的逻辑。

论证历史不是退化而是进步的一种常见方式,是对以往的历史进行"递进式"的阶段性划分。孔德、黑格尔、马克思的历史进步阶段性"图式",我们都不陌生。严复接受的是甄克思(E.Jenks)的"图式"。按照这一图式,人类历史自古以来依次经历了三大阶段,即图腾、宗法和国家。对甄克思来说,后一阶段是对前一阶段的超越,它们依次显示出历史进步的过程。相信历史进步的严复,对这一图式相当满意,并相信它是人类"进化"的"普遍性"过程:

> 夫天下之群众矣,夷考进化之阶段,莫不始于图腾,继以宗法,而成于国家。方其为图腾也,其民渔猎,至于宗法,其民耕稼,而二者之间,其相嬗而转变者以游牧。最后由宗法以进于国家,而二者之间,其相受而蜕化者以封建。方其封建,民业大抵犹耕稼也。独至国家,而后兵、农、工、商四者之民备具,而其

(接上页)种思想。"在这些学说中,完美的时代不是未来,而是过去,人们总是以过去的'黄金时代'为方向,其结果是距之越来越遥远,最后要么被抛向叵测的命运,要么陷入一场世界末日的灾难,要么像亚里士多德所说,历史又循环到一个新世界的起点。"(彼德·欧皮茨:《"进步":一个概念的兴衰》,载《中国社会科学季刊》(夏季号),1994 年第 8 期)

① 严复:《〈古文辞类纂〉评语》,见《严复集》,第 4 册,第 1234 页。

群相生相养之事乃极盛而大和,强立蕃衍而不可以克灭。"①

严复认为,历史的这个三阶段的"顺序",是不能被打乱的,任何国家都要沿着它发展:"此其为序之信,若天之四时,若人身之童少壮老,期有迟速,而不可或少紊者也。"②按照这种历史阶段划分图式,严复对中国的历史进程做了分析。他认为,中国在唐虞之时,就已经进入了宗法社会,到周时,已有两千余年。秦汉以后,中国历史虽欲由宗法社会而进入国家社会,但经过两千多年,仍然徘徊在宗法社会中。何以如此,严复认为是有原因的,但具体原因是什么,他并没有告诉我们。

从一般意义上说,严复肯定,在历史过程中,有一种不可抗拒的力量(必然性)或"趋势",它是由诸多复杂因素逐步演变而成的,一旦形成,就会决定历史的命运,任何人也改变不了。严复把这称之为"运会":"夫世之变也,莫知其所由然,强而名之曰运会。运会既成,虽圣人无所为力,盖圣人亦运会中之一物。既为其中之一物,谓能取运会而转移之,无是理也。"③历史的必然性,虽不可改变,但却可以认识。人的优越性之一就在于能够认知历史的这种必然性:"积数千年历史之阅历,通其常然,立之公例。故例虽至玄,而事变能违之者寡。呜呼!人之所以为万物之灵,而世之所以有进化之实者,以能不忘前事,而自得后事之师也。不然,必至之而后知,必履之而后坚,常如环然,常循其覆辙而已,乌由进乎?"④通过对历史经验的认识,就能对起作用的历史条件加以改变,从而能够使历史朝着人们所需要的方向发展,这是圣人的智慧和高明所在:"彼圣人者,特知运会之所由

---

① 严复:《译〈社会通诠〉自序》,见《严复集》,第1册,第135页。
② 严复:《译〈社会通诠〉自序》,见《严复集》,第1册,第135页。
③ 严复:《论世变之亟》,见《严复集》,第1册,第1页。
④ 严复:《〈法意〉按语》,见《严复集》,第4册,第963页。

趋，而逆睹其流极。唯知其所由趋，故后天而奉天时；唯逆睹其流极，故先天而天不违。于是裁成辅相，而置天下于至安。"① 这样，在似乎会导致"历史宿命"的"运会"中，严复通过为历史注入认知的机能和"圣人"的作用，就使人类对历史获得了主动性。

根据"运会"说，严复认为，中国的危机，绝不是偶然的，它是此前历史演变的"必然"结果。根据人类对历史的主动性，中国的危机又不是"宿命"的，不是最终的"结局"。但是，严复强调，正如历史趋势的形成是一个逐步的过程一样，对一种历史局面的改变，只能是渐进的，而无跳跃和突进。严复把这一点上升为一种具有普遍性的宇宙的"公理"：

宇宙有至大公例，曰：万化皆渐而无顿。②

其演进也，有迟速之异，而无超跃之时。故公例曰：万化有渐而无顿。凡浅演社会之所有者，皆深演社会所旧经者也。③

我们不管"渐进"进化的思想是否是"公理"甚或是宇宙的"公理"，这一思想显然来自于达尔文，也来自于斯宾塞，或者说来自于深层的英国文化背景。"历史渐进论"是严复前后牢固保持着一贯性的思想之一，他适合了严复变法的需要，也适合了他拒绝"革命"的需要。与严复一样，"历史渐进论"也是维新派康有为的信念。但是，20世纪初迅速兴起的"革命"思想，向严复和康有为的"渐进"思想提出了激烈的挑战。对革命思想家来说，进化完全能够以革命和飞跃的方

---

① 严复：《原强》，见《严复集》，第1册，第1页。
② 严复：《政治讲义》，见《严复集》，第5册，第1245页。严复还引述斯宾塞的话说："善夫斯宾塞尔之言曰：'民之可化，至于无穷，惟不可期之以骤。'"（严复：《原强修订稿》，见《严复集》，第1册，第25页）
③ 严复：《政治讲义》，见《严复集》，第5册，第1265页。

式进行。他们像维新派把"渐进"视之为"公理"一样,开始把"革命"视之为"普遍的"公理。革命军中的马前卒邹容,以排比的句式论证说:

> 革命者,天演之公例也。革命者,世界之公理也。革命者,争存争亡过渡时代之要义也。革命者,顺乎天而应乎人者也。革命者,去腐败而存良善者也。革命者,由野蛮而进文明者也。①

孙中山也对"渐进论"的历史逻辑提出了尖锐的诘难:如果历史只能是渐进的,"则中国今日为火车萌芽之时代,当用英美数十年前之旧物,然而渐渐更换新物,至最终之结果乃可用今日之新式火车,方合进化之次序也。世界有如是之理乎?人间有如是之愚乎?"②孙中山在这里提出的诘问不是也很有力吗?究竟"谁"错了呢?问题的根本,可能出在"历史"并不像严复或孙中山所认为的那样"单纯"。不管如何,后面我们将会进一步看到,"渐进"历史观和"激进"历史观的冲突,是20世纪中国思想的主要冲突之一,特别是它规制了20世纪中国社会和政治的实践方式。严复的社会改革观,就是基于他的"渐进式"的"进化史观"。

六、社会改革合理性的进化尺度

我们在前面考察严复的进化主义时已经看到,他决不是只吸取了斯宾塞的"任天为治"、"自然选择"、"适者生存"的"自然主义",他同时也容摄了赫胥黎的"与天争胜"、"人为"的"主体性"观念。如

---

① 邹容:《革命军》,中华书局1971年版,第2页。
② 孙中山:《驳〈保皇报〉书》,见《孙中山全集》,第1卷,中华书局1981年版,第236页。

果说前者给我们提供的是"危机意识",那么后者则支持了摆脱危机和达到富强的实践愿望。以"变法"为旗号的社会改革,从严复开始就紧密地同进化主义结合在一起,并被他的许多后继者所坚持,成为进化主义影响到中国社会现实的最突出例证。在以后的叙述中,我们将会看到,"进化主义"为提倡社会改革不断提供科学性和合法性的外衣。

说到"变法",我们并不陌生。来自传统自身经验的"变法",在中国历史上不乏其例。近代中国的"变法",是在外来势力的直接刺激下发生的,作为一种思潮,它在19世纪七八十年代的洋务派知识分子群体中就已兴起,而90年代的"变法"观念和实践,可以说是七八十年代"变法"诉求的继续和深化。与康、梁一样,严复是中国19世纪90年代积极主张"变法"的核心人物之一,当然,他们对"变法"所做的设计并不相同。如同中国历史上任何一次"变法"都会遇到保守主义的挑战从而必须为其提供合法性(或合理性)辩护一样,中国近代"变法"也不得不回应顽固保守派对"变法"的非难。

对严复来说,中国的危难时局,是世界统一化和竞争的必然结果。要适应这种统一和竞争,要"自强保种",要获得生存权,就必须改变旧有的"不适应"的政令和制度:

> 运会所趋,岂斯人所能为力。天下大势,既已日趋混同,中国民生,既已日形狭隘,而此日之人心世道,真成否极之秋,则穷变通久之图,天已谆谆然命之矣。继自今,中法之必变,变之而必强,昭昭更无疑义,此可知者也。①

在此,严复坚信,中国旧有的制度必须改变,只要改变就能为中

---

① 严复:《救亡决论》,见《严复集》,第1册,第50页。

国带来"富强"。否则,在世界竞争秩序中,中国就有亡种亡国的危险:"世法不变,将有灭种之祸,不仅亡国而已。"①

中国传统并不缺乏普遍的"变化"思想,司马迁的"物穷则变,变则通,通则久"作为名言很容易被征引来论证变法的合理性。中国传统观念言"变",当然并不设定"直线"的进步。但只要主张"变",就有与"进化"结合起来的可能。因为"进化主义"就要以承认"变"为前提。生物进化主义,恰恰也是在打破生物不"变"的主张之下实现的。因此,主张"变"与主张"进化",都可以成为变法的根据。在传统政治秩序中,先人和祖宗创制的"法",往往被视为"神圣",好古而忽今,并以此作为抵制改革的根据之一。对此,严复认为,对于历史的经验我们应加以借鉴,把它作为预测未来的宝贵财富,但是,不能认为凡事都必须依据已有的"成法":

> 夫稽古之事,固自不可为非。然察往事而以知来者,如孟子求故之说可也。必谓事事必古之从,又常以不及古为恨,则谬矣!②

原因是,历史总是在不断变迁,古人不能知晓未来没有经历的现实,也不能对此做出正确的安排。严复分析说:"夫五千年世界,周秦人所阅历者二千余年,而我与若皆倍之。以我辈阅历之深,乃事事稽诸古人之浅,非所谓适得其反者耶!世变日亟,一事之来,不特为祖宗所不及知,且为圣智所不及料,而君不自运其心思耳目,以为当境之应付,圆枘方凿,鲜不败者矣。"③董仲舒的"天不变,地不变,道亦不变",把自然"天地"和"道"作为永恒不变的对象加以敬仰,把

---

① 严复:《有如三保》,见《严复集》,第1册,第79页。
② 严复:《拟上皇帝书》,见《严复集》,第1册,第51页。
③ 同上书,第51—52页。

"可变性"严格限制在"法"的范围之内。但是，这种观念受到了近代维新派人士的挑战。谭嗣同从"道器"的联系中，在一定程度上把"可变性"也赋予了"道"。从一般意义上看，严复肯定"道"的"不变性"，但问题的根本在于，他所说的"道"与董仲舒所说的"道"存在着很大的差别。严复认为，自然的"天地"是变的，他举了很多例子来论证这一点。而儒家特别是董仲舒所说的"道"，并非永恒不变之"道"：

> 若非君臣之相治，刑礼之为防，政俗之所成，文字之所教，吾儒所号为治道人道，尊天柱而立地维者，皆譬诸夏葛冬裘，因时为制，目为不变，去道远矣！第变者甚渐极微，固习拘虚，未由得觉，遂忘其变，信为恒然；更不能与时推移，进而弥上；甚且生今反古，则古昔而称先王，有若古之治断非后世之治所可及者，而不知其非事实也。①

既然儒家之"道"，非真正之"道"，那么它就是可以改变的。严复在这里实际上是打破了儒家之"道"不可变的神圣偶像。对严复来说，只有真正的"道"才具有不变的特性，这就是自然科学和社会领域的"公理"和"法则"：

> 天变地变，所不变者，独道而已。虽然，道固有其不变者，又非俗儒之所谓道也。请言不变之道：有实而无夫处者宇，有长

---

① 严复：《拟上皇帝书》，见《严复集》，第1册，第51页。但是，严复在这一点上是不严格的，他在《拟上皇帝书》中所说的"道"似乎又回到了儒家之道中："盖道者，有国有民所莫能外。自皇古以至今日，由中国以讫五洲，但使有群，则莫不有其相为生养、相为保持之事。既有其相生养、相保持之事矣，则仁义、忠信、公平、廉耻之实，必行于其间。否则其群立散，种亦浸灭。"（第63页）

而无本剽者宙;三角所区,必齐两矩;五点布位,定一割锥,此自无始来不变者也。两间内质,无有成亏;六合中力,不经增减,此自造物来不变者也。能自存者资长养于外物,能遗种者必爱护其所生。必为我自由,而后有以厚生进化;必兼爱克己,而后有所和群利安,此自有生物生人来不变者也。此所以为不变之道也。①

严复不仅用"变"的普遍性和"生存竞争"的立场来论证"变法"的合理性,而且还通过把制度"相对化"来要求改革。在严复的意识中,作为政治措施和制度的"法"都是相对的,这种相对性一方面表现在凡"法"皆有其弊:"自古无无弊之法。"②另一方面表现在"法"是某种历史条件下的产物:"盖古之圣贤人,相一时之宜,本不变之道,制为可变之法,以利其群之相生养、相保持而已。是以质文相代,自三代而已然。"③因此任何"法"都不能一劳永逸地适应于一切时代和历史时期。一旦时过境迁,物移俗变,当"法"变得不能适应时代的状况时,自然就应加以改变。这里表达出的"法"的相对性思想,可以说已经把生物适应进化的思想融合其中了。

"法"(乃至儒家之"道")要因时而"变",但如何"变"才算恰当的方式呢?严复是一位稳健的变法论者,对他来说,顽固的守旧、不知变通固然要反对,但激进的革命和破坏,也根本行不通。这再次使我们想起严复的"渐进"史观。达尔文和斯宾塞的渐进思想彻底阻挡住了革命对他的诱惑。他不相信历史奇迹,也不相信幻想,他只相信渐进式改革。在他看来,一个社会和国家的衰败决非一时的结果,它是长期积累所形成的,要加以改变也只能通过渐进的、适中的改革

---

① 严复:《拟上皇帝书》,见《严复集》,第1册,第50—51页。
② 严复:《〈原富〉按语》,见《严复集》,第4册,第883页。
③ 严复:《拟上皇帝书》,见《严复集》,第1册,第63页。

过程，试图一下子以剧烈的方式和手段创造"奇迹"，只会是事与愿违，欲速则不达。严复说："盖风俗民德之衰，非一朝一夕之故。及其既弊，亦非一手足之烈，所能挽而复之于其初也。……敌国强邻，鹰攫虎视，己之国势，火屋漏舟，而由弱转强，由愚转智，由瓦解土崩而为专心壹志者，又实无速成之术。"①严复这种通过改良而达到富强的"渐进式"改革设计，与孙中山等人以"革命"和"破坏"实现理想的激进式设计形成了尖锐的对立。在严复的意识中，我们的问题如此严重，只能耐心地慢慢地循序改变。1905年，这两位中国先行者在英国晤面，他们的对话极具象征性地表现了他们对"解决"中国问题的对立立场。按照严复的说法："以中国民品之劣，民智之卑，即有改革，害之除于甲者将见于乙，泯于丙者将发之于丁。为今之计，惟急从教育上着手，庶几逐渐更新乎！"但是孙中山的逻辑是"俟河之清，人寿几何！君为思想家，鄙人乃实行家也"②，必须大刀阔斧。但是，无论是严复的"渐进式"改革，还是孙中山的"激进式"革命，在中国都遇到了困境。这可能引起我们思考中国社会改革"设计"方案的有效性。但更根本性的问题也许不在这里。整体性的历史是"设计"出来的吗？越是具有"明确"的整体性的"目的意识"，就越容易达到我们的目的吗？

严复反对"激进式"变革的另一个理由是，这种方式不能处理好"新"与"旧"的关系。革命或破坏走的是极端的道路，它为了破"旧法"以确立起新"法"，往往连旧有的仍然有效的"善法"也抛弃了。

---

① 严复：《〈社会通诠〉按语》，见《严复集》，第4册，第958页。当然，严复也指出，改革之际，很难完全做到恰到好处，出现过偏亦不必大惊小怪："进步之境，以翻变为先驱而变矣，又安得以无过如钟摆然，其一动而即协于中点者，宇内绝无之事。今日欲求其进，固当耐得过中。"（严复：《与曹典球书》，见《严复集》，第3册，第570页）

② 《严复集》，第5册，第1550页。

他说:"改革之顷,破坏非难也,号召新力亦非难也,难在乎平亭古法旧俗,知何者之当革,不革则进步难图;又知何者之当因,不因则由变得乱。一善制之立,一美俗之成,动千百年后有,奈之何弃其所故有,而昧昧于来者之不可知耶!"① 这里继续贯穿着严复的"渐进"、"进化"的逻辑。合理的制度不是"突然"的产物,它是"逐渐适应"的结果。"革命"不仅难以结出新的"适应性"制度,而且也会破坏已经适应了的制度。从我们所掌握的资料来看,进化主义使严复变得有些"保守"甚至"胆小"。但这只有在相对于"革命"的意义上来说才是恰当的。最为吊诡的是,"革命者"恰恰也是从进化主义中找到了"革命"的合理性根据的。

* * *

我们对严复"进化主义"的叙述已相当冗长。这冗长的叙述都给我们留下了什么突出的印象呢?具有独特性的严复的"进化主义",为许多问题提供了解释框架。严复是一位"达尔文主义者",这看来没有什么问题。但他是从个人主义、自由主义和带着一种悲天悯人的人道主义的方面来发展达尔文主义的。严复的"渐进式"的进步主义、普遍的文化和价值立场,使他始终采取了"开放"的和遵循"公理"的自由竞争的立场。他追求中国富强,这使他与民族主义结合了起来。如果说民族主义的根本意义是保持国家的独立主权以及统一,那么严复在此的意识远不如史华慈所说的那么强烈。他对民族主义概念的处理方式过于简略,甚至可以说是轻描淡写。他从来不主张"强权主义"意义之下的"弱肉强食"、"优胜劣败"和"物竞天择",他从来不为帝国主义或种族主义张目。严复对进化主义符号的运用和解释,整体上

---

① 严复:《宪法大义》,见《严复集》,第2册,第246页。

反映了处于守势的中国的"自卫"立场,但它决不是消极的,严复把一种普遍的人类理想和价值("公理")注入了进去。从这种意义上说,"后进性"却包含了更具超越意义的"先进性"。严复从一开始就相信"进步性"的"进化",在这一点上紧步了他的西方老师的后尘。严复的"进步性"进化主义,既是全面的、整体的,又是直线的、不可逆的。他晚年对"进步性"进化的怀疑,主要是对西方危机的一种反应。作为一位"准自由主义者",作为对个体寄予厚望的人,严复对自由和个体加上了不少限制,在色彩上有些暗淡,并在处理它们与"群"和"国家"的关系上,显示了不协调甚至矛盾。但他相信自由竞争是进化的动力,这是他的一些后继者们都强调的。严复主张渐进性改革,这完全立足于他的"渐进性进化"历史观或世界观。在这一方面,他一直遭到革命者的冷遇和讥笑。严复用进化主义为中国改革铺平道路,但它恰恰又成了革命性变革要求的催化剂。严复的一生并不愉快,有时充满着苦恼和痛苦,尽管进化的信念使他的思想带上了乐观主义色彩。

严复对进化主义的广泛解读和运用,表明了我们在导论的一开始就指出的情形,进化主义很容易被不同地解释和使用。习惯了进化主义故乡的情形,我们就不必对它的移植地的情形大惊小怪。重要的是,我们要弄清严复处理进化主义的逻辑是什么,他为什么要这样做,他的立场是如何受到他的特殊境遇制约的。

第四章

进化主义与渐进"变法"思想

——康有为和梁启超的视角

从进化主义出发来要求渐进变法或社会改革,是严复、康有为和梁启超比较接近或一致的地方,他们也都是变法时代要求制度和思想变法的核心人物。从这两方面来说,我们当然可以把他们放在一起来讨论他们的进化主义。之所以把严复独立出去,主要是考虑到他在中国进化主义思潮中的开创性地位和影响力度(当然也考虑到他在许多方面与康有为和梁启超还存在着鸿沟)。以师生之谊结合到一起的康有为、梁启超,在他们的后期思想中,有着明显的"分裂性",他们对进化主义的观念也存在着歧异之见。但是,康有为和梁启超之间的师生关系,他们作为变法理论和实践阵营中的两员大将,他们像严复那样作为中国"第一代"进化主义人物,还有人们已经习惯了的"康梁"合称等,使我们觉得把他们放在一起考察更为合适。康梁所主张并被视之为"改良主义"的渐进变法思想,在相当程度上根源于他们的"进化"观念。他们像严复一样,不相信刹那间的"奇迹",不相信宇宙中有飞跃,认为一切都是按照既定的程序发生和进行,历史决不会为了满足人们的愿望而超越固定的阶段或非分越位。梁启超前后有些矛盾,他有一阵子为革命和破坏的魅力所感染,但最终又收敛了他的"激情"。康梁共同加强了"进化"等于"进步"的信念。康有为在平等乌托邦中饱尝了"进化"带来的蜜果;为优胜劣败所驱动的梁启超的民族主义，最终又在谭嗣同的"世界主义"面前忏悔不已。① "一成不变"的康有为，在进化主义上也经历着变化；"反复无常"的梁启超，在进化的理论上却保持有稳定的东西。我们必须谨慎地对待他们的"进化主义"。顺便说一下，作为康有为的弟子、作为要求变法甚至是激进社会改革的另一位重要人物谭嗣同，也具有值得注意的进化思想，但由于篇幅的限制，在此就略而不论了。

与严复和梁启超不同，康有为的进化主义思想主要是通过对中国传统思想赋予新的内涵来形成的，当这被作为康有为独特的创造和发现时，就更增强了人们的这一印象。比起梁启超特别是严复来，康有为的西学知识非常有限，这自然限制了他的进化主义中的西学成分及其视野。但是，这种成分和视野，无疑是存在的。康有为最大限度地利用了他所接触到的有限的西方进化主义思想，并对此做出了"自主性"回应。康有为从"公羊三世说"中创造性地转化出的历史进化主义，就毫无障碍地披上了"进化"（康有为较早地使用了这一日本译名）这一"现代性"的外衣，这不仅加强了他的"三世"直线式历史进步图式，而且也为他的"渐进变法"思想和实践提供了合理性论证和正当根据。他对竞争和优胜劣败的社会达尔文主义"公理"，表现出前后矛盾的态度。在残酷的社会现实和国际关系中，他无奈地接受和默认它，但在理想的乌托邦坐标中，他又毫不留情地清除了它，并由此成为社会达尔文主义的又一批评者。从总体上说，康有为的进化主义，仍是一种中西"化合物"或"混合物"，尽管两者成分的比例有所不同。就此而言，康有为的"进化主义"与梁启超一样，至少在形式上是以"成分的"复杂性这一外貌呈现给人们的。

---

① 参见梁启超：《清代学术概论》，复旦大学出版社1985年版，第77页。

一、"富强之道"——"变法"、"合群"、"进化"

　　作为戊戌变法理论和实践的领袖人物,作为革命时期的"保皇派",康有为的"渐进"改革家形象,后来一直受到激进革命家的批判。在革命家的眼中,他是一个不可救药的"保守性"人物。具有讽刺性的是,当康有为在19世纪末以热烈主张"制度"改革和变法的面貌出现时,他恰恰又被那些"保守主义者"(不管是彻底的还是开明的)怒斥为头号"激进"人物,他们对这位"离经叛道"的"先时之人物"(梁启超语)和中国的马丁·路德(梁启超的比方)恨之入骨。把康有为在戊戌变法前后的改革家形象比较一下,我们能发现这两种形象确实不完全一样。在戊戌变法前,他甚至与他"冲破罗网"的弟子谭嗣同一样相当"激进",在给光绪皇帝的上书中,他坚定地呼吁说:"观万国之势,能变则全(亦作"存"——笔者),不变则亡;全变则强,不变仍亡。"①"守旧不可,必当变法;缓变不可,必当速变;小变不可,必当全变。"②他与王小航在戊戌年的一段对话,俨如1905年严复与孙中山在伦敦的对话,显示了他对变革的"急切"心情。王小航说:"我看止有尽力多立学堂,渐渐扩充,风气一天一天的改变,再行一切新政。"康有为不以为然地回答说:"列强瓜分就在眼前,你这条道如何来的及?"③但是,在戊戌变法流产之后,康有为变得保守,在有些方面开始退却。他像严复一样,开始以西方制度不适合中国为由对西方制度加以拒绝,退回到他曾反对过的洋务派解决中国问题的

---

① 康有为:《上清帝第六书》,见《康有为政论集》(上),中华书局1981年版,第211页。
② 梁启超:《戊戌政变记》,见《戊戌变法》(1),上海人民出版社1961年版,第227页。
③ 胡适:《〈王小航先生文存〉序》,见《胡适文存》,第4集,黄山书社1996年版,第328页。

那种方式上。① 尽管有这种程度上的差别，但并不足以改变康有为作为"改良主义者"或渐进改革家的形象。

当康有为向清帝要求不同于洋务派的"变法"路线时，他却仍要像洋务派一样，对"变法"的合理性做出足以打动人的论证。② 这可能是一切改革者都会面临的问题。对中国历史上的改革家来说，这一问题往往更为艰巨。康有为对改革的合理性论证，仍然相当多地使用了中国传统中的"变化"思想。"变法"的可能性依赖于事物"变化"的可能性，只有承认事物的变化，"变法"在理论上才能说得通。中国传统并不缺乏"变化"的思想，康有为从中很容易找到论证"变法"所需要的理论根据：

> 《诗纬》曰："王者三百年一变政。"盖变者，天道也，天不能有昼而无夜，有寒而无暑，天以善变而能久；火山流金，沧海成田，历阳成湖，地以善变而能久。人自童幼而壮老，形体颜色气貌，无一不变，无刻不变。《传》曰："逝者如斯。"故孔子系《易》，以变易为义。又曰："时为义大"。③

"变"是"天道"所要求的，是宇宙和自然的法则。对于这种天道自然法则，人们的最好选择就是"顺应"。善变的"西方"与"不善变"的中国在此形成了鲜明的对比："泰西之国，一姓累败而累兴，盖善变以应天也。中国一姓不再兴者，不变而逆天也。夫新朝必变前朝之法，与民更始，盖应三百年之运。顺天者兴，兴其变而顺天，非兴其一姓也。逆天者亡，亡其不变而逆天，非亡其一姓也。一姓不自变，人将

---

① 参见萧公权：《近代中国与新世界：康有为变法与大同思想研究》，汪荣祖译，江苏人民出版社1997年版，第455—482页。
② 参见王中江：《变法的合理性论证及其反驳》，载《文化中国》，1999年第2期。
③ 康有为：《进呈俄罗斯大彼得变政记序》，见《康有为政论集》（上），第225页。

顺天代变之，而一姓亡矣；一姓能顺天，时时自变，则一姓虽万世存可也。"①从变化天道秩序中寻找"变法"的理论前提，是包括洋务派在内都曾运用的逻辑。康有为的惊人之处在于，他把孔子塑造成为致力于制度改革的大师和圣人，使之为自己的变法要求开道，这对习惯于从权威和先例中寻找行为根据的中国人来说，相当有效。由于在这一点上过于大胆和随心所欲，康有为招致了严重的非议。

对"进化主义"的运用，使康有为的变法合理性论证像严复那样，至少在形式上具有了迷人的色彩。中国传统的"变化"观念不难与"进化"观念沟通，它为"进化"开路，而"进化"则为它指出方向。对康有为来说，"变法"不仅是"变"的要求，而且也是"进化"的要求。致力于改制的孔子，也被塑造成早就认识到进化之理并要求历史进化的改革家形象：

孔子道主进化，不主泥古，道主维新，不主守旧，时时进化，故时时维新。《大学》第一义在新民，皆孔子之要义也。孟子欲媵进化于平世，去其旧政，举国皆新，故以仁政新之。盖凡物旧则滞，新则通；旧则板，新则活；旧则锈，新则光；旧则腐，新则鲜。伊尹曰："用其新，去其陈，病乃不存。"天下不论何事何物，无不贵新者。②

泥守旧方而不知变，永因旧历而不更新，非徒不适于时用，其害且足以死人。今者，中国已小康矣，而不求进化，泥守旧方，是失孔子之意，而大悖其道也，甚非所以安天下乐群生也，甚非所以崇孔子同大地也。且孔子之神圣，为人道之进化，岂止大同而已哉！③

---

① 康有为：《进呈俄罗斯大彼得变政记序》，见《康有为政论集》（上），第225页。
② 康有为：《孟子微》卷四《仁政》第九，中华书局1987年版，第86—87页。
③ 康有为：《礼运注·序》，见《孟子微》，第237页。

在此,"古"和"旧"都被作为"不合道"、"不适者"被断然否定,"今"和"新"则与"进化"结合了起来并具有了无上的生命力。这种现象,在晚清以后变得日益普遍。"进化主义"不仅使传统的"古今之辨"向"今"急剧偏转,也使从"新学"与"旧学"中外化出来的"新旧之辨"朝着"新"的一方奔驰。① 康有为设定的没有任何"连续性"关系的"古今"、"新旧"两极对立和价值冲突,表明他决心彻底抛弃"古"、"旧"传统的东西,把赌注全都压到了"今"和"新"上。"渐进改良"的康有为,对"古旧"所表现出的这"激进"决裂态度和对"新旧"全身心的热恋(谭嗣同亦复如是),已经埋下了五四运动甚至是"文化大革命"中杀伐"古旧"、狂呼"今新"的伏笔。支持这种思维和行为的后台"老板",就是似乎已变成"天然"合理和不可怀疑的"进化"和"进步"。

在理想的乌托邦中要竭力消除的"竞争",在现实中还必须严肃面对。康有为对他所遇到的理想("无竞争")与现实("竞争")的冲突,并不过于为难,他通过把它们分别放在各自固定的历史阶段上使之各得其所。在激烈的国际"竞争"的现实社会中,必须进行"竞争",并以此获得"生存权"。然而,对于习惯了相安相养和"大一统"的中国来说,竞争恰恰是"异己"之物。康有为诊断说:"夫方今之病,在笃守旧法而不知变,处列国竞争之势而行一统垂裳之法,此如已夏而衣重裘,涉水而乘高车,未有不病暍而沦胥者也。"② 令康有为忧心忡忡的是,还不能适应国际竞争新秩序的中国,面临着被淘汰出局的高度风险和"危机"。改变这种局面的最有效办法,就是"变法","夫今日在列大竞争之中,图保自存之策,舍变法外别无他图"③。按照康有为的论

---

① 参见王中江:《"新旧之辨"的推演与文化选择形态》,载《中国社会科学》,1999年第4期。
② 康有为:《上清帝第六书》,见《康有为政论集》(上),第212页。
③ 同上书,第208页。

式,"变法"不仅是长远"进化"的要求,而且也是当下急迫的"生存竞争"的要求:

> 窃以为今之为治,当以开创之势治天下,不当以守成之势治天下;当以列国并立之势治天下,不当以一统垂裳之势治天下。盖开创则更新百度,守成则率由旧章;列国并立则争雄角智,一统垂裳则拱手无为。言率由而外变相迫,必至不守不成;言无为而诸夷交争,必至四分五裂。①

在传统的华夏中心主义观念中,中国是文明的中心,它高高在上,鉴临四夷。从中国屡被列强战败的痛苦经历中,康有为已经清楚地认识到中国既不是亚洲的中心,更不是世界的中心。激烈、残酷的竞争车轮声,已经代替了圣贤们悦耳动听的"治国平天下"的乐曲声。康有为开始走向一种新的国际秩序。在这种秩序中,中国只是众多国家中的一员,必须尽快参与到国际竞争中,否则就是被淘汰的一员:

> 大地八十万里,中国有其一;列国五十余,中国居其一。地球之通自明末,轮路之盛自嘉、道,皆百年前后之新事,四千年未有之变局也。列国竞进,水涨堤高,比较等差,毫厘难隐,故《管子》曰:"国之存亡,邻国有焉。众治而己独乱,国非其国也。众合而己独孤,国非其国也。"②

用国家间激烈的"生存竞争"来为迫切需要的"变法"鸣锣开道,这是反复回响在康有为《上清帝书》中的声音。这表明康有为同严复

---

① 康有为:《上清帝第六书》,见《康有为政论集》(上),第122—123页。
② 康有为:《上清帝第五书》,见《康有为政论集》(上),第204页。

和他的弟子梁启超一样，并不简单地把帝国列强对中国的强行和霸权，看成是一个孤立和偶然性的事件，而是把它放在普遍的国际竞争新秩序中来理解。这样，中国要获得永生和富强，就决不能求助于孤芳自赏的封闭和平安无事的大一统，而只能通过参与并适应生存竞争新秩序来实现。

受现实支配的康有为是一个民族主义者，他渴望中国富强。"弱肉强食"、"优胜劣败"这种不以人的意志为转移的天道法则，深深地印在康有为（当然还有其他人）的意识中。像把"竞争"限制在一定历史阶段一样，康有为也把"优胜劣败"、"适者生存"、"弱肉强食"看成是一种非理想社会的无奈，看成是据乱世或小康社会中的"现象"，他通过把这些现象放在进化过程中的非理想历史阶段（"势之自然"）和作为向大同社会过渡的手段，使之获得现实存在的根据和正当性。如他这样说："盖分并之势，乃淘汰之自然，其强大之并吞，弱小之灭亡，亦适以为大同之先驱耳。而德、美以联邦立国，尤为合国之妙术，令诸弱小忘其亡灭。他日美收美洲，德收诸欧，其在此乎！此尤渐致大同之轨道也。"① 在以"强弱"定存亡的世界秩序中，除了"强"之外，无法再找到其他的生存之道。这样，康有为的"民族主义"就像严复和梁启超所意识到的那样，也主要表现为对"富强"的坚定不移的渴望。在"变法"时代，人们打出的"保国"、"保教"和"保种"的旗号，对救亡的呼吁，显然都是"民族"意识的自觉和表现。但这一切最终都落实到"民族"何以富强这一根本主题上。把这同"弱肉强食"的生存法则结合起来，就容易得到理解。对"强权主义"者来说，"强"就是"优"，就是"适者"，适者强而强者适。康有为虽然没有说出这种明确的逻辑，但他所要求的"强"、所要求的"适应性"，看起来就是以"物质力量"作为后盾的"强大"。在《上海强学会后序》中，他把"强"区

---

① 康有为：《大同书》，中州古籍出版社1998年版，第106页。

分为"力强"和"智强"。前者属于动物的特性，后者为人所拥有。但是，康有为的"智强"，说到底不过就是通过智能获得"力强"，就像培根所说的"知识就是力量"那样。1905年，康有为在他的洋洋长文《物质救国论》中把这一点表现得淋漓尽致。这篇文章固然有对抗"自由"、"革命"等思潮的动机，但它充分展示了康有为对"物质"富强的高度热衷。"夫势者，力也；力者，物质之为多。故方今竞新之世，有物质学者生，无物质学者死。"① 原来对变法和改革设想得那么复杂的康有为，经过欧洲漫游之后，得出的救国之道恰恰又是近半个世纪前洋务派早就找到的法门。的确，在《物质救国论》中对物质富强（"物力论"）着迷的康有为，已经同他曾经批判过的注重"器艺"之精的洋务思想合流了。在康有为的"物力论"中，隐藏着"强权即公理"的逻辑。他对以物质富强起来的德国和日本，充满着惊羡。作为"道德"和"正义"的公理，从他的意识中退却了。这不难解释，比起物质强大来，"道德"和"公理"都太苍白无力了。在此，他与严复的鸿沟加大了。对富强最热衷之时的严复，没有忘记"德"的力量；晚年对物质力量感到失望试图回到孔子儒家时的严复，对道德的渴望更强了。从这种意义上说，以孔子为"后盾"的康有为更偏离了儒家传统。

照样追求强大和富强的康有为，对"自由"具有一种似乎是天生的厌恶感和排斥感。这是他与他的同辈严复也包括他的弟子梁启超在内的一个重大分歧。康有为对自由的拒绝，多半出自他对自由的误解，还有就是出自他内心的"权威"意识。在他那里，自由不仅意味着无法无天，而且意味着离心离德。他像孙中山那样，想当然地认为自由是中国人长期"饱尝"的东西，而可怜的西方人后来才知道它的甘美。他不顾前后矛盾，甚至把自由贬为禽兽的特性。康有为这样做，直接是服务于他的"合群"目的，间接地仍然是服务于富强这一根本目

---

① 康有为：《物质救国论》，见《康有为政论集》（上），第565页。

标。对严复和梁启超都具有重要性的"群"和"合群",并不"一般"地就同"自由"和"个人"格格不入。但是,对康有为来说,"自由"是"群"和"合群"的天敌。我们看一看他貌似合理的论证:

> 夫禽兽之所以能自由也,以其无群道故也。人道以合群为义,以合群而强。既有群则有人己之对待,既欲合之,则许多调睦和就之法,而万不能行其猖狂浪行肆情纵意之为。……故自由之与合群,其义至相反,故苟天地只我一人,无群可合,则不须法律,不须教化,则自由之义可立。苟有两人,即当有法律教化,自由义即不立。盖我欲自由势必侵犯人之自由。若不侵犯人之自由,则我必不能自由也。……是故吾先圣不立此义也,非不知立之也,以欲立之,而人群所不许有此义也。①

这种把"合群"与"自由"视为不相容的两极的观念,并不是康有为一个人的偶然想法。对不少中国新知识精英来说,"合群"都意味着对个人自由的放弃。他们相信只有"合群",才能最有效地同外部世界展开竞争并生存下来,而个人自由只会腐蚀"群体"的凝聚力。这样,"民族主义"这种本来就容易成为个人自由代替品的兴奋剂,在危机深重的中国,就往往以消解自由的方式来确认自己。②晚清之后,中国知识精英大都热心"学会"这一新事物。康有为作为这方面的先驱人物,与许多人一样,不是把它作为在国家之外的独立"民间"力量,而恰恰是把它视为"合群"以加强国家竞争力的有效方式。③难怪对自

---

① 康有为:《物质救国论》,见《康有为政论集》(上),第572页。
② 参见王中江:《现代中国民族主义的误区》,载《中国社会科学季刊》,1993年第5期。
③ 有关这方面的情况,请参见郭正昭:《社会达尔文主义与晚清学会运动(1895—1911)》,载台湾"中央研究院":《近代史研究所集刊》,1972年第3期。

由竞争寄予厚望的严复,又不时去热烈拥抱合群集体主义。

作为中国第一代进化主义者的康有为、严复和梁启超,都或多或少具有"种"或"种族"的意识。①这种意识既表现为对不同种族的"强弱"或某种优劣差别的认识,又表现为在危机感之下的"保种"要求。他们承认优胜劣败的社会达尔文主义法则,自然就难免把种族之间的"弱肉强食"合理化。这表明,西方那种与生物进化主义和社会达尔文主义具有密切关系并带有剧毒性的"种族观念"和"种族主义",已经开始在不同程度上、以不同的形式同中国传统的"非我族类"观念相结合。但是,对于正在被西方瓜分的贫弱的中国来说,提倡"种族主义",不正是为帝国主义张目吗?有趣的是,中国第一代进化主义者宣扬优胜劣败只是希望以此来激发国人的自强保种意识。尽管中国面临着严重的危机,但他们不相信中国"真的"会被淘汰,他们对中国的未来前途充满了乐观主义。更有趣的是,他们承认中国的贫弱,但却不把自己的"种族"看成是劣等,反而具有一种"种族"优越感。在这一点上,康有为和梁启超一脉相承。因此,当他们的民族主义表现为"种族主义"的时候,他们的主题不是奴役其他民族,而只是用来加强自身民族的自信和自强。

二、"三世"进化历史图式

通过把历史划分为"后来居上"的不同阶段,来展示历史不可逆转的直线性进步和进化,这是欧洲启蒙时代以来很常见似乎又是很廉价的一种做法。最简单也是最流行的划分方法,是诸如野蛮与文明(或不开化与开化)、传统与现代化这种二分法。在这种图式中,人

---

① 参见冯客:《近代中国之种族观念》,杨立华译,江苏人民出版社1999年版,第57—114页;坂元弘子:《中国民族主义的神话——进化论、人种观、博览会事件》,载《思想》,1995年第3期。

们都把"世界"看成是一个"成长"的故事,都有意或无意地表现了"现代人的傲慢"和孤芳自赏心理。很幸运,我们生长在文明和现代化时代。我们还能看到其他许多划分方法,如孔德的"神学阶段"、"形而上学阶段"、"科学阶段"三阶段说,马克思的"原始"、"奴隶"、"封建"、"资本"、"共产"五种社会形态说,韦伯的"传统型"、"魅力型"和"法理型"三种统治形态说以及"除魅"或"合理化"过程,滕尼斯的"从身份社会到契约社会"或"从共同社会到利益社会"、"从本质意志到选择意志"二分论,波普尔的"从封闭社会到开放社会",等等。在这些似乎是言之有据和色调各异的历史划分法中,都贯穿着历史进步的坚定信念。或者说,历史进步的信念,恰恰也是通过历史阶段的划分来加以印证的。历史进步阶段论,很容易满足我们在历史中的自尊心、自信心,就像我们在自然界中已经习惯了的自尊心、自信心一样。但是,古人或以往历史真的处于我们给他们确定的那种不幸位置吗?难道没有为了"美化"我们而必须对过去的"他们"进行丑化的心理在作怪吗?反正古人已经不能反抗我们对他们的丑化,不能拒绝我们在自鸣得意之外对他们假惺惺式的怜悯。进步或进化的历史态度,表明了现代人的傲慢和蛮横,它与古代人的过分谦虚形成了极为鲜明的对比。古代人相信黄金时代是在过去,他们以回忆的方式,表达了他们对过去的留恋。对历史过分傲慢和过分谦虚的这两种截然不同心态,可能都不正常。罗素揭示它们的病因说:"相信太古时候曾有个幸福的'自然状态'这种信念,一部分来自关于先祖时代的圣经故事,一部分来自所谓黄金时代这个古典神话。一般相信太古坏的信念,是随着进化论才有的。"[①]

康有为的"三世"历史进化图式,基本上是从中国传统思想资源中摸索出来的。但它与西方形形色色的历史进化图式,却惊人地具有

---

① 罗素:《西方哲学史》,下卷,第157页。

理论上的同构性和价值上（相信进化）的同质性。这一点引起了人们对康有为的进步观是否受到西方影响的猜测。"三世"观念，可以追溯到《春秋公羊传》的"所见异辞"、"所闻异辞"和"所传闻异辞"[①]这一很普通的说法上。善于寻找微言大义的董仲舒，把它解释成"春秋"三个（"有见三世"、"有闻四世"和"有传闻五世"）不同的历史时代。[②]"公羊学"大师何休则把它提炼为三个（"传闻之世＝治衰乱"、"所闻之世＝治升平"和"所见之世＝治太平"）不同等级的历史状态。[③]在何休的这种解释中，"三世"已经隐含了某种历史进步论的味道。"三世"观念虽然受到清代自今文经学家刘逢禄至晚清开风气人物魏源和龚自珍等人的一再关注，但基本上并没有被赋予更多的内涵。[④]把"三世"观念发展为一种典型的历史进步哲学，这是康有为的一个突破。有两个因素对康有为的这一"突破"起到了重要作用：一是他从早年对周公和《周礼》的信奉中转向了对孔子和《春秋公羊传》的信奉，这不仅使他找到了"改制"思想的权威性人格化身，也使他找到了历史观念的传统思想资源[⑤]；二是从1882年开始，他对"西学"日益增长的兴趣，不仅激发了他的历史进步意识，而且也使他后来的"三世"说与"进化主义"结合起来成为可能。[⑥]无疑，这两个重要因素

[①] 何休注，徐彦疏：《春秋公羊传注疏·隐公元年》，见阮元校刻：《十三经注疏》，下册，中华书局1980年版，第2200页。

[②] 参见苏舆撰，钟哲点校：《春秋繁露义证·楚庄王》，中华书局1992年版，第9—10页。

[③] 何休注，徐彦疏：《春秋公羊传注疏·隐公元年》，见阮元校刻：《十三经注疏》，下册，第2200页。

[④] 参见韦政通：《中国十九世纪思想史》，上册，台北，东大图书公司1991年版，第75—111页。

[⑤] 廖平的今文经学对康有为的转向起到了重要作用，但我不想夸大这种影响。康有为作为一位今文经学"思想家"，不是多变的廖平所能涵盖的。在"三世"进化史观上尤其如此。在这一点上，比起钱穆来，我们更倾向于日本学者高田淳的看法（参见高田淳：《中国近代与儒教》，东京，纪伊国屋书店1970年版，第49—59页）。

[⑥] 参见康有为：《康南海自编年谱》，中华书局1992年版，第10—12页。

在康有为"三世"进化史观乃至整个思想形成和发展中的影响，都是一个"过程"。这样，寻找康有为"三世"进化史观形成的"固定"时点，就变得不那么重要。重要的是看看他的"三世"进化史观，是如何随着时间的推移而发生变化的。①

可以相信，在1890年前，康有为已经皈依"春秋公羊学"。②照康有为的说法，他在27岁（1884年）时，已经开始"以三世推将来"、"演大同之义"；在28岁时，"乃手定大同之制，名曰《人类公理》"；在30岁时，又"推孔子据乱、升平、太平之理，以论地球"③。这至少表明，康有为的"三世"和"大同"观念作为萌芽已经出现。康有为对"三世"进步观做出明确和清楚的表述，是在中日甲午战争前后。此时，公羊学已经成为他的思想支柱，他的西学知识也增加了，他还通过梁启超阅读了严复的《天演论》手稿，并惊叹"眼中未见此等人"④。在1896年的手抄本《南海康先生口说》中，他不仅多次谈到地球的演化和生物的进化⑤，而且对"三世"进步史观做出了明确表述：

《春秋》分三世：有乱世，有升平世，有太平世。乱世无可得言治，治升平世分为三统：夏、商、周，治太平世亦分为三统：

---

① 在此，汤志钧已经做了初步工作，参见汤志钧：《近代经学与政治》，中华书局1989年版，第161—171页。
② 参见萧公权：《近代中国与新世界：康有为变法与大同思想研究》，第63—67页。
③ 康有为：《康南海自编年谱》，第13、15页。
④ 《严复集》，第5册，第1570页。
⑤ 他推测地球之生约四万年，并把它分为荒古、远古和近古。这与他在另一地方对"地质"演变的说法产生了矛盾。照这一说法，地质共分八层，每一层五十里，并有相对应的生物。他认为"苔为生物之始"，并对从植物到人的演化过程作了猜测（参见康有为：《万木草堂口说》，中华书局1988年版，第88、92页）。

亲亲、仁民、爱物。①

　　以天下分三等：一等为混沌洪蒙之天下，一等为兵戈而初开礼乐之天下，一等为孔子至今文明大开之天下，即《春秋》三世之义也。②

照这里的说法，区分于"兵戈"和"礼乐"的"文明"、"太平世"已经成为现实，但后来，康有为根本上又把它作为未来社会要实现的乌托邦最高理想。③最晚在1896年，"公羊"同《礼运》"大同"的联系，已初见端倪。④到了1897年，这种联系已经非常明确："三世为孔子非常大义，托之《春秋》以明之。所传闻世为据乱，所闻世托升平，所见世托太平。乱世者，文教未明也；升平者，渐有文教，小康也；太平者，大同之世，远近大小如一，文教全备。"⑤就像孔子被塑造为"改制"的大师一样，在此，"三世"大义的发明权又被康有为虔诚地献给了孔子，并主要用"人文教化"的程度来衡量"三世"的差别。戊戌变法之后，康有为继续扩展他的"三世"进步史观。"三世"观不仅被

---

① 康有为：《万木草堂口说》，第100页。
② 同上书，第99页。
③ 在此，康有为有些混乱。梁启超1897年初给严复写的信，谈到了康有为对"文明"的看法："南海先生尝言，地球文明之运，今始萌芽耳。譬之有文明百分，今则中国仅有一二分，而西人已有八九分，故常觉其相去甚远。"（《严复集》，第5册，第1569页）当他把"民主共和"与"大同太平之世"联系起来的时候，他有意与无意地也认为欧美民主共和国家已经步入到理想盛世。
④ 如康有为说："美国人所著《百年一觉》书是大同影子，《春秋》大小远近若一是大同极功。《公羊》何注及董生言，人人有士君子之行。此句最宜着眼，大同之世全在此句。反覆玩味，其义无穷。"（康有为：《万木草堂口说》，第133页）在另一处，康从"仁""礼"的角度，对"大同"和"小康"的特性作了界定："天下为家，言礼多而言仁少；天下为公，言仁多而言礼少。孔子多言仁少言礼，大同也；荀子多言礼少言仁，小康也。"（同上）但正如汤志钧所说的那样，至1894年，康有为还没有深究《礼运》，还没有把"大同"、"小康"同"三世"糅合到一起（参见汤志钧：《近代经学与政治》，第170页）。
⑤ 康有为：《春秋董氏学》，中华书局1990年版，第28—29页。

广泛地披上了"进化"的新外衣①,而且也被西方政治学名词如"立宪"和"共和"等所装点:

> 人道进化皆有定位,自族制而为部落,而成国家,由国家而成大统。由独人而渐立酋长,由酋长而渐正君臣,由君主而渐为立宪,由立宪而渐为共和。由独人而渐为夫妇,由夫妇而渐定父子,由父子而兼锡尔类,由锡类而渐为大同,于是复为独人。盖自据乱进为升平,升平进为太平,进化有渐,因革有由,验之万国,莫不同风。②

在此,上述的以"文教"程度来衡量"三世"的方法,明显地已转变为用"政治制度"的进步程度来衡量。对于"改制"的康有为来说,这一点也许姗姗来迟。③也许同对抗日益兴起的革命思想相关,康有为以不同的"政治制度"定"三世"的做法,一直坚持了下去。他在《大同书》中列出的"人类进化表",基本上都是从政治制度的层面来衡量历史进化的等级。

康有为热心民主共和(更主要是平等)乌托邦,但他认定,革命

---

① 这并不奇怪,康有为在1898年出版的《日本书目志》中,直接以"进化"命名的书就有《进化原论》、《进化新论》、《进化要论》、《通俗进化论》、《动物进化论》、《宗教进化论》、《社会进化论》和《族制进化论》等。虽然康有为对他从1898年就开始撰写的《日本书目志》中的书目(通过他的长女康同薇译出)了解得很有限,但这足以促使处在学问饥渴之中的康有为,也像日本人一样迷上了"进化"。

② 康有为:《论语注》卷二"为政第二",中华书局1984年版,第28页。"三世"与政治制度的联系,康有为还有更明确的说法:"据乱则内其国,君主专制世也;升平则立宪法,定君民之权之世也;太平则民主,平等大同之世也。"(汤志钧编:《康有为政论集》(上),第476页)

③ 梁启超在1897年已经清楚地把"三世"与不同的政治制度联结在一起。如他说:"春秋之言治也有三世,曰据乱、曰升平、曰太平。梁启超常谓据乱之世则多君为政,升平之世则一君为政,太平之世则民为政。"(《严复集》,第5册,第1568页)

派所要求的"共和民主",只能是太平、大同之世的产物,经历了长期的小康但仍在小康的中国,迫切需要而且也是不能超过的进化阶段只能是"升平世"。康有为像严复一样坚定不移地相信,历史的进化或进步,有固定的不可打乱的先后次序。1902年,他在《答南北美洲诸华侨论中国可行立宪不可行革命书》中说:"盖今日由小康而大同,由君主而至民主,正当过渡之世,孔子所谓升平之世也。万无一跃超飞之理,凡君主专制、立宪、民主三法,必当一一循序行之。若紊其序,则必大乱。"[①] 这样,热心追求进步、进化和乌托邦的康有为,不但没有被"激进"革命派要求迅速实现民主共和的热情所感动,反而强化了他的渐进性进化观。他对法国大革命的激烈批评态度,也激怒了中国的革命派。康有为在革命面前义无反顾的"退却",不,更准确地说是固守已有的阵地,使他与激进革命派形成了永远也难以弥合的鸿沟。渐进性的进化观,固然使康有为变得保守(相对于革命派),但这似乎又不是不可更改的。富有想象力的康有为,凭着零星的直觉,已经把"三世"推为"九世"(每一世中各有三世)、八十一世、千万世。[②] 这实际上使他的"三世"次序变得既混乱,又随意。根源何在呢?也许是康有为天生就没有革命家的气质吧!也许是梁启超所说的"有为太有成见"吧!

三、"竞争"、"乌托邦"与"种族论"

康有为所描绘的充满着诗情画意的乌托邦,是中国传统中最系统和最完备的乌托邦形态,它也可以同西方任何一种乌托邦理想相媲美。

[①] 汤志钧编:《康有为政论集》(上),第476页。在《共和政体论》中,康有为继续强调说:"夫为治有序,进化有级,苟不审其序,而欲躐级为之,未有不颠蹶者也。"(同上书,第683页)

[②] 参见康有为:《论语注》卷二"为政第二",第28页。

对康有为来说，大同不只是一种理想状态，它更是拯救人类的唯一可能："遍观世法，舍大同之道而欲救生人之苦，求其大乐，殆无由也。大同之道，至平也，至公也，至仁也，治之至也，虽有善道，无以加此矣。"① 在此，我们没有必要讨论康有为以去苦求乐、仁和平等为中心而构造出来的乌托邦体系，我们只需要看看它同进化主义的关联。

康有为相信，生存竞争和弱肉强食首先根源于个人的自私性，如他说："人之性也，莫不自私。夫惟有私，故事竞争，此自无始已来受种已然。原人之始，所以战胜于禽兽而独保人类，据有全地，实赖其有自私竞争致胜之功也。"② 此外，生存竞争和弱肉强食也根源于家庭、国家等各种界限之中。正是由于这种"自私性"和"界限"，从原始社会以来，人与禽兽、人与人、家与家、部落与部落、国与国、种与种之间，都充满着争斗和残杀。但是，康有为的大同理想，恰恰是与家庭、国家界限，私人占有，说到底是与人的"自私性"完全冲突的。因此，问题是，像美国和德国那种出于自私性的各以自国为中心的血与火的残酷兼并，经过何种逻辑和现实才能同美妙的诗情画意般的乌托邦相通呢？按照"自私"的人的本性，民族和种族之间无休止的残杀不是更容易持续下去吗？很注意细节的乌托邦的构造者们，实际上往往又非常不现实地解决他们"故意"拉大的"现实"与"理想"之间的巨大鸿沟。不管如何，具有历史感和现实感的康有为，承认在非理想的社会中，达尔文主义的生物法则就要起作用，并相信现实的中国也不能超越这种法则。从这种意义上说，康有为显然也是一个"社会达尔文主义"的拥护者。但是，从康有为的乌托邦价值观来说，他又不是社会达尔文主义者，恰恰相反，他是中国较早的社会达尔文主义的批判者：

---

① 康有为：《大同书》，第39页。
② 同上书，第344页。

第四章　进化主义与渐进"变法"思想 | 133

　　近自天演之说鸣，竞争之义视为至理，故国与国陈兵相视，以吞灭为固然；人与人机诈相陷，以欺凌为得计。百事万业，皆祖竞争，以才智由竞争而后进，器艺由竞争而后精，以为优胜劣败，乃天则之自然，而生计商业之中，尤以竞争为大义。此一端之说耳，岂徒坏人心术，又复倾人身家，岂知裁成天道，辅相天宜者哉！①

　　其妄谬而有一知半解如达尔文者，则创天演之说，以为天之使然，导人以竞争为大义，于是竞争为古今世界公共之至恶物者，遂揭日月而行，贤者皆奉之而不耻。于是全地莽莽，皆为铁血，此其大罪过于洪水甚矣！②

在此，康有为对"社会达尔文主义"的批判，集中在"竞争"和"优胜劣败"这两个法则上。对严复和梁启超来说，竞争是进化的福音，但是，对康有为来说，竞争则是一切祸乱的根源，"近世论者，恶统一之静而贵竞争之器，以为竞争则进，不争则退，此诚宜于乱世之说，而最妨害于大同太平之道者也"③。不仅如此，竞争还导致了一切负面价值，"夫以巧诈倾轧之坏心术相比，倾败之致忧患、困乏、疾病、死亡如此，骄诧之坏人品格如此，其祸至剧矣，其欲致人人于安乐，亦相反矣"④。这样，我们就不难理解，在康有为所说的"太平世"中竞争何以是四种要加以禁止的行为之一。"生存竞争"和"优胜劣败"显然都是社会达尔文主义的核心，严复和梁启超都热烈地拥抱它们，而"现实"之中的康有为也不反对。站在"理想"高空中批判进化法则的康有为，痛恨生存竞争，他开始扮演起类似于赫胥黎的角色。他把人类的进化过程严格地与生物进化过程或宇宙过程区分开来。康有为虽然

---

① 康有为：《大同书》，第 284 页。
② 同上书，第 344 页。
③ 同上书，第 285 页。
④ 同上。

与严复和梁启超一样，热烈拥抱"进化"和"进步"，并坚信历史朝着完美方向不可逆转地进化，但他又不同于严复，也不同于他的弟子梁启超。因为他们的社会达尔文主义情调都太浓厚，他们都承认生物学法则对人类的适用性，特别是强调"生存竞争"的价值。严复在天道与人道、天与人的二元对立中，采取了力求使它们统一起来的立场。他在坚持天道、自然秩序普遍有效性的前提下，为不同于天道和自然的人道与社会留下了相当大的空间。严复的这种统一性或调和的立场，使他的进化主义具有了既不同于斯宾塞又有别于赫胥黎的"独特性"。从"理想"的目标上说，康有为的选择"基本上"是单一的。他走的是赫胥黎的路。他拒绝作为生物学法则的天道、天行、自然和宇宙过程对人类社会的适用性。对他来说，天道与人道不能相容，对一方的维护，就意味着对另一方的彻底排斥：

> 夫天演者，无知之物也，人义者，有性识之物也；人道所以合群，所以能太平者，以其本有爱质而扩充之，因以裁成天道，辅相天宜，而止于至善，极于大同，乃能大众得其乐利。若循天演之例，则普大地人类，强者凌弱，互相吞啮，日事兵戎，如斗鹌鹑然，其卒也仅余强者之一人，则卒为大鸟兽所食而已。且是义也，在昔者异类相离、诸国并立之世，犹于不可之中而无术遏之，不得已者也。若在大同之世，则为过去至恶之物，如童子带痘毒，岂可复发之于壮老之时哉！①
>
> 主竞争之说者，知天而不知人，补救无术，其愚亦甚矣。嗟乎，此真乱世之义哉！虽然，不去人道有家之私及私产之业，欲弭竞争，何可得也，故不得不以竞争为良术也。②

---

① 康有为：《大同书》，第344—345页。
② 同上书，第285页。

在大同之世中，康有为甚至要抑制这种法则在生物界的通行。他要把仁爱扩展到一切"有生"之中。仁爱不仅是人类之爱，而且是泛爱众生之爱。这恰恰是佛教所倡导的爱，而儒家之仁爱、基督教的博爱，看来都不够："孔子之道有三：先曰亲亲，次曰仁民，终曰爱物。其仁虽不若佛而道在可行，必有次第。乱世亲亲，升平世仁民，太平世爱物，此自然之次序，无由躐等也，终于爱物，则与佛同矣，然其道不可易矣。大同之世，至仁之世也，可以戒杀矣。其时新术并出，必能制妙品，足以代鸟兽之肉而补益相同者，且美味尤过者。当是时，人之视鸟兽之肉也犹粪土也，不戒杀而自能戒矣。合全世界人而戒杀矣，其视牛、马、犬、猫，如今之视奴仆，亲之，爱之，怜之，恤之，用之，而食之，衣之，斯为大同之至仁乎！"①

照康有为的逻辑，"竞争"是出于"私心"、"私欲"、"私利"或"私有"，如果一切财富都归于"公"，那么，也就从"根子上"挖掉了"竞争"存在的余地。康有为设想了"公共所有"和"一切归公"的可能形态，由此，他与那些主张社会主义或共产主义的"公有"思想的人走到了一块。康有为相信，只要"一切归公"，根源于"私有"或"私心"的"竞争"自然也被取消，"太平之世，农、工、商一切出于公政府，绝无竞争，性根皆平"②。在此，"公有"不仅能够消除"竞争"，也能导致"人性"的改变。

但是，视"竞争"为邪恶，并把消除"竞争"视为"太平之世"或乌托邦基本特征之一的康有为，已经受到了"竞争"的浸染。他已经无法完全排除"竞争"所带来的活力。他担忧没有任何"竞争"的太平之世，可能会导致衰退，并重新回到"乱世"之中，"为公众进化计，大同之世，室屋、园囿、农场、工厂、商业、铁路、电线、汽船

---

① 康有为：《大同书》，第351—352页。
② 同上书，第328页。

皆出于公，既无竞争，何肯改良，何肯进上？"[1]但是，若继续引导人们"竞争"，就会产生由"竞争"引发的祸乱。已经陷入自相矛盾并又自设困境的康有为说：

> 夫物以竞争而进上，不争则将苟且而退化，如中国一统之世。夫退化则为世界莫大之害，人将复愚；人既愚矣，则制作皆败而大祸随之。大同不久而复归于乱，此不可不予防也。若导人以争，又虑种于性根而争祸将出，二者交病。[2]

为了克服他所说的"困境"，康有为通过把"竞争"限制在"创新"和"奖智"这种合理的方向上，使其符合自己的需要："盖太平世无所竞争，其争也必于创新乎，其竞也必在奖智乎！智愈竞而愈出，新愈争而愈上，则全地人道日见进化而不患退化矣。"[3]既然"竞争"仍然能够被合理地运用，康有为就不能像上面所作的那样一棍子把它打死。

追求普遍的"仁爱主义"、"博爱主义"和"平等主义"乌托邦理想并以此为坐标去批判社会达尔文主义的康有为，却在有意无意之中把恰恰是从社会达尔文主义中取得了支柱的"种族主义"因素运用到了他的乌托邦体系中。主张平等和大同的康有为，把种族主义的哪些东西应用在他的乌托邦设计中呢？在他的乌托邦理想中，他极其浪漫地相信，所有不同的"种族"，通过有意识的行为完全可以化为一种统一的无杂的种族（即"去种界同人类"），使人类成为"单一"的望之犹如神仙般的人种。他想象说："经大同后，行化千年，全地人种，颜色同一，状貌同一，长短同一，灵明同一，是为人种大同。合同而化，其在千年乎！其在千年乎！当是时也，全世界人皆美好，由今观之，

---

[1] 康有为：《大同书》，第329页。
[2] 同上书，第328页。
[3] 同上书，第333页。

望若神仙也。"① 我们不管这种单一的种族是否会像康有为设想的那样理想"迷人",也不管这种理想是否能够如愿,我们关注的是作为出发点的康有为对人类不同种族的看法以及他所设计的达到单一种族的途径。因为正是这些突出地暴露了他的种族主义意识。康有为的本意是想消除种族界限,使所有的种族都具有平等的地位。但这何以可能呢?经过优胜劣败的淘汰过程,许多种族从人类中永远地消失了,但还存在着四种不同的种族——白种、黄种、黑种和棕色种。这四种在自然选择中存留下来的种族虽仍有强弱之别,但都被康有为认为是最适者("最宜于其地者"②)。据此,不是可以设想或要求他们在大同之世平等生存吗?康有为并没有这样设想。在他的意识中,这四种"最适者"种族,仍有高下优劣之别,按优胜劣败的法则,任其自然,在时间之流中,黑种人和棕色种人最终仍将被淘汰。如果这样,把自然选择交给时间就顺理成章。然而,乌托邦设计者往往都注重"人为"的秩序,而不愿等待像哈耶克所说的"自发秩序";他们更多地寻求"人事"的帮助,而不会委身于"自然"的安排。在康有为的意识中,白种人和黄种人是优秀的种族,而且是地球上人类的多数者,他们是绝对不会被淘汰的:"于全世界中,银色之人种横绝地球,而金色之人种尤居多数,是黄白二物据有全世界。白种人之强固居优胜,而黄种人之多而且智,只有合同而化,亦万无可灭之理。"③康有为不喜欢棕色人种和黑色人种,尤其是对黑色人种,他充满着鄙视,就像德国日耳曼人轻蔑犹太族种族一样。他以黄种人的优越感对棕色人和黑人作了以下的描述:

棕色者,目光黯然,面色昧然,神疲气茶,性懒心愚,耗矣微

---

① 康有为:《大同书》,第 150 页。
② 同上书,第 155 页。
③ 同上书,第 149 页。

哉，几与黑人近矣！然头尚端正，下颏不出，则脑质非极下也。①

黑人之身，腥不可闻。……其黑人之形状也，铁面银牙，斜颔若猪，直视若牛，满胸长毛，手足深黑，蠢若羊豕，望之生畏。②

照此所说，棕、黑人种的劣等性，不只表现在肤色和形状上，还表现在智能和心性上。就此而论，康有为与种族主义的代表性人物之一戈宾诺（J.A.Gobineau）的逻辑没有多大差别。戈宾诺意识中的三个主要种族，黄种人奉行物质主义，缺乏想象力，语言无法表达形上学思想；黑种人缺乏智慧；只有白种人，特别是雅利安族具有最高贵的品德。③康有为承认"物之不齐，物之情也"这一事实，但他不满意这种事实，因为这种事实对他来说又是一种价值优劣的判断。他迷恋的是被他视为具有必然性和合理性的"人类平等，人类大同"这一"公理"。这就意味着不同种类的具有优劣之别的种族，不能存在于未来的乌托邦世界中。他不像博阿斯（F.Boas）那样，通过证据证明人类的不同种族，大体上都具有一样的心理特点，不同的身体构造和智力之间也没有确定的关系。因此，只有人类实行联合，建立一个世界性的联邦共和国，才符合人类的利益。④相信种族优劣差别的康有为，当然不希望优劣种族的联合，他需要的只是优等种族。他不仅设想要把棕、黑人种改变成白种人，也设想使具有优等性的黄种人变成白种人（在此，他的想法并不完全一致，他同时又认为，在大同之世，差别不大的白种人和黄种人，可以平等存在）。他的乌托邦世界中的单一人种，就是最理想的白人。这就意味着需要把其他人种都改变为白人。在一

---

① 康有为：《大同书》，第149页。
② 同上书，第156页。
③ 参见戴维·米勒等编：《布莱克维尔政治学百科全书》，第625页。
④ 参见伯恩斯（E.M.Burns）：《当代世界政治理论》，曾炳钧译，商务印书馆1990年版，第392—394页。

定程度上，康有为相信种族是环境和条件的产物："夫人之形色、体格，有出于人种，有出于地宜，有出于天时，有出于饮食、起居、宫室、运动，相错相合而后成。"[1]因此，通过环境和生活条件的改变，能够使其他人种朝着白种的方向进化。他设想的办法主要有迁地、杂婚和淘汰。[2]康有为相信黄种人比较容易变成白种人，只要改变环境和通婚即可实现。但要使棕、黑人进化为白种人，就比较困难。应先使之变成黄种人，再使之变成白种人。问题是"有若天仙"的黄、白人，可能根本不愿意与像"地狱之鬼"的棕、黑人通婚。解决这一问题的办法是实行奖励："凡有男子能与棕、黑人女子交，女子能与棕、黑人男子交者，予以仁人徽章，异其礼貌，则杂婚者众，而人种易变矣。徽章名曰'改良人种'。"[3]康有为不相信"以优种人与劣种人交"就会"令优种复变为劣种"。因为杂交的结果，是劣种变得极少，而优种增至亿万。在此，康有为并没有采用戈宾诺的逻辑，后者坚决反对不同种族的交配，原因是这只能导致民族退化。康有为要求淘汰那些"性情太恶"、"状貌太恶"或"有疾"者，方法是医生通过"断嗣之药"使之绝种，这比起用战争消灭一个种族的办法要温和得多。总体上可以看出，康有为这位主张"绝对平等"的理想主义者，对种族的观念却充满着"不平等"，暴露了他的"白种中心主义"倾向。这显然同他的"天赋权利"和"人天生平等"的思想相冲突。对于一些理想主义者来说，只要目的或目标正当，手段就是正当的。康有为追求彻底的最终的理想平等，却又是以"不平等"的逻辑和实践手段为前提和条件的。因此，他把"去种界同人类"的过程视为一种进步性的进化过程，也不会像他想象的那样乐观。更为吊诡的是，追求实质性的、完全的"平等主义"，最终更可能导致最大的不平等。对20世纪的世界

---

[1] 康有为：《大同书》，第157页。

[2] 参见上书，第159页。

[3] 同上。

性的集体主义或共产主义乌托邦实验进行了深度思考的哈耶克，拒绝任何"结果上"的平等或"实质上"的平等，就是因为这种看似是最大的平等实际上只能导致更大的不平等。康有为浪漫地认为，只要出现单一的人种，就会有彻底的平等，这也不过是一种幻想。

按照改良种族和人类进化的强烈愿望，康有为的乌托邦设计还详细地讨论了人类的优生问题。这一问题在西方最早可以追溯到古希腊的柏拉图。柏拉图设想了科学配偶以及国家管理生育和培育儿童的可能办法。这位被波普尔视为"开放社会"敌对者的理想大师，竟要求：

> 男女之间发生两性关系不得带有感情和想入非非的因素，一切婚姻的安排都指向一个目的，即改善种族和加强国家。像动物一样要选择最好的加以繁殖，对人类也必须有所选择，使值得传代的生命遗传到未来。①

真正讲来，以生物学为基础的优生和优生学（1883年由高尔顿首先提出）是在生物进化主义的影响之下才出现的，其主要动机是防止人类退化和促进人类进化，但如何才能达到优生的效果，问题就复杂得多。严复已经接触到了这一问题，我们怀疑康有为从严复那里获得了这方面的信息。康有为缺乏生物学的知识和理论，他不可能从复杂的生物遗传等理论中寻求优生的方法。他凭直感认为，通过建立一种良好的生育"环境"就可以达到优生。他的这种想法惊人地与优生学的姐妹学科"优境学"（注重环境的作用，通过改变环境条件来改善人类素质）考虑问题的角度有点类似。康有为设想的孕育和养育后代的专门地方——"人本院"和"育婴院"，都是以优美的环境为主要特征的。

---

① 乔·奥·赫茨勒（J.O.Herzler）:《乌托邦思想史》，张兆麟等译，商务印书馆1990年版，第107页。

他设想的其他许多优生方法,还体现在对怀胎女性无微不至的关怀上。这位异乎寻常地要求男女平等、对女性具有一种近乎崇拜感的人,对如何保护女性独有的怀胎传种的"神圣"功能,具有异乎寻常的关心。

在西方,刺激了进步信念的进化主义,摧毁或瓦解了终极目的或乌托邦热情。从19世纪末开始,人们对进步的乐观信念发生动摇;到20世纪,悲观情绪迅速滋长和蔓延,人们对理想、进步、乌托邦心灰意冷。仿佛是故意与西方唱对台戏的中国,在"进化"之雨的滋润下,"整体上"恰恰处于一个不断激发进步、理想和乌托邦热情的过程。我们在严复那里,已经看到了他对进步和理想社会的坚定不移的信念。"进化"的催化剂,支持了康有为富有想象力的大胆、浪漫和充满着慈悲心肠的乌托邦设计和热情。"进化主义"也消解了西方启蒙理性所信仰的"人人生而平等"的观念,在严复那里出现了类似的情形但却没有冲击康有为的"天赋权利",它还有力地支持着康有为乌托邦的"平等"理想。

上面我们集中讨论了康有为的进化主义,下面我们进入梁启超的视域之中。

作为康有为的弟子,梁启超的声名甚至比他的老师还要响亮。他的大量著述和"笔端常带感情"的文风,使处在学问饥渴时代的青年人为之"疯狂"和"倾倒"。梁启超决不只是一个单纯的维新思想家,他也是一位"全方位"的革命或革新思想家,他的思想同革命运动和五四新文化运动,有着内在的关联。作为晚清思想界前后演变的一座"桥梁",梁启超的影响力超过任何一个人。在进化主义上也具有类似的情形。曾对梁启超加以鼓励后继以严厉批评的严复,以十分不满的心情,描述了梁启超对晚清思想界的"飓风般"影响。[①] 严复没有

---

① 参见严复:《与熊纯如书》(见《严复集》,第3册,第645—646页);《胡适自传》(黄山书社1986年版)对此亦有叙述。

想到，由他栽下的"进化"之树，竟会被这位年轻人惊人地"添枝加叶"。显然，严复和康有为都是梁启超的进化启蒙导师，他们共同使梁启超具有了"运用自己理智的勇气"，但梁启超所具有的那种勇气，实际上却比康有为、严复所期待的高出百倍以至于他们无法约束这位横空出世的"健儿"。梁启超大大扩展了进化主义的某些方面，他对"强权"和"武力"的推崇，使他与"强权主义"合流，严重疏离了"人道"和"伦理"价值；他的竞争合群观念，使他成为比严复和康有为更具典型性的民族主义者。因此，我们可以毫不夸张地说，梁启超是社会达尔文主义在中国的最合适的代理人之一。当然，他也保持了康有为、严复共有的东西，如进步主义。梁启超的进化思想来源不一，这使他的进化观念显得芜杂。饥不择食的他，不可能在极短时间内消化他大量吞进的食物。他注重的是思想的威力和教化功能，而不是它的逻辑性有多强。他对进化主义所做的工作，再次证明他是一位敏锐的启蒙宣传家和评论家。这绝没有减少进化主义在梁启超整个思想中的地位。在很大程度上，进化主义构成了梁启超整个思想的基础。它不仅为梁启超的其他思想和观念提供了前提和出发点，也为梁启超的社会政治实践愿望提供了根据。现在我们就来看看梁启超进化主义的观念形态。

四、明证性：作为"公理"的"进化主义"

在1898年之前，梁启超极其有限的进化观念，在很大程度上是来源于他的老师康有为和严复。他受康有为的影响，强调主要是来自传统的"合群"、"变法"和"三世"观念，以应付日益加深的民族危机。他通过优先阅读严复的《天演论》手稿，扩大了对进化主义的了解。有迹象表明，1897年，梁启超在《知新报》上发表的《说群一　群理一》，已经受到了严复《天演论》的影响。如他说："自地球初有生物以迄今日，物不一种，种不一变，苟究极其递嬗递代之理，必后出之群渐盛，则此前之群渐衰，泰西之言天学者名之曰：'物竞'。"① 在此，梁启超使用了严复《天演论》中的译语"物竞"。戊戌政变之后，梁启超流亡到日本，这反而为他提供了通过日本这一桥梁接触进化主义的机会。以1877年美国动物学家莫斯赴东京大学传授进化主义为契机，进化主义迅速风靡日本的学术界，"进化这个名词好像长上了翅膀，飞遍整个日本，留心新知识的人常常开口进化，闭口进化，好像只要谈进化，任何问题都可以解决似的"②。这很像后来发生在中国的情形。梁启超利用他在日本先后创办的《清议报》和《新民丛报》，向他的祖国传送进化主义。他相信已经产生了广泛影响的这一世界性思潮，在20世纪仍将发挥关键性的作用：

> 近四十年来，无论政治界、学术界、宗教界、思想界、人事界，皆生一绝大之变迁，视前此数千年若别有天地者然。竞争也，进化也，务为优强，勿为劣弱也。凡此诸论，下自小学校之生徒，上至各国之大政治家，莫不口习之而心营之，其影响所及也，于国与国之关系，而帝国政策出焉，于学与学之关系，而综合哲学出焉。他日二十世纪之世界，将为此政策、此哲学所磅礴充塞，而人类之进步，将不可思议。③
>
> 达尔文者，实举十九世纪以后之思想，彻底而一新之者也。是故凡人类智识所能见之现象，无一不可以进化之大理贯通之。政治法制之变迁，进化也；宗教道德之发达，进化也；风俗习惯之移易，进化也。数千年之历史，进化之历史，数万里之世界，

---

① 葛懋春等编:《梁启超哲学思想论文选》，北京大学出版社1984年版，第13页。
② 《近代日本思想史》，第一卷，第118页。
③ 梁启超:《天演学初祖达尔文之学说及其传略》，载《新民丛报》，第3号，1902—03—10。

进化之世界也。①

从总体上说,梁启超对包括达尔文在内的进化主义只具有极其有限的了解。而且,真正讲来,梁启超并不关注进化主义(特别是生物进化主义)的学理本身,他关注的主要是"进化主义"对民族和国家复兴和强大的实践功能。显然,他一脉相承了传统的经世致用意识。这不是一种个别现象,它是中国进化主义的总体倾向之一,严复也不例外。进化主义的最经典性著作《物种起源》,到了1901年和1902年,才由马君武译出其中的两章(第三章和第四章),到1920年,马君武才把全书译出。这表明,那些处在第一线的中国知识分子,对进化主义的系统学理并没有足够的兴趣。也许具有讽刺意味,对中国思想界和社会改革进程产生了巨大影响的进化主义者,往往都不是系统研究进化主义的人物。深入系统研究和介绍进化主义的人物,反而都处在主流思潮的中心之外。陈兼善是个很好的例子。这位系统研究进化主义的学者,恰恰不广为人知。这是一个十分有趣的现象。然而,让人感到不可思议的是,那些进化主义的"传教者们",却极其大胆地去宣称"进化主义"的"普遍"真理性。严复和康有为把"进化主义"视为"公理"并常常宣称这种"公理"的现象,我们已经屡见不鲜。在这一点上,梁启超比他们更突出,胆子也更大。他以类似于"口号"的方式到处宣称进化公理近乎轻浮和放肆。急功近利的他把进化主义完全"形式化"了。

我们先从梁启超所依托的"公理"(axiom)说起。②"公理"这一由康有为彰显的"名词",赢得了晚清思想界的普遍欢迎,它很快被用来表示普遍性的知识和真理。人们纷纷把他们所介绍的新思想、新观

---

① 梁启超:《论学术之势力左右世界》,载《新民丛报》,第 1 号,1902-02-08。
② 有关晚清思想界与公理的关系问题,请参见王中江:《合理性的知识和价值尺度——中国近代的"公理"诉求及其泛化效应》,载《中国研究》,1997 年第 8 期。

念都视为"公理"(或"公例"),以获得权威性的通行证。严复、康有为开了这方面的风气,梁启超更是有过之而无不及。但是,他们对那些被视为"公理"的东西,并未进行充分的考察和反省。他们一开始就把西方先知们的思想观念作为结论或前提("公理")接受了下来。对他们来说,这些结论,都是不可怀疑的"公理",至于实际上是不是"公理",他们就不管了。说起来,进化及其生存竞争、优胜劣败只是晚清众多"公理"中之一支系,但进化公理则具有远远超过其他公理的解释能力和应用范围,它是影响中国晚清以后时代思潮和社会政治变革的一直通行的"公理",甚至针锋相对的一些思想派别,也都在不约而同地共享着进化主义的福音。

多变的梁启超,在把进化及其法则视为"公理"这一方面,前后保持了惊人的一致性。仅举几个例子看一看。1899年,在《自由书·豪杰之公脑》中,他说:"盖生存竞争,天下万物之公理也,既竞争则优者必胜,劣者必败。此又有生以来不可避之公例也。"①1902年,在《新民说·论进步》中,他说:"夫进化者天地之公例也,譬之流水,性必就下;譬之抛物,势必向心。"②如果说以上这些"公理"是来自于进化主义的话,那么,下面他所说的"公理",则更多地来自于他自己的需要。他需要"革命",就把"革命"视为进化公理,如他在《释革》中说:"革也者,天演界中不可逃避之公例也。"③他需要"合群",就把"合群"视为"公理",如他说:"政府之所以成立,其原理何在乎?曰:在民约。人非群则不能使内界发达,人非群则不能与外

---

① 梁启超:《自由书·豪杰之公脑》,见张品兴主编:《梁启超全集》,第1册,北京出版社1999年版,第354页。
② 梁启超:《新民说·论进步》,见张品兴主编:《梁启超全集》,第2册,第683页。
③ 梁启超:《释革》,见李华兴、吴嘉勋编:《梁启超选集》,上海人民出版社1984年版,第369页。

界竞争，故一面为独立自营之个人，一面为通力合作之群体，此天演之公例，不得不然者也。"[①] 我们不需要一一列举这方面的例子。无论如何，梁启超把进化主义与公理联系起来并向进化公理宣誓的做法，给我们留下了强烈的印象。然而，梁启超所说的"优胜劣败"、"合群"等"公理"，真的就是普遍的"公理"吗？正如我们以上所说，他对此并没有进行深层的"追问"。梁启超断定，这都是不证自明的"公理"，我们只需从"公理"出发就可以了。

现在我们需要讨论的是，梁启超何以要这样做，他何以要使已被他形式化的进化主义依托于"公理"？这可以从两方面来解释。一是晚清知识界对"知识"和"真理"具有了新的意识，这种意识在很大程度上与"西学"东渐相联。与传统"中学"（"旧学"）相对的"西学"（"新学"），在严复那里被认为是通过严格的科学方法归纳和演绎获得的可靠的、实证的知识（"实学"），它具有普遍的有效性。梁启超也相信，公理是从具体事实中求得的普遍原理。[②] 当严复（还有康有为）首先把"普遍有效性的知识"赋予"公理"（"公例"）之后，"公理"自然就成为"普遍有效性知识"的代名词。二是为了使"西学"或"新学"在中国学术思想界和行为世界获得权威性。习惯了传统知识和思想观念的中国人，实际上也就不自觉地接受了它的权威性。因此，若要让他们接受一种新的知识标准，首先就需要使那种知识具有普遍性和权威性。在中国，在"科学"的权威性符号尚未确立之前，知识的最高权威性符号就是"公理"。当严复、康有为把他们所传布

[①] 梁启超：《论政府与人民之权限》，见李华兴、吴嘉勋编：《梁启超选集》，第315—316页。他把"灭国"也看成是进化"公理"："灭国者，天演之公例也。"（梁启超：《灭国新法论》，见李华兴、吴嘉勋编：《梁启超选集》，第172页）

[②] 如《新民议》载："及民智稍进，乃事事而求其公例，学学而探其原理，公例原理之既得，乃推而按之于群治种种之现象。"（李华兴、吴嘉勋编：《梁启超选集》，第354—355页）

的"西学"(特别是"进化主义")知识或理论宣称为"公理"的时候,他们就是要使它们获得被认可和接受的权威性力量。在此,梁启超的意图与严复和康有为的意图并没有什么差别。只是,他在这方面的宣称,超过了严复和康有为。20世纪初,"公理"的泛化和运用,已经开始泛滥。结果,人人都把他们所需要的学说和理论宣布为"公理",至于它实际上究竟是不是"公理",人们并不去深究,似乎也不需要去深究,因为他们相信它在它的故乡已经被深究过了。人们只需要通过这种宣布,使之具有权威性。章太炎对人们侈谈"公理"所进行的批判性反省,恰恰就是要打破人们对"公理"的迷恋和神圣感。① 还有就是,作为具体的"器物知识"的"公理",已经超出了"器物"的范围,上升为普遍有效的"天道"世界观。进化主义作为最突出或典型的公理,在严复那里,就已经不局限在生物学领域的具体知识中,而是被升格为世界观和天道。对梁启超来说,具有世界观和天道意义的进化主义则更诱人。他到处宣称"进化"公理和天道,在使之获得权威性的同时也为之增加了迷人的色彩。由于梁启超像其他许多人一样,关注的"主要是"通过为"进化主义"披上公理或科学的外衣使之获得权威性和通行证,使之成为合理性论证的资源,因此在整体上,他对进化主义自然也就缺乏反省和怀疑的态度,而是将其作为固定不变的真理到处推销和运用。按照"进化主义"的逻辑,"进化主义"也逃不出"进化"。梁启超的兴趣在于用进化主义来促成其他事物的进化,而不在于发展进化主义。因此,"进化主义"本身的"进化"就处在他的视野之外。

正如以上所说,同严复、康有为甚至很多人一样,梁启超真正热心的并不是进化主义本身,而是进化主义对中国变革和民族复兴的强

---

① 参见章太炎:《四惑论》,见《章太炎全集》,第4册,上海人民出版社1985年版,第444—449页。

大实践价值。在梁启超的意识中,进化主义不仅是一种客观的、事实上的"法则"和普遍有效的知识,也是令人渴望的具有正当性的"应该"。当梁启超宣称进化公理的时候,不管是有意还是无意,他都把"应该"和价值贯注到了"进化主义"之中。因此,作为普遍有效的知识上的进化公理,实际上也是以普遍的价值而存在的。梁启超对介绍达尔文学说的动机所作的说明,表现了他对进化主义价值的渴望和信念:

> 欲吾国民知近世思想变迁之根由,又知此种学术,不能但视为博物家一科之学。而所谓天然淘汰优胜劣败之理,实普行于一切邦国、种族、宗教、学术、人事之中,无大无小,而一皆为此天演大例之所范围。不优则劣,不存则亡,其机间不容发。凡含生负气之伦,皆不可不战兢惕厉,而求所以适存于今日之道云尔。①

梁启超深信,通过进化主义的"优胜劣汰"法则的警钟,能够唤醒国人,并达致国家和民族的振兴:"一以天演学、物竞天择、优胜劣败之公例,疾呼而棒喝之,以冀同胞之一悟……一言以蔽之,曰开民智,振民气而已。"②进化主义之所以受到梁启超等中国知识分子的普遍欢迎和热烈拥抱,在很大程度上,是由于它满足了他们解释中国困境的需要和复兴民族愿望的价值需求。这是一个过程,当他们发现已有的意识形态和观念难以应对新的复杂问题和危机时,"进化主义"就像一个救命恩人,出现在他们面前,令他们如痴如醉,争先向它靠拢和

---

① 梁启超:《天演学初祖达尔文之学说及其传略》,见张品兴主编:《梁启超全集》,第 2 册,第 1038 页。
② 梁启超:《清议报一百册祝辞并论报馆之责任及本馆之经历》,见张品兴主编:《梁启超全集》,第 1 册,第 478 页。

宣誓。的确,"进化主义"作为一种新的宇宙观和世界观所具有的广泛解释力和实用性,十分符合中国知识分子的普遍需要,它填补了晚清中国意识形态的真空并不令人吃惊。林毓生的解释,有助于我们理解这一现象:"这里必须考虑两种因素:认识性的了解世界和意识形态的信奉变化的观点。从纯粹的认识论观点来讲,达尔文主义的变化观点倒可以用作一种工具来帮助我们理解和说明西方入侵带来的屈辱和震惊这一空前的经历。它提供的思想架构有助于中国知识分子克服因不理解中国危机而产生的极度忧虑。"[1] 但是,梁启超(以及严复等)可能没有意识到,当他们接受社会达尔文主义的"优胜劣败"法则并去警醒国人的时候,他却冒着一种"火中取栗"的危险。他忘记了他所使用的法则,并不是"慈悲天使"的法则,而是像赫胥黎所描述的那样,它是"长着血红的牙齿,利爪上抓着捕获物"的魔鬼的法则。承认它的正当性和应当性,实际上同时也是为那些已经"优胜"的帝国主义强权行为辩护,或者至少是间接地肯定了殖民主义掠夺中国的合理性。这种危险的逻辑,当"互助论"进化法则传入中国之后,才受到抑制。

强调被视为普遍公理和普遍价值的进化主义受到人们的广泛认同和接受,并不是说不存在"任何"对它的怀疑的因素和不同声音。我们已经讨论的严复,晚年对包括"进化主义"在内的整个西方文明产生了疑问。后面将要讨论的章太炎,把"进化"作为"四惑"之一也是我们所熟悉的。当然,对他们来说,这不过是从起初的皈依立场"积极"或"无奈"退却的结果。后期的梁启超,面对严峻的第一次世界大战的事实,也对进化主义产生了某种疑问,显示出对进化主义的某种疏离:"自从达尔文发明生物进化的原理,全世界思想界起一个大革命。他在学问上的功劳,不消说是应该承认的。但后来把那'生存

---

[1] 林毓生:《中国意识的危机——五四时期激烈的反传统主义》,穆善培译,贵州人民出版社1988年版,第93页。

竞争，优胜劣败'的道理，应用在人类社会学上，成了思想的中坚，结果闹出许多流弊。这回欧洲大战，几乎把人类文明都破灭了。虽然原因很多，达尔文学说不能不说有很大的影响。就是中国近年，全国人争夺权利像发了狂。这些人虽然不懂什么学问，口头还常引严又陵的《天演论》来当护符呢，可见学说影响于人心的力量最大。……欧洲人近来所以好研究老子，怕也是这种学说的反动罢。"①当梁启超这样说的时候，他可能已经忘记，他恰恰就是中国"进化主义"的一只"猛犬"。虽然梁启超的思想以善变著称，但是"进化主义"作为梁启超整个思想的基础，对他的影响太大了。归根结底地说，他并没有完全动摇对进化主义的信念，也没有完全放弃对进化公理的宣誓和虔诚。这不是一个孤立和罕见的现象，它是晚清以后中国知识界的普遍现象。这与西方20世纪初特别是第一次世界大战之后对自身文明的"普遍"危机感，形成了鲜明的反差。也就是说，当西方开始笼罩着广泛的悲观主义情绪之时，中国知识界对西方文明及其价值和有效性仍充满了乐观主义。梁启超不相信科学的万能，但仍相信科学精神；他对进化法则产生了某种疑虑或对前期进化观作了某种修正，但仍高度评价"进化主义"的影响。1922年8月，他在南京科学社生物研究所作的《生物学在学术界之位置》的讲演，再次肯定了达尔文的生物进化主义对整个学术思想乃至社会现实的普遍影响力："一种学问出来能影响于一切学问而且改变全社会一般人心，我想自有学问以来，能够比得上生物学的再没有第二种。"②同年12月，梁启超在南京金陵大学第一中

---

① 梁启超：《老子哲学》，见张品兴主编：《梁启超全集》，第5册，第3118页。
② 梁启超：《生物学在学术界之位置》，见《梁启超哲学思想论文选》，第381页。梁启超还深有感触地说："生物学既已成了五十年来思想界的霸主，自然社会上、政治上、经济上无不受其簸荡。最怕人的军国主义，以物竞天择为信条；最时髦的社会主义，以同劳互助相号召。彼此立于两极端，然而理论的基础都求之于生物学，岂非奇事！这样看来，过去世界五年大战以及将来全世界社会革命，其原动力都在生物学。学问力之伟大，还有过于此吗？"（第383页）

学作了《研究文化史的几个重要问题——对于旧著〈中国历史研究法〉之修补及修正》的演讲,他声称"我现在并不肯撤销我多年来历史的进化主张"①。可以说,多变的梁启超,在其整个思想中始终贯穿着"进化主义"的主线。

五、"合群"与"竞争"和"进化"

我们在严复和康有为那里,已经接触到了"合群"问题,这是晚清思想界的一个显题。最初从严复和康有为那里得到思想营养的梁启超,大大强化了"合群"观念。如同严复一样,梁启超是在与"群"相对的"独"、"个体"、"己"等关系中去理解"群"、"合群"的,但他的整体立场则站在了"群"和"合群"一边。在梁启超的思想中,"合群"观念驾驭了许多其他观念,它既是一个理论框架,又是一个高度的价值原则,它双重地衡量着其他一些观念和事物。张灏已经充分地肯定了"群"在梁启超思想中的核心位置。②在此,我们要特别关注的是,梁启超何以把"群"、"合群"观念放在如此重要的地位上,这是否意味着"合群"就是梁启超所设定的最高价值目标;梁启超的"合群"观念又是如何同进化主义联系在一起的。下面,我们就从梁启超视野之下"群"和"合群"的观念入手,讨论上述问题。

与个人、个体相对的"群",简单地说就是个人、个体的一种"结合"体,这种结合体往往以不同的形态表现出来。梁启超的"群"观念,所指并不固定,涵盖面相当广。对他来说,家庭、团体、社会、民族(族群)、国家(国群)等,都是"群"的不同形态。③ 概括性地

---

① 参见李华兴、吴嘉勋编:《梁启超选集》,第813页。
② 参见张灏:《梁启超与中国思想的过渡(1890—1907)》,崔志海、葛夫平译,江苏人民出版社1995年版,第68—79、106—110页。
③ 如梁启超在《变法通议·论学会》中说:"国群曰议院,商群曰公司,(转下页)

讲，梁启超所说的"群"，就是组织起来并具有高度亲和性和凝聚力的个人集合体或团体。当然，梁启超所说的"群"还有动词上的"结合成群"的意义（"群者，天下之公理也"），这一意义与他所强调的"合群"观念相一致。照梁启超的说法，"合群"就是"合多数之独而成群也"①。实际上，从人类早期的"部落"开始，人类就以各种方式结合成群或合独成群，"合群"是一个十分明显的历史事实。如果梁启超所强调的"合群"就是指此，他只不过是指出了一个非常平常的历史事实。但是，梁启超所说的"合群"，具有复杂和深层的内涵。这可以从两方面来理解。一方面，从历史的过程来看，梁启超的"合独"为"群"观念，既包含着与传统社会有别的现代性的"民族国家"意识，又包含着现代性的民间各种社团组织意识。也就是说，他所强调的"合群"，是要求形成一种现代性的社会政治团体和集合体。另一方面，从"群"本身的性质来说，梁启超所要求的"群"，决不是一种形式的"结合"，而是一种充满着"群体"精神的内在联系体（"群之道，群形质为下，群心智为上"）。它具有高度的统一性、整合性、亲和性及凝聚力；又具有充分的活力和竞争力。张灏比较准确地把握住了梁启超"群"观念的这一层面。他说："作为合群思想的一个重要含义即团结一致的协作精神的进一步发展，'群'指一个近代国家的公民对他的同胞怀有一种强烈的团结感，以及具有与他们组织公民社团的能力。"② 根据"群"的这种性质，"合己成群"就不是一件简单的事。从这里出发，也才能理解梁启超所谓"能群"和"善群"的复杂涵义和

（接上页）士群曰学会。"在《〈说群〉序》中说："抑吾闻之，有国群，有天下群。泰西之治，其以施之国群则至矣，其以施之天下群则犹未也。"在《说群一　群理一》中说："欲灭人之家者，灭其家之群可矣。……欲灭人之国者，灭其国之群可矣。"

① 梁启超：《十种德性相反相成义》，见李华兴、吴嘉勋编：《梁启超选集》，第157页。

② 张灏：《梁启超与中国思想的过渡（1890—1907）》，第110页。

他对"合群"价值目标孜孜不懈的追求。

对梁启超来说,"合群"是一个既迫切而又十分繁难的价值目标。毫不夸张地说,梁启超的许多社会政治思想和伦理道德观念都是围绕着"合群"观念展开的。这是一个复杂的建构过程,目标是如何实现"合群",但在出发点上,梁启超却把"能群"和"群性"首先赋予了人(甚至其他事物),并视之为人不学不虑的先天自然本性。如他说:"群者万物之公性也,不学而知不虑而能也。"[①]"盖人者能群之动物,自最初即有群性,非待国群成立之后而始通合也。"[②] 进一步,梁启超从机械论的立场出发,把人的自然"群性"归为世界上的"吸力"所致。他想当然地认为,世界上有两种互相排斥的力——"吸力"与"拒力"。这两种力的总量保持不变,只是"迭为正负,此增则彼减,彼正则此负",结果就有能群与不能群、群力大和群力小之种种差别。在梁启超的意识中,人不仅能群而且群力甚大。既然如此,何必还要追求"合群"呢?"合群"靠人的先天自然性,不是自然而然就实现了吗?梁启超决不会停留在这里。他又从"进化"的立场,为他的"合群"要求开路。根据进化的立场,人的"群性"或"合群"能力,并不是固定不变的,它是一个日益增强的进化过程,"世界愈益进,则群力之率愈益大"[③]。但是,这一过程也不是自然的,它是各种条件促使及其适应的结果。梁启超相信,已经进入到高度文明的西方社会,其"善群"、"能群"和"群力"也达到了空前的程度。与此不同,处于半开化的中国,则没有充分扩展其固有的"群性",显得十分薄弱和缺乏。梁启超甚至用"不能群"来估价中国人对群的离心力。在《新民

[①] 梁启超:《说群一 群理一》,见《梁启超哲学思想论文选》,第12页。
[②] 梁启超:《论政府与人民之权限》,见李兴华、吴嘉勋编:《梁启超选集》,第316页。有关人的善群性,梁启超在《新民说·论公德》中亦说:"人也者,善群之动物也(此西儒亚里士多德之言)。人而不群,禽兽奚择。"
[③] 梁启超:《说群一 群理一》,见《梁启超哲学思想论文选》,第13页。

说·论合群》中,他主要从"缺乏公共观念"、"内外界限不明"、"无规则"和"忌嫉"等四个方面来揭示中国人"不群"的特性。不管梁启超对中国缺乏群性的估定及其原因的说明是否正确,但它作为"问题"的存在使"合群"的要求具有了明确的"针对性"。现在的关键是,中国社会如何快速地朝着"合群"的方向迈进。

如前所说,在梁启超那里,"群"是相对于"己"、"独"或"个人"而存在的。在现代政治思想中,人们对所谓"群与己"、"个人与社会(或集体)"两者关系的处理方式,在学理和价值上往往表现为对立性的两极:以群体或集体为本位的群体主义或集体主义和以个体或个人为本位的个体主义或个人主义。以论证"合群"为务并以"合群"为优先价值的梁启超,自然是自觉地和有意识地站在了集体主义或群体主义一边。"立场"是一个,但支持立场的论证方式并不相同。一种方式是,为了"合群"或"集体"的需要,梁启超明确无疑地要求把"个人"和"己"奉献给"集体"和"群"。这种要求,在梁启超那里始终一贯。我们仅举几例。1897年发表的《〈说群〉序》载:"以群术治群,群乃成;以独术治群,群乃败。己群之败,它群之利也。何谓独术?人人皆知有己,不知有天下。"①1901年,在《十种德性相反相成义》中,梁启超说:"合群之德者,以一身对于一群,常肯绌身而就群;以小群对于大群,常肯绌小群而就大群。夫然后能合内部固有之群,以敌外部来侵之群。"②1902年,在《新民说·论合群》中,梁启超又强调:"则以公观念与私观念常不能无矛盾,而私益之小者近者,往往为公益之大者远者之蠹贼也。故真有公共观念者,常不惜牺牲其私益之一部分,以拥护公益,其甚者或乃牺牲其现在私益之全部分以拥护未来公益。"③根据这里所说,"个人"的权利和价值,已被彻

---

① 梁启超:《〈说群〉序》,见《梁启超哲学思想论文选》,第10页。
② 梁启超:《十种德性相反相成义》,见《梁启超哲学思想论文选》,第49页。
③ 梁启超:《新民说·论合群》,见张品兴主编:《梁启超全集》,第2册,第694页。

底取消，个人必须无条件地献身于作为优先和本位的"群体"。梁启超这种为群体而牺牲个人的观念，在《进化论革命者颉德之学说》中被推到顶点。在颉德那里，生命法则以社会有机体和群体为最高利益，并以个人作为实现这一目的手段。但是个人的自私性、非社会性和理性，往往不受生命法则的驯服，去疯狂地追求自己的利益和权利。有一种力量能够帮助生命法则驯服和战胜倔强的个人的自私性，使个人效力于群体和社会，这就是生命法则的坚强盟友——宗教。作为信仰的宗教，在个人利益同社会利益相冲突和对立的地方，为个人的大部分行为定下了超理性的法则。对颉德来说，不仅要牺牲个人以利社会，而且要牺牲现在的个人以利未来的社会。①甚至个人的死，也要有利于种族。梁启超迷上颉德的这一学说，十分自然。它极其适合梁启超舍己为群的价值观念。反过来，颉德的观念也强化或支持了梁启超已有的群体主义信念。不管如何，梁启超在群己关系上的态度非常明确，个人必须为群体而存在并随时准备牺牲个人以效忠于群体。在这种彻底的或激进的集体主义目标之下，作为一种手段性而存在的"个人"，其自身领域的独立权利和价值，就被一扫而光，最多只不过在群体中来满足一下自我。

上面，梁启超以无条件地"舍己为群"的方式去处理群己关系，隐含着一个"群己"、"个人和集体"存在着不相容性的悲观逻辑前提。但是，当他用另一种方式去论证"群体本位"的时候，他恰恰又是以"群与己"、"个人与集体"、"国民与国家"本来"相统一"的乐观立场，去强化他的集体主义或群体至上主义。从形式上看，在梁启超的观念结构中，"公德—私德"、"独—群"、"利己—利人"、"爱己—爱他"、"国民—国家"、"小我—大我"等，都以相对立的

---

① 参见欧内斯特·巴克:《英国政治思想——从赫伯特·斯宾塞到现代》，第97页；张灏:《梁启超与中国思想的过渡（1890—1907）》，第122—126页。

方式被定位。但是，梁启超告诉我们，这种看似对立的二元结构，却具有内在的统一性。以公德、群、社会、国家、利人（所有的人）、利他（所有的他）为代表的一方，恰恰是由作为元素或部分的私德、独、个人、国民、利己、爱己等构成。这本身就表明两方在根本上是统一的。同时，作为私德、独、个人、国民等一方的"本性"，恰恰也能够成为公德、群、社会和国家"本性"的基础。独与群，只是"对待"而立的名词，与"独立"相对立的是依赖性，而不是合群；与合群相对立的是营私，而不是独立。梁启超举例说："合无数'阿屯'而成一体，合群之义也；每一'阿屯'中，皆具有本体所含原质之全分，独立之义也。若是者，谓之合群之独立。"① 为我、利己心，在传统中被视为恶德，但实际上它们也是一种不可缺少的"德性"。法律和道德都是在"利己"中被确立起来的。人类利己则能对抗他物；一群、一国利己则能对抗他群。爱己心同爱他心，"一而非二者也"。爱己心有两种，即"变相之爱己心"和"本来之爱己心"。人爱己但又无力实现，于是就通过"合群"来实现，这种爱群实际上就是变相的爱己。因此：

> 善能利己者，必先利其群，而后己之利亦从而进焉。以一家论，则我之家兴，我必蒙其福，我之家替，我必受其祸；以一国论，则国之强也，生长于其国者罔不强，国之亡也，生长于其国者罔不亡。故真能爱己者，不得不推此心以爱家、爱国，不得不推此心以爱家人、爱国人，于是乎爱他之义生焉。凡所以爱他者，亦为我而已。②

这样，为了个人的幸福和利益而去合群爱他，虽然达到了群己的

---

① 梁启超：《十种德性相反相成义》，见李华兴、吴嘉勋编：《梁启超选集》，第158页。
② 同上书，第162—163页。

统一，但作为"目的"的群，在此实际上又被手段化了，这恐怕是梁启超所不愿看到的。梁启超整合公德与私德的逻辑，从他《论私德》中的说法来看，与整合"群独"的逻辑差不多。他依据斯宾塞的社会由个人组成、社会之性情取决于个人之性情的观点得出结论说："所谓公德云者，就其本体言之，谓一团体中人公共之德性也；就其构成此本体之作用言之，谓个人对于本团体公共观念所发之德性也。"实际上，整体不等于部分的相加，社会也不等于个人的累积。但是，梁启超恰恰相信社会原子论的观点，通过把私德看成是公德的构成分子，使公德与私德协调起来。按照这种逻辑，梁启超强调说："欲铸国民，必以培养个人之私德为第一义；欲从事于铸国民者，必以自培养其个人之私德为第一义。"①对梁启超来说，公德与私德并没有截然分明的界限，他辨析说：

> 公云私云，不过假立之一名词，以为体验践履之法门。就泛义言之，则德一而已，无所谓公私；就析义言之，则容有私德醇美，而公德尚多未完者，断无私德浊下，而公德可以袭取者。……公德者，私德之推也。知私德而不知公德，所缺者只在一推；蔑私德而谬托公德，则并所以推之具而不存也。故养成私德，而德育之事思过半焉矣。②

这里，梁启超继续把私德看成是公德的基础以整合公德与私德，这样一来，培养在中国传统中"堕落"的"私德"就成了问题的核心。在梁启超之前发表的《论公德》中，他已经指出道德之本体为一，"私德公德，本并行不悖者也"。但是，在此，梁启超根本上是把公德与私

---

① 梁启超：《新民说》，见李华兴、吴嘉勋编：《梁启超选集》，第249页。
② 同上。

德看成两物,通过抑制私德而提升公德。公德是"为群"、"合群"之德,是个人对团体之德;而私德则是私人对私人或个人对个人之德。道德的核心在于利群,善恶的标准也在于是否"有益于群"。由此,道德与公德合二为一,公德也不是在私德基础上确立起来的。"私德"的兴盛,恰恰又成了公德的障碍。中国传统中盛行的是旧伦理、旧道德的"私德",而最缺乏的是新道德、新伦理的"公德",于是公德与私德之别,又成了新伦理、新道德与旧伦理、旧道德之别。我们由此不难看出,梁启超在"私德"上对中国传统作了前后自相矛盾的诊断。这也许并不重要,重要的是,梁启超注重"利群"、"合群"意义上的"公德"则一脉相承,"公德之大目的,既在利群,而万千条理即由是生焉。本论以后各子目,殆皆可以'利群'二字为纲,以一贯之者也"①。只是,在《论公德》中,梁启超是撇开"私德"直接确定"公德",而在《论私德》中,他是通过"私德"来建立"公德"。至于国民与国家的关系,梁启超通过界定国民本身就具有高度的国家和民族意识和自觉("有国家思想,能自布政治者,谓之国民"②)的做法,使之统一起来。对他来说,国家是国民之国家,国民是国家之国民。中国传统不可能形成真正的国民、国家及其二者的统一,因为在中国传统社会中,并没有真正意义上的国家,国家只是一家一姓之私产。

在对梁启超"合群"建构稍微冗长的考察中,我们看到了他是如何通过两种不同方式去论证"合群"的合理性和正当性的。这是两种有着"冲突"的不同的论证方式,而且冲突还表现在其他细节上。这一有缺陷的"理智",是没有用"知识论"武装自己的梁启超所无法避免的。不过,这并没有影响到梁启超对"合群"价值的一贯信念。在他的整个社会政治思想和伦理道德观中,"合群"、"利群"是决定性

---

① 梁启超:《新民说》,见李华兴、吴嘉勋编:《梁启超选集》,第217页。
② 同上。

的。看似是注重个人的"新民"、国民,看似是强调具有权利和自由的个人,其实都是要铸造出以集体和群体为本位的"人",其实都是要用来服务于"群体"和"社会"的整体价值。

现在的问题是,梁启超如此热衷于"合群"、"利群",究竟是为什么?"合群"、"利群"当然可以被设定(至少从"立场"上是如此)为优先于个人的整体"价值",甚至是最高的价值。但是,在梁启超那里,"合群"、"利群"并不是一种"自足的"整体价值。① 梁启超对"合群"集体主义的热衷,只有同他对"进化"和"竞争"价值的热衷联系在一起才能得到充分的理解。换言之,在梁启超那里,"合群"集体主义及其目标和价值在很大程度上是服务于"进化"和"竞争"现实和价值。由此,作为梁启超社会思想和伦理价值重要原则的"合群",在"进化"和"竞争"面前又被相对化了。

在梁启超那里,"竞争"更准确地说就是"生存斗争"或"生存争斗",也可以说就是最激烈的"战争"。这种在赫胥黎看来必须通过伦理进化加以控制的"宇宙过程",对梁启超来说,不仅是贯穿于整个人类历史的事实或普遍现象,而且也是一个值得"向往的"未来价值。在梁启超的视野中,人类的历史就是一部无休无止的"竞争史",他花费不少力气去叙述和展示这一历史。有竞争就有优胜劣败,就有适者生存。对梁启超来说,竞争是通向优胜和适者的唯一途径,是获得生存权的最佳方式。因此,中国不仅要勇敢地面向竞争、参与竞争,而且必须去创造竞争。这样,梁启超在肯定达尔文"自然过程"中的生存竞争这一事实之外(他更注重人类的生存竞争),同时还为它"加上"了"应该"的价值内涵。梁启超把"竞争"分为两种——"内竞"

---

① 如梁启超说:"夫竞争者,文明之母也。竞争一日停,则文明之进步立止。"(梁启超:《新民说》,见李华兴、吴嘉勋编:《梁启超选集》,第219页)"近世欧洲大家之论曰:'竞争者,进化之母也;战事者,文明之媒也。'"(梁启超:《论近世国民竞争之大势及中国前途》,见李华兴、吴嘉勋编:《梁启超选集》,第116页)

和"外竞"。"外竞"是民族国家之间或一群同外部世界展开的竞争,它相对于一个民族国家内部的竞争("内竞")。梁启超最关心的是"外竞"(这是他区别于严复的主要之处),因为他相信历史正处在一个以自身民族和国家为中心的民族主义和帝国主义时代;梁启超最关心中国同其他民族特别是帝国主义者的竞争,因为中国正遭遇着或面对着与之竞争的帝国主义这一巨怪。这是梁启超强调"合群"的根据之一,即为了"竞争"("外竞"),必须合群;而"合群"就是为了竞争。梁启超在人类历史中,发现的不仅是"竞争",而且是"合群"竞争。梁启超在《论民族竞争之大势》中,把"合群"竞争看成是近代以来竞争的根本特征,整个世界就是一个充满着民族国家之间的激烈"竞争"的世界:"由一人之竞争而为一家,由一家而为一乡族,由一乡族而为一国。一国者,团体之最大圈,而竞争之最高潮也。"① "循物竞天择之公例,则人与人不能不冲突,国与国不能不冲突,国家之名,立之以应群者也。"② 这样,梁启超就在"合群"是为了"竞争"这一历史大势和现实中,为"合群"找到了更为充足的根据:

> 物之以群相竞,斯固然矣。……若夫处必争之地,而其合群之力不足以自完,则日剥月蚀,其究必至于断其种绝其育。③
>
> 人非群则不能使内界发达,人非群则不能与外界竞争。故一面为独立自营之个人,一面为通力合作之群体。④

"合群"是竞争的需要,特别是"合群竞争"的需要。"国家"就

---

① 梁启超:《新民说》,见李华兴、吴嘉勋编:《梁启超选集》,第219页。
② 同上。
③ 梁启超:《说群一 群理一》,见《梁启超哲学论文选集》,第13页。
④ 梁启超:《论政府与人民之权限》,见李华兴、吴嘉勋编:《梁启超选集》,第316页。

是这种"竞争"的顶点。但这里的"国家"是以"国民"为基础的"国民国家",因此"国家竞争",实质上也就是一国"国民"同另一国"国民"的竞争。①在严复那里,我们已经看到"合群竞争"的观念,"天演之事,将使能群者存,不能群者灭;善群者存,不善群者灭"。但是,严复更欣赏和重视的则是斯宾塞以"个人自由主义"为基础的"个人竞争",也就是梁启超所说的"内竞"。严复相信,通过内部所有个人的自由竞争,将形成一种伟大的活力和合力。比较起来,梁启超关注的则是不同群体之间、不同民族国家之间展开的"外竞"。梁启超相信,通过这种"竞争",能使群体获得力量,而且只有通过这种竞争,才能使群体获得生存权。竞争"空间"的变化,同时也意味着竞争"主体"的变化。在严复那里,竞争的"主体"主要是"自由的个人",而在梁启超那里则成了"自由的团体"或"自由的群体"。②

梁启超一开始就认定中国传统社会缺乏"竞争",并像严复一样,把"大一统"和"专制"等因素看成是产生这一结果的根源。他相信缺乏竞争造成了中国的贫弱,而通过"合群竞争"就能为中国找到一条自强的道路。总起来说,梁启超围绕着"新民"、"合群"等所展开的一系列思考,都是基于生存竞争、优胜劣败的社会达尔文主义原则。

---

① 需要说明的是,梁启超在《论近世国民竞争之大势及中国前途》(见李华兴、吴嘉勋编:《梁启超选集》,第117页)中,把"国家竞争"同"国民竞争"严格区分开,并强调"国民竞争"说:"国家竞争其力薄,国民竞争其力强;国家竞争其时短,国民竞争其时长。"这与他强调"国家竞争"并不矛盾。因为梁启超这里所说的"国家"还不是"国民国家",而是传统意义上的国家。

② 浦嘉珉已经准确地看到了这一点,参见他的《中国与达尔文》,钟永强译,江苏人民出版社2008年版,第183—190页。顺便指出,"合群"竞争直接影响到了梁启超对自由的理解,"人人自由,而不以侵犯人之自由为界",是说只要不侵犯他人的自由,一个人就可以尽享其自由。但是,当梁启超把自由范围的划界看成是"自由"极则之后,人人自由问题,就被他转换成了限制个人自由的问题。通过这种限制,"自由"的主体就从"个人"转向了"他人",而"他人"又被置换成了"团体"、"群体",结果"个人"自由就消失了,"自由"变成了"团体"或"群体"的自由。

正如小野川秀美在《晚清政治思想研究》中所说的那样,"新民"的基础是"天演物竞之理,民族之不适应于时势者,则不能自存"①。它更是"合群"的基础,并深深地扎根于梁启超的意识中:"群学公例,必内固者乃能外竞,一社会之与他社会竞也,一国民之与他国民竞也,苟其本社会本国民之机体未立、之营卫未完,则一与敌遇而必败,或未与敌遇而先自败。"②梁启超主办的两个重要刊物《清议报》和《新民丛报》,也都是基于社会达尔文原则为民族国家的"救亡图存"和复兴寻找契机。梁启超相信他的"合群"集体主义竞争观,就是这一契机的关键。这与达尔文主义在美国表现为个人主义的竞争观形成了鲜明的对比。③

"合群"服务于生存竞争,也服务于"进化"。如上所说,在梁启超那里,"竞争"的主体是"群"和"国家"。与此类似,"进化"的单位也是"群"和"国家"。梁启超的逻辑是一贯的。这再次证明,他对集体主义和群体主义的热衷,也证明了他的"集体主义"同进化主义的紧密关联。梁启超说:"盖人类进化云者,一群之进也,非一人之进也。如以一人也,则今人必无以远过于古人。"④梁启超在颉德那里找到了牺牲个人以进化群体,甚至是牺牲现在以利于未来的"合群进化主义"。⑤梁启超不管这种带有蒙昧主义的"宗教性"进化观是否会带来严重的后果,他关心的只是"合群进化"。对他来说,"合群"在与生存竞争联系起来时,能不能合群,就是能不能进行生存竞争;合群在与进化联系起来时,能不能合群,就成了能不能进化。合群服务于

---

① 梁启超:《新民说》,见李华兴、吴嘉勋编:《梁启超选集》,第355—356页。
② 同上书,第260页。
③ 参见理查德·霍夫斯塔特(Richard Hofstadter):《美国思想中的社会达尔文主义》(*Social Darwinism in American Thought*. Revised edition, New York, 1959)。
④ 梁启超:《新史学》,见李华兴、吴嘉勋编:《梁启超选集》,第285页。
⑤ 参见梁启超:《进化论革命者颉德之学说》,见李华兴、吴嘉勋编:《梁启超选集》,第340—348页。

"进化",为了"进化",就必须"合群"。梁启超像中了魔一样,迷上了合群等于进化的逻辑。

六、"强权主义"逻辑

正如我们从一开始就强调的那样,梁启超的思想上承维新变法、下启革命和五四新文化运动。他所拥有的"异常"丰富的思想观念使他成为晚清中国风云激荡的思想运动和社会变革前后相接的最重要的"桥梁"和"媒介"。他的进化论思想,也远远超过了他所继承的严复和康有为的框架。梁启超的进化主义所沾染上的强烈的"强权主义"色彩,又使他成为晚清思想界这一"主义"的早期代表性人物。还没有受到社会达尔文主义武装的王韬,在19世纪的国际关系和中国所受到的屈辱性掠夺中,就已经对"公法"和"强权"之间的冲突特别是"强权"秩序有了明确的觉察:"盖国强则公法我得而废之,亦得而兴之;国弱则我欲用公法,而公法不为我用。呜呼!处今之世,两言足以蔽之:一曰利,一曰强。"[①] 以"生存竞争"、"优胜劣败"为中心并在社会中寻找类似的社会达尔文主义,本来就容易与"强权主义"合流,或者说"强权主义"本身就受到了社会达尔文主义的"促进"或刺激。相信社会达尔文主义的严复和康有为,虽然在"德力"或现实(强权)与乌托邦("平等")之间力求保持平衡,控制"力"的过分膨胀,但是,在他们用进化主义来追求"自强"或"富强"的时候,他们有意或无意地就在其思想中点燃了"强权主义"的火种,梁启超接下了这一"火种"并使之形成燎原之势。在梁启超毫无顾忌地从"生存竞争"、"优胜劣败"的社会达尔文主义法则出发而强烈提倡"合群竞争"

---

① 王韬:《洋务上》,见《弢园文录外编》,卷二,第81页。王韬在《驳日人言取琉球有十证》中亦说:"呜呼!海外万国,星罗棋布,各谋私利,大制小,强凌弱,夺人之国,戕人之君,无处无之,虽有公法,徒为具文。"(卷六,第243页)

的观念中,就包含着他对"强力"的信奉。何以要"合群"竞争,因为只有"合群",才能形成一种最大的"合力"或整体性的"力量",才能同帝国主义这一巨怪展开竞争并获得生存权。可以说,梁启超的强权主义与合群竞争具有内在的关联。

在梁启超的思想中,"强权主义"决不是一个孤立的东西,它除了与"合群竞争"的民族主义(或国家主义)关联之外,还与梁启超的种族主义、帝国主义观念相辅相成,或者说,它们之间已经没有一条分明的界限。梁启超接受了种族主义的基本前提,即不同的种族具有优劣上的差别以及优胜种族具有对劣等种族的强权,他还接受了西方种族主义者对优胜种族的"认定"(白人—雅利安族—特别是条顿族)。① 但是,他在《论中国之将强》、《论中国人种之未来》等论著中,像他的老师康有为和绝大多数人一样,往往以自己的民族为优越,认为"黄种"决不是"劣等"种族,黄种是与白种一样或基本接近的"优等"种族,并相信南美和非洲将来一定要成为黄种的殖民地。他还像他的老师那样,把黑、棕、红三色之种族,看成是"劣等"(还从生理学上找根据)并加以蔑视,说他们既愚蠢又懒惰。② 梁启超相信以国家为单位展开激烈生存竞争的帝国主义已经成为新的时代特征,新的国际秩序也将在以"强权"为主导的冲突和斗争中形成。他甚至以"强权"为标准来设定世界进化的"三大"阶段,并乐观地相信,"强权"的发达最终将导致人类的平等:

> 第一界之时,人人皆无强权(惟对于他族而有之耳),故平

---

① 梁启超在《就优胜劣败之理以证新民之结果而论及取法之所宜》(《新民说》第四节,载《新民丛报》,第2号)中,把地球上的民族分为五种,认为白色最优,并解释说:"非天幸,其民族之优胜使然也。"在《论民族竞争之大势》中,他更充分地讨论了种族优劣问题。

② 参见梁启超的《新民说·就优胜劣败之理以证新民之结果而论及取法之所宜》(《新民丛报》,第2号)和《论民族竞争之大势》(《新民丛报》,第2号至第5号)。

等。第二界之时，有有强权者，有无强权者，故不平等。第三界之时，人人皆有强权，故复平等。要之，以强权之有无多寡，以定其位置之高下文野。……虽然，此就一群之中言之耳。若此群对于他群，而所施之强权之大小，又必视两群之强权以为差，必待群群之强相等，然后群群之权相等，夫是谓太平之太平。①

即便我们相信这种以"强权"为尺度来划分世界文明的进程以及对人类平等新秩序的期望是可靠的，我们也不会感到有什么鼓舞。因为梁启超所说的平等最多也只不过是"狼与狼"之间的平等。它比霍布斯所说的"自然状态"也好不了多少。但是，我们必须注意梁启超在这里强调的通过"强权"来形成世界秩序的观念。

西欧近代民族主权国家是在同罗马帝国以及基督教世界共同体和封建领主等中世纪社会势力的双重对抗中诞生的。这些主权国家依据国际法，一方面追求本国的利益，一方面又维持国际秩序。"这样的'国际社会'（international community）几乎在17世纪的欧洲就已经形成，一般被称为西欧国家体系（the Western State System）。在那里，具有主权国家平等的原则和势力均衡（balance of powers）这两根基本支柱。"②但是，以近代主权国家为单位的国际秩序观念和历史，也在经历着变化。19世纪之后兴起的以种族主义、强权主义为基础的国际秩序观念显然有悖于主权平等的国际秩序观念。国际法一方面被强化，另一方面又被"强权政治"虚拟化。国际秩序中的强权与正义这两种力量交织在一起，变得格外复杂。"一般强权都最小限度地具有自己行使强权的所谓理由。所以决不能把道德、理想、意识形态等单纯解释为'权

---

① 梁启超：《自由书·论强权》，见张品兴主编：《梁启超全集》，第1册，第354页。
② 丸山真男：《近代日本思想史中的国家理性问题》，见《日本近代思想家福泽谕吉》，区建英译，世界知识出版社1997年版，第160页。

力'的粉饰或反映。政治权力本身具有矛盾的性格。在理念上,'强权便是正义'是极其危险、可恨的原理。但'正义就是力量'的原理实际上软弱无力,这又正是政治社会特别是国际社会的可悲现实。为此,立志向国际社会推行正义的国家,往往不得不以'伴随权力的正义'(right with might)为原理。"① 但本身就潜藏着恶魔性的"权力",也有超出正义之外被使用的危险。梁启超对欧洲民族国家的兴起过程并没有清晰的意识,他的国际秩序观念主要是以社会达尔文主义法则为核心,并受到了种族主义、强权主义思想、现实国际竞争秩序以及中国现实的强烈刺激。如在谈到强权主义同达尔文优胜劣败法则之间的关系时,梁启超论述说:"前代学者,大率倡天赋人权之说。以为人也者,生而有平等之权利,此天之所以与我,非他人所能夺者也。及达尔文出,发明物竞天择优胜劣败之理,谓天下惟有强权(惟强者有权利,谓之强权),更无平权。权也者,由人自求之自得之,非天赋也。于是全球之议论为一变,各务自为强者,自为优者,一人如是,一国亦然。苟能自强自优,则虽翦灭劣者弱者,而不能谓无道。何也?天演之公例则然也。我虽不翦灭之,而彼劣者弱者,终亦不能自存也。以故力征侵略之事,前者视为蛮暴之举动,今则以为文明之常规。……兹义盛行,而弱肉强食之恶风,变为天经地义之公德。此近世帝国主义成立之原因也。由此观之,则近世列强之政策,由世界主义而变为民族主义;由民族主义而变为民族帝国主义,皆迫于事理之不得不然。"② 面对世界性强权主义这一现实,梁启超抓住"势力均衡"原则,相信通过强权和激烈的国家竞争能够建立起新的世界秩序,从根本上否认了以"正义"和"平等"为"基础"的世界秩序观。但是,

---

① 丸山真男:《近代日本思想史中的国家理性问题》,见《日本近代思想家福泽谕吉》,第 145 页。

② 梁启超:《论民族竞争之大势》,见张品兴主编:《梁启超全集》,第 2 册,第 888—889 页。

梁启超的强权主义世界秩序观，恰恰又是在"正义"与"强权"或"公理"与"强权"的关系中建构起来的。从表面上看，他并没有完全否认"正义"、"公理"的价值，但他用两种不同的逻辑把"正义"和"公理"消解在"强权"之中。下面是他有关这一问题比较典型的两段话：

> 自有天演以来，即有竞争，有竞争则有优劣，有优劣则有胜败，于是强权之义，虽非公理而不得不成为公理。民族主义发达之既极，其所以求增进本族之幸福者，无有厌足，内力既充，而不得不思伸之于外。故曰：两平等者相遇，无所谓权力，道理即权力也；两不平等者相遇，无所谓道理，权力即道理也。①
>
> 灭国者，天演之公例也。凡人之在世间，必争自存，争自存则有优劣，有优劣则有胜败。劣而败者，其权利必为优而胜者所吞并，是即灭国之理也。……由是观之，安睹所谓文明者耶？安睹所谓公法者耶？安睹所谓爱人如己、视敌如友者耶？西哲有言："两平等者相遇，无所谓权力，道理即权力也；两不平等者相遇，无所谓道理，权力即道理也。"彼欧洲诸国与欧洲诸国相遇也，恒以道理为权力；其与欧洲以外诸国相遇也，恒以权力为道理。此乃天演所必至，物竞所固然。夫何怪焉！②

根据这里所说，从表面上看，它包含着"正义即是强权"（力量）与"强权即是正义"这两个截然对立或矛盾的判断。撇开梁启超的思想前提，这两个判断的确是在强权与正义上所作的完全相反的立场选择，即一个是"正义"的立场，另一个是相反的"强权"立场。但

---

① 梁启超：《国家思想变迁异同论》，见李华兴、吴嘉勋编：《梁启超选集》，第191页。

② 梁启超：《灭国新法论》，见李华兴、吴嘉勋编：《梁启超选集》，第172—173页。

是，在梁启超那里，这两个判断或立场却具有惊人的一致性，即归于强权主义。梁启超所依据的优胜劣败（他所谓的优劣之别就是强弱之别）的社会达尔文主义原则，首先就使他不可能具有"真正"的正义观念。他所谓的"平等"也不是"正义"之下的平等，而只是强权之下的平等，因此，当两个平等的"强权者"相遇时因彼此顾虑而互不相犯的"正义"仍是强权的"正义"。"正义"不仅存在于力量相等者之间，更存在于力量不相等者之间，力量不相等者之间互不侵犯更能充分显示出"正义性"。当两个不平等者相遇时，"强者"消灭弱者，如果说强者就是"正义"的（"强权即正义"），这不只是用"正义"粉饰了"强权"，而且也完全改变了"正义"的性质。因此，梁启超在正义与强权上所作的两个看似对立的判断，从根本上说并不矛盾，它贯穿着一致的"强权"逻辑，并由此把"正义"完全消解到了"强权"之中。这一点，从梁启超用"强权"理解"自由"和"权利"的论述中，也很容易看到。梁启超轻率地就把权力与权利混为一谈，他不认为有什么以正义或公正为基础的个人或国际关系中的"权利"秩序，而认为只有以强权（权力）为基础的权利秩序。这从他对强权和权利的界定中可以看出："强权云者，强者之权利之义也。英语云 the right of the strongest，此语未经出现于东方，加藤氏译为今名。何云乎强者之权利，谓强者对于弱者而所施之权力也。自吾辈人类及一切生物世界乃至无机物世界，皆此强权之所行。故得以一言蔽之曰：天下无所谓权利，只有权力而已，权力即利也。"[①] 在《新民说·论权利思想》中，梁启超也明确以"强权"和"竞争"来解释"权利"，"权利何自生，曰生于强"。同样，"自由"也来源于"强权"，没有强权就没有"自由"。侵人自由与人放弃自由相比，后者更罪大恶极。因为在物竞天择的世界中，没有人放弃自己的自由，就不会有人侵犯自由。在梁启超那里，

---

① 梁启超：《自由书·论强权》，见张品兴主编：《梁启超全集》，第1册，第352页。

放弃自由，就是放弃扩展自己的"强权"。自由并没有法律和道德上不许侵犯他人的界限，因为按照优胜劣败的进化主义法则，每个人都求胜求优，无限地扩张自己的自由权利，这就势必侵犯他人之自由权利。只有人人都具有了势均力敌的"强权"，人人才会有自由。梁启超强词夺理地说："言自由者必曰：人人自由而以他人之自由为界。夫自由何以有界？譬之有两人于此，各务求胜，各务为优者，各扩充己之自由权而不知厌足，其力线各向外而伸张。伸张不已，而两线相遇，而两力各不相下，于是界出焉。故自由之有界也，自人人自由始也。苟两人之力有一弱者，则其强者所伸张之线，必侵入弱者之界。此必至之势，不必讳之事也。"① 梁启超甚至明确地把"自由权"等同于"强权"，相信只要有了"强权"就有了"自由权"：

> 然则强权与自由权，决非二物昭昭然矣。……不知乃两强相遇，两权并行，因两强相消，故两权平等，故谓自由权与强权同一物。骤然闻之似甚可骇，细思之实无可疑也。诸君熟思此义，则知自由云者，平等云者，非如理想家所谓天生人而人人畀以自由平等之权利云也。我辈人类与动植物同，必非天特与人以自由平等也。康南海昔为强学会序有云：天道无亲，常佑强者。至哉言乎！世界之中，只有强权，别无他力。强者常制弱者，实天演之第一大公例也。然则欲得自由权者，无他道焉。惟当先自求为强者而已。欲自由其一身，不可不先强其身；欲自由其一国，不可不先强其国。强权乎！强权乎！人人脑质中不可不印此二字也。②

---

① 梁启超：《自由书·放弃自由之罪》，见张品兴主编：《梁启超全集》，第1册，第348页。
② 梁启超：《自由书·论强权》，见张品兴主编：《梁启超全集》，第1册，第353页。

梁启超的这种露骨的和没有掩饰的"强权主义"("世界之中,只有强权"),比起西方的那些强权者一点也不逊色。照梁启超以上的说法,他显然把人类社会中存在的以强凌弱的事实完全合理化了,甚至是道德化了,他还相信只有人人皆强才能形成自由秩序。梁启超对"强权"缺乏"界限"和约束的放纵性使用,只能导致"国家"理性的堕落。正如丸山真男所分析的那样:

> 在强权政治中,如果对强权政治本身具有自我认识,并把国家的利害关系作为国家利害的问题本身来认识,那么,一般会同时对那种权力的行使和利害的争夺具有"界限"意识。但若与之相比,将其看作道德伦理的实现本身,用道德的言词来表现之,那么上述的"界限"意识便会淡薄下去。因为,"道德"的行使是不可能有"界限",不需要作抑制的。①

而且梁启超所要求的人人、国家皆具有"势均力敌"的"强权",也只是一种"空想"。这种空想实际上也与法治和道德秩序不相容。法律和道德秩序虽然与"人性"缺陷的背景相关,但并不把人性的缺陷合理化,它恰恰要抑制因人性缺陷而诱发的行为,特别是以强凌弱的行为,以佑护社会中的弱者。梁启超所认定的"世界之中,只有强权",比社会达尔文主义还社会达尔文主义。达尔文还承认动物世界中有"互助"行为。

从梁启超的"强权主义"中,我们已经能够看到,他所说的"强权",就是"强力"。因此,他的"强权主义",也可以说是"强力主

---

① 丸山真男:《近代日本思想史中的国家理性问题》,见《日本近代思想家福泽谕吉》,第165页。当然,真正讲来,高限度的、没有约束的"道德"要求,也会带来灾难。想一想在乌托邦和仁爱的名目之下产生的暴力,便可清楚。因此,道德的要求也需要界限。

义"或"力本位"。① 从形式上看,梁启超还继续使用严复所强调的"智、德、力"概念,似乎并没有忽略"德"。② 然而,正如我们以上所谈到的那样,梁启超所说的"德",整体上已经偏向到了以"合群"为中心的"德目"上。与"力"结合起来看,梁启超所需要的那些"德性",都是服务于"强力"扩展的东西,如"进取"、"冒险"、"铁血主义"、"民气民力"、"尚武"、"英雄豪杰人格"等。同样,梁启超强调"智"的提高,不在于认知功能和知识的增加,而在于它所带来的现实"力量"。如他把"智力"看成是人类演进到文明阶段的突出特征:"在动物至野蛮世界,其所谓强者全属体力之强也。至半文半野世界(又有称为半开世界),所谓强者体力与智力互相胜也。文明世界,所谓强者即全属知力之强也。"③ 以梁启超所说的"民气"为例,除了支撑"民气"的"民力"是注重"力"之外,"民智"、"民德"也是以如何发挥出最大的"合力"为转移的。从他列举的"民德"("坚忍之德"、"亲善之德"和"服从之德")和"民智"的目的(服务于竞争和战争)即可看出。为了寻求"力量"的源泉,梁启超认为中国春秋战国时代就具有"尚武"的"武士道"精神,并相信这是中国民族最初之天性。可悲的是,在秦之后的统一专制体制之下,这种"尚武"精神被打消了,遂有了"不武"之第二天性。为了拯救岌岌可危的国家,迫切需要的就是复兴作为中国民族第一天性的"尚武"精神。④ 在梁启超那里,"尚武",就是"尚力",因为它必须具备的都是"力"("心

---

① 张灏对梁启超的"力本论"有一定的讨论(参见张灏:《梁启超与中国思想的过渡(1890—1907)》,第126—133页),但他忽略了梁启超的"力"观念与"强权主义"之内在关联。

② 在梁启超的论著中,仍有一些"智、德、力"并举的说法。

③ 梁启超:《自由书·论强权》,见张品兴主编:《梁启超全集》,第1册,第352页。

④ 参见梁启超:《中国之武士道·自叙》,见张品兴主编:《梁启超全集》,第3册,第1383—1386页。

力"、"胆力"和"体力")。梁启超对"力"的狂烈拥抱,表明他对中国现实"软弱无力"的极度焦虑。但是,对于那些悲观者来说,这种"软弱性"是一种历史的宿命,必须作为"既定物"来接受。但是,对于乐观主义和唯力主义的梁启超来说,根本没有什么"命运","吾以为力与命对待者也。凡有可以用力之处,必不容命之存立。命也者,仅偷息于力以外之闲地而已。故有命之说,可以行于自然界之物,而不可行于灵觉界之物。"① 人治的根本特性,就在于是否能与"天行"相对抗:"人治者,常与天行相搏,为不断之竞争者也。天行之为物,往往与人类所期望相背,故其反抗力至大且剧,而人类向上进步之美性,又必非可以现在之地位而自安也。于是乎人之一生,如以数十年行舟于逆水中,无一日可以息。又不徒一人为然也,大而至于一民族,更大而至于全世界,皆循此轨道而日孜孜者也。"② 在几乎是彻底铲除"命运"的《国家运命论》一文中,梁启超一方面排击"由他力所赋以与我,既已赋与,则一成而不变者"的命运论,否定安排命运的造化之主的存在;另一方面,又相信事物之间的因果联系,并把达尔文的遗传观念同佛教的"业报论"结合起来,承认所受之报乃是所造之业的结果。既然没有"天命"的存在,既然"业者"乃是"人"之所"自造",那么,一切通过"事在人为"的"人力"都可以改变③,就像我们造就历史一样。"生平向不持厌世主义"的梁启超,否认命,自然也否认不可改变的所谓国家"命运",坚信"力"能够复兴衰弱的中国。④ 在强调"力"和用"非命论"为中国复兴寻找理论根据时,梁启超同欧洲的种族主义者分道扬镳。欧洲的种族主义者,把种族的"优劣性

---

① 梁启超:《子墨子学说》,见张品兴主编:《梁启超全集》,第 6 册,第 3165 页。
② 梁启超:《新民说·论毅力》,见张品兴主编:《梁启超全集》,第 3 册,第 702—703 页。
③ 梁启超:《新民说·论毅力》,中州古籍出版社 1998 年版,第 166 页。
④ 如梁启超说:"业报云者,则以自力自造之而自得之,而改造之权常在我者也。"(《梁启超哲学思想论文选》,第 224 页)

格",看成是一个命定论的东西,这很适合他们的种族优越论和奴役其他种族的需要。① 从这一点说,它又是反进化主义的。但是,梁启超并不把"种族"特性视为固定不变的宿命。他相信种族的优劣是可以变化的,是竞争和适应的结果。由此,中国种族"劣败"的命运,就完全可以改变。从可变性来说,梁启超的种族观念,合乎达尔文的没有固定不变生物的"进化"观念。但是,对达尔文来说,生物进化是一个自然的过程,并不是一个人为的过程。达尔文也决没有"应该"进化或"必须"进化的逻辑。但是,对梁启超来说,种族进化是"必需的"和"应该"的②,人完全能够"驾驭"进化,甚至是创造进化,而不应听从任何所谓"命运"的安排,不应无所事事地消极应付。梁启超在论述到似乎是"命"的自然进化法则同人力的关系时这样说:"物竞天择一语,今世稍有新智识者,类能言之矣。曰优胜劣败,曰适者生存,此其事似属于自然,谓为命之范围可也。虽然,若何而自勉为优者适者,以求免于劣败淘汰之数,此则纯在力之范围,于命丝毫无与者也。……故明夫天演公例者,必不肯弃自力于不用而惟命之从也。"③ 这样,达尔文的"自然进化主义"就被梁启超改造成了适合民族国家振兴需要的以"人力"创造进化的"人工进化主义"。

从以上所说来看,在梁启超的进化主义中贯穿着以"力"为后盾的"强权主义",他所说的"优劣"、"适与不适",完全是以"强弱"、"有力无力"为标准来衡量的,并赋予了"适者"、"不适者"的道德和应该价值。梁启超的强权主义具有欧洲强权政治原则的基本内涵。④ 在

---

① 如梁启超说:"质而言之,则国家之所以盛衰兴亡,由人事也,非由天命也。"(《梁启超哲学思想论文选》,第 224 页)"夫现在全国人所受之依归,实由过去全国人共同恶业之所造成,今欲易之,则惟有全国人共同造善业。"(第 223—224 页)
② 参见戴维·米勒等编:《布莱克维尔政治学百科全书》,第 625 页。
③ 梁启超:《子墨子学说》,见张品兴主编:《梁启超全集》,第 6 册,第 3165 页。
④ 对于强权主义的意义,伯恩斯解释说:"强权政治也有这个意思,即许多民族或许多国家并存的世界是一个由狼群组成的世界,个个都蓄意损害其余以取得(转下页)

"强权战胜公理"还是"公理战胜强权"这两种针锋相对的不同信念之间,他坚定地站在了前者一边,他所信奉的也就是克罗齐的"强权即公理"、"正义即胜利"的逻辑,他推崇的是俾斯麦的"铁血主义"。因此,浦嘉珉把梁启超的"合群竞争",看成是"反帝国主义"并不准确。① 准确地说,他自己采用的就是帝国主义的逻辑。梁启超与严复明显不同,他不喜欢诉诸国际"公理"或"正义"来谴责或反击帝国主义、强权。他用来对抗"帝国主义"的逻辑本身就是"帝国主义",他相信中国只有成为"帝国主义"才能与"帝国主义"较量,尽管中国还处在"劣势"之中,但只要它迅速觉醒,很快就能强盛。正是为了鼓励和推动中国像日本那样尽快成为帝国主义,梁启超提倡了一套适合"强权主义"的"新道德";为了使人们相信激烈的生存竞争是人类社会的常态,梁启超把人类的历史看成是一部充满着血腥的生存竞争、弱肉强食的历史,使历史成为社会达尔文主义法则的注脚。浦嘉珉把梁启超的"合群竞争"同"互助"联系到一起,也不恰当。梁启超的"合群"所注重的凝聚力恰恰是以生存斗争为前提并服务于生存竞争的,而不是像克鲁泡特金那样,强调人类的互助,恰恰是要否认达尔文主义的人类生存斗争原则。梁启超虽然为中国引入了民族主义和国民国家的概念,并相信中国已从"自竞争"的"中国之中国"、"与亚洲民族竞争"的"亚洲之中国"进入到了"与西方竞争"的"世界之中国"②,但由于他的世界秩序观念是通过"强权"建立起来的,因此,他没有为中国带来一种以国际法为基础的世界主权国家秩序。

(接上页)好处。没有控制它们的法律,因为不存在一个近似唯一能制定这种法律的国际最高权力。除了相互惧怕彼此的武器外,再没有别的约束。"(伯恩斯:《当代世界政治理论》,第 468 页)

① 参见浦嘉珉:《中国与达尔文》,第 233—277 页。
② 参见梁启超:《中国史叙论》,见张品兴主编:《梁启超全集》,第 1 册,第 453—454 页。

我们在中国传统文化与梁启超思想之间很容易看到一个重大不同。贯彻社会达尔文主义并以强权主义和种族主义面貌出现的梁启超，完全是自觉地向中国传统文化特别是儒家文化发出了挑战，其颠覆性，甚至比五四新文化运动还要严重。虽然在中国文化中有"王道霸道"、"德力"之间的冲突，但占主导性的观念则是儒家的"王道"、"德治"、"仁政"理想。儒家假定了"人性善"，它关注的是人类的"同情心"、"仁爱之心"等善良德性的扩展。儒家整体上是一种人文主义或文化主义，它反对赤裸裸的"物质主义"或"霸道"。但是，对于梁启超来说，儒家的这些道德原则和价值，都必须加以抛弃，因为它们是不适应生存斗争的"旧道德"。如上所说，梁启超所提出的"新道德"，都是围绕着"强权"和"力量"转动的。道家的道德观念被梁启超否认更在意料之中。梁启超对儒家和道家道德观念的"死刑"判决，就像尼采对基督教伦理和道德所作的判决。这两位差不多处在相同时代却在不同空间的社会达尔文主义者，所要求的"新道德性"有许多相似之处。[①] 至少在梁启超思想最活跃的时期，他与传统的人文教化主义形成了难以弥合的巨大鸿沟。如果像李文森所说的那样，梁启超把传统的文化主义转换成国家主义是一种贡献的话，那么这种贡献的"代价"过于昂贵，以至于能否把它看成是贡献都成了疑问。梁启超牺牲了普遍的文化立场，牺牲了"公理"、"正义"和"人道"，因此，他也不可能形成一种合理的世界秩序观念。

梁启超的"强权主义"和"尚力主义"令人震惊。不管如何，他是具有丰富儒教文化教养的知识精英。他为什么那么容易地就放弃了儒家的伦理道德理想，而皈依于与中国传统文化格格不入的社会达尔文主义，皈依于西欧思想观念的"怪胎"强权主义呢？他何以走得如此远呢？这是一个复杂的问题，是许多因素共同发酵的结果。尝试言

[①] 参见伯恩斯：《当代世界政治理论》，第38页。

之，第一，世界秩序中的"帝国主义"兴起以及中国被纳入这种秩序过程中的残酷"强权主义"背景，使梁启超相信中国除了用"强权"、"强力"与之对抗外，没有其他有效的手段。后进资本主义国家德国和日本的迅速强盛，加强了梁启超的信念。第二，与此相联，从19世纪末开始，在各种因素（如进化主义）影响下，民族主义像一匹不受约束的野马，向帝国主义、强权主义等危险方向靠拢。[1]梁启超多次诊断说，世界历史已从18世纪的"民权主义"转到了19世纪末的"强权主义"，这是一个民族主义与帝国主义相交替并开始走向民族帝国主义的时代，是"社稷为贵、民次之、君为轻"的时代。[2]对世界政治思想趋势具有如此认识的梁启超，很容易以此作为思考问题的出发点。第三，梁启超流亡日本后所受到的影响，也是促使他思想转变的一个强有力因素。对梁启超来说，日本既是一个桥梁，使他广泛地接触到了18世纪以来西方的社会政治思想；又是一个土壤，在相当程度上塑造了他的观念形态。19世纪末，日本的社会政治思想观念，已从明治的启蒙主义转到了明治的绝对主义，在这一过程中，加藤弘之于1882年发表的《人权新说》，起到了"思想尖兵"的角色。[3]加藤弘之《人权新说》的根本，是用科学外衣之下的进化主义，反驳"天赋人权论"，宣扬生存竞争、优胜劣败的社会达尔文主义，把竞争看成是"权力"的竞争，优胜劣败由权力的大小来决定，"权利"来源于"权力"。[4]如他说："我相信，我们的权利，其根源都出于权力（强者之权利）。""在人类社会所发生的一切生存竞争中，为强者之权利而进行的

---

[1] 参见史壮柏格：《近代西方思想史》，第571—693页。

[2] 参见梁启超：《国家思想变迁异同论》，见李华兴、吴嘉勋编：《梁启超选集》，第189—193页；《论民族竞争之大势》，见张品兴主编：《梁启超全集》，第2册，第887—899页。

[3] 参见近代日本思想史研究会：《近代日本思想史》，第1卷，第107—119页。

[4] 参见加藤弘之：《人权新说》，见《西周　加藤弘之》，东京，中央公论社，1984年。

竞争是最多而又最激烈的，而且这种竞争不只为了增大我们的权利自由，而又为促进人类社会的进步发展所必需。"[1] 把这里的观念同梁启超的观点比较一下，我们也就不怀疑梁启超自己也承认的所受加藤的影响了。梁启超有时也流露出一点"天赋人权"的思想，但以进化主义为基础的"强权主义"最终占了上风，并且左右了他。他自道的"梁启超居东，渐染欧、日俗论，乃盛倡褊狭的国家主义"，当是他思想变化的一个写照。第四，梁启超主张强权主义也根源于他对"人性"的理解。他思想的深层基础是以无止境追求自身利益的自私自利的"人性"为出发点的。生存竞争就是出于这种"人性"的自私欲望。第五，梁启超具有极其丰富的感情，他相信情感对伟大事业的感召力[2]，他的强权主义与他的浪漫性情感和非理性也有一定的关联。总之，梁启超的以"强权主义"和"力本位"为特征的民族主义或国家主义，应该是多种因素造成的。

最后有必要指出，具有中国"大同"和"道德"乌托邦文化背景的梁启超，并没有把"世界主义"的理想抛弃得一干二净。他通过拉开理想与现实在时间上的距离，一边把现实所需要的"强权"合理化，一边又为未来理想的"世界主义"留下了余地，并以此"来安慰人们并满足他自己的理想性"来说，在"救亡图存"的急迫关头，只能把理想暂时搁置起来。有人对他奉行"强权"的国家主义提出疑问说："子非祖述春秋无义战、墨子非攻之学者乎？今之言何其不类也。"对此，梁启超回答说："有世界主义，有国家主义。无义战、非攻者，

---

[1] 加藤弘之：《强者的权利竞争》，见《近代日本思想史》，第 1 卷，第 114 页。有关梁启超受加藤弘之的影响，请参见张朋园：《社会达尔文主义与现代化》，见《中国近代现代史论集》第十八编《近代思潮》（下），台北，台湾商务印书馆 1986 年版，第 709—711 页。

[2] 有关情感因素对梁启超的影响，请参见张朋园：《梁启超与清季革命》，台北，台湾"中央研究院近代史研究所"1964 年版，第 47—48 页。

世界主义也；尚武敌忾者，国家主义也。世界主义，属于理想；国家主义，属于事实；世界主义，属于将来，国家主义，属于现在。今日中国岌岌不可终日，非我辈谈将来理想之时矣。"① 但是，梁启超所肯定的未来世界主义理想，在他的强权主义逻辑中，是不可期望的。他的"强权主义"土壤滋生不出他幻想的"未来"的"世界主义"。强权主义与世界主义两极不能兼容，就像强权主义与中国儒家价值理想不能兼容一样。但是，晚年的梁启超突然又从他高峰期的强权主义中退却了，他来了个大转弯，从似乎是不可救药的"强权主义"急速地向他的"世界主义"理想偏转，向曾被他判了死刑的儒家传统偏转。他相信世界主义在过去和将来都是中国成功的根本，提出了兼顾国家和世界的"世界主义国家"。② 此时，克鲁泡特金的"互助论"和柏格森的"创化论"，开始受到梁启超的注意。"旧道德"又被重新审视，梁启超开始寻根了。这就是一般所说的晚年的梁启超又回归到了中国传统。第一次世界大战这一惊心动魄的残酷事实，中国社会政治现实的无序和混乱，都是促使梁启超回归的因素。他在《欧游心影录》中开始反省他曾经热血沸腾崇拜过的西方文明。西方人对自身文明的怀疑和笼罩在欧洲上空的悲观和危机情绪，加强了他批判性地对待西方文明的"新立场"，同时也激发了他重新发现中国传统文化价值的自觉意识。问题已不单是中国如何享受西方文明的恩惠，同时也是如何用中国文明去"补充"西方文明，承担起世界的责任。

调整高峰期的观念和回归中国传统文化的价值决不是一件简单的事。李文森看到了梁启超在"中西文化"上的矛盾立场，"由于看到其他国度的价值，在理智上疏远了本国的文化传统；由于受历史制约，

---

① 梁启超：《自由书·答客难》，见张品兴主编：《梁启超全集》，第1册，第357页。
② 参见梁启超：《历史上中华国民事业之成败及今后革进之机运》，见《梁启超哲学思想论文选》，第288—297页；《欧游心影录》，见张品兴主编：《梁启超全集》，第5册，第2978页。

在感情上仍然与本国传统相联系"[1]。梁启超对两种文化价值的立场和态度,确实存在着矛盾。但是,不能认为他晚年加强同中国文化的联系,只是一种"感情"上的反映。实际上,它"仍是"梁启超整个"理智"过程中的一个阶段。李文森说:"没有任何一个其理性来自中国历史的人,愿看到中国历史的终结"[2],这是正确的。中国知识精英的普遍"态度"和"信念",都是希望一个新的"民族国家"的诞生。他们的差别和对立,更多地体现在实现这种信念的"方式"上。不管是高峰期对西方文化的信赖,还是晚年对传统价值的重新发现,复兴民族国家的目标,在梁启超那里是一贯的。他思想观念的前后变化,特别是在进化主义法则和"强权主义"认识上的变化,难道是一种轻松的"游戏"吗?难道就像是小孩子们拆装他们的玩具吗?不,这种变化充分反映了时代的剧烈冲突,也反映了梁启超面对这种冲突不甘心"败下阵来"的"苦斗"历程。这种"苦斗"历程,确实像李文森所说的那样具有"戏剧性",但决不是"绝望的"。梁启超从来没有"绝望过",因为他具有一种不知疲倦的"浮士德"精神,他还具有坚固的更多的是来源于中国传统的乐观主义心灵。

七、进步乐观主义

梁启超是一位社会政治改革的热烈拥护者和推动者,不管怎么说,他都不是"保守主义"人物,尽管彻底一贯的"革命派"把他视为保守主义者。在晚清,梁启超的改革观念,具有复杂的结构。他同单纯主张"变法"的康有为、严复或单纯主张革命的孙中山、朱执信等人都不一样,他是既主张过"变法"又主张过"革命"的双料人

---

[1] 李文森:《梁启超与中国近代思想》,四川人民出版社1986年版,第4页。
[2] 同上书,第222页。

物。1898年以前的梁启超，同康有为和严复一样，是"维新变法"阵营中的一位重要人物。"变法"是晚清中国社会政治的主题，"洋务运动"已经开始实践这一主题。从一般意义上说，以康有为、梁启超为首的"维新派"仍是这一主题的延伸。一般把康有为、梁启超所要求的"维新运动"同洋务运动区分开，是因为二者在"变法"的具体内涵上发生了变化。正是由于这种变化，已经"自明"和被"认可"的洋务运动的"变法"，并不会自然地使维新"变法"获得自明性和通行证。维新变法者必须为他们的"变法"重新提供合理性论证。在这一过程中，论证"变"的普遍性和"法"的可变性仍然是首要的。① 梁启超对"变法"的合理性论证，主要集中在变法时期他撰写的《变法通议》这一重要政论中。从总体上说，梁启超的论证是沿着康有为和严复的方向前进。值得注意的是，为了强调变法的合理性，他把"变"看成是宇宙之间的普遍现象，并由此得出了"变"是普遍性的"公理"这一结论，"法"之所以要变，是"公理"的内在要求："法何以必变？凡在天地之间者，莫不变。……故夫变者，古今之公理也。……上下千岁，无时不变，无事不变，公理有固然，非夫人之为也。"② 把"变"无限膨胀固然有利于打破"法"的神圣性，但它同时却在理论上难以保证"新法"的稳定性，使适应性的制度成为不可能。在此，梁启超对"变"的主张，还没有同"进步"或"进化"联系起来。从他在1897年对"进化"所作的论述来看，他基本上接受了严复进化的说法，相信进化的过程不可逆转，进化有固定的不可超越阶段的次序（即"渐进性"）。③

---

① 有关维新变法的论证，请参见王中江：《"变法"的合理性论证及其反驳》，载《文化中国》，加拿大，1999年夏季号。

② 梁启超：《变法通议》，见李华兴、吴嘉勋编：《梁启超选集》，第3页。

③ 如梁启超说："大地之事事物物，皆由简而进于繁，由质而进于文，由恶而进于善，有定一之等，有定一之时，如地质学各层之石，其位次不能凌乱也。"（梁启超：《论君政民政相嬗之理》，见李华兴、吴嘉勋编：《梁启超选集》，第48页）

但是，在具有分界意义的 1898 年之后，受到变法流产强烈刺激和目睹了日本富强现实的梁启超，对中国变革的要求很快就转变为"剧烈式"的"破坏"和"革命"，充满着激越性和火药味。从 1899 年到 1902 年，在《自由书·破坏主义》(1899)、《十种德性相反相成义·破坏与成立》(1901)、《新民说·论进步》(1902) 等论著中，梁启超对"破坏主义"的热衷无以复加。他的"破坏主义"逻辑，建立在相互联系的几个设定之中。第一，"破坏"是不可避免的，它是历史发展"必然"要经过的阶段，是自古以来普遍有效的"公理"，"历观近世各国之兴，未有不先以破坏时代者。此一定之阶级，无可逃避者也"[1]。"新民子曰：吾不欲复作门面语，吾请以古今万国求进步者独一无二、不可逃避之公例，正告我国民。其例维何？曰破坏而已。"[2] 为了提倡一种"主义"，就把这种"主义"提升为"公理"以使其具有实践的"必然性"，这是我们已经看到的梁启超一般采用的论式。第二，只有"破坏"才能摧毁顽固的"守旧"和保守意识，打开文明"进步"之路。梁启超天真地相信，一切进步都是通过破坏达到的，因此，不断地破坏就能不断地进步："实则人群中一切事事物物，大而宗教、学术、思想、人心、风俗，小而文艺、技术、名物，何一不经过破坏之阶级以上于进步之途也。……其破坏者，复有踵起而破坏之者。随破坏，随建设，甲乙相引，而进化之运乃递衍于无穷。(……故破坏之事无穷，进步之事亦无穷)"[3] 对梁启超来说，"保守"和"守旧"是"进步"的腐蚀剂，不打破旧的阻力就不能走向进步。因而，为了"进步"这一正当价值就必须对没有价值的旧事物进行破坏。破坏虽然伴随着痛苦的历史代价，但从它带来的进步价值而论仍然是值得的。由于破坏是服务于进步的价值，因此"破坏"就具有了崇高的"道德"价

---

[1] 梁启超：《自由书》，见李华兴、吴嘉勋编：《梁启超选集》，第 98 页。
[2] 梁启超：《新民说》，见李华兴、吴嘉勋编：《梁启超选集》，第 239 页。
[3] 同上书，第 241 页。

值,"破坏本非德也,而无如往古来今之世界,其蒙垢积污之时常多,非时时摧陷廓清之,则不足以进步,于是而破坏之效力显焉。今日之中国,又积数千年之沉疴,合四百兆之痼疾,盘踞膏肓,命在旦夕者也。非去其病,则一切调摄、滋补、荣卫之术,皆无所用。故破坏之药,遂成为今日第一要件,遂成为今日第一美德!"①这样,为"进步"而"破坏"不仅是"合理的",而且也是"道德的"。第三,"破坏"并不是"建立"的对立面,它恰恰是"建立"的前提,没有"破坏"就没有"建立"。与"建立"相对立的,只是无意识的"自然"之破坏,有主动性的"人为"之"破坏",正是出于"建设"这一明确意识而进行的积极性"破坏"。②因此,与其被动的接受"破坏",不如主动地去迎接"破坏"。梁启超的这种"不破不立"逻辑,这种只有"破坏"才能"进步"的逻辑,仍然是一种整体主义的乌托邦的思维方式,它定下了晚清之后激进主义者处理"新旧"、"传统与现代"关系的基本框架。

至此,我们还没有谈到梁启超的"革命"思想。从他的"激进"破坏主义中,我们不难想象梁启超对"革命"可能采取的态度。他在集中阐明其革命思想的《释革》一文中,首先对英语中的 reform 和 revolution 作了辨析,认为中国的"革"字涵盖了这两个词的意义。日本人恰当地把前者译为"改革"、"革新",但却不恰当地把后者译为"革命",因为《易》中所说的"革命"是指"王朝易姓",不符合"革命"的广义性,所以应该准确地把它译为"变革"。梁启超从"渐顿"和"整体与部分"的关系上,区别 reform 与 revolution 说:

  ref 主渐,revo 主顿;ref 主部分,revo 主全体;ref 为累进之比

---

① 梁启超:《十种德性相反相成义》,见李华兴、吴嘉勋编:《梁启超选集》,第163页。
② 参见李华兴、吴嘉勋编:《梁启超选集》,第164、247页。

例，revo 为反对之比例。其事物本善，而体未完法未备，或行之久而失其本真，或经验少而未甚发达，若此者，利用 ref。其事物本不善，有害于群，有窒于化，非芟夷蕴崇之，则不足以绝其患，非改弦更张之，则不足以致其理，若是者，利用 revo。此二者皆大《易》所谓革之时义也。①

正如梁启超的一贯做法一样，他认为"革命"是不可避免的。"革命"不仅被视为"天演界中不可逃避之公例"，而且也在"淘汰"的意义上被界定。正像浦嘉珉所说，梁启超的"革命"一词比进化更有恐吓性，它不是适应性选择，而是不适者淘汰。②梁启超虽然使用了他认为能够兼容"改革"和"变革"二者的"革"字，但是，从整体上说，梁启超不仅实际上更多地使用了"革命"一词，而且真正感兴趣的也是"整体性"和"剧烈性"的"革命"。

由于梁启超一度对激进的"破坏"和"革命"的热衷，他同以孙中山为首的"革命派"走到了一起，其"勇猛"的"革命"态度（看看他的《拟讨专制政体檄》便知），感染和影响了"革命派"。但是，梁启超与"革命派"之间的差别比他们的共同之处更多。其一，梁启超的"革命"思想比孙中山以"政治"为中心的"革命"要广得多，它是"整体的"和全方位的"社会革命"，它与法国大革命的"革命"更为合拍。梁启超不同意把"革命"限制在"政治"上，就表明他已经意识到了他需要的"革命"决不"只是"政治上的，它是"全面革命"。我们从以下的说法中可见一斑：

---

① 梁启超：《释革》，见李华兴、吴嘉勋编：《梁启超选集》，第368—369页。
② 参见浦嘉珉：《中国与达尔文》，第179—316页。正如梁启超把"自然的"进化改造成"人为的"进化那样，他也从"人为的"淘汰上理解"革命"，使人为的"进化"和人为的"革命"统一起来。只是，后者的激进性和剧烈性，已超出了达尔文的"渐进"进化论，只能从"突变论"中去找共同之处。

夫淘汰也，变革也，岂惟政治上为然耳，凡群治中一切万事万物莫不有焉。以日人之译名言之，则宗教有宗教之革命，道德有道德之革命，学术有学术之革命，文学有文学之革命，风俗有风俗之革命，产业有产业之革命。即今日中国新学小生之恒言，固有所谓经学革命，史学革命，文界革命，诗界革命，曲界革命，小说界革命，音乐界革命，文字革命等种种名词矣。[1]

从晚清以来突出的"新旧"关系来看，梁启超对"新"的热烈赞美和对"旧"的毫不留情的贬斥，也表明他需要的是完全摧毁"旧世界"的一个"崭新"的世界。他曾经喜形于色地说："今日之世界，新世界也：思想新，学问新，政体新，法律新，工艺新，军备新，社会新，人物新，凡全世界有形无形之事物，一一皆辟前古所未有，而别立一新天地。美哉新法！盛哉新法！"[2] 说梁启超在很大程度上塑造了20世纪中国的激进主义，或者像浦嘉珉所强调的那样，他强烈地影响了毛泽东的激进思想，都不算夸张。其二，具有种族主义意识的梁启超，其"革命"思想，却并不像孙中山和章太炎那样，把"排满"作为"革命"的中心。在维新变法时期，他基本上坚持了康有为的"满汉"不分的主张，以求化解主要是满族统治者出于对汉人猜忌而形成的"满汉之界"。他的《论变法必自平满汉之界始》就是为此而作。[3]

---

[1] 梁启超：《释革》，见李华兴、吴嘉勋编：《梁启超选集》，第370页。
[2] 梁启超：《灭国新法论》，见李华兴、吴嘉勋编：《梁启超选集》，第172页。
[3] 杨肃献认为，梁启超在1898年以前徘徊于"世界主义与排满种族主义之间"，强调此时梁启超已经具有了"排满的种族主义"思想。但从他提供的史料来看，不能证明这一点。不管是"多言清代故实，胪举失政，盛言革命"，还是所说的"屠城屠邑皆后世民贼之所为，读扬州十日记，尤令人发指眦裂，故知此杀戮世界，非急以公法维之，人类或几息矣"，都不能证明梁启超已拥有"排满种族主义"的思想。问题的关键是，梁启超像严复一样，根本上是从政治"专制主义"这种一般意义上批评清朝时政的，"民贼"的说法，也不是"种族"上的意义，而是政治上的意义。而且从杨肃献举出的梁启超主张"平满汉之界"的史料看，恰恰说明梁启超当时所持的并不是（转下页）

他流亡日本后，的确表达了"排满种族革命"的看法，比较典型的例子，是他给康有为的一封信，信中有一段话："至民主、扑满、保教等义，真有难言者。弟子今日若面从先生之诫，他日亦必不能实行也，故不如披心沥胆一论之。今日民族主义最发达之时代，非有此种精神，决不能立国。弟子焦舌秃笔以倡之，决不能弃去者也。而所以唤起民族精神者，势不得不攻满洲。日本以讨幕为最适宜之主义，中国以讨满为最适宜之主义，弟子所见，谓无以易此矣。"[①]但是，从整体上来说，梁启超思想最激进时期的"革命排满"，仍不是他思想的主流。他的"破坏"和"革命"思想更具有"社会革命"的一般意义，而不是"种族革命"。必须强调的是，梁启超对清朝的激烈批判，保持着针对"专制主义"的一贯逻辑，这也是他思想前后具有连续性的重要方面之一。从"专制主义"立场颠覆清朝统治和从"种族主义"出发推翻清朝统治，虽然其结果有"一定"的相似之处，但前者是一种"普遍的政治思维"，而后者则是一种"特殊的政治思维"，正是由此，还导致了结果上的不同之处，即梁启超的不分种族界限的"民主政治"和孙中山、章太炎有"种族"界限的"华夏政统"。梁启超一贯的努力方向是追求一个具有高度凝聚力（"合群"）的"民族国家"。正是由此，他注定就要同孙中山、章太炎"革命派"分裂。确实，梁启超与孙中山、章太炎等革命派在经历了短暂的"蜜月"之后，很快就分手了，并相互成为"论敌"，展开了"改良"与"革命"的论辩。

如同上面所提到的那样，梁启超的"破坏主义"和"社会革命"与"进步"的价值紧密相联。"破坏"和"革命"的合理性来源于"进步"的合理性；"破坏"和"革命"之所以需要，是因为它们是"进步"的首要条件。现在我们需要讨论一下梁启超的"进步"观念。在他那里，

（接上页）"排满种族主义"（参见杨肃献：《梁启超与中国近代民族主义》，见《近代中国思想人物论——民族主义》，台北台湾时报出版公司1982年版，第109—129页）。

① 梁启超：《致康有为书》，见李华兴、吴嘉勋编：《梁启超选集》，第321—322页。

"进步"与"进化",除了后者适用于生物领域外,在人类社会领域,它们完全是可以互相替代的"同义语"。如前所述,"进化"与"进步"的这种结缘,并不是中国的特有物(在西方世界已司空见惯)。在中国,严复是始作俑者,康有为和梁启超都是这一遗产的积极继承者。[①] 梁启超对"进步"和"进化"的理解,比起严复来,完全是乐观主义的。首先,他把"进化"看成是适用于宇宙中一切现象的普遍之道("天道"),"夫进化者,天地之公例也"[②]。其次,他把进化同"循环"严格区分开,他相信"进化"是不可逆地、直线地朝着理想目标的不停"上进":"进化者,向一目的而上进之谓也。日迈月征,进进不已,必达其极点,凡天地古今之事物,未有能逃进化之公例者也。"[③] 第三,"进化"有一定的次序和固定的阶段,这种次序不能被打乱或超越,"何谓进化?其变化有一定之次序,生长焉,发达焉,如生物界及人间世之现象是也"[④]。这是"渐进主义"的基本进化逻辑,具有激进主义倾向的梁启超并没有完全越出这一逻辑。由于进化总体上与可欲的"进步"愿望合为一体,因此,达尔文立足于"自然"和"事实"的"进化主义",在梁启超那里,就变成了立足于"应该"和"必须"的进步"促成论"。

进入到梁启超的历史哲学中,我们就能够具体地看到"进化"这一不可逆的、朝向理想境况(没有衰退)持续进步的"历史进步图

[①] 的确,由日本人译出的这两个译名,由于都用了带有褒义的"进"字,增加了区分的困难性。但是,这并不是问题的根本,它只是使二者的混同变得容易和直观。严复使用的译名"天演",够自然主义的了,没有什么明显的褒义,但他不是还把它与"进步"混为一谈吗?问题在于,进化一旦运用在人类社会领域,它就很容易同可欲的进步"价值"联系起来,这是人类改善自身愿望的"一般性"所致。在此,中国与进化论发源地的西方并没有实质性的差别。只不过,处在危机和困境之下的中国,对"进步性"的"进化"更渴望和更迫切罢了。

[②] 梁启超:《新民说·论进步》,见李华兴、吴嘉勋编:《梁启超选集》,第234页。

[③] 梁启超:《中国专制政治进化史论》,见张品兴主编:《梁启超全集》,第2册,第771页。

[④] 梁启超:《新史学·史学之界说》,见李华兴、吴嘉勋编:《梁启超选集》,第283页。

式"。这一图式,我们在康有为那里已经接触到了,这就是,历史是演着"据乱世"、"升平世"和"太平世"的阶段依次朝前迈进的。像康有为所强调的那样,梁启超更坚信历史是一个直线的、不可逆转的进步过程,这种倾向在他的早期著论《读〈春秋〉界说》中,就非常突出("世界日进于善")。他还坚信历史的进化不可超越固定的次序和阶段,它是渐进的。他不能容忍像孟子所说的"一治一乱"的"循环"的历史观,他批评这位亚圣说:

> 孟子曰:"天下之生久矣,一治一乱。"此误会历史真相之言也。……孟子此言盖为螺线之状所迷,而误以为圆状,未尝综观自有人类以来万数千年之大势,而察其真方向之所在;徒观一小时代之或进或退、或涨或落,遂以为历史之实状如是云耳。……(《春秋》家言,有三统,有三世。三统者,循环之象也,所谓三王之道若循环,周而复始是也。三世者,进化之象也,所谓据乱、升平、太平,与世渐进是也。……三世之义,既治者则不能复乱,借曰有小乱,而必非与前此之乱等也。苟其一治而复一乱,则所谓治者,必非真治也。故言史学者,当从孔子之义,不当从孟子之义)①

这种"直线式"的不伴随着任何衰退的历史进步论,是梁启超乐观主义的典型表现。像康有为一样,他也在"三世"之中分不同的"世"("三世六别")②,而且把"三世"同他一知半解的西方政治制度牵强地附会起来:"《春秋》之言治也有三世:曰据乱,曰升平,曰太

---

① 梁启超:《新史学·史学之界说》,见李华兴、吴嘉勋编:《梁启超选集》,第284—285页。
② 参见梁启超:《论君政民政相嬗之理》,见李华兴、吴嘉勋编:《梁启超选集》,第45页。

平。启超常谓，据乱之世则多君为政，升平之世则一君为政，太平之世则民为政。凡世界，必由据乱而升平，而太平。故其政也，必先多君而一君，而无君。"① 梁启超到日本后，在《自由书》中还把"三世"图式同"蛮野——半开化——文明"（"文野"）图式看成是对等物。按照他对中西进步所作的对比，似乎理想的"太平世"在西方已经实现了（虽然对中国来说还没有实现）。如果这样，进化不就等于到头了吗？如果不是这样，更高的进化目标又是什么呢？梁启超重现了康有为已经有的这种混乱。已经习惯了的一种说法是，梁启超早期接受了康有为的"三世"进化史观，但当他流亡到日本之后，就很快或逐渐放弃了它。事实上，梁启超到日本后，在他思想的高峰期中并没有放弃"三世说"，他继续使用这一图式。②

梁启超的进步历史观有一个需要注意的突出特点，那就是他把历史的"进化"看成是集体的、人群的进化，个人没有进化可言。"盖人类进化云者，一群之进也，非一人之进也。……进也者，人格之群，非寻常之个人也。"③ 这种泯灭了"个人"只承认"群体"进化的历史观，不过是梁启超"合群"集体主义意识的反映。照这种历史观念去叙述历史，历史自然就变成了"群体史"，或者像浦嘉珉所说的那样，变成了"人民史"。这种服务于"合群竞争"价值需要的"群体"进化史观，在他的《历史与人种之关系》中再次得到了突出的表现："历史者何？叙人种之发达与其竞争而已。舍人种则无历史。何以故？历史生于人群，而人之所以能群，必其于内焉有所结，于外焉有所排，是即种界之所由起也。"④ 在梁启超的眼里，只有能够"合群竞争"的

---

① 梁启超：《与严又陵先生书》，见李华兴、吴嘉勋编：《梁启超选集》，第40—41页。
② 参见梁启超的《自由书·文野三界之别》、《自由书·论强权》和《新史学·史学之界说》。
③ 梁启超：《新史学·史学之界说》，见李华兴、吴嘉勋编：《梁启超选集》，第285页。
④ 《新史学》，见张品兴主编：《梁启超全集》，第2册，第741页。

种族才有"历史",不能"合群竞争"就没有历史。这样,进化的人群史,又是一部充满着生存竞争的历史。不管如何,如果我们承认历史的"进步性",那么这种"进步性"就决不是像梁启超所说的那样,只是"群体"的进步;如果我们相信历史的丰富多彩性,我们就不会欣赏梁启超的单调乏味的"群体"进化史或竞争史。虽然梁启超晚期也没有改变对历史进步的信念,但是他的乐观热情降温了[①],并对先前的说法做出了修正。在此,人类的平等和一体化、人类的"文化共业",被认定为是进化的,其余的都被归到了"循环"的范围去了。梁启超从高峰时期信心十足的整体性的乌托邦"进化"历史观中退却下来,再次表明了他充满"苦斗"和"不安"的思想历程。

* * *

在我们辛苦地跟着梁启超的进化主义走过一遭后,我们必须停止下来。无疑,梁启超在晚清中国思想界掀起了一场飓风,他为我们带来了应接不暇的观念,对中国的"革命"思想、对五四新文化运动、对马克思主义在中国的兴起都产生了意义深远的影响。因此,我们必须高度重视梁启超这一百科全书式的、不知疲倦地追求进化的思想观念和行为方式。

[①] 可以再看看梁启超早先极其乐观主义的说法:"凡人类智识所能见之现象,无一不可以进化之大理贯通之。政治法制之变迁,进化也;宗教道德之发达,进化也;风俗习惯之移易,进化也。数千年之历史,进化之历史;数万里之世界,进化之世界也。"(梁启超:《论学术之势力左右世界》,见李华兴、吴嘉勋编:《梁启超选集》,第273页)把这里的说法,同他1922年在《研究文化史的几个重要问题——对于旧著〈中国历史研究法〉之修补及修正》中的看法作一比较便知(参见《梁启超选集》,第813页)。

第五章

进化主义与激进"革命"思想

——以革命派和无政府主义者为中心

不管是偶然还是必然，1898年戊戌变法的"不幸"流产，似乎成了中国19世纪和20世纪之间的一道天然分界线。满清王朝的存在及其在20世纪初所尝试的"自上而下"的"自改革"，都不过是明日黄花和19世纪中期以后前后相连的"渐进"变法观念和实践历程的回光返照。众多的历史因素合到一起已经"注定"中国要转向"激进"的革命时代。以"天命无常"为口头禅的孙中山，"比以往任何时候都更加坚信，没有任何东西能够阻挡这一场不可避免的革命"[1]。满清王朝不情愿的"变法"和"自改革"反而成了决定20世纪中国"命运"的激进"革命"的催化剂或酵母。[2]"革命"以难以预料的速度蔓延开来，1911年满清帝国的覆灭只不过使"革命"得到了一次短暂休息的机会。一旦迷上了激进的"革命"神话和利器，人们的热情就不会轻易地被抑制住。后来的历史演变表明，在1911年达到高潮的"革命"，实际上只不过是20世纪中国"一系列"革命的开始。20世纪中国激进的"革命"思想和实践在很大程度上决定了20世纪中国

---

[1] 孙中山：《我的回忆——与伦敦〈滨海杂志〉记者的谈话》，见《孙中山全集》，第1卷，第552页。

[2] 参见塞缪尔·P.亨廷顿：《变化社会中的政治秩序》，王冠华、刘为等译，三联书店1989年版，第333—339页。

社会政治和思想文化的整体状态。20世纪初出现在中国的无政府主义思潮，是从"革命派"（具有革命的思想、行动或者二者兼有）中分化出来但比"革命派"更激进的思想形态，正如它的名字本身所意味的那样，它要求一种"无政府"（当然还包括无国家等在内）的乌托邦理想社会，它超出了孙中山等"革命派"所要求的"共和"国家政治理想。但是，无政府主义者与革命者在一些方面甚至在比较重要的方面，仍然具有很高的亲和性（因此，在后面的讨论中，我们有时也使用广义的"革命派"一词）。他们都是激进的，都崇拜"革命"，都追求"彻底"的"平等"和至公无私的理想，而这些恰恰又与他们在进化论上的立场密切相联。现在，我们就转到作为本章主题的他们的进化主义观念。人们也许很容易提出这样一个问题，即作为普遍世界观和价值观的"进化主义"，在从"整体上"的渐进"变法"转变到"整体上"的激进"革命"和无政府主义的这一过程中，如何适应了这种"变化"并同时也成了这种"变化"的促成者。总体来说，在革命者和无政府主义者那里，进化主义仍然作为普遍的世界观和价值观发挥着重要作用。他们对整体的、"进步性"的进化的信念，依然如故。这一点不难理解，危机之中的中国除了"进化"，别无选择。[①] 但是，以"渐进性"为基本特质的达尔文的"进化主义"，何以又会成为武装"激进性"革命和无政府主义的武器呢？人们也许会感到惊讶或迷惑不解。革命派和无政府主义者对进化主义的理解，整体上变成了这样一种过程，即驱逐严复特别是斯宾塞那种主要以个人主义、自由竞争为基调的社会达尔文主义法则，并把自然进化与社会进化严格

[①] 正如我们所强调的那样，从整体上说，对规定了历史大方向的"进化"逻辑的坚定信奉，是晚清以来中国思想观念演进中少有的既一贯又强有力的"神话"。"进化"已经成为中国必须接受的"宿命"。如真说："进化者，前进不止，更化而无穷之谓也。……苟其不进，或进而缓者，于人则谓之病，于事则谓之弊。"（真：《进化与革命》，载《新世纪》，第21号，1907-11-02）

区分开来以加强"人力"在进化中的决定性作用。以"民族主义"对抗"强权",对革命派来说是一个"无奈的"选择;而无政府主义则主要通过"公理"和"互助"来对抗"强权"。但这些都服务于他们的"平等主义"的终极理想目标。晚清时代人们所追求的国家"自强"目标,已经远远不能满足革命时代欣喜若狂的更高的乌托邦目标。"自由"、"竞争"进化,越来越多地转为"互助"进化和"平等"进化。梁启超的"强权主义",已经不见容于革命派和无政府主义的世界主义、博爱主义、平等主义和大同信念。19 世纪的西方,摧毁了 18 世纪"平等主义"的"进化主义",而 20 世纪的中国,恰恰又成了构建"平等主义"神话的强大后盾。"后进性"要求一种"最高"的理想性,并以这种理想显示其优越性,这也许就是"落伍者的特权"[①]吧!但当这种理想同现实难以沟通时,结果就以幻灭的方式为理想"殉难"。在个别人(如章太炎)那里,"进化"理想的破灭,恰恰不过是对"人"本性难移的毅然决断,于是"无生"的人类"虚无"恰恰又成了"理想"的代名词。下面,我们就跟着革命派和无政府主义者的进化主义逻辑走一走吧!

先附带指出,在这一时期,人们对进化主义的了解显然增多了,对作为一种知识和科学的进化主义的兴趣也浓厚了。从 1901 年开始,马君武陆续翻译了达尔文《物种起源》的部分重要章节。留日中国学生,也以日本为桥梁翻译和介绍进化主义思想。[②]

[①] 托洛茨基(Leon Trotsky)《俄国革命的历史》一书中的用语,用来形容不发达国家后来居上的"进化潜势",它与发达国家"处于领先地位所带来的不良后果"形成了对比(参见 E.R. 塞维斯:《文化进化论》,黄宝玮等译,华夏出版社 1991 年版,第 30—37 页)。

[②] 参见汪子春等的《达尔文学说在中国初期的传播和影响》(载《中国哲学》,第 9 辑)和本书后面的章节。

一、"进化"与"革命"

我们也许记忆犹新,严复、康有为和梁启超(至少在大部分时期)等人的"渐进"变法改革主张,都包装在"进化"公理或科学的外衣之下。对他们来说,之所以必须对中国的社会政治进行变法和改革,是因为只有如此才能适应历史"进化"的公理;而这种变法和改革之所以不能"越级"或"躐等",必须按照固定的程序和路径进行,也是由作为进化内在本性的"渐进性"公理(而且是宇宙间的普遍公理——"宇宙有渐而无顿"和"万物有渐而无顿")所决定的。但是,转眼之间,随着"变法"的"匆忙"收场和"革命"时代的降临,具有"无限"适应能力的"进化"世界观和意识形态,又成为武装"激进"革命派和无政府主义的"武器"并为之鸣锣开道。"渐进"的变法和"激进"的革命,显然是对立的两极,但二者都以进化主义作为自己的世界观和价值基础,这再次表明,"进化主义"可以被"不同"甚至是非常"不同"的派别加以使用的高度弹性和伸缩性。

现在的问题是,激进的革命派是如何从"进化主义"中为"革命"找到合理根据的,或者说进化主义是怎样为"激进的"革命赋予基础的。从革命派对此提供的论证来看,他们主要是通过把进步性的"进化"设定为历史发展的"价值"目标、并把"革命"作为实现这一目标的最佳"手段"来证明"革命"的合理性。革命是为了进化,而进化也需要革命,二者是目的与手段的关系。人们习惯性地认为,"目的"需要它的执行者"手段",而手段服务于目的;既然目的是正当和合理的,那么服务于目的的手段自然也是正当和合理的。因此,当革命派把进化设定为价值目标的时候,就使其作为手段的革命自然而然地获得了合法性。如李石曾非常明确地说:"社会由革命之作用而得进化,革命由社会之进化而得为正当。故社会愈益进化,革命愈益正当。"① 在革命派那里,手段与目的关系,也就是"作用"与"公理"的关系。革命"作用"的合理,是因为进化"公理"的普遍合理性;而且,只有"革命"才能成为"进化"公理的推动者。我们知道,晚清以来,在中国知识界和思想界具有"真理和价值"双重身份的关键符号"公理",受到了人们的普遍推崇和信奉,成为20世纪科学话语范式兴盛之前(20年代以前)最有代表性的话语范式之一("进化"本身也是其中之一)。革命派把进化看成是普遍的"公理",不仅意味着"进化"是历史的必然,也意味着进化是价值上的最大的"应该"。这样,一旦把"革命"看成是"进化"公理的"执行者","革命"也就具有了不容置疑的必然性和应然性。吴稚晖这样说:"科学公理之发明,革命风潮之膨胀,实十九、二十世纪人类之特色也。此二者相乘相因,以行社会进化之公理。盖公理即革命所欲达之目的,而革命为求公理之作用。故舍公理无所谓革命,舍革命无法以伸公理。"② 在此,革命是扮演适应进化公理的"唯一"角色,这实际上排除了伸张进化公理的其他有效途径。不遗余力提倡革命思想的朱谦之,通过把革命与进化看做变与动、因与果的关系,使二者成为不可分的"互联体",明确地强调革命是进化的"唯一原因"。他说:

> 总之,进化与革命关系,只是动与变的关系,革命是动,进化是变,动的时候,便是变的时候,所以革命的时候,就是进化的时候。依照西文原名,革命叫做 revolution,进化叫做 evolution,可见革命是更进化的意思。假使要永续不断的更进化,就不可不时时刻刻的去革命了。然我可更进一层,决定革命是促进"进化"的唯一因子,因为动是变的因,变是动的果,故此没有动,

---

① 李石曾:《无政府说》,见《辛亥革命前十年间时论选集》,第3卷,三联书店1977年版,第146页。

② 吴稚晖:《新世纪之革命》,载《新世纪》,第1期,1907-06-22。

就决不会有变,就是没有革命,也决没有进化可言。……我的意思,以为革命既是进化的原因,那么,我们努力革命,就是努力进化。①

在此,我们看到,朱谦之还通过比较"革命"与"进化"两个词的构成要素,把二者直接联系了起来。②如前所述,激进时期的梁启超,为了论证革命的合理性,像把进化作为普遍的公理一样,也把"革命"看成是"公理"("革也者,天演界中不可逃避之公例也")。这种逻辑,在革命派那里更是司空见惯。他们相信,"革命"是普遍的公理,进行"革命"也就是实践"公理"。由于"公理"是普遍的和必然的,因此,"革命"也就具有了不可避免的必然性。看看革命军中"马前卒"邹容的说法,便可清楚:"革命者,天演之公例也。革命者,世界之公理也。革命者,争存争亡过渡时代之要义也。革命者,顺乎天而应乎人者也。革命者,去腐败而存良善者也。革命者,由野蛮而进文明者也。革命者,除奴隶而为主人者也。……嗟乎嗟乎!革命革命!得之则生,不得则死。毋退步,毋中立,毋徘徊,此其时也!此其时也!"③不管邹容的这一连串说法是否成立,从他把"革命"看成是"公理"的角度来说,他是想以此使"革命"获得权威性和合法性。但是,如果"革命"也是"公理",它与"进化"公理至少从形式上看就是一种对等的关系,它如何同"进化"公理具有内在的联系

---

① 朱谦之:《革命底目的与手段》,见《无政府主义思想资料选》,上册,北京大学出版社1984年版,第448页。

② 稍前,黄凌霜已经采取了这种做法。他说:"什么叫做革命呢?革命这个名词,西文叫做 revolution,re 就是'更'的意思,evolution 就是'进化'的意思,合起来看,革命'更进化'的意思就罢了。"(黄凌霜:《本志宣言》,见《无政府主义思想资料选》,上册,第381页)

③ 邹容:《革命军》,见《辛亥革命前十年间时论选集》,第1卷下册,三联书店1960年版,第651—653页。

呢？根据邹容和其他革命者的说法，他们往往是把"革命"看成是"进化"公理方面的公理，以此使"革命"公理同"进化"公理具有密切的关系。

总而言之，对于革命派来说，只有革命，才能进化；只要进化，就需要革命。革命与进化仿佛是一对难舍难分的"孪生子"。这种逻辑与变法派的逻辑并没有多少差别。由于"进步性"的进化是革命派与变法派共同认定的价值信念，所以就淡化了它们之间的对立界限。如此说来，变法派与革命派之间的不相容，其根本点并不在于他们所追求的根本价值信念进步等于进化，而在于他们"实现"根本价值的"方式"和"途径"，在于他们对"现实"社会政治所采取的态度。也就是说，变法派同革命派的对立，主要表现在是用"渐进"的方式还是用"激进"的方式去实现"进化"，表现在是保持满汉不分、实行君主立宪政治制度还是实行排满种族革命以达到共和。这两方面，都与进化主义发生了关系，一个关系是进化究竟以何种方式发生，另一个关系是进化在种族上的表现。问题可以这样提出，即在革命派那里，"革命"何以能够成为进化的合法推动者呢？或者说，为什么只有"革命"才能成为"进化"神话的助产士呢？而变法派不是已经相信只有"变法"和渐进"改革"才是进化的合法执行者吗？革命派对此问题的回答，既与他们对革命性质的理解相关，又与他们意识中的"进化"相联。下面，我们主要根据革命派对"革命"的理解，再进一步看看"革命"同"进化"的关联性。

如同其他观念一样，"革命"也是一个充满歧见的词汇。一般来说，"革命"的观念和实践，是一种并非孤立的带有"世界性"的现象。亨廷顿相信，革命是现代化过程中特有的有限的历史现象，它是促使传统社会转变为现代化的手段。作为这种手段，"革命，就是对一个社会据主导地位的价值观念和神话，及其政治制度、社会结构、领导体系、政治活动和政策，进行一场急速的、根本性的、暴烈的国内变革"①。把西方法律秩序同革命紧密联系在一起的伯尔曼，扩大了革命的外延，认为西方的历史"一直"是以周期性的激烈革命动荡为特征，"每次革命，都标志着整个社会体制中的一次基本变化，一次迅速的变化，一次剧烈的变化，一次持久的变化"②。把科学与革命联系起来系统考察的科恩，对革命也作了广义的理解。③根据亨廷顿、伯尔曼和科恩的看法，不管是作为历史中一种有限的特有现象还是一种常见现象，"革命"都能够引起社会"整体上"的"剧烈"和"迅速"变化（或进步）。④

从大的方面来说，中国的革命派一般都相信"革命"会带来迅速的激动人心的全面性进步。日本人首先用出自中国古典《周易》的"革命"一词来作为英语 revolution 的译语，中国革命派虽然在偶然之中接受了这一符号，但却使之成为一种新的"必然性"神话。⑤ "革命"符号极具魔力，革命派很快就迷上了它。当然，这并不表明革命派对"革命"拥有"一致"的定义，也不表明他们的关注点（外延）也完全相同。从主要方面来说，在革命派那里，"革命"往往意味着：其一，

---

① P.亨廷顿：《变化社会中的政治秩序》，第241页。
② H.J.伯尔曼：《法律与革命——西方法律传统的形成》，贺卫方、高鸿钧等译，中国大百科全书出版社1993年版，第22—23页。
③ 参见科恩：《科学中的革命》，鲁旭东、赵培杰译，商务印书馆1998年版，第51、197—267页。
④ 但是，也有一些人对"革命"持怀疑态度，甚至从消极方面看待"革命"。如在布林顿（C.Brinton）那里，"革命"如同发高烧，高烧过后一切照旧（参见 H.J.伯尔曼：《法律与革命——西方法律传统的形成》，第672页）。保守主义者托克维尔（Tocqueville）、自由主义者波普尔（Popper）和哈耶克（Hayek）等人，都是对革命持批评态度的人。
⑤ 据冯自由的记载，在光绪二十一年（1895）前，党人使用的是"起义"、"造反"和"光复"等名词。1895年，兴中会在广州失败，孙中山等人东渡日本，船经过神户时，登岸购买一份报纸，上面载有一则新闻，题为"支那革命党首领孙逸仙抵日"，"总理语少白曰，革命二字出于易经汤武革命，顺乎天而应乎人一语，日人称吾党为革命党，意义甚佳，吾党以后即称革命党可也"（冯自由：《革命逸史》，初集，中华书局1987年版，第1页）。

它是一种"剧烈的"、"迅速的"社会政治变革；其二，它伴随着对旧事物（社会政治制度、思想观念和价值体系等）的反叛和破坏；其三，它设定了所要实现的带有乌托邦性质的理想目标（当然也有直接的、具体的现实目标），使之成为旧事物的取代物；其四，它坚持用"非法"（不承认既定法律秩序）的但又是通过普遍性"公理"（"自然法"）获得合法性支持的暴力来作为实现目标的手段。以上这些可以说是中国革命思想的公约数。无论如何，革命派都相信，革命必须也能够引起迅速的、剧烈的进化。他们一厢情愿地、乐观主义地认为，只要对旧的秩序和传统进行"整体性"的革命和破坏，就能建立起全新的秩序、制度和价值系统等；他们不能接受制度、价值和秩序是一个选择和适应的过程。革命派大都拥有一种乌托邦式的理想，如平等主义的大同社会、无政府的社会。这些无异于谎言的"美妙的"理想极具诱惑力，自然就能够成为强大的革命动员力量。① 中国革命派的直接革命目标是用暴力推翻清朝政府，他们为此提供的论证，既有来自一般意义上的对专制制度的痛恨、对新的政治制度民主共和或进化的信仰（区别于历史上改朝换代式的消极革命），又有来自"特殊"的强烈的"种族"意识，即满族是一个"异族"，它不是华夏正统。在孙中山和章太炎等人那里，这种以"非我族类"的种族主义为出发点的"排满种族"革命形态极具代表性。特别是章太炎，他的"革命"观念和意识，更集中体现在"排满种族革命"上。② 不同的是，他的"种族"

---

① 中国革命思想中强烈的理想主义并不孤立，伯尔曼相信西方革命往往都伴随着对未来理想的幻想："西方历史每次重大革命的一个重要因素是它对未来预言式的幻想。每一次革命都不止是一种政治计划，甚至不止是一种充满激情的为改革世界的斗争。每次革命还代表了对末世论（eschatology）——一种关于末日的救世的梦想，一种关于历史正向最后结局行进的确信——的信仰和信奉。"（H.J. 伯尔曼：《法律与革命——西方法律传统的形成》，第29页）

② 当然，章太炎的"种族"观念，并不完全限于此，他也具有梁启超世界范围内的"种族"意识及其竞争观念："红、黑、棕色之种，伏于黄人，黄人复制于（转下页）

观念，主要不是"血统"上的，而是"历史"和"文化"上的。如在《康有为论革命书》中，他针对康有为所说的"不论种族异同，惟计情伪得失"的观点批评说："民族主义，自太古原人之始，其根性固已潜在，远至今日，乃始发达，此生民之良知本能也。……近世种族之辨，以历史民族为界，不以天然民族为界。"① 章太炎所说的"天然民族"，是指以共同血缘为基础的原始氏族部落，它与以历史文化（如语言、政制、风俗等）传承为基础的民族不同，而这又是各种因素综合演变的结果，"今世种同者，古或异；种异者，古或同。要以有史为限断，则谓之历史民族"②。章太炎这种不以"血统"而以历史文化区别"种族"的方式再次体现了中国传统的"文化民族主义"。章太炎提倡"国粹"，强化对中国文化的认同，也恰恰是要以此凸显"满汉之别"，以激发"排满种族革命"的热情。章太炎主张用"光复"（恢复）而不是"革命"来表示驱除满族和恢复华夏正统，也是基于这种逻辑。如在《序〈革命军〉》中，他这样说："同族相代，谓之革命；异族攘窃，谓之灭亡；改制同族，谓之革命；驱除异族，谓之光复。今中国既灭亡于逆胡，所当谋者，光复也，非革命云尔。容之署斯名，何哉？谅以其所规画，不仅驱除异族而已，虽政教、学术、礼俗、材性，犹有当革者焉，故大言之曰'革命'也。"③ 但是，这种区分已经变得无关紧要，大多数革命派愈来愈喜欢用"革命"来表达他们的"愿望"和

（接上页）白人。白人果有大同之志，博施济众之仁？能胜于黄人者，惟其智勇能窃圣法焉尔。"（章太炎：《菌说》，见《章太炎选集》，上海人民出版社1981年版，第81页）

① 章太炎：《章太炎选集》，第157—158页。

② 章太炎：《訄书·序种姓上》，三联书店1998年版，第173页。正是基于这种以"满汉之别"为核心的民族主义，章太炎拒绝康有为的"满汉不分"。章氏说："长素固言大同公理非今日即可全行。然则今日固为民族主义之时代，而可混淆满、汉以同薰犹于一器哉！"（《章太炎选集》，第160页）有趣的是，在无意识中，革命派貌合了清时代一直强化的"满汉之别"意识形态。

③ 章太炎：《章太炎选集》，第154页。

"立场"。实际上，革命一词更适合用来表达那种"综合的"、"全面的"变革要求。正如章太炎所说，邹容既用它来表达对满族的驱除，又用它来表达更广泛的意义，如破坏旧有的一切事物和秩序以促使社会政治制度、观念意识和价值等全方位的变革。随着满族统治的覆灭，人们对"革命"的使用，就完全移向后者。总体言之，晚清的中国革命思想，一方面带有强烈的"种族主义意识"[①]，正如"种族革命"一词所象征的那样。这种"种族"意识，无疑也受到了社会达尔文主义及其衍生物"种族主义"的影响。但它同变法派康有为、梁启超的"种族主义"有所不同，康有为、梁启超对"种族"外延的界定，主要是从更广的不同的肤色出发的。据此，"满汉之界"就在同是"黄种"的意义之下消失了（"满汉不分"）。康有为、梁启超的"种族主义"是以满汉同种（黄种）来对抗异种——即"白种"；而革命派的"种族主义"主要集中在"汉族"同"满族"的关系上[②]，他们视"满族"为"异种"和"劣种"（看看邹容的《革命军》便知），其首要目的，就是驱除满族（像孙中山所说的"驱除鞑虏"）和推翻其统治。[③] 对于西方"白种"，他们往往不是以"种族"意义上的民族主义与之对抗，而是以中国作为"民族国家"的形态"反抗帝国主义"。这样，晚清的中国革命，就与以社会政治等全面变革为目的的法国大革命和俄国革命有了不同。另一方面，晚清的中国革命，实际上也包括了要求社会政治等全面变革的激进意义。与革命有过一段蜜月期的梁启超对革命的理解是这样，其他一贯的革命派更是这样。以"排满"为中心的章太炎，

[①] 参见冯客：《近代中国之种族观念》，第109—114页。

[②] 当然，在晚清革命时代，强调"种族优劣"、突出"黄种白种"进行生存竞争的"种族主义"形态，仍然是一个重要的方面。参见余一：《民族主义论》、云窝：《教育通论》，见《辛亥革命前十年间时论选集》，第1卷下册，第485—492页、第551—554页。

[③] 排斥异族的章太炎，也相信"优胜劣败"，并要求用"优生学"、"遗传学"的理论在汉民族自身内部进行"人为淘汰"，以"良其种""强其种"，使种日进。参见章太炎：《訄书·族制》，三联书店1998年版，第41—44页。

早期也具有这种革命思想。当变法派以民智未开、与国情不合为由排斥革命时，章太炎的回击是："公理之未明，即以革命明之。旧俗之俱在，即以革命去之。革命非天雄大黄之猛剂，而实补泻兼备之良药矣！"① 这样，晚清中国革命又同法国革命和俄国革命具有了一致性。② 正是由于内部的种族革命与社会政治、文化革命交织在一起，晚清的中国革命就具有了复杂的风貌。③

正如以上所说，革命派眼中的革命，已经具有了广泛的社会政治和价值观念等变革的意义，它是一种与传统秩序"彻底"决裂的全面革命④，这一点决定了20世纪中国革命的基本特性。毛泽东的革命观念与此紧密相关。如毛泽东"不破不立"、"破字当头、立在其中"的革命逻辑，直接就来自晚清革命派以及梁启超对"破坏与建设"（即"破与立"）的处理方式。革命派信奉的逻辑是，只有破坏，才能建设；只要破坏，就能建设。这就像巴枯宁所信奉的"破坏的热情就是创造的热情"的逻辑一样。革命派之所以把"革命"和"破坏"视为进化或

---

① 章太炎：《驳康有为论革命书》，见《章太炎选集》，第178页。

② 撇开"种族革命"不说，我们仍然可以从其他方面找出中西革命的差别来。如亨廷顿指出："在'西方'类型中，旧政权的政治制度土崩瓦解；接着就是新的集团动员起来投入政治，然后是新的政治制度的创立。'东方'类型则与之相反，首先是动员新的集团投入政治，创立新的政治制度，最后再猛烈地推翻旧秩序的政治制度。……政治动员在西方型革命中是旧政权瓦解的结果；而在东方型革命中，它则是旧政权灭亡的原因。"（P.亨廷顿：《变化社会中的政治秩序》，第243页）此外，中国革命又与对抗"外来压力"、救亡图存密切相关，它是一种在"被动"之下而进行的"主动"革命。

③ 如孙中山就是从"种族与政治"的二重性来理解中国革命的："大（抵）革命之举，不外种族、政治两种，而其目的，均不外求自由、平等、博爱三者而已。征之历史，世界革命有因种族而起，有因政治而起。（中略）我国去年之革命，是种族革命，亦是政治革命。"（孙中山：《在北京五族共和合进会与西北协进会的演说》，见《孙中山全集》，第2卷，中华书局1982年版，第438页）

④ 高瑞泉认为"革命派"的进化论，突出的是社会制度的革命，忽略了思想领域的革命（参见高瑞泉主编：《中国近代社会思潮》，华东师范大学出版社1996年版，第107页）。但事实上，革命派中有相当一部分人（包括无政府主义者），都具有梁启超所主张的"广义"的全面革命思想，参见李石曾的《普及革命》、邹容的《革命军》等。

进步的推动力量,是由于他们相信"革命"和"破坏"是剧烈、迅速、直接和全面地对"旧事物"的颠覆,由此,作为替代物的新事物将全面诞生,并迎来历史的惊人进化。如褚民谊说:"人类之所以有今日者,以自古及今,历数百万次大小之革命,有以造之也。革命多而猛,则社会之进化速而大。"① 陈天华坚信,"革命"是救世、救民的"圣药","终古无革命,则终古成长夜"②。孙中山的"突驾说",更是我们所熟知的。革命派认为革命能够带来全面的、迅速的进化,甚至把革命本身就看成是进化本身,如费觉天说:"甚么叫做革命,革命就是进化。"③ 因此,作为手段的革命与作为目的的进化,其界限已经难以划分。在这种革命等于进化或革命导向进化的逻辑中,恰恰孕育了中国"进化主义"的一次重要转变或变革。

这使我们想到开始所谈到的问题,当革命派用"进化主义"来武装"激进"革命的时候,他们实际上也把"激进"的东西灌注到了"进化主义"中。由此,他们既扭转了变法派的进化逻辑,又改造了达尔文和斯宾塞的进化观念。正如我们已经讨论过的那样,变法派不相信宇宙飞跃奇迹和瞬间命运(当然也不相信上帝在短短"六天"之中就能完成造物的艰巨任务),他们相信,进化是通过"渐进的"、"缓慢的"、"点滴式"的过程实现的,它不能超越固定的阶段,不能以压缩的、快速的方式进行。严复的"进化主义"最典型地体现了这种"渐进"进化主义的内涵。他把 evolution 译成"天演",把本来具有"浸染"和"慢慢流入"意义的"渐"同有着"水蔓延"和"滋润"的

---

① 褚民谊:《普及革命》,见《无政府主义思想资料选》,上册,第179页。从李石曾的进一步说明中,我们能看出他又具有"渐进"的思想:"由不善而至于较为善,渐进渐善,而至于较为尽善,此之谓改良,此之谓进步。"(同上)

② 陈天华:《中国革命史论》,见《陈天华集》,湖南人民出版社1982年版,第215页。有关革命对进步的促进,陈天华说:"宇宙各国,无不准进化之理。其所以雄飞突步,得有今日者,进化为之也,非自古而然,革命亦其一端也。"(第214页)

③ 费觉天:《从国家改造到世界改造》,载《评论之评论》,1卷1号,1920-12。

"演"这两个都与"水"有关的字结合到一起,巧妙地表达了"渐化"的意义。但是,这种"渐化"的思想,根本不能满足激进革命派的需要。他们必须改变"渐化"的逻辑。他们保持了变法派的"进化等于进步"这一形式结构,但却在其中加入了"激进"、"顿化"的内涵,使"缓慢的"、"累积性"的"进化等于进步",变成了"快速的"、"飞跃性"的"进化等于进步"。这种改造,自然适合了革命派对激进"革命"和飞跃进步的急迫需要,但却与英国进化思想的主调拉开了距离。不,更准确地说是对英国进化思想的主调作了重大"修正"。严复不愧是英国思想熏陶出来的,他的进化主义至少在"渐进性"上顽强地保持了达尔文和斯宾塞的东西。在此,我们有必要引用一下达尔文对此的重要"设定":

> 自然选择只能通过累积轻微的、连续的、有益的变异而发生作用,所以不能产生巨大的或突然的变化,它只能通过短且慢的步骤发生作用。因此,"自然界没有飞跃"这个趋向于每次新增加的知识所证实的原则,根据这个学说是可以理解的。我们能够理解何以在自然界中可以用几乎无限多样的手段来达到同样的一般目的,因为每一种特点既经获得之后必能长期遗传下去,而且已经以许多不同方式变化了的构造,势必适应于相同的一般目的。总之,我们可以了解,为什么自然吝于革新而奢于变异。[1]

达尔文这里所强调的"自然界"(当然包括生物界在内)的进化是通过缓慢过程而进行的这一设定,又是建立在"漫长的"时间前提之上,而这则是由凭《地质学原理》闻名的地质学家赖尔提供的。像变法派一样,照样用进化主义科学外衣来武装"革命"的革命派,是如

---

[1] 达尔文:《物种起源》,第310页。

何面对这种真正具有"科学"意义的"进化主义"的呢？20世纪初，生物进化主义领域中向达尔文的"渐变论"提出挑战的"突变论"异军突起，这一由荷兰植物学家德佛里斯首先提出并很快赢得了一些生物学家支持的"突变论"，依据某些生物的"骤然"变化，认为新的生物并非像达尔文所说的那样，需要通过许多中间类型的逐渐积累产生出来，而是跳跃式或突然之间出现的。革命派完全可以从这种生物学的"突变论"中为他们的社会和政治"革命"寻找类似性。可能是他们没有来得及这样做，或者更有可能的是，他们不知道有这样的学说。他们继续需要达尔文。他们没有"粗暴地"拒绝达尔文的说法，更准确地说他们接受了自然界的渐进演化观念。在此，他们很"机智"。他们采取了一种"两全其美"的逻辑：一方面承认自然界的"渐化论"，另一方面则坚持社会领域的革命或"顿化论"。这如何可能呢？这是通过把"人类社会"既统一到"宇宙自然"中又使之同"宇宙自然"区别开来的方法来实现的。显然，如果把"人类社会""完全"统一到"宇宙自然"中，那么承认宇宙自然没有飞跃，就等于是否定了"人类社会"领域的革命进化。因此，革命派不能接受把人类社会"完全"融化到"宇宙自然"中这一单一或一元的逻辑。事实上，他们采取的是既合又分的方法，即一方面把人类社会看成是宇宙自然的一部分，另一方面又把人类社会同宇宙区分开。作为宇宙自然一部分的人类社会，它要遵循宇宙自然的法则；但作为不同于宇宙自然过程的人类社会，它又具有自身的"独特性"。章太炎相信，人类和其他生物在进化过程中具有一些共同的东西。他假定，万物进化之初都是以不同的"阿屯"（atom 的音译）存在的，"各原质皆有欲恶去就，欲就为爱力、吸力，恶去为离心力、驱力。有此故诸原质不能不散为各体，而散后又不能不相和合"[①]。章太炎相信，生物原质中的这种"欲恶去

---

① 章太炎：《菌说》，见《章太炎选集》，第62页。

就"倾向,都"主动"地"以思自造",在渐思中获得渐变。①人和其他生物,在初期没有什么差别("人与鸟兽,初未尝异"),如都有自利性。但是,在进化中,人类逐渐形成了与其他生物不同的特质,如人类是以"工具"("器")和"制度"("礼")竞争进化的,人性从"性相近",通过"教化"和"修养"而"习相远"。②"合群"竞争的观念,同样受到了章太炎的关注,表现为他对荀子"合群明分"观念的直接强调。正是"合群"显示了人对其他动物的优越性,因为它能够形成一种强大的集体力量。不过,在荀子那里,这种力量是用于同"自然"(包括动物)的对抗,而在章太炎等晚清知识分子那里,它主要是用于对抗"外来""种族"的压迫。③孙中山像章太炎一样,在科学名目之下("细胞")用玄想的观念来理解"生物",认为人类和其他"生物"都来源于元始的"生元","生元"具有"知觉灵明"的特性,它构成了生物的"本性":

> 据最近科学家所考得者,则造成人类及动植物者,乃生物之元子为之也。生物之元子,学者多译之为"细胞",而作者今特创名之曰"生元"。盖取生物元始之意也。生元者何物也?曰:其为物也,精矣、微矣、神矣、妙矣,不可思议者矣!按今日科学所能窥者,则生元之为物也,乃有知觉灵明者也,乃有动作思为者也,乃有主意计划者也。人身结构之精妙神奇者,生元为之也;人性之聪明知觉者,生元发之也;动植物状态之奇奇怪怪不可思

---

① 如他说:"其渐思而渐变也,则又有二端:有以思致其力而自造者焉,有不假于力而专以思自造者焉。"(《章太炎选集》,第64页)
② 章太炎说:"一人之行,固以习化,而千世之性,亦以习殊。……自先觉者教化之,至于文明之世,则相亏相害者,固不能绝,而其此性者稍少。故学可以近变一人之行,而又可以远变千世之质。"(同上书,第79页)
③ 章太炎说:"合群明分,则足以御他族之侮;涣志离德,则帅天下而路。"(同上书,第77页)

议者,生元之构造物也。……孟子所谓"良知良能"者非他,即生元之知、生元之能而已。①

把孟子所说的人所具有的"良知良能"赋予一切生物,显然是一种"泛灵论",它使"人与动物"的界限变得模糊,但有利于为主动的"人为""进化"提供形而上的基础。孙中山也承认人类最初与动物一样,完全受着自然力的支配,人性无别于动物性,"人类初出之时,亦与禽兽无异"②。但是,在进化过程中,人类超越了其他动物。人是物质和精神的高度统一体,有没有"精神"则是人类区别于其他"动物"的根本尺度,"世界上仅有物质之体,而无精神之用者,必非人类"③。

章太炎和孙中山虽然都承认"人类"与"自然"相合、相分的二重性,但他们关心的则是人类与自然的"相分"。对他们来说,人类与自然的相分,既是人类进化的结果,又是人类能够"创造"进化的根据。一般来说,在"人类与自然"关系的双重结构中,往往容易带有人类中心论或自我优越意识。革命派对宇宙自然与人类社会的二重处理方式,最终也落脚在人类社会对于宇宙自然的优越、人类社会与自然的不同上,就像常见的说法那样:一个是"自发的"、"无意识"的"盲目"过程(宇宙自然),另一个则是"自觉的"、"有意识的"的"理智"过程(人类社会)。现在的问题是,革命派何以要强调人类与自然的不同,他们的根本"意图"究竟是什么?

正如我们上面所说,他们的"意图"是要通过人类与自然的二元化,把人类从被动的自然秩序之下解放出来,使之成为"创造"进化

---

① 孙中山:《建国方略》,见《孙中山全集》,第6卷,中华书局1981年版,第163页。

② 同上书,第195页。

③ 《在桂林对滇赣粤军的演说》,见《孙中山全集》,第6卷,第12页。但是,在此,孙中山把"精神"看成只是人类的"特性",与他把宇宙物质现象都看成是"物质与精神"(亦是"体与用")的统一体显然发生了冲突。

的积极"主体"。革命派并不否认进化的自然过程,也不否认人类受自然进化过程的影响,但他们注重的,是"人类"必须主动地创造进化,通过革命迅速地推动进化。他们相信,通过人的意志和力量完全可以"控制"、"操纵"和"驾驭"进化。对孙中山来说,世界中有两种进化的力量,一种是"天然力",一种是"人为力"。"人为力"高于"自然力",人完全能够胜自然:"世界中的进化力,不止一种天然力,是天然力和人为力凑合而成。人为的力量,可以巧夺天工,所谓人事胜天。这种人为的力,最大的有两种,一种是政治力,一种是经济力,这两种力关系于民族兴亡,比较天然力还要大。"① 人所要做的事,就是用"合力"和"意志"促使社会一日千里地进化:"我们人类的天职,是应该做些什么事呢? 最重要的,就是要令人群社会,天天进步。要人类天天进步的方法,当然是在合大家力量,用一种宗旨,互相劝勉,彼此身体力行,造成顶好的人格。"② 孙中山把中国的复兴希望完全寄托在"人为"进化上③,他相信只要发挥出火一般的"革命"意志和创造精神,中国就能够"压缩"许多进化"阶段",神速地达到"进化"的高级阶段,后来居上,超过欧美,并成为世界进化新潮流的领导者。孙中山名之为"突驾"的这种飞跃式革命进化(毛泽东一脉相承地接受了这种逻辑并更甚),靠什么支持呢? 孙中山为什么会有这种近于"狂想"的进化神话呢?

后进的日本无疑为他提供了参照物和样板。这个从前一直是中国学生的小国迅速兴盛的事实表明,中国更有理由在革命进化中获得

---

① 孙中山:《三民主义》,见《孙中山全集》,第 9 卷,第 197 页。

② 孙中山:《在广州全国青年联合会的演说》,见《孙中山全集》,第 8 卷,第 315 页。

③ 孙中山要求撇开自然进化,完全追求人为的进化:"我们决不要随天演的变更,定要为人事的变更,其进步方速。"(孙中山:《在东京中国留学生欢迎大会的演说》,见《孙中山全集》,第 1 卷,第 281—282 页)

"永生"。孙中山言之成理地推论说:"现在我们知道了跟上世界的潮流,去学外国之所长,必可以学得比较外国还要好,所谓'后来者居上'。从前虽然是退后了几百年,但是现在只要几年便可以赶上,日本便是一个好榜样。日本从前的文化是从中国学去的,比较中国低得多。但是日本近来专学欧美的文化,不过几十年便成世界中列强之一。我看中国人的聪明才力不亚于日本,我们此后去学欧美,比较日本还要容易。……如果中国能够学到日本,只要用一国便变成十个强国。到了那个时候,中国便可以恢复到头一个地位。"①

但是,促成神速进化神话的更根本因素则是孙中山对主观"意志"的信奉。这并不偶然,从龚自珍到谭嗣同,这种信奉已经达到了惊人的程度。一个以"心力"(即"意志力")为名的观念在中国历史进步中已经获得了重要的位置,"天地,人所造,……众人之宰,非道无极,自名曰我。我光造日月,我力造山川"②。这是龚自珍气魄宏大的说法。号称"冲决一切罗网"的谭嗣同的思想我们也可想而知。他说:"人为至灵,岂有人所做不到之事?何况其为圣人?因念人所以灵者,以心也。人力或做不到,心当无有做不到者。……心之力量虽天地不能比拟,虽天地之大可以由心成之、毁之、改造之,无不如意。"③又说:"天下皆善其心力也,治化之盛当至何等地步?"④崇拜英雄豪杰的梁启超,打破"天命论",相信人的力量,也是以主观"意志"为后盾。⑤被戏称为"孙大炮"的孙中山,在"心"中找到了万物万事

---

① 孙中山:《三民主义》,见《孙中山全集》,第 9 卷,第 252—253 页。
② 《龚自珍全集》,上海人民出版社 1975 年版,第 16 页。
③ 谭嗣同:《上欧阳中鹄》,见《谭嗣同全集》,下册,中华书局 1990 年版,第 460 页。
④ 谭嗣同:《仁学》,见《谭嗣同全集》,下册,第 365 页。
⑤ 如梁启超说:"盖心力涣散,勇者亦怯;心力专凝,弱者亦强。是故报大仇、雪大耻、举大难、定大计、任大事,智士所不能谋,鬼神之所不能通者,莫不成于至人之心力。"(梁启超:《饮冰室合集·专集》,第 4 册,第 49 页)

的"本源"："夫国者人之积也，人者心之器也，而国事者一人群心理之现象也。是故政治之隆污，系乎人心之振靡。吾心信其可行，则移山填海之难，终有成功之日；吾心信其不可行，则反掌折枝之易，亦无收效之期也。心之为用大矣哉！夫心也者，万事之本源也。"① 正是在这种无限膨胀的"心"（精神）和"心力"（意志力）中，在类似于叔本华和尼采的"唯意志主义"中，革命派找到了无限的"自信"和"勇气"。② 他们对"天"和"命"的拒绝，也是这种"自信"的产物。在梁启超那里，我们已经看到了解构"天命"和"神意秩序"而转向近代"人力"和"人为秩序"的逻辑。章太炎不承认有真实的实体之天（"真天"），只承认"视天"，即自然之天；不承认意志之天和上帝造物说，只承认自然的造化和人为的作用。这既恢复了天的本来的自然性，同时又使人成为"创造"进化的独立"主体"。章太炎说："拨乱反正，不在天命之有无，而在人力之难易。"③ 无限扩张"心"的作用的孙中山，也不可能为"天意"和"天命"留下地盘。对他来说，"天命"只是王权为维持统治秩序而假托的护身符，"每每假造天意做他们的保障，说他们所处的特殊地位是天所授与的，人民反对他们便是逆天"④。人们因无知而相信"天意"也可以因科学知识而抛弃它，真实可靠的信念是"人事可以胜天"，"人力"将塑造一切。1903年发表在《国民日日报》上的无署名的《革天》一文，把"革命"的对象义

---

① 孙中山：《孙文学说》，见《孙中山全集》，第6卷，第158—159页。
② 有关中国唯意志主义的早期演变，请参见高瑞泉：《天命的没落——中国近代唯意论思潮研究》，上海人民出版社1991年版，第8—97页。
③ 章太炎：《驳康有为论革命书》，见《章炎选集》，第175页。
④ 孙中山：《三民主义·民权主义》，见《孙中山全集》，第9卷。谭嗣同已经具有了这种逻辑："天与人不平等，斯人与人愈不平等。中国自绝地天通，惟天子始得祭天。天子既挟一天以压制天下，天下遂望天子俨然一天，虽胥天下而残贼之，犹以为天之所命，不敢不受。"（谭嗣同：《仁学》，见《谭嗣同全集》，下册，第333页）孙中山在一些地方仍然喜欢使用"顺天者昌，逆天者亡"的说法，但此处的"天"，已经不再是意志之天，而是不可抗拒的自然法则和历史法则。

无反顾地指向了"天"。根据此文的主旨,"天"是一个无法实验、不足为凭的遁词。在中国传统中,"凡遇有不可思议、无可解说之事,辄曰天也天也,而人相与信之"①。它导致了两种恶果,"一误以事之成为天命所归,而妄欲得天者,假符窃谶,以扰乱天下之安宁;一误以事之败为此天亡我,而失势者,遂任意丧志,一齐放倒,以沮败人群之进步"②。近代天演学家,"以凡事无非由天所演,天行之虐,必人治救之",这又是一个有关"天"的新说法。但既讲"天演"、讲"优胜劣败"、讲"天择",又讲"人治"、"人择",二者自相矛盾。实际上,并不存在"虚言"的所谓"天演",有的只是"人演"。《革天》作者的最后结论是:"由是而谈,则崇尚不可知之天道,而沮败当前即是之人道,天何言哉,则言天者不得辞其咎也。中国数千年之坐误于此者多矣。今者公理大明,人智增进,将冲决无量之罗网,大索同胞之幸福,而仍遮蔽于此,岂可训欤!甚矣,天之不可以不革也。"③在此,对"天"的革命性宣战,所否定的不仅是意志之"天",而且也包括了带有法则意义的自然之"天"("天演")。对《革天》的作者来说,可以求证和信赖的只是"人演"、"人治"和"人事"。

只要认识到这种从"天"的"主体"到"人"的"主体"(以意志、知识和精神为核心)的根本转变,我们就能够在很大程度上理解革命派何以相信"神速"进化,何以根本不承认"循序渐进"秩序和"不能躐等"的设定,也不会再对孙中山以下的说法感到吃惊:"夫人类之进化,当然踵事增华,变本加厉,而后来居上也。"④理解这种信念,我们还必须注意到革命派乐观主义思维方式所扮演的角色。的确,西方近代以来的文明进步(特别是工业革命和科学技术)加快

---

① 《辛亥革命前十年间时论选集》,第 1 卷下册,第 714 页。
② 同上。
③ 同上书,第 718 页。
④ 孙中山:《孙文学说》,见《孙中山全集》,第 6 卷,第 199 页。

了，而被迫纳入到这种文明体系的后进国家，客观上就具有了这样一种可能，即以明确的"目的意识"去"压缩"或超越西方进化的某些阶段而径直地接受其成果并获得比较快的进步[①]，就像托洛茨基所说的那样，这就是"落伍者的特权"，或者在有限的意义上印证了车尔尼雪夫斯基所说的"历史喜欢后来者"。但是，革命派"简化"了西方文明演进的"复杂性"，或者说他们只看到了西方文明进步的外观，而没有探究其"复杂的"深层结构。他们夸大了"落伍者的特权"（特别是孙中山），而忘记了"落伍者的不利"。革命派太乐观了，而他们的乐观性却又建立在"意志力"（"心力"）之上，这又使他们带上了浪漫性。当他们用"意志力"把"人"从"天命"秩序中解放出来的时候，他们又忘记了"人"的"有限性"，忘记了"主体"的人并不能够"主宰"一切；他们把"进化"和"秩序"看成是呼之即来之物，只要想"创造"就能创造。他们乐观地以为，只要通过一场急风暴雨般的"革命"，一切都能够降临，都可以像他们所"设计"和"预言"的那样突飞猛进。但是，孙中山所相信的革命进化并没有像他所"预言"的那样降临，他把这归结为人们的"无知"，并更加强烈地渴望"理智"。从这里仍然可以看出，孙中山并没跳出他原有的思考问题的方式，即从"理性"和"设计"出发，而忽略了实际的"经验"世界，忽略了传统。[②] 也许是吊诡的，比起"自发性"和"积

[①] 可以看一下托洛茨基的具体说法："尽管被迫尾随于先进国家之后，一个落后国家不必按同样的顺序把先进国家的东西搬过来。落伍者的特权（这样一种特权是存在的）允许（或者不如说是迫使）落后国家可以不按先进国家的次序，跳过一系列的中间阶段而向前发展。"（转引自塞维斯：《文化进化论》，第34页）

[②] 有关秩序和制度的渐进演化与理性设计（"乌托邦工程"）及其对立，请参见哈耶克：《自由秩序原理》（上），邓正来译，三联书店1998年版，第61—82页；波普尔：《历史决定论的贫困》，杜汝楫、邱仁宗译，华夏出版社1987年版，第55—66页；波普尔：《开放社会及其敌人》，第1卷，陆衡等译，中国社会科学出版社1999年版，第291—315页。

累性"进化的西方来说，后进国家对"进化"越是具有既强烈又明确的"目的意识"，它们就越是难以实现它们的"目的"；它们越是"急迫"进化，它们就越是"难以"进化。单就这种意义来说，中国"革命进化"神话的破灭就不"偶然"。

二、进化："竞争"耶？"互助"耶？

社会达尔文主义者相信，达尔文所说的生物领域的"生存竞争"（或"生存斗争"）法则同样也适应于社会领域，不管它是被用来论证个人主义的自由竞争，还是被用来替强权主义和种族主义张目。达尔文主义在欧洲获得胜利，同时也为社会达尔文主义的生存竞争法则开辟了更广的市场。达尔文主义的社会运用（实际上是到处运用）本身具有很大的诱惑力，生存竞争法则更容易迎合进步乐观主义和"浮士德精神"。这不是说社会达尔文主义没有遇到抵制，实际上，把"生存斗争"法则限制在生物领域中的赫胥黎，作为达尔文生物进化主义的勇敢捍卫者，恰恰又是社会达尔文主义的早期积极批判者。对"生存竞争"法则本身的质疑，在生物学领域也很快开始了。在这一方面，克鲁泡特金的"互助论"首当其冲。但是，这位提出"互助论"的在俄国很不走运的俄国无政府主义者，却不是直接针对达尔文的"生存竞争"宣战，而是针对在他看来是误解或夸大了达尔文"生存竞争"法则的那些人宣战，其中就有既赫赫有名又互为论敌的赫胥黎和斯宾塞。克鲁泡特金首先在达尔文学说中找到了"互助"的根据。达尔文在《物种起源》的一开始就告诉人们，他所使用的"生存竞争"，不能在狭隘的意义上被理解，而必须在"广义上"（也包括了生物的相互依存关系）被理解。达尔文在《人类的由来及性选择》这本书中，用更多的篇幅列出了"互助"和"合作"的例证。只是，达尔文没有给予这一最有成效的研究论点以足够的注意，也没有更仔细地研究一下"竞争"和"互助"各自的相对重要性。① 极为不幸的是,"达尔文学说的遭遇,和其他一切多少涉及人类关系的学说的遭遇相同。他的信徒不仅没有按照他的暗示把这一学说加以发展,反而使它更加狭隘了。当赫伯特·斯宾塞试图从独立的但又与之密切相关的论点出发,把探讨的范围(特别是在《伦理学材料》第三版的附录中)扩大到'谁是最适者?'这个重大问题时,达尔文的无数信徒已经把生存竞争的概念缩小到最狭隘的范围了。他们甚至变得把动物世界看成是在半饥饿的个体间进行着永久的斗争,并彼此想喝取对方血液的世界。他们使现代著作中充满了'战败者遭殃'的呐喊,好像它是现代生物学的最终结论似的。他们把争夺个体利益的'无情'斗争提高为人类也必须服从的一项生物学原则,认为在以互相歼灭为基础的世界中,不这样做便有覆灭的危险。除了仅仅从庸俗的学者那里学到一点自然科学词句的经济学家以外,我们必须承认,即使达尔文观点的最有权威的解释者,也在竭力保持这些谬误的见解。赫胥黎无疑是公认的最有资格的进化主义的解释者,事实上如果我们以他为例,我们岂不是听见他在《生存竞争和它对人类的意义》这篇文章中教导我们说:'从伦理学家的观点来看,动物世界大概是和格斗士的表演一样。每个生物都受到相当好的对待,被安排去战斗;于是最强的、最敏捷的和最狡猾的便能活下去再战斗一天。观众用不着因为角斗场上没有饶它们的命而表示不满'"②。这一无异于是对"生存竞争"法则的严厉控告书,恰恰又是在保护达尔文不被歪曲的旗帜下宣布的。

不可否认,克鲁泡特金在"有限"的意义上是正确的,达尔文的"生存竞争"这一说法,包括了生物之间相互依存的一面;达尔文也肯定在人类的进化中,一个部落的很多成员如果都具有彼此帮助、忠

---

① 参见克鲁泡特金:《互助论》,李平沤译,商务印书馆1997年版,第17—18页。
② 同上书,第19—20页。

诚等优良的品性或道德，它就更容易战胜其他许多部落。但是，据此并不能改变达尔文强调"生存竞争"这一主要立场。达尔文这一立场的灵感直接来源于马尔萨斯，他相信生物的繁殖数量都是以几何比例而增加，其结果必然导致为了争夺食物而展开激烈的生存竞争，这种竞争发生在生物的一切种属之中："同一物种的个体在各方面彼此进行最密切的竞争，所以它们之间的斗争往往也最剧烈；同一物种的变种之间的斗争也几乎同等地剧烈，其次则为同一属中的物种之间的斗争。另一方面，在自然等级上相差很远的生物之间的斗争也常常是剧烈的。"① 达尔文并没有把人类排除在这种激烈的生存竞争之外，"就像每一种其他动物那样，人类之所以能够进步到这样的地步，无疑是通过迅速增殖所引起的生存斗争而完成的；如果人类向更高处进步，恐怕一定还要继续进行剧烈的斗争。……生存斗争过去是、现在依然是重要的，然而仅就人类本性的最高部分而言，还有其他更为重要的东西"②。因此，自认为是达尔文真正捍卫者的克鲁泡特金，实际上不过是依托达尔文的"非主要"观念而提出自己的主要观念"互助"而已，他在谦虚之外仍然承认他"弥补一个重大的空白"。克鲁泡特金强调"互助"观念，首先来自他的同胞俄国动物学家凯士勒（Kessler）的启发，他下了很大功夫去寻找证据来证实这一点。③ 克鲁泡特金并不否认作为生物进化一个因素的"生存竞争"，但他把这种"竞争"限制在不同的"群"与"群"之间。也就是说，他相信只有在不同的"群"

---

① 达尔文：《物种起源》，第 308 页。
② 达尔文：《人类的由来及性选择》，叶笃庄、杨席之译，科学出版社 1982 年版，第 746 页。达尔文最后所作的保留，只是强调了人类比起其他动物的"优越性"。
③ 参见克鲁泡特金：《互助论》，第 9—16 页。此书原为作者 1890 年至 1896 年在伦敦期间用英文写成的单篇文章，先后发表在英国《十九世纪》杂志上，1902 年汇集出版，题为《互助：一个进化的因素》，简称为《互助论》。中国翻译《互助论》的版本，有周佛海译的 1921 年的商务印书馆本、朱洗译的 1939 年的平明书店本和李平沤译的 1963 年的商务印书馆本等。

与"群"之间才有竞争，而在"同一"群中，则只有"互助"，正是这一更重要的"因素"促进了生物的进化。而且，对于克鲁泡特金来说，"互助"决不是只存在于人类族群中，它也广泛地存在于所有的动物之中。克鲁泡特金正是用这种普遍的、统一的"互助论"同社会达尔文主义对抗，同宣扬生物领域有着激烈的、残酷的"生存竞争"的赫胥黎对抗。赫胥黎通过把宇宙过程同人类伦理秩序二元化以维护人类的"社会结合"，而克鲁泡特金则在动物和人类的"统一中"发现了"互助"原则，以此更加强化人类的"互助性"。因此，他们之间的界限，最终就归结为在"动物世界"中盛行的究竟是"竞争生存"法则还是"互助生存"法则。而在人类社会中，他们则维护着共同的准则。克鲁泡特金的"互助论"，反映了某些生物的事实，但它又是对抗社会达尔文主义的价值武器。①

中国进化主义以短暂的时间浓缩了西方进化主义的历程。我们已经看到，以严复为代表的中国第一代进化主义者，在"生存竞争"、"适者生存"的社会达尔文主义中找到了中国富强的根据。梁启超更发展了这种社会达尔文主义，他把"生存竞争"和"优胜劣败"泛化为人类的普遍现象，急剧地滑向了以"强权"为公理的"强权主义"。康有为在现实的层面上，同样相信（虽然是无奈）"生存竞争"和"弱肉强食"的法则。②这种相信"生存竞争"法则的社会达尔文主义，在

---

① 如克鲁泡特金告诫说："'不要竞争！竞争永远是有害于物种的，你们可以找到许许多多避免竞争的办法。'……'所以，团结起来——实行互助吧！'"（克鲁泡特金：《互助论》，第77页）"在人类道德的进步中，起主导作用的是互助而不是互争。甚至在现今，我们仍可以说，扩展互助的范围，就是我们人类更高尚的进化的最好保证。"（同上书，第265页）

② 当然，在第一次世界大战的残酷事实的刺激下，晚年的严复和梁启超，动摇了对社会达尔文主义的信念，严复批评西方的三百年进化，所做到的只是"利己杀人，寡廉鲜耻"八个字，转而强调只有孔子之道才具有恒久的价值，才能为世界带来福音。梁启超对"互助论"产生了好感，转向中国传统的世界主义中。康有为在理想的层面，对"生存竞争"观念进行了激烈的批评。但他担心完全没有"竞争"会导致衰退，（转下页）

"互助论"传入中国之前还没有受到过什么"整体性"的真正挑战。也许是巧合,1907年6月,身在东京的刘师培、张继等人和身在巴黎的吴稚晖、李石曾等人,不约而同地创办了宗旨类似的两个刊物:《天义报》和《新世纪》。这两个主要宣传无政府主义的刊物,同时也是"互助论"观念的重要传播者。对"互助论"具有宗教般信仰的李石曾,先后译出了《互助论》的部分内容,刊载在《新世纪》上,刘师培等人也在《天义报》上介绍了克鲁泡特金的学说。"互助"观念的传入,为中国进化主义增加了一个新的内容,更重要的是它为中国进化主义思潮带来了调整和转换的"契机"。它不只是"生存竞争"和"优胜劣败"社会达尔文主义法则的"替代物",而且也是促成反省这一法则的一副药剂。如果说从"渐进"的变法进化到"激进"的革命进化是中国进化主义的一个重要变奏,那么从强调"竞争"进化到强调"互助"进化则是中国进化主义的另一个重要转变。

当然,事情并不如此简单,"竞争"观念已经在中国的土壤中扎下了根。在此后的中国进化主义演变中,"竞争"仍然被一些人所注重,它作为"互助"的对立面,仍然是一个强有力的因素,即使是革命派和无政府主义者也没有完全放弃"竞争"的观念。这一点不难得到证明。1903年,章太炎在同康有为的辩论中,信心十足地认为,人的智慧是在竞争中产生的,"人心之智慧,自竞争而后发生。今日之民智,不必恃他事以开之,而但恃革命以开之"[1]。章太炎甚至也像严复和梁启超那样,把"竞争"看做进化的动力,"人心进化,孟晋不已,以名号言,以方略言,经一竞争,必有胜于前者"[2]。《浙江潮》所载的《公私篇》,为"私"进行辩护,把"私"当成是"公"的基础("私之云者,公之母也;私之至焉,公之至焉"),认为所谓"竞争"和"爱国"、所

(接上页)因此,他对"竞争"作了"善意"的理解和使用("竞美"和"竞智")。

[1] 章太炎:《驳康有为论革命书》,见《章太炎选集》,第176—177页。
[2] 同上书,第177页。

谓"独立"和"自主",都不过是"私"字的代名词。在列国并立的世界中,存在着国与国之间的界限,有界限就必然有竞争,结果必然是优胜劣败,而"私"就是竞争的动力。这位作者完全像梁启超那样,相信物竞天择、优胜劣败的公理,把世界看成是一个残酷的你死我活的竞争场。① 正如"竞盦"这名字所象征的那样,竞盦告诉我们:"天择物竞,最宜者存,万物莫不然,而于政体为尤著。"② 在这种"以强凌弱,以文攻野"的激烈竞争世界中,只有主动地进行变革,才能立于不败之地。君平对现实世界做出的评估是:"世界者,腥血世界也。莽莽大地之上,若者为动,若者为植,若者为人,若者为物,旋生旋灭,旋灭旋生,相妒相仇,相残相杀,弱肉强食,万劫重重,如是苦海,谁云足乐。"③ 在此残酷之世界中,"未足以语大同"。他预测,即使在将来,物竞天择也不会完全终止,只不过竞争的残酷性会有所减少罢了。白水相信,"竞争"和"天演"出于"自私自利之心"和各种界限、差别,"私心"和"界限"不可尽绝,竞争也不会终息。④ 侯声断言,"人类不亡,地球不灭,竞争无终止之期"⑤。对于钱智修来说,竞争是不可避免的,因为人的能力是不相同的。如果强行泯灭能力上的等差,就等于是把优者与劣者拉平,其结果只能降低人类抵抗自然力量的能力。钱智修承认自由竞争和自然淘汰带有残酷性和痛苦性,但斯宾塞的"使强者益强,弱者自生自死"的说法也"太流于偏荡",不能"终免"。⑥ 无政府主义的代表人物李石曾和刘师培也都并不简单地

---

① 参见《辛亥革命前十年间时论选集》,第1卷下册,第494—495页。
② 竞盦:《政体进化论》,见《辛亥革命前十年间时论选集》,第1卷下册,第540页。
③ 君平:《天演大同辨》,见《辛亥革命前十年间时论选集》,第1卷下册,第873页。
④ 参见白水:《世界和平说》,见《辛亥革命前十年间时论选集》,第3卷,第707—711页。
⑤ 侯声:《博爱主义》,见《辛亥革命前十年间时论选集》,第3卷,第750页。
⑥ 参见钱智修:《社会主义与社会政策》,见《辛亥革命前十年间时论选集》,第3卷,第774—775页。

否认"竞争"。总之,正如我们已经指出的那样,"生存竞争"、"优胜劣败"的天演进化观念,即使在"互助论"传播之后,仍然很有市场。它或者仍然被一些人奉为圭臬,坚信不疑,或者被一些人经过反省之后作了有"限制性"的解释,只有个别人完全放弃了竞争进化观念而皈依"互助"进化。

不管如何,"互助"观念构成了对竞争观念的挑战。"生存竞争"是进化的唯一动力吗?"弱肉强食"、"优胜劣败"真的是不可怀疑并具有普遍有效性的"公理"吗?"强权"真的就像梁启超所认为的那样就是"正义性"的"公理"吗?生物学领域的法则完全适合人类社会吗?一惑既出,它惑接踵而至。正是"互助论"为革命派和无政府主义者提供了反省"生存竞争"观念的一把"新尺度"、一种"新视角";正是"互助"在某种程度上成为一种价值"替代物"。价值的重心已经从"竞争"进化转向了"互助"进化。"生存竞争"受到质疑,弱肉强食也不再通行无阻。在政治目标上迥然不同的革命派和无政府主义者,却在抑制"生存竞争"和"强权主义"、倡导"互助"和"公理"上恰恰又筑成了共同的战线。①李石曾把国家之间互相残杀的现象归结为"竞争"多、"互助"少的结果。人们注重竞争,是因为人们相信竞争必然带来"进步"("谓世界无竞争,则无进步"),相信只有通过竞争才能获得生存权("生存必赖竞争")。但实际上,竞争并不"必然"带来进步,生存也不"必然"依赖于竞争。与"竞争"相比,"互助"更能推动进步,更有利于生存。在李石曾那里,进化仍然意味着直线式的"进步",意味着"粗而精,旧而新"、"简单而繁复,野蛮而文明"这种不可逆转的过程。但是,他"修正"了进步的法则,他相信进化是从劣到优、从优到更优的过程,而不是"优者胜劣者败"的

---

① 当然,后面我们将谈到,无政府主义所反对的"强权"完全超出了革命派的意义。对无政府主义者来说,任何有组织性的政府和政治,都是"强权",因此反对"强权"就意味着反对一切政府,哪怕是革命派所建立的"共和政府"。

过程。如果把"竞争"看成是进步的唯一力量，而竞争的结果又是优胜劣败，那么就只有优者之进化，而无劣者之进化，这不符合进化的意义，而且也把优者凝固化了。李石曾以步步进逼的推论质疑说："如优果必胜，劣果必败，则何必待竞争而后见？必待竞争而后见胜败者，则优者未必有其必胜之势，而劣者未必有其必败之理也。苟优者有必胜之势，则优者可不言进化也。何者？遇劣者必胜也。劣者有必败之理，则劣者尤不可言进化也。何者？遇优者必败也。惟其不然，劣者勉为优，优者勉为更优；优者胜，劣者亦胜。同胜而存，则优劣俱进化矣。"[①]李石曾这种"优劣"俱进的逻辑，是通过限制残酷"竞争"和增进"互助"而实现的。对竞争的限制，既是"互助"观念的要求，同时也是基于对"自由竞争"本身的社会达尔文主义的理解，就像霍夫斯塔特和严复等人所理解的那样。但是对于另外一些进化主义者来说，这是对"自由竞争"的误解。正如我们前面已经谈到的，鲍勒反复强调，被称为社会达尔文主义代表的斯宾塞，在很大程度上恰恰不是社会达尔文主义者，而是一个拉马克主义者。斯宾塞确实相信自由竞争所导致的一个结果就是强者把弱者强有力地撞倒在一边，但是，他认为真正的进步是来源于由于对失败和贫穷的惧怕而刺激起来的个人能动性。自由企业的目的也不是淘汰弱者，而是鼓励它们做出更大的努力，以改变自己的不利地位。[②]如果把自由竞争看成是鼓励所有的人通过自身的努力改变各自的处境，而不是消灭不适者和弱者，那么它同"互助"就没有什么实质上的冲突和矛盾。但"互助论"，恰恰是以实际上所存在的"生存竞争"、"弱肉强食"的社会达尔文主义式自由竞争观念为针对性的。李石曾对竞争的不满也主要出自这里。他希望限制所谓不合理的才智、名利之争走向弄清是非的"以理相争"的

---

① 李石曾：《无政府说》，见《辛亥革命前十年间时论选集》，第3卷，第152页。
② 参见鲍勒：《进化思想史》，第303、365页。

时代，以避免自由竞争所带来的负面影响。但是李石曾所需要的那种范围狭隘的竞争只能是一种幻想。在李石曾那里，"互助"价值自然高于竞争的价值。①但他非常不严格，又要求在竞争和互助之间保持"恰当"的平衡："惟竞争其所当竞争，虽同亦竞争；互助其所当互助，虽异亦互助。并进单进，各随其所宜。"②不管如何，注重"互助"的李石曾仍然为竞争留下了存在的空间，因为"互助而不竞争，则偏于太柔；竞争而不互助，则偏于太烈。太柔，则不及进化之效力；太烈，则过进化之作用"③。

从整体上来看，孙中山非常明显地倾向于互助进化。他用不同的逻辑排除了社会达尔文主义的竞争。第一，孙中山通过把物种进化原理与人类进化原理的二元化，限定了竞争与互助的各自适用范围。在此，他对互助的强调恰恰没有采取克鲁泡特金的逻辑。如上所述，对克氏来说，互助进化是动物和人类"共同的"进化模式，它不仅适用于人类，也适用于动物。而孙中山则采取了类似于赫胥黎的逻辑（把自然过程同伦理过程区别开）。孙中山把优胜劣败性的竞争看成是"物种"的进化法则，把合作互助和共同走向善视为不同于动物进化的人类特有的进化法则。1912 年 10 月，他应中国社会党本部之邀，作了两次演讲。在演讲中，他在物竞天择、优胜劣败同公理和良知相对立的立场上，表达了进化法则的不同适用范围，并把人道进化看成是社会主义的目标：

---

① 如他对生存方式所作的界定是："（甲）互助，则优劣俱胜。（乙）不互助，则优劣俱败。（丙）竞争，则优胜劣败。（丁）不竞争，则优败劣胜。（甲）为并进；（乙）为同退，（丙）为单进，（丁）为只退。"（李石曾：《无政府说》，见《辛亥革命前十年间时论选集》，第 3 卷，第 153 页）李石曾的界定，有很大的随意性。根据这一界定，"互助"生存最优。

② 李石曾：《无政府说》，见《辛亥革命前十年间时论选集》，第 3 卷，第 153 页。

③ 同上书，第 152 页。

> 循进化之理，由天演而至人为，社会主义实为之关键。动物之强弱，植物之荣衰，皆归之于物竞天择、优胜劣败。进化学者遂举此例，以例人类国家，凡国家强弱之战争，人民贫富之悬殊，皆视为天演淘汰之公例。故达尔文之主张，谓世界仅有强权而无公理，后起学者随声附和，绝对以强权为世界唯一之真理。我人诉诸良知，自觉未敢苟同，诚以强权虽合于天演之进化，而公理实难泯于天赋之良知。故天演淘汰为野蛮物质之进化，公理良知实道德文明之进化也。①

这种自然与人类社会进化法则的不同，对于孙中山来说，并不是从进化一开始就固定如此的，它本身也是一个进化的结果。因此，第二，竞争进化与互助进化的不同，同时也是进化历史阶段的不同，它反映了进化的高低不同等级。孙中山用不同的形式描述了从竞争进化到互助进化的阶段和过程。如他把进化分为三个时期，并具体描述说：

> 作者则以为进化之时期有三：其一为物质进化之时期，其二为物种进化之时期，其三为人类进化之时期。元始之时，太极（此用以译西名"伊太"也）动而生电子，电子凝而成元素，元素合而成物质，物质聚而成地球，此世界进化之第一时期也。今太空诸天体多尚在此期进化之中。而物质之进化，以成地球为目的。……由生元之始生而至于成人，则为第二期之进化。物种由微而显，由简而繁，本物竞天择之原则，经几许优胜劣败，生存淘汰，新陈代谢，千百万年，而人类乃成。人类初出之时，亦与禽兽无异；再经几许万年之进化，而始长成人性。而人类之进

---

① 孙中山：《在上海中国社会党的演说》，见《孙中山全集》，第2卷，第507—508页。

化,于是乎起源。此期之进化原则,则与物种之进化原则不同:物种以竞争为原则,人类则以互助为原则。社会国家者,互助之体也;道德仁义者,互助之用也。人类顺此原则则昌,不顺此原则则亡。此原则行之于人类当已数十万年矣。然而人类今日犹未能尽守此原则者,则以人类本从物种而来,其入于第三期之进化为时尚浅,而一切物种遗传之性尚未能悉行化除也。然而人类自入文明之后,则天性所趋,已莫之为而为,莫之致而致,尚(向)于互助之原则,以求达人类进化之目的矣。①

孙中山强调,优胜劣败性的生存竞争,只是"物种进化"之原则,人类进化已超过这一阶段而进入到了互助进化阶段,决不能把物种进化原则搬到人类社会领域中。② 当然,孙中山没有把"互助进化"看成是一个已经实现了的阶段,更准确地说,他把它看成是进化所欲追求的新阶段或新趋势,看成是达到理想社会的途径。与第二点相联系,第三,孙中山从历史适应的相对性出发,排除社会达尔文主义。对他来说,优胜劣败适应了欧洲文明"某一阶段"的需要,随着社会环境和历史条件的变化,它已经"过时",已经暴露出严重的弊病,因此必须用道德和公理去取代它,"二十世纪以前,欧洲诸国,发明一种生存竞争之新学说。一时影响所及,各国都以优胜劣败、弱肉强食为立国之主脑,至谓有强权无公理。此种学说,在欧洲文明进化之初,固适于用,由今视之,殆是一种野蛮之学问。今欧、美之文明程度愈高,现从物理上发明一种世界和平学问,讲公理,不讲强横,尚道德,不

---

① 孙中山:《建国方略》,见《孙中山全集》,第 6 卷,第 195—196 页。
② 孙中山批评那些社会达尔文主义者说:"达文氏发明物种进化之物竞天择原则后,而学者多以为仁义道德皆属虚无,而争竞生存乃为实际,几欲以物种之原则而施之于人类之进化,而不知此为人类已过之阶级,而人类今日之进化已超出物种原则之上矣。"(孙中山:《建国方略》,见《孙中山全集》,第 6 卷,第 196 页)

尚野蛮。从前生存竞争之学说,在今日学问过渡时代已不能适用,将次打消"①。孙中山相信,曾一度"适用"的优胜劣败、生存竞争将逐渐被适用于未来的道德、互助和公理所取代。孙中山对互助进化的论证,与克氏不同。孙中山把竞争和互助看成是区别物种(动物)和人类进化的两条完全不同的法则;而对克氏来说,互助是动物和人类共同具有的法则。但是,取代竞争进化的"互助"进化,对孙中山来说,是刚刚开始的一个过程,是将来的目标。帝国主义和强权政治的现实使孙中山深感不安和焦虑。在互助进化还没有成为主导性趋势之前,为了在激烈的竞争残酷的现实中生存下来,为了最终实现互助进化,首先又必须适应"竞争",必须用"非合理"的竞争进化方式去谋求"合理"的更高阶段的"互助"进化。这样,追求"互助"进化和互助价值的孙中山,又不得不"迁就"竞争,不得不让它发挥"临时性"的媒介作用。② 由此我们就不难理解,孙中山何以最终仍提倡"民族主义"③,提倡"合群"竞争。他对"民权"之"权"的解释,表明了他对"力量"和"权能"的注重④,生存竞争的现实使他保持了清醒的意识,没有沉睡在"互助"的摇篮中。竞争的价值重新被肯定,人不仅同动物、同自然进行着生存竞争,而且人与人之间、国与国之间也进行着竞争。竞争被提到日程上,"从竞争到互助"的历史进化图式又一转成为"竞争的历史"。孙中山描述说:世界进化,"第一个时期,是人

---

① 孙中山:《在北京湖广会馆学界欢迎会的演说》,见《孙中山全集》,第 2 卷,第 423 页。

② 参见浦嘉珉:《中国与达尔文》,第 435—461 页。

③ 参见孙中山:《三民主义·民族主义》,见《孙中山全集》,第 9 卷,第 184—254 页。

④ 如他说:"什么是权呢?权就是力量,就是威势。那些力量大到同国家一样,就叫做权。力量最大的那些国家,中国话说'列强',外国话便说'列权'。又机器的力量,中国话说是'马力',外国话说是'马权'。所以权和力实在是相同,有行使命令的力量,有制服群伦的力量,就叫做权。"(孙中山:《三民主义》,见《孙中山全集》,第 9 卷,第 254 页)

同兽争,不是用权,是用力气。第二个时期,是人同天争,是用神权。第三个时期,是人同人争,国同国争,这个民族同那个民族争,是用君权。到了现在的第四个时期,国内相争,人民同君权相争"①。随着竞争重要性的上升,更令人惊讶的逻辑转换是,作为新趋势甚至是目标的"互助",反过来又成为促使"合群"竞争的武器。

我们已经谈到,革命派和无政府主义者,基本上都没有完全放弃"竞争",但他们已经开始突出"互助"进化的价值,开始在竞争与互助之间寻找"美妙"的结合点,"调和"的立场比"单一"的选择更有市场。为传播和推进"互助""公理"的价值,黄凌霜等人创办了《进化》刊物。在《本志宣言》的发刊词中,他强调:"我们如今要将'互助'的公理传播到社会上去,使人人晓得它、实行它。"②对他来说,互助是战胜强权的新的各尽所能、各取所需的生活方式。不否定竞争的侯声,把竞争与博爱看成是相随而进的过程。他乐观地相信,在"同群"、"同族"之中已经广泛地存在着博爱。竞争已扩展为世界性的,博爱也将成为世界性的。③然而,侯声最终把博爱看成是高于竞争的价值,"爱者,自然之经;争者,不得已之权。权无害于经,争固无妨于爱。……虽然,有争终不如无争。人人行忠恕之道,守礼让之德,泯执者之迷见,本公明之虚衷,以理治情,以欲从人,则小人道消,争端自泯"④。具有人道情怀的钱智修,希望通过有效的社会政策来减轻"自然淘汰"所带来的弊病。对他来说,在人类进化中,"天然淘汰"

---

① 孙中山:《三民主义》,见《孙中山全集》,第9卷,第261页。
② 《无政府主义思想资料选》,上册,第380页。
③ 如侯声说:"近世文明,虽未进于大同,而博爱之道,已通行于同种、同国之间,去博爱世界一间耳。故竞争主义者,与博爱主义并行而两立者也。岂特并行而两立哉,博爱与竞争且有相随而进步之势矣。今竞争之势,已进于世界竞争;而博爱之道,今亦渐进世界之博爱矣。"(侯声:《博爱主义》,见《辛亥革命前十年间时论选集》,第3卷,第750—751页)
④ 《辛亥革命前十年间时论选集》,第3卷,第754页。

的意义发生了变化,它从"最适者生存"变成了"最良者生存"。根据这种变化,"欲求存于世,不特当为物质的体合而已,又当为社会的体合;不特当求智力上之优胜而已,又当求道德上之优胜"[①]。他要把"天然淘汰"同"博爱主义"结合起来。他相信通过"机会均等说"就能实现这种结合,他根本不同意社会主义的"数理平等主义"。他比较说:"社会主义者,抑个人以求暂时之苟安;而机会均等说者,助个人以促共同之进化也。至在过渡时代,则一方面当不阻强者之进步,一方面尤当拯救弱者之失败。"[②]按照这种思考,既能享受竞争所带来的好处,同时又能避免优胜劣汰的社会达尔文主义。刘师培接受了克鲁泡特金的逻辑,认为优胜劣败、"唯争乃存"是对达尔文生物进化主义的误解,正是这种误解衍化出了"强权主义"。刘师培要求把无政府理想同互助结合起来,以克服强权主义。[③]在革命派和无政府主义者那里,朱执信属于强烈否定生存竞争,以"互助"、"人道"或"公理"为最高价值的少数人物之一。面对民族、国家、强权同人道、互助、公理的冲突,他没有选择梁启超注重生存竞争和强权主义的逻辑,而是把互助、人道和公理作为最高的设定。他从当时很流行的一个说法,即"睡狮醒了"入手,阐述了他的互助、公理和人道立场。他强调,中国应该"觉醒"和"自觉",但不应把自己看成是一头可怕的张着血盆大口的"凶猛"狮子,而应该彰显"人类"的互助和公理。朱执信也像孙中山一样,基本上把"互助"看成是"人类"优越于其他动物的特性,如他说:"人之祖先,固不曾磨牙吮血的争斗。就是人类的近亲猿猴、猩猩之类,也是吃果子度日。到人类更把互助的精神发挥出

---

① 钱智修:《社会主义与社会政策》,见《辛亥革命前十年间时论选集》,第3卷,第775页。
② 同上。
③ 参见刘师培:《克鲁巴特金学术述略》,见《刘师培论学论政》,复旦大学出版社1990年版,第422—429页。

来,成立人类社会,所以人自己说是万物之灵。试问万物之灵,好处在那里? 不过多了一点智慧,晓得互助。……惟其论智不论力,所以贵互助不贵争斗。一个人晓得争斗不如互助,就是论智的结果。"① 中国传统思想,也不主张强力和侵略,而是"拿着文化去开导人,柔远怀迩"。"强权"和"竞争"学说,是从"西方"输入进来的。这种在它的故土被证明为是毒剂的学说,是随着西方"新鲜食料"混进中国来的。朱执信控诉说:"到近年来,欧洲学说输入中国,半面的物竞天择,与自暴自弃的有强权无公理,流行起来,比鼠疫还坏。仕宦不已的杨度,便倡起金铁主义,似乎一手拿把刀,一手拿个元宝,便可不必做人了。……新的学说,没有完全输进,而且人家用过的废料,试过不行的毒药,也夹在新鲜食料里头输进来了。这就是军国主义,侵略政策,狮子榜样了!"② 朱执信相信,人与人、不同的民族国家都可以互助、互爱,不认为爱自己的国家就意味着不能爱别的国家,两者是完全可以兼顾的,只要信奉人道和互助公理。朱执信也不认为人道主义、人类主义同民族国家不能相容。因为他把民族国家看成是人类进化历程中一个必经的阶段。这样,作为国家一分子的国民,就有义务热爱作为进化手段而被合理化的国家,甚至是为国而牺牲。对于国家必须尽义务的国民,更必须自觉履行他对全人类的义务,在必要的时候,更要"牺牲自己以图全人类之进步"。由此来说,朱执信以"互助"、"公理"为根本的人道主义和人类主义,最终并不落脚在个人身上,而是以人类群体甚至是以集体为本位,它很符合"合群"、"互助"的价值观念,而同立足于个人之上的自由竞争观念难以情投意合。

通过以上的举例讨论,我们也许已经可以看到革命派和无政府主义者是怎样在竞争和互助之间做出选择的,也可以看出他们在并不完

---

① 朱执信:《睡的人醒了》,见《朱执信集》,上册,中华书局1979年版,第324—325页。

② 同上书,第328—329页。

全否定竞争的情况下又是怎样突出"互助"价值的。为了更集中地展示他们是"如何"接受"互助论"的,并看一看在这一接受过程中他们又如何为它赋予了新的色彩,我们再概观一下。第一,在对克鲁泡特金互助论的介绍中,我们了解到,他把"互助"看成是动物和人类都共同具有的"进化"因素(虽然在不同的时空中有强弱之别),或者说,他把"互助"看成是贯穿在动物世界和人类之中的一个"普遍"法则,并通过列举大量的事实去证明这一点。但是,中国的互助论者,主要把"互助"看成是人类区别于动物的标志,看成是人类优越于其他动物的独特的进化方式。对他们来说,"互助"既是人类进化的产物,又是人类进化的目标。经过这样的解释,他们就改变了克鲁泡特金的"一贯性",而限定了"互助"的领域和使用范围。这种限定表现了中国互助论者的人类优越意识和人类中心主义。与这一点相联系,第二,在对"互助"的始源性解释中,照克鲁泡特金的看法,它是根源于动物和人类的"互助本能",并在互助实践中得到积累、发展和保持。"互助本能"在人类中的扩展最为充分,"它从氏族扩展到种族、种族的联盟、民族,最后最低限度在思想上扩展到了整个人类。在扩展的同时,它也更加精深了。"[1]达尔文的解释比克氏更精致,他把它看成是包含了合群和互助倾向性的"社会本能","这等社会属性对低于人类的动物的高度重要性已是无可争辩的了,毫无疑问,人类祖先也是以相似的方式,即在遗传的习性帮助下通过自然选择获得这等属性"[2]。对克氏来说,根源于动物本能的"互助",是人类道德观念的

---

[1] 克鲁泡特金:《互助论》,第 264 页。
[2] 达尔文:《人类的由来及性选择》,第 158 页。达尔文在此书的提要和结论中对社会本能同人类互助等道德属性之间的联系论述说:"道德属性(moral qualities)的发展是一个更加有趣的问题。其基础建筑在社会本能之上,在社会的本能这一名词中含有家庭纽带的意义。这等本能是高度复杂的,在低于人类的动物场合中,有进行某些活动的特别倾向;但其更重要的组成部分还是爱,以及明确的同情感。赋有社会本能的动物乐于彼此合群,彼此警告危险,以及用许多方法彼此互保和互助。这等本能并不(转下页)

真正基础，是真正的道德原则，它比公正、平等或正义等原则更优越，更能为人类带来幸福。但在中国革命派和无政府主义者的眼中，"互助"恰恰是人类摆脱本能的结果，是从动物本具的以自私自利为基础的生存斗争的自然"兽性"中进化出来的。他们把人类自然本性设定为"恶"，认为人类的"善性"是在克服"恶"的过程中成长起来的。这种从生存斗争的"兽性"到具有互助性的"人性"的进化逻辑与克氏从"弱互助性"到"强互助性"进化的逻辑显然不同。因为两者设定的前提或出发点是相反的。前者设定了动物与人类的"二元化"，在这种二元化中，动物被排除在"互助"之外，只有人类才具有"互助"的特权。而后者则设定了动物与人类的统一性，因此它们能够共享"互助"的蜜汁。以生存竞争和互助划分动物与人类的中国革命派和无政府主义者的二元逻辑，具有多种表现形式，如强权与公理、天演与人演、权与经、王与霸、力与德、民族主义与世界主义、现实与理想等。在这种二元对立的结构中，后者的进化过程恰恰都是通过对前者的克服来完成的，后者作为理想目标的实现就意味着前者被完全淘汰。

第三，在西方无政府主义中，除了巴枯宁（M. A. Bakunin）推崇革命外，蒲鲁东（P. J. Proudhon）和克鲁泡特金都很少谈论革命，也不鼓吹暴力。克氏希望通过和平改革的方式，消除社会秩序中的强制性力量，增强人们自愿合作和互助的各种自治性组织。克鲁泡特金相信进化，但并不把传统与现代对立起来，"他并不认为过去的一切都是坏的或陈旧的，或现在的一切都是好的。他的一项主要的哲学原则是，我们可以学习现在的事物，而也可以学习过去的事物。"[①] 但是，如同上面所述，中国的革命派和无政府主义者，恰恰都推崇革命和暴力，以此来实现

（接上页）扩展到同一物种的一切个体，而只扩展到同一群落的那些个体。由于这等本能对物种高度有利，所以它们完全可能是通过自然选择而被获得的。"（第737页）

① 罗尼·尼斯贝（B. Nisbet）：《西方社会思想史》，徐启智译，台北，桂冠图书公司1979年版，第417页。

互助的、平等的无政府理想秩序。他们把传统与现代、新与旧、古与今完全对立起来，要求通过反传统、反旧、反古以求进化，不相信传统的潜势，不相信传统通过转化能够为进化提供有效的资源。第四，克氏像达尔文一样坚持认为，"互助"主要发生在同一物种内部，而生存竞争则在不同物种之间展开。据此，人类作为同一种属，相互之间自然是一种"互助"的关系，而不是生存斗争或竞争的关系。这同时意味着对不同的民族国家、对不同的肤色种族之间的界限的超越。而在中国的革命派和无政府主义者那里，互助和竞争的领域主要不是以"物种内外"来划界的，而是用动物和人类之别来划界的（如孙中山强调的"物种以竞争为原则，人类则以互助为原则"）。[1] 在这种划界中，他们虽然强调了人类的互助理想，但又不完全否定人类之间所存在的竞争关系（不管是从事实的角度还是从价值的角度）。他们的最高理想是"人类"的互助和平等合作，但横亘在他们面前的却是民族国家和种族的冲突，却是旧的国家和政府秩序。对此，革命派仍然要求通过新的民族国家这一桥梁、通过用普遍公理去对抗强权以实现人类的互助理想；而无政府主义者则希望通过暴力推翻一切国家和强权，直接步入互助合作的平等理想社会。但是，暴力不仍是一种"强权"形式吗？当李石曾说"革命凭公理，而最不合公理者强权。……强权最盛者政府，故排强权者倾覆政府也"[2] 的时候，他实际上是通过目的的合理性来为手段赋予合理性，并以此使手段获得了不受审查的豁免权而任意横行。总之，中国的革命派和无政府主义者把克氏的互助论改造得更适合他们的需要。克氏根本上和首要作为事实的"互助"，对中国的互助论来说"基本上"变成了一种理想的目标和价值（美好的愿望和期待）。当然，它仍然具有现实意义。竞争主义是通过自身的强大或

---

[1] 孙中山：《建国方略》，见《孙中山全集》，第 6 卷，第 195—196 页。
[2] 李石曾：《普及革命》，载《新世纪》，第 15 号，1907-09-28。

强权以对抗强权,而互助主义则是从"公理"这种普遍的人类立场来抑制和对抗强权。他们像克鲁泡特金一样,强烈要求从人道或道德这种普遍主义的立场来谋划和建立现实秩序。

三、进化:平等主义乌托邦

照哈罗德·J. 伯尔曼的说法:"描述进化的历史即'平缓的'历史,是达尔文时代历史著述的特色。论述由社会冲突所支配的多灾多难的历史,则成了 20 世纪初期和中期历史著述的特色。现在,我们也是首次开始不仅把进化、把革命而且把这两者的互动作用看作西方历史的主旋律。"① 显然,中国与西方描述"进化历史"的这种阶段性并不照应。前面我们已经谈到,正当西方在 19 世纪末开始怀疑进步或进化历史、在 20 世纪初开始陷入悲观而不能自拔之际,中国恰恰处于进化乐观主义兴盛之时。特别是激进的革命派和无政府主义者,通过使革命和进化的紧密结盟,把进化乐观主义推到了极致。历史不仅是进化的,而且完全可以加速地、突飞猛进地进化。因此,问题的根本已不再是如何"顺应"历史进化,而是如何主动地、全面地去"创造"进化。诚然,西方 20 世纪初的悲观主义情调影响到了中国的知识精英,然而,在强大的进化主义信仰之下,它只是一种非常孤立的声音。除了个别的例外(如下面将要谈到的章太炎,但即使他也是在退却中走到这一步的),人们都在证明历史的进化,都在讲述"世界成长的故事"(world-growth story)②,而非"世界衰退的不幸遭遇"。在这一点

---

① 伯尔曼:《法律与革命——西方法律传统的形成》,"序言",第 5 页。当然,也有西方学者认为,西方两个世纪以来,在考虑人类问题时,一直难以摆脱"全面增进成长……的形象"(参见安东尼·吉登斯:《社会的构成》,李康、李猛译,三联书店 1998 年版,第 351—355 页)。

② 当时的中国知识分子正如维多利亚时代的英国思想家那样,都沉醉在历史合目的进步梦境中。参见鲍勒:《进化思想史》,第 78 页。

上，革命派和无政府主义者同那些变法论者（如严复和康有为）惊人地走到了一起，只是前者不仅相信历史直线、全面进化的神话，而且更"创造"了历史进化的神话。

作为一位职业性的革命实践家，孙中山究竟在多大程度上推动了中国历史的"进化"难以衡量。从消极意义上看待辛亥革命的历史学家，大有人在。把"革命"诊断为不过是"发高烧"[①]，要求"告别革命"的诉求[②]，都表明"革命"决不是"天堂"的同义语。以美好理想承诺为出发点的"革命"，往往更容易成为地狱的代名词。社会政治革命犹如一副兴奋剂，或者如同一时吹胀起来的"泡沫"，它只具有暂时的惊人效果而真正留下来的却是严重的后遗症或综合征。撇开孙中山领导的革命实践是否带来了"真正的"进化不谈，可以肯定的是，孙中山在讲述"世界成长故事"方面，具有无与伦比性。他讲出的历史进化故事图式，仅在《孙文学说》中就有：从"物质进化"到"人类进化"的三段进化主义，即我们前面已经谈到的"进化"三期："物质进化时期"、"物种进化时期"和"人类进化时期"等。人类"知性进化"的三阶段论，即"由草昧进文明，为不知而行之时期"，"由文明再进文明，为行而后知之时期"，"自科学发明以后，为知而后行时期"。在《三民主义》中，孙中山根据竞争对象的不同把"世界的进化"又划分为四个阶段，即"第一时期的人同兽争"，"第二时期的人同天争"，"第三时期的人与人争、国与国争"和"第四时期的人民同君主争"。但是在别的地方，孙中山则把进化看成是从竞争到互助的过程，而不是一直处在竞争之中。在孙中山那里，进化还是一个从"兽性"到"人性"或"神性"（完美理想人格）的过程：

---

① 参见伯尔曼:《法律与革命——西方法律传统的形成》，第672页。
② 参见李泽厚等:《告别革命——回望二十世纪中国》，香港，天地图书公司1997年版，第2—136页。

近来科学中的进化论家说，人类是由极简单的动物，慢慢变成复杂的动物，以至于猩猩，更进而成人。由动物变到人类，至今还不甚久，所以人的本源便是动物，所赋的天性，便有多少动物性质。换一句话说，就是人本来是兽，所以带有多少兽性，人性很少。我们要人类进步，是在造就高尚人格。要人类有高尚人格，就在减少兽性，增多人性。没有兽性，自然不至于作恶。完全是人性，自然道德高尚；道德既高尚，所做的事情，当然是向轨道而行，日日求进步……依进化的道理推测起来，人是由动物进化而成，既成人形，当从人形更进化而入于神圣。是故欲造成人格，必当消灭兽性，发生神性，那么，才算是人类进步到了极点。①

凡此等等，足可看出孙中山是多么喜欢讲述"世界成长或进化的故事"。在诸如此类的"故事"中，贯穿着一些共同的东西，如进化是直线的不可逆的；进化具有"一定"的方向和"终极的目的"；进化能够人为地加速、控制和创造，而不是一个简单的自然过程；等等。这些恰恰都是达尔文主义的对立物，都是被达尔文主义拒之门外的东西。鲍勒强调指出："达尔文的理论最为详细地抨击了等级序列和进步的概念。分支式进化使得人们很难说清楚一种类型会比另一种类型高等或低等，尤其面对表面上'低等'的类型生存了很长时间的情况时，更是如此。自然选择的作用是导致适应，而不是进步，而且生物之所以可以开辟新的途径，则全凭机遇。这种观点即使表面上被接受，19世纪后期的许多进化哲学也会变得没有什么价值。"②孙中山的观念再次证明，正如西方思想家大都相信进化的直线性、目标性一样，中国思想

---

① 孙中山:《在广州全国青年联合会的演说》，见《孙中山全集》，第8卷，第316页。
② 鲍勒:《进化思想史》，第304页。

家往往也都具有类似的信念。在此,渐进的变法派同革命派和无政府主义者之间的界限,已经变得模糊难分。对"进化"的信念,往往伴随着对乌托邦的预设,伴随着对理想盛世(虽然它更多的是一种"美妙"的谎言,具有望梅止渴的效果)的信念。在革命派那里,这种盛世首先是通过激进的革命实现民主共和,然后继续努力,最终达到人道的、互助的、世界主义的、人人平等的"大同"。孙中山极其乐观地相信,这一盛世并不遥远,他以一种并不可靠的推论方式预测说:"人类进化之目的为何?即孔子所谓'大道之行也,天下为公',耶稣所谓'尔旨得成,在地若天',此人类所希望,化现在之痛苦世界而为极乐之天堂者是也。近代文明进步,以日加速,最后之百年已胜于以前之千年,而最后之十年又胜已往之百年,如此递推,太平之世当在不远。"[1] 实现人类大同指日可待的这种乐观性,以孙中山的另一种乐观性为基础,即他断定,作为人类理想盛世的前奏曲,中国能够迅速崛起、凌驾欧美发达国家,并成为世界美好未来潮流的领导者。在这一点上,这位"大炮式"人物给我们留下的印象非常深刻。基于"知而后行"的观念,孙中山甚至认为他的《建国方略》是走向"民权"时代的第一步,加上中国悠久的历史和雄厚的资源,中国"必将"超越欧美:"吾国人既知民权为人类进化之极则,而民国为世界最高尚之国体,而定之以为制度矣,则行第一步之工夫万不可忽略也。苟人人熟习此书,则人心自结,民力自固。如是,以我四万万众优秀文明之民族,而握有世界最良美之土地、最博大之富源,若一心一德,以图富强,吾决十年之后,必能驾欧美而上之也。"[2] 在这种过分夸张了"落后

---

[1] 孙中山:《建国方略》,见《孙中山全集》,第 6 卷,第 196 页。
[2] 同上书,第 414 页。如他还说:中国如"能翻然觉悟,知锁国之非计,立变攘夷为师夷,聘用各国人才,采取欧美良法,力图改革。美国需百余年达于强盛之地位者,日本不过五十年,直三分之一时间耳。准此以推,中国欲达于富强之地位,不过十年已足矣"(孙中山:《建国方略》,见《孙中山全集》,第 6 卷,第 202 页)。(转下页)

者特权"的自大主义自信中,包含着一种"新中华主义"或"新华夏中心主义"。我们很可能对中国知识精英的这种过分的乐观主义或自大式自信感到惊讶或不解,因为与此相对的恰恰是19世纪中叶以来他们普遍具有的危机感和强烈的忧患意识。在深刻的危机之下,自卫式的具有现实可能性的"有限"改革要求和目标,更为可行和有效。但革命派和无政府主义者需要的是激动人心的心理效果,甚至他们真诚地相信他们所预言的美好理想不久就会实现,他们想不到这种对"理想"的过分奢望往往伴随着过度的"失望"。事实上,后来的结果恰恰验证了这一点,不仅中国的飞速进化和赶超没有实现,就连他们所期望的民主"共和"都不过是幻想(严复曾用"美人期不来"加以形容)。如果有机会的话,我们希望好好讨论一下中国知识精英的乌托邦主义情结和乐观主义思维方式的根源。①

在此,我们必须注意一下革命派和无政府主义者所设想的理想盛世或"大同"社会的最主要特征。从这里我们不仅能够看出他们追求的进化目标多么具有浪漫性,也可以看出正是这种浪漫的没有现实可能性的目标却像宿命一样决定着中国的历史命运。撇开一些细节或局部方面,革命派和无政府主义者所设想的理想目标在一个最主要的特征上,却惊人的类似,这就是他们热烈如火地执着于"平等主义"。恰恰在此,他们同似乎与他们水火不容的变法领袖康有为殊途同归。现在我们稍微集中看一下革命派和无政府主义者的平等主义理想,他们上承康有为无差别("平等")的大同理想,下启以消灭私有制为基础的社会主义理想。以法国为地盘提倡无政府主义者的李石曾,在民族

(接上页)这种乐观性考虑,与孙中山的"中华主义"自豪感紧密相联:"中华民族,世界之至大者也,亦世界之至优者也。中华土地,世界之至广者也,亦世界之至富者也。"(第412页)

① 张灏对此有所讨论,参见张灏:《中国近百年来的革命思想道路》,见《张灏自选集》,上海教育出版社2002年版,第292—307页。

主义、民权主义和社会主义三种思潮中,断然拒绝前两种,而选择了第三种。在他的意识中,社会主义理想的最重要特性就是没有差别和界限的平等、大同和公而无私:

> 社会主义者,无自私自利,专凭公道真理,以图社会之进化。无国界,无种界,无人我界,以冀大同;无贫富,无尊卑,无贵贱,以冀平等;无政府,无法律,无纲常,以冀自由。其求幸福也,全世界人类之幸福,而非限于一国一种族也。故社会主义者,无自私自利也,吾敢断言曰:至公无私之主义也。①

这也恰恰是李石曾"无政府"理想的基本特征。如他所界定的"无政府",除了"无强权"和"无制限"外,其他就是"无阶级"(平等)和"无私产"(共产)。以日本为阵地宣扬无政府主义的刘师培,认为人类有三大权利,即平等权、独立权和自由权。由于独立和自由是以个人为本位,而平等权只有在人类全体中才能体现出来,因此,为了全人类的幸福,应当把平等权放在首位。② 以"三民主义"("民族"、"民权"和"民生")为旗帜的孙中山,其根本性的价值观念和信仰,也在于"平等"。在他那里,"民族主义"以不同民族和国家之间的平等为目标③,虽然他认为他的民族主义同法国的自由相同("因为民族主义是提倡国家自由的")。"民权主义"要求人人有相同的权

---

① 民(李石曾):《伸论民族、民权、社会三主义之异同——再答来书论"新世纪"发刊之趣意》,见《辛亥革命前十年间时论选集》,第 2 卷下册,三联书店 1978 年版,第 1008 页。

② 参见刘师培:《无政府主义之平等观》,见《无政府主义思想资料选》,上册,第 72—86 页。

③ 如孙中山说:"异族因政治不平等,其结果惟革命。同族间政治不平等,其结果亦惟革命。革命之功用,在使不平等归于平等。"(孙中山:《在北京五族共和合进会与西北协进会的演说》,见《孙中山全集》,第 2 卷,第 439 页)

利，并以此为基础使人人享受充分的平等，如他说：法国所说的"平等和我们的民权主义相同，因为民权主义是提倡人民在政治之地位都是平等的，要打破君权、使人人都是平等的，所以说民权是和平等相对待的"①。值得注意的是，孙中山的平等观，与康有为和无政府主义的无差别和无界限的"均齐"、"平均"平等观不同，也不像法国启蒙思想家那样认为人是生而平等的。孙中山认为，人各不相同，自然不平等；人天生本来也不平等，加上人为的专制制度，更造成人与人之间的不平等。孙中山一方面反对"人为"的不平等，另一方面也反对泯除人的天赋和能力差别的"平头式"的平等，他认为这是一种"假平等"。他追求的是一种人在社会和政治地位上的平等，是初始起点的平等。这种"平等"是通过赋予人相同的权利得到保障的，因此是人造的平等。这种平等，实际上允许人因各自天赋、能力而形成的"结果上"的不平等。简言之，孙中山不排除人类（三种人："先知先觉"等于"发明家"，"后知后觉"等于"宣传家"，"不知不觉"等于"实行家"）天赋和能力的自然不平等和由此产生的结果不平等（精英主义）；他肯定的是人的基本权利或起点上的平等。孙中山的"民生主义"，其中心内容一是"平均地权"，二是节制资本，在此也贯穿了"平等"的价值。这从他把民生主义和共产主义联系起来（共产主义是民生的理想，民生主义是共产的实行）也可以看出。当然，孙中山拒绝了马克思主义的物质重心和阶级斗争历史观，不承认阶级斗争是历史进化的动力；认为只有"民生"才是历史的重心，才是进化的原动力。如他说："古今一切人类之所以要努力，就是因为要求生存；人类因为要有不间断的生存，所以社会才有不停止的进化。所以社会进化的定律，是人类求生存。人类求生存，才是社会进化的原因。阶级战争不是社会进化的原因，阶级战争是社会当进化的时候所发生的一种病症。这

---

① 孙中山：《三民主义》，见《孙中山全集》，第9卷，第283页。

种病症的原因,是人类不能生存。因为人类不能生存,所以这种病症的结果,便起战争。"①总而言之,革命派和无政府主义者主要把平等作为革命和进化的最高价值目标。这一最高价值目标的确立,从与外部世界的关系来说,一方面来自法国启蒙思想家与自由、博爱和民主联系在一起的平等观②,另一方面来自受无政府主义者与取消政府和反强权联系在一起的平等观。从与自身传统的关系说,一方面,这种平等观受到了传统"大同"、"兼爱"、"至公"等观念的影响③,另一方面也表现为反对传统中所存在的不平等伦理观念和价值秩序。④在这种双重背景下,激进革命派和无政府主义者的历史进化主义信仰就具体体现为异名同实的"共产"、"大同"、"博爱"、"平等"等难以实现的激进或绝对理想。⑤缺乏现实可能的激进理想,很容易被击碎。幻想之下的理想,往往只能以理想的幻灭而终结。辛亥革命之后的现实就是最好的注脚。

四、章太炎的"反进化主义"

从严复开始,我们已经反复看到,以直线性、全面性、目的性为特征的"进步性"进化主义,已经成为中国思想家和知识界的一个共同的价值观念和信仰。只是,在变法派那里,这种历史进化主义主要

---

① 孙中山:《三民主义》,见《孙中山全集》,第9卷,第369页。
② 参见民(李石曾):《普及革命》,见《辛亥革命前十年间时论选集》,第2卷下册,第1021—1041页。
③ 参见鞠普:《〈礼运〉大同释义》,见《辛亥革命前十年间时论选集》,第3卷,第178—182页。
④ 参见真:《三纲革命》(见《辛亥革命前十年间时论选集》,第2卷下册,第1015—1021页)、四无的《无父无君无法无天》(见《辛亥革命前十年间时论选集》,第3卷,第203—207页)、绝圣的《排孔征言》(同上)。
⑤ 如说:"平等主义者,即社会主义也,亦即大同主义也。"(漱铁和尚:《贫富革命》,见《辛亥革命前十年间时论选集》,第2卷上册,第553—554页。)

表现为"渐进主义",而在革命派和无政府主义者那里,它则主要表现为"激进主义"。但是,他们在根本点上却是共同的,即都坚信历史是不回头地、义无反顾地朝着合理性、目的性而全面地进步和进化。这种信念被认为是不可动摇的、普遍和永恒的"公理"。正是在这种"进化主义"的强势话语气氛之下,作为一位显然是"孤立的"怀疑者和批评者并被日本学者河田悌一称为"否定的思想家"的章太炎[①],却勇敢地提出了怀疑和挑战。在"言必称进化"的时代,这一似乎是偶然之例外的做法反而更引人注目。现在我们就集中看一看章太炎是如何挑战"进化主义"的,看他是否真的超越了"进化主义"、历史进步主义。

章太炎的"反进化主义"立场,实际上比我们表面上所看到的东西要复杂得多。第一,先说一个基本事实,章太炎"本来"或者说早期恰恰也相信"进化主义"、相信竞争的价值、相信斯宾塞的社会达尔文主义,只要阅读一下他的《菌说》、《原变》等著述,便可清楚(实际上,我们前面已经接触到了这一点)。[②] 由此,我们首先就遇到了这样一个问题,即章太炎的"反进化主义"立场恰恰是从他对"进化主义"的接受和认同立场中转变过来的。换言之,他的"反进化主义"立场和态度,不只是针对别人,也针对着他自己。因此,在分析章太炎的反进化主义立场时,就必须注意这一明显的变异或断裂现象;与此相联,还需要追查这一现象为什么会发生。第二,章太炎的"反进化主义"立场究竟是在"什么"意义上进行的。根据他挑战和批评"进化主义"的主要文本《俱分进化论》、《五无论》和《四惑论》等,他并没有"完全"或"简单地"否认"进化",事实上,他在"一定"

[①] 参见河田悌一:《否定的思想家——章炳麟》,见《章太炎生平与学术》,三联书店1988年版,第488—504页。

[②] 另参见唐文权等:《章太炎思想研究》,华东师范大学出版社1986年版,第40—46页。

意义或程度上仍然肯定"进化"、"进步"。如他在《俱分进化论》中，明确承认进化事实的存在，"吾不谓进化之说非也，即索氏（即斯宾塞——笔者）之所谓追求者，亦未尝不可称为进化。……进化之实不可非"①。在《四惑论》中，他承认在生物和有机界中，存在着进化现象，"有机物界，世见其进化之幻象也"②；承认作为一种自然和客观的"进化"，"余谓进化之说，就客观而言之也"③；特别是他"一直"（思想的前后期）承认人类"知识"和"智慧"是进化的，而且是"齐头并进"，如他说："专举一方，惟言知识进化可尔。"④因此，我们不能说章太炎完全放弃了"进化主义"。但是，章太炎确实又是"反进化主义"的。他的反对或批评立场，主要是基于对西方进化主义和中国传统思想的"综合"考察和理解⑤，在以下意义下展开的。

第一，章太炎坚决拒绝用"自然"的"进化"规则来要求人类。他的根据是，"自然"、"自然规则"都是没有"实在性"的"心造之物"，是"分别妄念所成"。章太炎强调，即使承认自然规则的存在，但从社会言之，也不能以此来约束人，因为"进化"作为一种自然规则只适合于物质自然，而不适合于"人类"，人类以"人道"而存在。如果以自然和天道来约束人，人道将不复存在。很明显，这是一种赫胥黎的立场。章太炎说：

> 凡所谓是非者，以侵越人为规则为非，不以侵越自然规则为非。人为规则，固反抗自然规则者也。……且黠者之必能诈愚，勇者之必能陵弱，此自然规则也。循乎自然规则，则人道将穷。

---

① 章太炎：《俱分进化论》，见《章太炎全集》，第 4 册，第 386—387 页。
② 章太炎《四惑论》，见《章太炎全集》，第 4 册，第 449 页。
③ 同上书，第 451 页。
④ 章太炎：《俱分进化论》，见《章太炎全集》，第 4 册，第 386 页。
⑤ 当然，章太炎对西方进化论源流的看法并不正确，如达尔文、斯宾塞的进化思想，并非来源于黑格尔。

于是有人为规则以对治之,然后烝民有立。若别有自然规则,必不可抗,而人有恣意妄抗之者,此亦任其自为耳。……以自然规则本无与于人道,顺之非功,逆之非罪云耳。今夫进化者,亦自然规则也。虽然,视入火必热,入水必濡,则少异。盖于多数不得不然,非于个人不得不然。个人欲自遏其进化,势非不能。纵以个人之不进化,而风靡多数,使一切皆不进化,亦不得为个人咎。①

我们知道,严复是通过把人道统一到广义的天道、又把人道与天道(狭义上)区分开,一方面保持了天道的普遍性,另一方面又维护了人道的独特性来处理进化与人类社会的关系的。但是,章太炎则把天道与人道二元化,把"进化"完全限制在自然领域,使人类和人道保持自足和自立,这实际上也就是把"事实"和"价值"分开,把"自然"和"应然"分开。对章太炎来说,从"进化"的自然事实中导不出"应该",也促进不了"善",如果硬要用进化自然规则来约束人,就将遇到无法克服的困境。如自然有死、自然会生病,人何以不认为应该生病反而要治病免死呢?章太炎所反对的不只是把自然"进化"规则搬到人类中的社会达尔文主义,而且也是抗议"进化"之"教",抗议所谓"进化"之"公理"、"进化"之"名教":

以进化者,本严饬地球之事,于人道初无与尔。然主持进化者,恶人异己,则以违背自然规则弹人。吾则诘之曰:人之有死,亦自然规则也。病革而求医药者,将以遮防其死,曷不以违背自然规则弹之耶?……若曰:自然规则虽有死,而吾得暂缓其死,独不可曰,自然规则虽有进化,而吾得暂缓其进化乎?呜呼!

---

① 章太炎:《四惑论》,见《章太炎全集》,第4册,第455—456页。

昔之愚者，责人以不安天命；今之妄者，责人以不求进化。二者行藏虽异，乃其根据则同。以命为当安者，谓命为自然规则，背之则非义故；以进化为当求者，亦谓进化为自然规则，背之则非义故。①

章太炎对"进化主义"的控诉表明，他已经坚定地站到了社会达尔文主义的对立面。像西方进化主义的信奉者一样，中国的社会达尔文主义者，也用优胜劣败、适者生存的逻辑来解释进化。按照这种逻辑推论，"当时"的中国作为"劣弱者"，自然就在劣败、不适者和被淘汰之列。但是，他们的"真正"用意，决不是"贯彻"这种逻辑，而是把这种逻辑作为危机的信号，使之成为"警告"和自强的"苦药"。但是，使用这种逻辑，也很容易把帝国主义这一"巨怪"的侵略性合理化。事实上，帝国主义和种族主义者，正是用这种逻辑去把殖民主义和奴役其他种族的行为正当化。因此，处于守势和劣势的后进国家，当用优胜劣败和适者生存的逻辑去激发危机和自强意识的时候，其间已经暗藏着把帝国主义的侵略和掠夺正当化的一面，或者说也"不自觉"地在替帝国主义进行辩护。对于那些注重现实境况的人来说，这种逻辑也容易使人悲观，特别是容易使人丧失掉人道和道德的普遍理想。章太炎正是看到了在"公理"名义之下的优胜劣败、适者生存逻辑的"危险性"和"剧毒性"而拒绝这一逻辑的，"既取我子，又毁我室，而以慈善小补为仁，以宽待囚房为德，文明之国以伪道德涂人耳目"②。对章太炎来说，进化并不能成为历史的"预言家"，历史会像进化那样运行。章太炎早期所强调的作为人类独特性的"合群明分"的"道义"立场，现在又发展为明确的"人道"立场。如果说早

---

① 章太炎：《四惑论》，见《章太炎全集》，第 4 册，第 456 页。
② 章太炎：《记印度西婆耆王纪念会事》，见《章太炎全集》，第 4 册，第 357 页。

期的"合群明分"立场与竞争的需要密不可分,那么现在的"人道"立场,则是为了抑制竞争。竞争不仅不是"善"进化的原动力,反而导致"善"的衰落。

第二,章太炎坚决拒绝"线性的"、"整体的"、"合目的的"历史进化主义。我们知道,这种进化主义是令包括西方人士在内的许多人都兴奋和乐观不已的一个信念。然而,章太炎却惊人地发现了其中的"破绽",认定历史进化决没有"完美"的理想终局,因为"进化"是"正反"两面("分")同时并进("俱"),善进恶亦进,乐进苦亦进:

> 若云进化终极,必能达于尽美醇善之区,则随举一事,无不可以反唇相稽。彼不悟进化之所以为进化者,非由一方直进,而必由双方并进。专举一方,惟言智识进化可尔。若以道德言,则善亦进化,恶亦进化;若以生计言,则乐亦进化,苦亦进化。……智识愈高,虽欲举一废一而不可得。曩时之善恶为小,而今之善恶为大;曩时之苦乐为小,而今之苦乐为大。然则以求善、求乐为目的者,果以进化为最幸耶?其抑以进化为最不幸耶?进化之实不可非,而进化之用无所取。①

这就是章太炎的《俱分进化论》从理论和事实两方面所要论证的中心论点。应该说,章太炎的"善恶俱进论"是来自赫胥黎。因为赫胥黎在《进化论与伦理学》中相信,善进化,恶也在进化。因此,历史不可能走向终极理想。坚信进步性进化主义的严复,拒绝了赫胥黎的这一说法。而章太炎则发展了赫胥黎善恶俱演论,给进化乐观主义泼上了一盆冷水。他比赫胥黎走得更远。在《俱分进化论》中,章太炎还承认"道德"(如善)仍然有进化的一面,但是到了他的《五无

---

① 章太炎:《俱分进化论》,见《章太炎全集》,第4册,第386—387页。

论》和《四惑论》,章太炎甚至完全否认了"道德"进化的可能,认为它走着一条与知识进化成反比的退化之路。也就是说,知识越进化,道德就越退化;知识越积累,道德就越减少。他相信知识和智慧只能助长恶而不是善,知识与道德决不相容。章太炎既不像苏格拉底和柏拉图那样,深信知识能够促进德行,使德行完美;也不像王阳明那样,坚持"知行"完全能够统一。这种令人生畏的看法,当然也会受到质疑,章太炎自设疑问并回答说:"问曰:生物进化,未有尽期。今之人虽多贼杀,千百世后,或为道德纯备之人,何必以减绝人类为志也?答曰:望进化者,其迷与求神仙无异。今自微生以至人类,进化惟在智识,而道德乃日见其反。张进化愈甚,好胜之心愈甚,而杀亦愈甚。纵令进化至千百世后,知识慧了,或倍蓰于今人,而杀心方日见其炽。所以者何?我见愈盛故。……故余以为我见在者,有润生则淫必不可除,有好胜则杀必不可减。夫耽于进化者,犹见沐浴为清凉,而欲沉于溟海。所愿与卓荦独行之士,勤学无生,期于人类众生,世界一切,销镕而止,毋沾沾焉以进化为可欣矣。"① 这里牵涉到的问题不只是"知识"为道德带来的困境,而且是更实质和更深层的问题,即"人性"的阴暗面,具体来说就是引起矛盾和冲突的"好争"、"好胜"、"好斗"、"好杀"之心,就是产生灾难的总根源的"我见"。章太炎早期肯定人性作为一种自然本性是"有善有恶",或者更倾向于荀子的"性恶说"②,反对谭嗣同的"无善无恶论",并相信通过后天的教养、教

---

① 章太炎:《五无论》,见《章太炎全集》,第4册,第442—443页。在《人无我论》中,章氏亦说:"学说日新,智慧增长,而主张竞争者,流入害为正法论;主张功利者,流入顺世外道论。恶慧既深,道德日败。"(见《章太炎全集》,第4册,第429页)

② 如他这样说:"或曰:'性善'、'性恶'之说,皆不如言'无善无恶'者。曰:子将言人性乎,抑自有所谓性乎?夫言人性,则必有善有恶矣。彼无善无恶者,并佛之所谓'性海',而非言人之性也。何也?自其未生言,性海湛然,未有六道,而何人性之云?自既有六道言,亦各有如来藏隐伏其中,而人与鸟兽,初未尝异,又岂得专为人之性也?孟、荀所言,专为人言之也。虽然,以符验言,则以'性恶'为长。"(转下页)

化和实践，人能够走向善。但是，在《五无论》和《四惑论》中，章太炎依据佛学唯识宗的观念，认为从本性来说人是"无善无恶"（"藏识"）的，但是，因人偏执于把藏识看成是"实我"的末那识（"意"）的作用，产生出善恶之念。章氏说："何以云性善之说，不可坚信，人心好争，根于我见耶？答曰：人之本性，所谓藏识无善无恶者，勿论也。而末那意根，虽无记而有覆，常执藏识以为自我，以执我之见见于意识，而善恶之念生。人心固非无善，亦非不好善。如孟子、路索、索宾霍尔，皆以恻隐之心立极，诚非夸诞。然如希腊学者，括人心之所好，而立真、善、美三，斯实至陋之论！人皆着我，则皆以为我胜于他。而好胜之念见之为争，非独人尔，一切动物皆然。"[①]这种产生恶果的几乎是不可救药的恶劣人性，在"知识"和"智慧"的推波助澜之下，所酿造出来的也只能是更大的"苦果"，而且这一苦果也只能由人类自身去饱尝。根据这里所说，章太炎的人性论，实际上已经不是在对人性保持着乐观态度之下而怀有的悲观性或者像张灏所说的"幽暗意识"，他对人性已经完全陷入到了悲观和"绝望"之中。

但是，章太炎这位"苦闷而又苦思和苦斗的思想家"（在笔者看来）决不会停留在这种无出路的"绝望"之中，他还是要为人类寻找"理想"的出路，要为现实寻找"权宜之计"。既然人性、道德不能在时间之流中进化、升华，既然知识的增长只会腐蚀和败坏道德，既然"人"根本上不可救药，那么唯一的解决办法就是"自我"毁灭。为了人类而"消灭"人类，恰似人为了摆脱困境而"自杀"一样。在此，章太炎仍然遇到了"质疑"。照传统的观念，天地为生赋予了合理性，生是天地的大恩大德（"天地之大德曰生"）。章太炎用"自然主义"的逻辑反驳这种质疑，他诘问道："既云天地之大德曰生，何独不云天地

（接上页）（章太炎：《菌说》，见《革故鼎新的哲学——章太炎文选》，上海远东出版社1996年版，第43页）

① 章太炎：《五无论》，见《章太炎全集》，第4册，第436页。

之大德曰死乎？天地不仁，以万物为刍狗，乃老子已知之矣。"① 这里所批评的不只是历史目的论和决定论，而且是广义的宇宙决定论和目的论。在章太炎的"五无"（"无政府"、"无聚落"、"无人类"、"无众生"、"无世界"）之中，"无人类"被认为是核心，因为人类是一切祸害的根源，只要人类不存在，一切恶都将消失。但是，章太炎坚决反对采用残酷的"杀伐"方式去解决"无人类"问题（这很容易使我们联想到纳粹和"种族主义者"打着人类进化的旗号去灭绝其他种族的逻辑）。章太炎强调，"断生"不是断掉"现有"之生，而是断掉未来之生。如果断掉"现有"之生，就要杀生，这显然与"断生"的目的相冲突。因为断生本来是要"断杀"，而用"杀"的方法就永不能"断杀"；特别是，既然人人都是"元恶"，又由谁来充当执行者呢？章太炎论述说："问曰：若生当断，曷若杀之之为愈？且既以人为元恶，则杀之也何害？答曰：断生者，谓断后有之生，非断现有之生。若现有之生可断，斯即杀矣；而不断杀者，即亦不能断生。何以故？能杀所杀，我见皆未尽故。且人为万物之元恶，是则然矣。子元恶也，我元恶也，均之元恶，而二者何以相治？……言无人类者，不欲以是人杀他人，犹之言无政府者，不欲以是政府灭他政府。非直不欲，且痛恶之。所以者何？为恶杀故，为平等故。是故断生之道，任人自为，而不得以行杀为断生矣。"② 在章太炎看来，"无生"的方法只能是通过破除"我见"，断绝生育，"以观无我为本因，以断交接为方便，此消灭人类之方也"③。

但是，章太炎意识到他的"理想"是一个遥远的目标，因此他并不主张立即推行以"无人类"为中心的"五无"乌托邦理想，也不用这种遥远的"理想"来要求当下的现实。在理想与现实之间，他采取

---

① 章太炎：《五无论》，见《章太炎全集》，第 4 册，第 439 页。
② 同上书，第 441 页。
③ 同上书，第 439 页。

了二元立场,即一方面保持"理想"信念,一方面又立足于现实的当下出路。如他说:"世有勇猛大心之士,不远而复,吾宁使之早弃斯世,而求之于视听言思之外,以济众生而灭度之。纵令入世,以行善为途径,必不应如功利论者,沾沾于公德、私德之分。……其次,无勇猛大心者,则惟随顺进化,渐令厌弃。夫以进化之力,使斯世趋于为鬼为魅,则自陷穷而知返,此法尔无可遁者。然随顺进化者,必不可以为鬼为魅、为期望于进化诸事类中,亦惟择其最合者而倡行之,此则社会主义,其法近于平等,亦不得已而思其次也。"①又说:"呜呼!人生之智无涯,而事为空间时间所限。今日欲飞跃以至五无,未可得也。还以随顺有边为初阶,所谓跛驴之行。夫欲不为跛驴而不得者,此人类所以愈可哀也!"②从这里出发,我们也许就能更准确地理解章太炎作为一位革命家的排满种族主义、民族主义:

  今之人不敢为遁天之民,随顺有边,则不得不有国家,亦不得不有政府。国家与政府,其界域固狭隘,故推其原以得民族主义,其界域亦狭隘。……是故随顺有边,既执着国家矣,则亦不得不执着民族主义。然而其中有广大者。吾曹所执,非封于汉族而已。其他之弱民族,有被征服于他之强民族,而盗窃其政柄,奴虏其人民者,苟有余力,必当一匡而恢复之。……欲圆满民族主义者,则当推我赤心救彼同病,令得处于完全独立之地。③
  人之思想无方,而行事则惟取其切近。如余所念,虽无政府主义犹非最为高尚也。高尚者,在并人类众生而尽绝之,则思想之轮廓在是矣。然举其切近可行者,犹不得不退就民族主义。④

---

① 章太炎:《俱分进化论》,见《章太炎全集》,第4册,第393—394页。
② 章太炎:《五无论》,见《章太炎全集》,第4册,第443页。
③ 同上书,第429—430页。
④ 章太炎:《复仇是非论》,见《章太炎全集》,第4册,第274页。在(转下页)

从"现实"出发的章太炎,仍然拒绝社会达尔文主义,拒绝梁启超的那种强权主义,而采取了普遍主义的立场。他站在了"弱者"一边,站在了"公理"、"人道"和墨家的"爱无差等"一边,以此去对抗"侵略性"和"强权"。在现实的政治制度层面,他要求"共和政体",要求类似于社会主义和国家资本主义的土地制度和产业制度,要求取消财产继承,实行议员对人民负责制(人民直选,如有问题人民直接罢免)。他说:"若夫民族必有国家,国家必有政府,而共和政体于祸害为差轻,固不得已而取之矣。爵位废而兼并行,其乱政又无以异于美利坚氏。于是当置四法以节制之:一曰,均配土田,使耕者不为佃奴;二曰,官立工场,使佣人得分赢利;三曰,限制相续,使富厚不传子孙;四曰,公散议员,使政党不敢纳贿。"[①]这显然已经是一种"理想"的制度。但是,章太炎仍然把它看成是一种"无奈"的"权宜之计",是"不善者"中的"善者"。这又是他站在"五无"的那种理想高度,对现实"制度"和"价值"做出的审视,"虽然,是四制者,特初级苟偷之法,足以补苴罅隙而已。欲求尽善,必当高蹈太虚,然非有共和伪政,及其所属四制以为之基,宁有翔蹙虚无之道,随顺有边,期以百年,然后递见五无之制"[②]。同样,章太炎对民族、国家、政府,也保持着"反省"和"界限性"认识,把它们都看成是"相对性"的存在,甚至是无实的"幻有",反对把"国家和民族"神圣化,使之一开始就在"相对性"和"批判性"中进入到现实社会中。如他说:"一、国家之自性,是假有者,非实有者;二、国家之作用,是势不得

(接上页)《排满平议》中,章太炎批评无政府主义,认为它既不理想又不现实。言理想莫若"无生",以"普度众生",使一切自由平等;思当下之方,莫若民族主义,"诚欲普度众生,令一切得平等自由者,言无政府主义不如言无生主义也。转而向下为中国应急之方,言无政府主义不如言民族主义也"(第262页)。

① 章太炎:《五无论》,见《章太炎全集》,第4册,第430—431页。
② 同上书,第432页。

已而设之者，非理所当然而设之者；三、国家之事业，是最鄙贱者，非最神圣者。"① 因此，"前第一义，既不认许国家自性为实有物，则凡言爱国者悉是迷妄。虽然，爱国之义，必不因是障碍。以人心所爱者，大半非实有故"②。"爱国之念，强国之民不可有，弱国之民不可无。"③ 由此，章太炎走近了西方经验主义的制度观。

至此，我们讨论了章太炎的"反进化主义"。现在我们也许要问，在晚清"进化主义"和"公理主义"的浓厚气氛之下，章太炎何以会走向"反进化主义"、"反公理主义"的独特立场？从一般意义上说，任何一种"话语"或主义言说，一旦走向独断、垄断或霸权，就会孕育出反叛。在革命派和无政府主义者那里，我们已经看到了他们对"生存斗争"的抗议和对"互助"观念的认同，只是，章太炎比他们走得更远，他第一个向"进化主义"、向"历史进步主义"、"历史目的论"和"决定论"发起了挑战。现实和理想的冲突，来自内部和外部世界的各种"不幸"，促成了章太炎的"否定"和"怀疑"性格；从儒释道特别是佛教和道家中，他获得了对抗"进化"和"竞争"的普遍价值立场。章太炎是复杂的，他的独特立场是多重因素促成的。

章太炎的"无生主义"，看上去可能是一种最残酷的"理想"，因为这种"理想"的实现之日，恰恰就是人类的覆灭之时。按照蒂里希的说法，乌托邦主义是"焦虑"和"期望"的产物④，也许章太炎"焦虑"过度，因此他的期望也过于奢侈。但是，章太炎设定的走向理想的途径，却是"慈悲"的。他严禁"暴力"、"杀伐"、"强制"和"争斗"，他靠的是人类的"自觉"或"觉悟"，靠的是对"我见"的破除，靠的是自愿式的"不育"。章太炎是一位反对无政府主义的革命思想

---

① 章太炎:《五无论》，见《章太炎全集》，第 4 册，第 457 页。
② 同上书，第 462 页。
③ 同上书，第 464 页。
④ 参见蒂里希:《政治期望》，第 162—180 页。

家，在他的理想主义中，我们也看到了那个时代共同的"平等主义"信念（上面我们已经谈到了），他通过庄子和佛教思想的整合，把"齐物"平等主义推向了顶峰。从这种意义上说，他又把自己融入了那个时代之中。同时，章太炎又是"现实的"，他把"理想"推到了未来，他牢记着"当下"的急需，他希望在民族主义中寻找中国之路。这位七度被追捕、三次入牢狱的思想家，具有超人的顽强的革命意志，这种意志就来自复兴中国的信念。

第六章

进化主义与五四新文化运动

　　1911年的辛亥革命,既意味着中国两千余年"普遍王权"历史的终结,又意味着一个"捉摸不定"的历史时代的开端。我这样说是基于这样的理由,即革命实现了它的直接目标——颠覆了清政府和王权("驱除鞑虏"),但建立民主共和新秩序("建立共和")的美好愿望却被无情的现实所粉碎,作为替代物(实际上是后遗症),中国社会政治陷入了一场混乱和无序之中。这是很自然的,作为整合社会政治权威的"正统王权"一旦丧失,而新的权威又没有建立起来,结果只能是在"权威"的真空中,人们为各种社会政治"权力"而争夺不已("权力"当然也助长争夺)。[①] 直接来说,它是由袁世凯试图恢复旧的"权威"("帝制")而引起的,但从更深层的角度来说,则是中国不能"适应"一套"新的制度"而引起的错乱。这样,中国在外患未除的困境之下,因新的政治危机这一内忧更是雪上加霜。因此,一开

[①] 史华慈对革命的消极性曾描述说:"1911年的中国革命,通常被认为具有表面性,它没有产生任何彻底的社会变革。然而它却留下了这样一些结果:普遍王权及其使之合法化的全部宇宙观崩溃了;整个社会政权的分裂和军事化渗透到地方各级;社会众多层面上的道德威权已经丧失;控制各地的新老地方权贵彼此争斗不宁;新的共和国在建立自己合法化的基础方面也归于失败等等——所有这一切都使当时的知识分子们感到寒心。"(史华慈:《论五四及其以后新一代知识分子的崛起》,见《五四:文化的阐释与评价——西方学者论五四》,山西人民出版社1989年版,第102—203页)

始就反对激进革命的渐进变法派,自然要对革命的消极后果抱怨不已,并借此更"充分"地证明他们所坚持的革命在中国行不通、共和不合国情的一贯主张。在此,相互并不投机的严复和康有为却有了一致性。面对政治的无序和混乱,面对共和之梦的破灭,革命派也不能不承认"革命尚未成功",也不能不反省革命何以不像所"预示"的那样令人满意。对革命消极结果的一致不满,没有使变法派和革命派的根本立场(特别是在"政治上")有任何接近,变法派和革命派注定水火不相容,他们继续朝着两个相反的方向背道而驰——继续"革命"和继续"反革命"。我们看到,政治上的复辟与反复辟像走马灯一样,令人眼花缭乱。这种捉摸不定的"权威"真空,为"中国问题"的解决方式留下了不同的可能性。革命派继续他们激进的革命道路,他们的领袖孙中山一如既往地坚信"革命"本身仍是神圣的福音而没有任何"过错",问题在于"吾党之士"对革命的信念不够坚定,他们受"知之非艰,行之惟艰"("知易行难")旧思想所误导而没有认识到"行易知难"这一伟大的真理。总之,问题被归结为缺乏"心理建设",这就是孙中山在痛心之余所得出的结论。[①] 孙中山不仅继续坚持革命而且还找到了革命的新伙伴共产主义者。这样,革命不仅没有被它的"背叛者"葬送,而且由它的"真正"继承者继承了下来并演变成一场又一场史无前例的革命。这是革命派通过革命所造就的"不断革命"的新成果。反对"民主共和"的变法派,则仍然想通过他们政治的理念("君主立宪")建立中国政治新秩序,并希望通过以"孔教"为基础的文化民族主义信仰为社会和政治稳定提供价值和意识形态上的亲和力。结果,他们的"君主立宪"梦想破灭了,而文化民族主义则在新传统主义者那里获得知音,并成为在观念形态上一直同"激进主义"相颉颃的"制约"力量。这里说到的"激进"观念,主要不是"政治"上的,而

---

① 参见孙中山:《建国方略》,见《孙中山全集》,第6卷,第157—159页。

是文化价值和精神意识上的反传统及其相应物"西化主义"思潮。这就是我们下面将要接触的作为"革命"重要遗产而催生的五四新文化运动（以下的叙述笔者往往略称为"五四"或"五四新文化"）。

我这样说并不夸张，五四新文化运动的确是革命（当然也有变法运动的作用）的重要遗产之一，它的许多诉求在革命（甚至在变法）时代已经出现，它是19世纪以来中国一系列变革连续体中的"一环"，而不是离开已有历史所与的孤单的"异军突起"。陈万雄通过细致的研究，从多方面论证了"五四新文化"与"革命"的多重内外在联系。① 史华慈也反对过高估计"五四"在20世纪中国的历史地位，他强调"五四"时代的那些最大胆的思想在之前都已经出现，"在许多方面，康有为、严复、梁启超、谭嗣同、章炳麟、王国维等人事实上是突破性的一代；他们是真正的价值转型者和来自西方的新思想的肩负者。民族主义（甚至包括那种强调帝国主义应对中国灾难负责的民族主义）、'进步'观念、自由主义、社会达尔文主义，以及整个现代西方文化的浮士德—普罗米修斯精神的冲击，都可在这一非凡的群体中找到代言人。至二十世纪最初的十年间，革命的神秘魅力和我们谓之的整个激进主义倾向（先于列宁主义的激进主义），也已赢得了其据点。……无论怎样，我们发现当我们从此前三十年的角度来审视五四时，它不再像一座从平川上突兀拔起的山峰，而只像是一脉连绵丛山中一座更高的山峦"②。这是从正面的角度肯定"五四"对前一时期遗产的继承。此外，"五四新文化"又是当时的知识分子对"革命"（包括"变法"）负面结果不满而在思想文化意识上所做出的强烈反应（用林毓生的话说就是"借文化思想以解决问题"），是在对社会政治现实极度失望之下而寻求"精神意识革命"的一种新尝试，是通过诊查"内

---

① 参见陈万雄：《五四新文化的源流》，三联书店1997年版，第55—73页。
② 参见史华慈：《〈五四运动〉的反省导言》，见《五四：文化的阐释与评价——西方学者论五四》，第3—5页。

在病症"和"自我忏悔"而获得永恒的一种新的努力。我们必须关注"五四"知识分子早期的强烈"焦虑"和"不安"(陈独秀、鲁迅、李大钊等都是如此)[①],这没有导致他们的绝望,反而激发了他们新的"期望",他们共同演出了中国变革的新的一幕——五四新文化运动。

在此我们不想具体涉及这一运动的整体"定性"问题[②],也不试图对它提出一种新的解释和理解,我们关心的中心问题是"进化主义"在"五四新文化"(还压缩性地扩展到它之后的时期)中所扮演的角色。其实,进化主义"自身"也是"五四新文化"的构成部分,因此问题也可以说是"五四新文化"中的"进化主义"。严格来说,二者并不冲突,只是侧重点有所不同而已,因此,"整体上"它们将交叉地显示于以下的具体考察之中。但由于进化主义在"五四新文化"中"更加"具有普遍世界观和宇宙观的意义,它更多的是被当作"思想文化革命"的基础性原理而发挥作用的,所以进化主义在"五四"中的"角色"意义将会受到更多的强调。

上面我们把"五四"作为"革命"遗产和"不良债务"的双重结果而不厌其烦地加以谈论,目的是想从历史的前后关联中为"五四新文化"的诞生提供一个简要的背景性说明。这种说明也适合中国进化主义思潮前后相联的演变关系。由"五四"进化主义或进化主义在"五四"所构成的"进化主义"与"五四新文化"的关系,正是此前依次已经发生过的"进化主义与变法"、"进化主义与革命"关系的一种延续。我们已经看到,在"变法"和"革命"时期,进化主义的许多东西、进化主义在中国的一些重要特征都已经显示了出来。许多事实表明,"五四"知识分子的进化主义观念受到了严复、梁启超等不少人

---

① 从李大钊最初发表的两篇文章的题目("隐忧篇"和"大哀篇")中就能看出。
② 如把它看成是中国的"启蒙运动"、"全盘反传统"、"启蒙与救亡的二重性"、"科学和民主"等等。

物的影响。① 作为事实同样可以肯定的是，进化主义就像在"变法"和"革命"时期一样，也是"五四新文化"的一个强有力的因素。曾经作为"变法"和"革命"兴奋剂的它，转眼之间又转换成了"新文化"的"补药"。那种认为"进化主义"在五四运动时期已经"不再时兴"、"称霸二三十年的社会达尔文主义被经济决定论和唯物史观所取代"的说法并不确切。② 同样，认为"五四"知识分子的进化主义已经没有什么"新东西"的观点也不正确。③ "五四"进化主义的"接力棒"是从前面传过来的，但跑步必须由它自己完成。它决不是前此进化主义的简单重述，它具有新的东西，内容更加丰富。我们必须关注这些新东西，关注"五四"进化主义的"五四"特性。现在，我们就进入到"五四"进化主义的大厦之中具体地考察一番吧！

一、"五四"人物、思潮与进化主义

至今，我们已经给"五四"赋予了"许多"符号（如"启蒙运动"、"启蒙与救亡的二重性"、"科学民主精神"、"全盘反传统"及"借思想文化解决问题"、"意识形态的更替"、"马克思主义的准备"等等），以至于我们难以分清当我们面对"五四"时，我们面对的究竟是"五四"本身还是我们为"五四"所赋予的符号。我不希望这种情况也出现在对"五四"进化主义的考察中。从整体上来说，在"五四新文化"中，"进化主义"是一个"基本"的公分母，在其他方面有许多差异甚至对立的知识分子，却在"进化主义"上具有了共同的拥护对象。这不是说他们都持有"相同"的进化主义，而是说他们都站在了"进

---

① 看看胡适和鲁迅对早年经历的回忆便知。
② 参见金观涛等：《开放中的变迁——再论中国社会的超稳定系统》，香港中文大学出版社1993年版，第213—214页。
③ 参见浦嘉珉：《中国与达尔文》，第439—440页。

化主义"这一大旗之下。我已经多次强调，西方"进化主义"本身就具有多种形态并被运用于不同的目的。这种情况在中国并没有明显的改变，只是"增加上"了"中国特性"罢了。不只是进化主义（不同形态的），西方许多其他思潮在"五四"之前也都程度不同地输入到了中国。然而，"五四"时期输入"西学"的工作无疑达到了高潮，西方有多少主义，中国就有多少市场，不同形态的进化主义也纷纷找到了新的代理人。我们先从"五四"主要人物和思潮与进化主义的关系这一角度来看一看。

不仅"五四新文化"的主要代表人物陈独秀、胡适、鲁迅、李大钊、蔡元培、周作人、吴稚晖等，都信奉进化主义，而且对"五四新文化"持疑议的文化保守主义者或新传统主义者——梁漱溟、杜亚泉、章士钊、张君劢等，也都以进化主义为靠山。此外，还有不少难以划分派别的热衷进化论的人物。可以毫不夸张地说，进化主义弥漫在"五四"不同人物和许多思潮之中，构成了一种普遍的"论式"，甚至比"科学和民主"还更有市场。我们从"五四"时期的实用主义、马克思主义、柏格森主义和尼采主义这几大思潮及其相关人物中，就能窥出进化主义在当时是多么出风头。

实用主义是"五四"时期主要新思潮之一，它的声威因杜威（J. Dewey）1919年亲自坐镇"东土大唐"（滞留两年有余）"传教"而大震，加上杜威虔诚的东方弟子胡适在一旁助阵，更是热闹非凡。1919年，蒋梦麟主办的《新教育》（一卷三号），出版了"杜威号"，也显示了对杜威的"欢迎"。我们关心的是实用主义同进化主义的关系。说到这一点，恐怕没有人会否认进化主义对实用主义哲学所产生的深远影响。论及实用主义的缘起，一般都会提到19世纪70年代哈佛大学的"形而上学俱乐部"，实用主义的创始人皮尔士（C. S. Peirce）和詹姆斯（W. James）都是这个俱乐部的成员。其中还有一位成员赖特（C. Wright），他在把达尔文主义同哲学结合方面起了重要作用。胡适告诉我们，在美国替达尔文学说进行过有力辩护的赖特，曾经到过达尔文的家，并向达尔文表示说："我的目的是要把你的学说和一般的哲学研究，连贯起来。"①事实上，达尔文的进化主义浸透到了实用主义之中。"适应"是达尔文生物进化主义的基本思想之一，只要看看它在实用主义中的重要性，我们就会说的确如此。对此，胡适早已心领神会："五十年来，生物学对于哲学的贡献，只是那适应环境的观念。"②从这种意义上说，把"实用主义"称为"适应主义"，甚至有传神之妙。实用主义对"经验"的理解，如果不是借助于进化主义，就完全另当别论了。杜威强调他对"经验"之所以能够产生"一种新的看法"，两个因素的其中之一就是生物学（实际指生物进化主义）的基础。③杜威还撰有专题论文《达尔文在哲学上的影响》，在他所说的影响中，当然包括了对实用主义的影响。胡适在许多场合都强调实用主义同达尔文生物进化主义的内在联系。胡适在接触实用主义之前的早年，就已经通过严复（还有梁启超）受到了进化主义的洗礼，当他在美国受到与进化论具有密切关系的实用主义的洗礼之后，在他那里，进化主义与实用主义似乎已经成了一而二、二而一的东西，难以分清它们之间的明确界限。

　　胡适早年受进化主义的影响早已为大家所熟知。实际上受影响的不只是胡适，以《天演论》的出版和传播为契机而形成的"进化""时代风潮"，塑造了几代骄儿。④犹如在"革命时代"不谈"革命"就意

---

① 详见胡适：《五十年来之世界哲学》，见《胡适文存》，第2集，黄山书社1996年版，第244页。
② 胡适：《五十年来之世界哲学》，见《胡适文存》，第2集，第270页。
③ 参见杜威：《哲学的改造》，许崇清译，商务印书馆1958年版，第45—49页。
④ 再举一个不太为人所知的例子。曾翻译过《互助论》、大力倡导"互助"并系统研究过生物进化论的朱洗，在谈到他对进化论的兴趣时说："不仅是学生物学的人，就是一般关心自然科学的人，对于进化问题，都是感觉有兴趣的。我本人就是其中的一个。我在民国初年的高等小学里，就听到进化论、天演论等新名词；当时的老师们（转下页）

味着落伍一样，在晚清以来急切追求富强和进化的中国，不谈"进化"和"物竞天择"就意味着"自甘沉沦"。胡适兴致勃勃地回忆说："《天演论》出版之后，不上几年，便风行到全国，竟做了中学生的读物了。读这书的人，很少能了解赫胥黎在科学史和思想史上的贡献。他们能了解的只是那'优胜劣败'的公式在国际政治上的意义。在中国屡次战败之后，在庚子、辛丑大耻辱之后，这个'优胜劣败，适者生存'的公式确是一种当头棒喝，给了无数人一种绝大的刺激。几年之中，这种思想像野火一样，延烧着许多少年人的心和血。'天演'、'物竞'、'淘汰'、'天择'等术语都渐渐成了报纸文章的熟语，渐渐成了一班爱国志士的'口头禅'。还有许多人爱用这种名词做自己或儿女的名字。陈炯明不是号竞存吗？我有两个同学，一个叫孙竞存，一个叫做杨天择。我自己的名字也是这种风气底下的纪念品。"① 胡适最初高兴地阅读《天演论》是在 1905 年进入上海澄衷学堂之后。在这个学堂中，给胡适最大影响的教师是杨千里，他让胡适他们买《天演论》做读本，1906 年还给胡适他们出过一篇他们并不容易写作的作文题目——"物竞天择，适者生存，试申其义"。胡适说："这种题目不是我们十几岁小孩子能发挥的，但读《天演论》，做'物竞天择'的文章，都可以代表那个时代的风气。"② 值得庆幸的是，胡适的作文被完好地保存了下来，胡适在文章开头开门见山地写道："物与物并立必相竞，不竞无以生存也，是曰物竞。竞矣，优胜矣，劣败矣，其因虽皆由于人

（接上页）常对我们大谈其'物竞天择'，'适者生存'的道理。那时中国很弱，天天受帝国主义者的欺侮，大家都说：国无亡日，危如垒卵！这种警惕性的论调，对于热血的青年人，确实起了一些刺激的作用。"（朱洗：《生物的进化》，"前言"，科学出版社 1980年版，第 1 页）

① 胡适：《四十自述》，见《胡适自传》，黄山书社 1991 年版，第 46—47 页。类似于这种"生存竞争"民族主义的名字，还有"竞鑫"、"汉种"、"敢生"、"崇有"、"卫种"、"思黄"、"汉民"、"天华"、"扑满"、"燃料"、"迅行"等。

② 胡适：《四十自述》，见《胡适自传》，第 46 页。

治,而自其表面观之,壹若天之有所爱憎也者,是曰天择。惟其能竞也,斯见择矣;惟其见择也,斯永生存矣。于物则然,于人亦然,于国家亦然。"① 在以"文言"来表述并受到启蒙教师杨千里肯定的这篇文章中,胡适明显传扬着社会达尔文主义的声调。当时,胡适就尝试把这种声调变成一种影响社会的行为,他参与"竞业学会"(旨在"对于社会,竞与改良;对于个人,争自濯磨")和《竞业旬报》的事务就是一例。②

早年就具有进化思想背景的胡适,在美国经过与进化主义密切关联的实用主义的熏染,就形成了同他一生相伴的世界观和方法论上的"进化实用主义"特色。③ 我们看到,他越是强调实用主义同进化主义的内在关联,他所理解的进化主义就越具有实用主义的味道,或者他所说的实用主义在一定意义上又是进化主义的变相。他很少再强调早年"优胜劣败"的社会达尔文主义就是根据之一,相应的,他特别注重"变化"和"适应"的观念。如他肯定达尔文进化主义的革命性意义说:"到了达尔文才敢大胆宣言物的种类也不是一成不变的,都有一个'由来',都经过了许多变化,方才到今日的种类;……不但种类变化,真理也变化。种类的变化是适应环境的结果,真理不过是对付环境的一种工具;环境变了,真理也随时改变。"④ 胡适认为,达尔文的"这种"进化主义虽然具有革命意义,但由于"哲学"本身的保守性,60多年来,哲学家们仍然沿用黑格尔的进化观念,真正运用达尔

---

① 胡适:《物竞天择适者生存试申其义》,见周质平主编:《胡适早年文存》,台北远流出版事业股份有限公司1995年版,第433页。

② 胡适回忆说:"一九〇六年,我在中国公学同学中,有几位办了一个定期刊物,名《竞业旬报》,——达尔文学说通行的又一例子。"(胡适:《我的信仰》,见《胡适自传》,第91页)

③ 把胡适的"实用主义"或"进化主义"称之为"进化实用主义"或"实用进化主义"都完全可以。

④ 胡适:《实验主义》,见《胡适文存》,第1集,第215页。

文主义的则是实验主义："到了实验主义一派的哲学家，方才把达尔文一派的进化观念拿到哲学上来应用；拿来批评哲学上的问题，拿来讨论真理，拿来研究道德。进化观念在哲学上应用的结果，便发生了一种'历史的态度'（the genetic method）。"① 在实验主义哲学家中，受进化主义影响最大的是杜威。② 当胡适从此出发去理解杜威的时候，杜威的实用主义也就弥漫着进化之雾。如胡适认为，杜威所说的经验和知识，都落实在应付和适应周围的环境上，这都来自"生物进化论的教训"③。不只是杜威，胡适本人同样受到了进化主义的深远影响。胡适在《〈科学与人生观〉序》中所说的"新人生观"（"新十诫"），几乎都是在"生物学"（还有社会学）的"旗号"下阐发的。像严复等许多人那样，胡适对生物进化主义本身的关心，远不如他对这一学说在社会、哲学和思想上所具有的变革性意义的注重。胡适在"五四"时期宣扬进化主义，恰恰也是把它同中国文化的整体性变革联系在一起。完整地说，胡适的进化主义，由两个部分构成，一部分是作为世界观和方法论的学说，另一部分是这种世界观和方法论在"五四新文化"中的具体运用（后面将谈）。就"五四新文化"人物来说，胡适的进化主义比较"精致"。

马克思主义传入中国，并不始于"五四"，此前梁启超、革命派和无政府主义者对此都有所介绍，这是一个常识。到了"五四"时期，对马克思主义的介绍步伐加快了，内容更为系统，特别是出现了马克思主义的中国信仰者。陈独秀、李大钊等作为"五四新文化"人物，被认为是在20年代前后从进化主义、民主主义、民粹主义走向唯物主义或马克思主义的代表。的确，他们一开始并不是马克思主义者，

---

① 胡适：《实验主义》，见《胡适文存》，第1集，第216页。
② 如胡适说："杜威受了近世生物进化论的影响最大，所以他的哲学完全带着生物进化学说的意义。"（同上书，第232页）
③ 同上书，第233—234页。

而是经过一番过程才成为马克思主义的信仰者。但是，这决不意味着他们"完全"放弃了他们先前的观念如进化主义，或者像所说的那样他们从"进化主义"转到了"唯物史观"。[①]诚然，他们接受了唯物史观，其进化观念前后也有微妙的变化。然而，他们并没有抛弃"进化"观念，"进化"观念已经深深地浸透到了他们的意识中。他们对进化的信仰并不同他们对唯物史观的信仰相冲突。唯物史观本身既包含着历史进化主义，又包含着实际上与社会达尔文主义"生存斗争论"似曾相识的"阶级斗争论"[②]，虽然后者强调的只是无产阶级和资产阶级两个阶级之间的斗争。也许可以这样说，当陈独秀、李大钊等人成为唯物史观的信仰者之后，他们的进化观念被统摄到了唯物史观之内。陈独秀早年就接触到了实际上也是刚出版的《天演论》。当时，他正在杭州"中西求是书院"接受"新学"教育。"五四"时期陈独秀提倡和运用的进化主义，看来都来自于严复和梁启超。陈独秀对"理论"始终都没有什么特别的兴趣，如果比较一下他对政治的强烈热情，这一点就更加突出。陈独秀对进化主义的了解非常有限，但这没有影响他对"进化"的忠诚信仰，而且这种信仰也不是一时的。1915年，陈独秀在《法兰西人与近世文明》中，把"生物进化主义"看成是"最足以变古之道，而使人心社会划然一新"的近代文明三大特征之一（其余为"人权说"和"社会主义"），并对此作了如下阐述："自英之达尔文，持生物进化之说，谓人类非由神造，其后递相推演，生存竞争优胜劣败之格言，昭垂于人类，人类争吁智灵，以人胜天，以学理构成原则，自造其祸福，自导其知行，神圣不易之宗风，任命听天之惰性，

[①] 参见冯契：《中国近代哲学的革命进程》，华东师范大学出版社1997年版，第314—361页；曾乐山：《中西哲学的融合——中国近代进化论的传播》，第133—164页。

[②] 参见德尼·布依康：《达尔文与达尔文主义》，史美珍译，商务印书馆1999年版，第100—101页。

吐弃无遗，而欧罗巴之物力人功，于焉大进。"①与李大钊相比，陈独秀几乎一贯地相信"优胜劣败"、"生存斗争"的社会达尔文主义，他用"抵抗力"这一独特性的词汇强调说："万物之生存进化与否，悉以抵抗力之有无强弱为标准。优胜劣败，理无可逃。通一切有生无生物，一息思存，即一息不得无抵抗力。……审是人生行径，无时无事不在剧烈战斗之中。一旦丧失其抵抗力，降服而已，灭亡而已，生存且不保，遑云进化！"②陈独秀还相信具有宇宙观意义的"进步性"进化主义，"自宇宙之根本大法言之，森罗万象，无日不在演进之途"③。据此来看，陈独秀把一切都纳入到"进化"的轨道之中，即使是无生命的自然物质现象。对理论没有真正兴趣的陈独秀，其进化主义也只能停留在肤浅的、教条式的、说教的层次上。他对马克思主义的理解和接受，也具有类似的性质。蔡和森提出"综合革命说与进化说"，试图把马克思主义的唯物经济史观同"革命"的主动性结合起来，以免使历史陷入被动地由物质和经济支配的、机械的"自然进化"过程中。陈独秀认为蔡和森提出的"综合革命说与进化说"，是马克思主义的骨髓。只是，在怀疑者看来，"马克思一面主张人为的革命说，一面又主张唯物史观，类似于一种自然进化说，这两说不免自相矛盾"④。陈独秀通过区分唯物史观和革命的不同作用，以消除所说的"矛盾"。在陈独秀看来，唯物史观旨在用经济制度的变化来解释社会的其他变化，旨

---

① 陈独秀：《法兰西人与近世文明》，见《陈独秀文章选编》，上册，三联书店1984年版，第80页。
② 陈独秀：《抵抗力》，见《陈独秀文章选编》，上册，第91页。陈独秀又说："进化公例，适者生存。凡不能应四周情况之需求而自处于适宜之境者，当然不免于灭亡。"（陈独秀：《吾人最后之觉悟》，见《陈独秀文章选编》，上册，第107页）
③ 陈独秀：《敬告青年》，见《陈独秀文章选编》，上册，第75页。又例如，陈独秀说："宇宙间精神物质，无时不在变迁即进化之途。"（陈独秀：《孔子之道与现代生活》，见《陈独秀文章选编》，上册，第152页）
④ 陈独秀：《答蔡和森》，见《陈独秀文章选编》，中册，第157页。

在用经济的原因说明以往的历史;而革命则是创造未来历史的有效方法。陈独秀从唯物史观中学到的主要东西,是从经济制度变化的"根本性"中为社会变革及其途径找到了新的根据。① 他仍然热心进化和革命,并相信马克思主义把自然进化("唯物史观")和创造进化("革命")统一了起来。在被认为是陈独秀全面阐释马克思主义的《马克思学说》一文中,陈再次强调了这种"统一",在此,"革命"与"阶级争斗"成了同义语:"有人以为马克思唯物史观是一种自然进化说,和他的阶级争斗之革命说未免矛盾。其实马克思的革命说乃指经济自然进化的结果,和空想家的革命说不同;马克思的阶级争斗说乃指人类历史进化之自然现象,并非一种超自然的玄想。"② 许多事实表明,接受了马克思主义的陈独秀,并没有放弃进化主义,甚至相反,本来与进化主义具有密切关系的马克思主义反而加强了他的进化思想。

现在我们来看看另一位更典型(理论上和实践上)的早期中国马克思主义者李大钊的立场。李大钊的情况稍微复杂一点。从他把"进化"作为普遍原理和法则教条式地接受方面,李大钊与陈独秀没有多少差别。如他说:"天演之迹,进化之理,穷变通久之道,国于天地,莫或可逃,莫或能抗者。"③ 李大钊热烈拥抱"青春",他把"青春"提升到"宇宙"的高度加以普遍化和讴歌。在这一"青春宇宙观"中,"优胜劣败"的社会达尔文主义被表述为"青春必胜陈腐必败"的法则:"由历史考之,新兴之国族与陈腐之国族遇,陈腐者必败;朝气横溢之生命力与死灰沉滞之生命力遇,死灰沉滞者必败;青春之国民与白首

---

① 如陈独秀说:"我们因为这个要义底指示,在创造将来的历史上,得了三个教训:(一)一种经济制度要崩坏时,其他制度也必然要跟着崩坏,是不能用人力来保守的;(二)我们对于改革社会底主张,不可蔑视现社会经济的事实;(三)我们改造社会应当首先从改造经济制度入手。"(陈独秀:《答蔡和森》,见《陈独秀文章选编》,中册,第157页)

② 陈独秀:《马克思学说》,见《陈独秀文章选编》,中册,第194页。

③ 李大钊:《民彝与政治》,见《李大钊文集》,上册,第162页。

之国民遇,白首者必败,此殆天演公例,莫或能逃者也。"①李大钊像陈独秀一样,力图为马克思的"唯物史观"进行辩护,强调这一理论决不意味着"自然进化"。唯物史观由于把"历史"的决定性东西从"神意"归之为人能够改变的物质和经济世界,它反而为人的奋发有为精神提供了根据。李大钊澄清说:"有些人误解了唯物史观,以为社会的进步只靠物质上自然的变动,勿须人类的活动,而坐待新境遇的到来。因而一般批评唯物史观的人,亦有以此为口实,便说这种定命(听天由命)的人生观,是唯物史观给下的恶影响。这都是大错特错,唯物史观及于人生的影响乃适居其反。"②李大钊隐隐约约地把唯物史观看成是"自然进化"和"人为进步"的统一体,从而使唯物史观一方面成为已有历史的见证人,一方面又成为未来历史的助产婆。对此心满意足的李大钊断言说:"演化是天然的公例,而进步却靠人去做的。我们是立足在演化论和进步论上,我们便会像马克思一样的创造一种经济的历史观了。我们知道这种经济的历史观,系进步的历史观,我们做人当沿着这种进步的历史观,快快乐乐地创造未来的黄金时代。"③

当然,在同是接受马克思主义的李大钊与陈独秀之间,仍然存在着差别。在运用进化主义反叛传统价值上,李大钊没有陈独秀那样彻底,最明显的根据,是在陈独秀认为不能调和的"古今"、"新旧"问题上,李大钊恰恰认为它们能够"调和"而且应该"调和",进步和进化正是在这种"调和"中实现的;李大钊有时还把人们(包括他自己在内)对"直线进步"的普遍信念加上了"退化"的反作用力,如在《青春》中,他认为,如果不从无始无终的"无"中绝对地看待宇宙,而是相对地看待宇宙,那么,"宇宙则为有进化者。既有进化,必

---

① 李大钊:《青春》,见《李大钊文集》,上册,第199页。
② 李大钊:《唯物史观在现代史学上的价值》,见《李大钊文集》,下册,第364—365页。
③ 李大钊:《演化与进步》,见《李大钊文集》,下册,第634页。

有退化。于是差别之万象殊生焉"①。李大钊还试图调和"互助"与"阶级竞争"("阶级斗争")之间的不协调。在1917年发表的《战争与人口》中,他已经发现了无情的"天道"和慈悲的"人道"之间的冲突:"天演之变无止境,人生之患无穷期,战固不可以已矣。于是宗天演者,谓物竞自存,天择其适,以斯象为可安。倡人道者,谓仁人爱物,世极大同,闵此情而不忍。"②在"物竞天演"和"仁爱人道"的冲突中,李大钊的解决办法是,把"物竞"限制在人同自然界之间("与天争存,役物为用"),而排除在人类社会之外("何必任天而相残")。他对"物竞天择"、"优胜劣败"的天演论助燃欧洲战火作了温和的谴责,他严厉谴责的是野心家盗用这一学说以为口实,使之服务于他们的侵略目的,但他以"旨在明理,未遽可以厚非"的说法,对"天演论"本身又作了肯定性的保留:"近自世局大辟,学说争鸣,影响所及,有足以助战祸之昌炽者。人口论倡导于前,天演论继兴以后。……谈天演者辄曰:'万化之宗,归于天演,人群之象,亦何能逃?盖优胜劣败,弱肉强食者,天之道也。'斯其所言,旨在明理,未遽厚非。而野心之雄,闻而善之,将欲黩武穷兵,必执其言以为口实。"③在此,李大钊是通过把天道和人道的二元化为人道争取存在的空间。但是,当他接受了马克思的"阶级斗争论"之后,在同是"人类社会"的领域中,他又遇到了"阶级斗争"与"互助"之间的"矛盾"。矛盾的解决不是通过舍一取一实现的,因为具有人道情怀的他对"互助论"一往情深,就像革命派那样,他把"互助"设定为人类社会的理想价值:"人类应该相爱互助,可能依互助而生存,而进化;不可依战争而生存,不能依战争而进化。这是我们确信不疑的道理。依人类最高的努力,从物心两方面改造世界、改造人类,必能创造出来一个互助生存的世界。

---

① 李大钊:《青春》,见《李大钊文集》,上册,第195页。
② 李大钊:《战争与人口》,见《李大钊文集》,上册,第372页。
③ 李大钊:《李大钊文集》,上册,第382页。

我信这是必然的事实。"①"互助论"要坚持,"阶级斗争论"又要接受,李大钊只能采取调和的方式。方法是让"阶级竞争"一方面成为非理想社会的产物,一方面又成为通向"互助"理想社会的手段;让"互助"这一在非理想社会已经存在但又很微弱的理想因素,通过"最后"的"阶级竞争"在将来成为现实。撇开其他问题不论,仅就这一点说,如果"互助"原本同"阶级斗争"格格不入,它何以又会成为前者的福音呢?这不等于是与虎谋皮吗?"互助论"的大师克鲁泡特金,对于这种逻辑大概会惊讶不已吧!但李大钊却信心十足地说:"这最后的阶级竞争,是改造社会组织的手段。这互助的原理,是改造人类精神的信条。我们主张物心两面的改造,灵肉一致的改造。总结一句话,我信人类不是争斗着、掠夺着生活的,总应该是互助着、友爱着生活的。阶级的竞争,快要息了。互助的光明,快要现了。我们可能觉悟了。"②这是多么动听的许诺啊!在晚于《阶级竞争与互助》、"实际上"是几个月后(9月)发表于《新青年》上的《我的马克思主义观》长文中,李大钊最系统地阐述了马克思的主要观念,在此他继续关注"阶级竞争"与"互助"的关系并努力协调它们。值得注意的是,李大钊把斯宾塞等人所说的出于利己心的"自己发展",看成是"阶级竞争"的最终根源,直接根源则是由个人利己心产生出来的"阶级经济利害"关系。对于李大钊来说,马克思并不排斥"人道"和"互助"伦理,马克思把以往的历史看成是"阶级竞争史",只是"唯物史观"对于过去历史的一个"运用",而且马克思把"阶级竞争"限定在人类历史的"以往"阶段(类似于陈独秀的逻辑),人类的未来的真正历史则是"互助","就是互助历史,没有阶级竞争的历史"。李大钊最终没有把马克思的学说"完美化",而是加以"相对化",承认它有"偏蔽"和

---

① 李大钊:《阶级竞争与互助》,见《李大钊文集》,下册,第16—17页。
② 同上书,第18—19页。

"应加纠正的地方"。①

从李大钊坚定地维护"互助进化"或"进化互助"这一事实中，我们必须再次指出，他并没有因为接受了马克思主义就放弃了"进化主义"。相反而且更有趣的事实是，作为进化主义一个形态的"互助论"，恰恰又是李大钊在接受了马克思主义之后才加以强调。②至多我们说他在一定程度上抑制了"优胜劣败"、"弱肉强食"的社会达尔文主义。李大钊坚持"进化主义"的根据，在晚于《我的马克思主义观》而发表的《物质变动和道德变动》中得到了进一步验证。在此，他把达尔文的生物进化主义与马克思的"唯物史观"合到一起以解释"道德"的起源及其变动。他断定说，古老的道德本质问题，只是到了19世纪后半叶才由达尔文和马克思作了"正确的说明"，"达尔文研究道德之动物的起源，马克思研究道德之历史的变迁。道德的种种问题至此遂得了一个解决的方法"③。在达尔文的生物进化主义看来，人类的道德意识，起源于人类在生存斗争中所形成的一种"社会本能"，这种本能不仅存在于人类中，也存在于其他动物之中，只是人类充分地适应和选择了这种本能。李大钊认为达尔文对道德起源所作的"进化主义"解答，"可以把道德的本质阐发明白了"，而马克思的贡献则是为我们正确说明了道德的历史变迁及其差别。

另一位比李大钊还年长几年的早期中国马克思主义者蔡和森，也是把进化主义与马克思主义结合起来的人物，看看他的《社会进化史》等著作便可明白。我们上面谈到的他所说的"综合革命说与进化主义"相统一的观念就是具体表现。被认为是马克思主义"中国化"代表人

---

① 参见李大钊:《我的马克思主义观》，见《李大钊文集》，下册，第67—69页。

② 在这一点上，我们同意莫里斯·迈斯纳的意见，参见迈斯纳:《李大钊与中国马克思主义的起源》，中共北京市委党史研究室编译组编译，中共党史资料出版社1989年版，第151—153页。

③ 李大钊:《物质变动和道德变动》，见《李大钊文集》，下册，第135—136页。

物的毛泽东,早期思想来源不一,早年深受严复、梁启超、孙中山、胡适和一些西方思想家的学说的影响,其中就有"进化主义"。根据斯诺的记载,毛泽东读过赫胥黎的《天演论》和达尔文的《物种起源》。因此,毛泽东在《〈伦理学原理〉批注》中,用"进化主义"、"进化"、"互助"等术语来概括和评论书中的内容是很自然的。[①]面对民族危机,毛泽东倡导"力量"、"意志"和"生命冲动",希望通过变革实现社会进化,这表明他也是沿着历史进步论迈进。毛泽东同达尔文进化主义格格不入的地方,是他在努力把马克思主义中国化的过程中,严厉地批判所谓"庸俗进化主义"。在《矛盾论》中被突出出来的"这一"批判对象,毛泽东把它视为同辩证法不相容的形而上学的同义语。在毛泽东看来,"庸俗进化论"的错误在于只承认量变,而且把事物的变化归之于外部环境的影响,看不到事物变化的根本原因在于事物的内部。毛泽东以阶级立场揭露说:"这种思想,在欧洲,在17世纪和18世纪是机械唯物论,在19世纪末和20世纪初则有庸俗进化论。在中国,则有所谓'天不变,道亦不变'的形而上学思想,曾经长期地为腐朽了的封建统治阶级所拥护。近百年来输入了欧洲的机械唯物论和庸俗进化论,则为资产阶级所拥护。"[②]毛泽东对进化主义的"批判",后来成为意识形态批判进化主义的基调。这种批判,同毛泽东批判改良主义和热恋革命一脉相通。由于意识形态也在经历着变化,50年代以后,进化主义遇到过非常不同的局面。总体上说,达尔文的生物进化主义,当它被看成是马克思主义的来源之一时,它受到的往往是肯定;但当它被作为社会达尔文主义、作为反对革命性变革的根据时,

---

① 参见《毛泽东早期文稿》,湖南出版社1995年版,第172、251—253、259、274页。

② 毛泽东:《矛盾论》,见《毛泽东选集》,2版,第1卷,人民出版社1991年版,第301页。

它受到的往往是否定。①

　　从广义上说，尼采主义和柏格森主义都属于"非理性主义"和"唯意志主义"的范畴。柏格森提出"创造进化"学说，直接扩展了进化主义的形态；尼采哲学也在"独特"的意义上加强了进化主义。尼采从叔本华那里接过了"意志"，但克服了意志因不能满足而产生的悲观主义情调。尼采反其道而用之，正是从"意志"的永不满足中为它找到了用武之地，"意志"被插上了"权力"的翅膀而无限翱翔；凌空出世的"超人"，像飓风一样横扫一切"枯枝落叶"，席卷所有的"委靡不振"和"老弱病残"。柏格森是抗议理性、概念化、机械唯物主义和进化主义的先知，他为"时间"、"真理"、"生命"和"进化"寻找到了"直觉性"的彻悟和洞察。他的"创造进化"因把"达尔文主义者相当阴沉的机械无神论转变为成长世界神奇自由的感觉"而很快把许多人吸引到他的身旁。②

　　对于尼采和柏格森的非理性主义和唯意志主义哲学，中国知识分子在"五四"之前已经开始有所介绍。1904 年，王国维分别在《尼采氏之教育观》、《德国文化大改革家尼采传》中专门介绍了尼采其人其学，并在同年的《叔本华和尼采》中，对这两位唯意志主义哲学的代表人物作了比较。同样，柏格森主义在"五四"之前也有人介绍。1913 年，文化保守主义者钱智修发表在《东方杂志》上的《现今两大哲学家学说概略》，所说的"两大哲学家"，其中一位就是柏格森（钱智修译为"布格森"），文中以"布格森进步哲学"为题，对柏格森的时间观念和创造进化作了阐释，认为柏格森进步哲学的核心，在于"即其生活也其变更，其变更也其发育，其发育也其不绝之创造。自然界中，无完成之事物。各种事物，在进行之途中，时间永无现在，生

---

① 参见舒炜光：《达尔文学说与哲学》，上海人民出版社 1959 年版，第 1—8 页。
② 参见史壮柏格：《近代西方思想史》，第 595 页。

活日趋进步是也"①。钱智修肯定，柏格森哲学抗议机械唯物论、科学理性和神学宿命，相应地主张生命冲动、自由创造，具有革命性的意义。在钱智修的眼中，柏格森是一位"咸感物质文明之流梏，而亟思救正"的先知。

到了"五四"时期，尼采主义和柏格森主义得到了广泛的传播和运用。1919年，李石岑主编的《民铎》（第二卷第一号）出版了"尼采号"，其中刊载有白山的《尼采传》、符翻译的《尼采之一生及其思想》、朱侣云的《伟人与超人》、李石岑的《尼采思想之批判》等。1921年，《民铎》（第三卷第一号）又推出了"柏格森号"，对柏格森主义作了集中的介绍，其中有蔡元培的《节译柏格森玄学导言》、张东荪的《柏格森哲学与罗素的批评》、杨正宇的《柏格森哲学与现代之要求》、瞿世英的《柏格森与现代哲学趋势》、严既澄的《时间与自由意志概略》、李石岑的《柏格森哲学之解释与批判》、吕澄的《柏格森哲学与唯识》、梁漱溟口述的《唯识家与柏格森》、朱谦之的《论柏格森哲学》、张君劢的《法国哲学家柏格森谈话记》等。另外，同时或稍后，有关尼采和柏格森哲学的翻译和介绍，散见于不同的刊物中，如吴康的《柏格森传》（载《哲学》1921年第1期、第4期）、冯友兰的《柏格森的哲学方法》（载《新潮》第三卷第一号，1922年2月）、《心力》（载《新潮》第三卷第二号，1922年3月）等。胡适在《五十年来之世界哲学》（1922）、蔡元培在《五十年来中国之哲学》（1923）中，也分别对两位哲学家的哲学作了述评。特别是1919年，作为柏格森进化主义哲学代表著作的《创化论》由张东荪翻译并由商务印书馆出版。当时，柏格森还应允来华讲学，虽然最终并未成行。

和其他西方思潮一样，尼采主义和柏格森主义不是仅作为"知识"

---

① 钱智修：《现今两大哲学家学说概略》，载《东方杂志》，第10卷第1号，第3页，1913年第7期。

和"学说"降临中国的,而是作为思想的"营养"和时代变革的"酵母"而受到迎接的。精神饥渴的"五四"知识分子,"整体上"欢迎它们。尼采的"重估价值"、"上帝死了"、"超人"、"英雄"和"权力意志",使陈独秀、鲁迅、李大钊、胡适、李石岑、郭沫若等都感到兴奋,批判"五四"弄错了时代主题而在40年代兴起的"战国策派",在尼采那里,更是找到了"民族主义"和国家伟大复兴的"强心针"。"五四"之前,鲁迅就"盯上"了尼采。1907年,他在控诉西方"物质"和"众数"("群众")的弊端、忧患中国"病弱"的《文化偏至论》中,把尼采作为"非物质"、"重个人"的代表人物之一加以赞扬:"若夫尼佉,斯个人主义之至雄桀者矣,希望所寄,惟在大士天才;而以愚民为本位,则恶之不殊蛇蝎。意盖谓治任多数,则社会元气,一旦可隳,不若用庸众为牺牲,以冀一二天才之出世,递天才出而社会之活动亦以萌,即所谓超人之说,尝震惊欧洲之思想界者也。由是观之,彼之讴歌众数,奉若神明者,盖仅见光明一端,他未遍知,因加赞颂,使反而观诸黑暗,当立悟其不然矣。"①在鲁迅那里,尼采的"强者"、"意力"、"战斗"、"勇猛"和"反抗",都意味着朝向"新的"理想之境"进化",正如尼采在《札拉图斯特拉如是说》中所说的那样:"求古源尽者将求方来之泉,将求新源。嗟我昆弟,新生之作,新泉之涌于渊深,其非远矣。"鲁迅推崇性地把这段话放在了《摩罗诗力说》的正文之前,并认为中国传统缺乏的正是尼采所说的这种奋发进取精神("摩罗诗力")。"进化"的车轮已经滚滚而来,它把守旧复归之声远远地抛到了九霄云外,鲁迅说:"吾中国爱智之士,独不与西方同,心神所注,辽远在于唐虞,或迳入古初,游于人兽杂居之世;谓其时万祸不作,人安其天,不如斯世之恶浊阽危,无以生活。其说照之人类进化史实,事正背驰。……人类既出而后,无时无物,不禀杀机,

---

① 鲁迅:《鲁迅全集》,第1卷,人民出版社1987年版,第52页。

进化或可停，而生物不能返本。……若诚能渐致人间，使归于禽虫卉木原生物，复由渐即于无情，则宇宙自大，有情已去，一切虚无，宁非至净。而不幸进化如飞矢，非堕落不止，非著物不止，祈逆飞而归弦，为理势所无有。此人世所以可悲，而摩罗宗之为至伟也。人得是力，乃以发生，乃以曼衍，乃以上征，乃至于人所能至之极点。"①胡适反对尼采弱肉强食、优胜劣败的社会达尔文主义，但他欣赏和肯定尼采"重新估定一切价值"和对传统道德的批判，胡适说："他的超人哲学虽然带着一点'过屠门而大嚼'的酸味，但他对于传统的道德宗教，下了很无忌惮的批评，'重新估定一切价值'，确有很大的破坏功劳。"②努力澄清尼采思想并希望它在中国发挥有益效用的李石岑，考辨了尼采思想同达尔文生物进化主义的关系。在李石岑看来，尼采的进化主义与达尔文的进化主义有非常大的差别，如达尔文所说的生存竞争、自然选择，只图生命之保存，而尼采的生存竞争在于不断地征服和创造，在于永不满足地进化；又如达尔文把生物的进化看成是生物被动地适应外部环境的结果，而尼采则认为生物进化完全在于生物自身的内部动力"权力意志"。有人把尼采的超人看成是生物进化到人类之后的一个"新种类"，李石岑说，尼采的"超人"，并非"由人类进化之种类之动物"，它只是进化的象征，表明人类之解放、权力意志之自由。李石岑总结说："尼采之超人说，固多受达尔文进化说之影响，然与达尔文着眼之点乃大异。达尔文注重生物学的事实，尼采则注重象征的表现。故达尔文之进化，为生命保存而进化；尼采之进化，为进化而进化。尼采以为进化所以暗示吾人者，为在进化时所起之距离之感，超人为距离之感之最富者，故超人为进化之象征，非由人种进化之新种之动物也。"③自认努力客观阐释尼采思想而不为之张目的李石岑最终还是

---

① 鲁迅：《鲁迅全集》，第 1 卷，人民出版社 1987 年版，第 67—68 页。
② 胡适：《五十年来之世界哲学》，见《胡适文存》，第 2 集，第 248 页。
③ 李石岑：《李石岑论文集》，商务印书馆 1924 年版，第 54 页。

逃不出价值上的倾向性，认为尼采之说也许仍然能够"医黏液质之中国人"。S.T.W（署名）和朱侣云也都指出了尼采进化主义同达尔文的联系和差别，他们强调尼采的"超人"是人类进化之后的一个新种类，是进化到极点的最理想的人。① 把尼采思想完全合理化并无限加以运用的是以林同济、陈铨等为代表的"战国策派"，这一以第二次世界大战和作为其一部分的中国抗日战争为背景而兴起的派别，相信当时的整个世界格局就是中国战国时代的"重演"，是以"战争"、"力量"、"英雄"和"强者"等"战神"决定历史命运的时代。基于这个前提，他们认为中国必须确立适应这种现实需要的文化和民族精神，而尼采以"权力意志"、"强者权力"、"超人英雄"和"主人道德"为理想的唯意志主义哲学，正可以在此发挥威力。如果说尼采是一个先知，它只是预测了巨怪"军国主义"和"世界战争"，那么他的那一套哲学恰恰能够被他所预测的巨怪所利用。中国"战国策派"在抗日战争的特定条件下呼唤尼采主义，虽然客观上起到了对抗法西斯主义的作用，但他们使用的带有"剧毒性"的尼采的理论和逻辑，恰恰也是法西斯主义所使用的。从这种意义上说，"战国策派"就像梁启超那样，典型地代表了中国的社会达尔文主义。尼采在中国并不总是受到鼓励，蔡元培和梁启超先后都把尼采哲学作为第一次世界大战强权主义和军国主义的思想基础②，就像欧洲许多人士所认为的那样。当然，尼采的维护者曾不止一次地出面挽救他，洗刷加之于他的污点，使之保持清白。但有一点可以肯定，尼采的影响就像达尔文一样，是在多个方向上扩散的，魔鬼和天使都可以利用他。

柏格森为抗议机械进化主义而提出的生命冲动和创造进化，同样

---

① 参见S.T.W的《尼采学说之真价》（载《民铎》"尼采号"，第2卷，第1号，1920-08-15）和朱侣云的《超人和伟人》（同上）。

② 参见蔡元培：《欧战与哲学》（载《新青年》，第5卷，第5号，1918-11-15），和梁启超：《欧游心影录》（见张品兴主编：《梁启超全集》，第5册，第2978页）。

受到了不少"五四"知识分子的好感。"新文化"人物（如李大钊和陈独秀等）和文化保守主义者（如梁漱溟、张君劢等）都从柏格森那里获得灵感。① 胡适认为柏格森的生命冲动在哲学上的最大贡献，就是指出了"积极的、创造的适应"。对柏格森进化主义做出肯定的李石岑强调，柏格森依据"生之冲动"讨论进化，"得进化之妙谛"。李石岑向达尔文挑战说，达尔文根据生物之事实而所说的进化，实际上只是"演化"，因为还存在着与"由简而繁"相反的"由繁而简"的过程；而且达尔文完全根据因果关系的机械律立论，也难以说明进化的真相。柏格森把进化主义从机械论和目的论中解放了出来，从根源性的"生命冲动"出发说明进化，真正切中了"进化"的本真。② 翻译《创化论》的张东荪，把柏格森的"创化论"看成是哲学进化主义发展中的一个重要里程碑，并针对罗素对柏格森的批评而为柏格森正名。但张东荪很快迷上了摩根（C. L. Morgan）和亚历山大（S. Alexander）的进化主义，他把它称之为"新创化论"（或"层创进化论"）。在张东荪看来，"新进化论"是从斯宾塞和柏格森的进化主义发展而来的。斯宾塞把物质的凝聚与动力的消散看成是进化的法则，并认为进化是一个由浑到分、由细到著、由粗到精的过程。柏格森认为，斯宾塞所说的进化，只不过是"变化"而已，因为依靠物质和力的机械性聚散，并没有新东西产生出来。只要是进化，就必须有创新，有新东西产生。因此，柏格森提出了根源于事物自身"生命冲动"的创造进化。"自创不息"的柏格森的进化虽然弥补了斯宾塞的不足，但却有进化"盲目"不可预知的困境。为了避免斯宾塞和柏格森两者之短而取其两者之长，摩根和亚历山大提出了"七分近柏格森，而三分近斯宾塞"的"新创化论"，它一方面肯定了柏格森的创新进化，另一方面又承认斯宾塞所

---

① 参见陈独秀的《敬告青年》、李大钊的《厌世心与自觉心》、梁漱溟的《东西文化及其哲学》和张君劢的《人生观》等。

② 参见李石岑:《柏格森哲学之解释与批判》，见《李石岑论文集》，第76—79页。

说的底本并把底本扩展到每一个进化的层次上。张东荪对这一"新进化论"作了无以复加的肯定并试图引申①，他是中国玄学进化主义的代表人物之一。此外，20世纪三四十年代兴起的以陈立夫的学说为代表的"唯生哲学"，也是通过消化吸收柏格森的生命冲动和创造进化而构筑起来的，尽管它并不精致。②

"五四"知识分子倾心尼采和柏格森的唯意志主义哲学、唯意志进化主义，同"五四"从外在的物质和制度变革转向内在的文化和精神变革这一整体气氛相吻合。在这一点上，新文化派和保守派却惊人地站在了"一起"。在此，我们顺便提一下保守主义者杜亚泉。1905年持"物质"进化观点的他③，在1913年发表了看似与进化主义无关的题为《精神救国论》的长文。实际上，它恰恰是集中讨论进化主义并以此为基础而提出了精神救国说。在此，杜亚泉严厉控诉了近代以来包括进化主义在内的唯物主义哲学，认为这一哲学有三大弊端——"一、激进人类之竞争心；二、使人类之物质欲昂进；三、使人类陷入悲观主义"。可悲的是，这一"危险至极之唯物主义"，"航渡东亚，输入我国。我国民受之，其初则为富强论，其继则为天演论。一时传播于上中流人士之间，炫耀耳目，渗入脏腑。而我国民之思想，乃陷入危笃之病态"④。令杜亚泉兴奋的是，以特兰门德（H. Drumont）、克鲁泡特金、颉德、巴特文（J. M. Baldwin）和胡德（L. F. Ward）等为代表的注重心灵、精神和道德的新进化主义脱颖而出。在杜亚泉看来，达尔文和斯宾塞的进化主义，虽然并不蔑视道德，也不把生存竞争、弱肉强食

---

① 参见张东荪：《新创化论》，载《东方杂志》，第25卷，第1号，1928-01-10。
② 参见陈立夫《唯生论》（南京正中书局1937年版）、《生之原理》（重庆正中书局1944年版）。
③ 参见杜亚泉：《物质进化论》，见《辛亥革命前十年间时论选集》，第2卷上册，第35—39页。
④ 引自《东方杂志》，第10卷，第1号，1913-07-01。

看成是社会领域的法则，但由于他们的进化主义的根基是唯物论，而且已被很多人所误解，所以仍然导致了对道德和心灵的腐化。他们之后所发展起来的新进化主义，均从不同角度试图克服社会达尔文主义的偏差，使人类社会进化朝着"互助"、"友爱"、"协作"、"自我牺牲"等伦理的方向迈进。根据新进化主义，杜亚泉"欲综合诸家之说而求其汇通"，其中心是把宇宙进化分成从无机到有机、从有机到超有机（即人类社会）三个历史阶段，并认为每一个阶段都有相应的进化法则，"超有机"的进化以"心理学"为法则，进化的目的是"心意之遂达"，也就是自由和自我完善。在民初，杜亚泉为了对抗庸俗的唯物主义、对抗社会达尔文主义，从而注重心灵和道德价值的进化，实际上已经在为"五四"注重"精神"革命的整体气质做着准备，虽然在"五四"时期他作为文化保守主义者与新文化派发生了冲突。

以上我们主要从"五四"时期的几大外来思潮同进化主义的关系以及"五四"知识分子的反应进行了概略性的考察。"五四"是"思想文化和精神价值"激烈变革的时期，围绕这一主题的"文学革命"、"问题与主义论争"、"孔教论战"、"非宗教运动"、"科玄论战"等，在不同程度上都与"进化主义"密切相关，或者说它是作为"五四"变革思潮的世界观基础而发挥作用的。有关这一方面，在以下的讨论中，我们将会看到。

此外，上一章我们已经接触到了作为广义论进化主义一个形态的"互助论"，它在"五四"时期仍是一个强有力的因素。在"五四"之后，"互助论"继续成为"生存斗争论"的抵抗者，陈安仁的《天演评论》（南太平洋亚包埠互助联合社，1924），用互助武器系统地同社会达尔文主义作战；黄建中和李煜瀛立足于"互助论"进行了价值重建，前者提出了"突创和协"的人生和社会理想[①]，后者上升到了"互

---

① 参见黄建中：《比较伦理学》，山东人民出版社1998年版，第260—295页。

助宇宙观"。① 曾在巴黎与克鲁泡特金夫人晤面并作了承诺的朱洗(《互助论》的翻译者和"互助"的信仰者),从中国传统中发现了丰富的"互助"思想和价值资源,邵乐安的《老庄之互助学》(世界编译馆,1933)也是这方面的努力结果之一。前面我们谈到过的作为生物进化主义一个衍生物的"优生学",在"五四"时期也得到了彰显。② 人们相信这门"科学"有利于改善中国种族并使之处于优胜的地位。陈映璜的《人类学》(商务印书馆,1918)、陈寿凡的《人种改良学》(商务印书馆,1919)、周建人和陈长蘅的《进化论与善种学》(商务印书馆,1923),都是介绍这一学说并产生了影响的早期著作,特别是《进化论与善种学》。有关优生问题的论文,当然就更多,丁文江的《哲嗣学与谱牒》(载《改造》第3卷第4号、第6号,1920—1921)就是其中之一。"五四"之后,研究和宣传优生学的著作和论文,令人目不暇接。社会学家潘光旦是这一领域的健将之一。然而,50年代以后,阶级观念和平民主义取代了"种族"和"服务于"贵族的资产阶级的"优生"观念,"优生学"衰落了。

经过以上类似于罗列"五四"进化主义"家谱"的考察,下面我们就踏上进化主义与"五四"时代主题风雨同舟的征途。

二、作为"五四"激烈反传统的进化主义

让我们从作为"五四新文化"最重要的主题之一的"反传统"问题开始。"五四"反传统作为一个"事实",我相信已经成为"常识"。围绕"五四"反传统争论的焦点之一,是如何"测定"它的"程度",它是否就像林毓生所说的是"全盘反传统"或"整体性反传统";焦

---

① 参见李煜瀛:《我之互助观》,世界社1932年版,第1—6页。
② 有关这一方面,参见冯客:《近代中国之种族观念》,第149—171页。

点之二，"五四"反传统在价值上是否"应该"。我们不展开讨论，也不谈焦点之二，只就焦点之一结论性地说，"全盘"或者"整体"，如果"只是"强调了"量大"或"程度高"，那是可以的；但如果说是指"百分之百"或全都是那样，肯定会引起反驳。林毓生的说法，看来有后者的意义虽然并不完全是"后者"的意义，加上"全盘"这个字眼本身具有"数量"上的严格确定性，他的"判定"自然受到了质疑。① 真正讲来，"五四"新文化派，并非是在"全盘"程度上"反传统"的；如果把"五四"时期的文化保守主义者（这是"五四"时期的另一支重要力量）也算上，结论就更不是这样。我们倾向于用"激烈"或"强烈"的字眼，来限定"五四"反传统的程度，把它称之为"五四""激烈反传统"或"强烈反传统"。历史地说，"五四"反传统是晚清"变法派"和"革命派"反传统的延续（延长）和扩展，史华慈已经正确地强调了这一点。但"五四"的反传统又有新的特点，其"程度"的加大是一个方面；其作为"时代精神"是另一个方面；其作为"主要从思想文化"（区别于主要从"技艺"、"制度"和"政治"入手）解决问题是第三个方面。

如果可以把"五四"激烈反传统作为一个事实来对待，那么接着的问题就是，何以在"五四"时期会产生激烈地反传统的局面。我们在开头已经接触到了这一点，概括性地说，它是多种因素促成的结果。其中之一，就是进化主义的作用。正如林毓生所说，"五四"反传统，"受到社会达尔文主义的影响，以为变就是价值。……不过，中国的社

---

① 有趣的是，林毓生系统阐述"五四""全盘性反传统"的代表性著作——《中国意识的危机——"五四"激烈的反传统主义》，书名中用的是"激烈"（radical）而不是"全盘"（totalistic），但他在正文中使用的却是"全盘"。在这一点上，他也许是有意的。他可能从胡适的"全盘西化"中受到了启发。由于此词没有数量和程度上的弹性，使用它去概括那极不容易"一概而论"的对象，结果只能是出现胡适曾经遇到过的受质疑的局面（参见胡适的《充分世界化与全盘西化》和冯友兰的《三松堂自序》）。

会达尔文主义虽使人蔑视过去的思想和价值,却无法解释五四时期对中国传统要求全面而整体之抨击的特色"①。我们并不认为,社会达尔文主义或更广的进化主义,就能解释"五四"反传统这一整体现象,但以"适应性"、"优劣"、"人工选择"、"不可逆性"、"进步性"等为内容的进化主义,在很大程度上使"传统与现代"、"古今"或"新旧"成为"两极性"的对立,追求"现代"、"科学"、"今"或"新",就意味着同"传统"、"古"或"旧"进行根本性的决裂。就像曾经全力"资助"了"变法"和"革命"一样,民初之后,进化主义又开始成为"五四"反传统和"五四"新文化的助产士,或者说它扮演了反叛中国传统文化和价值的先锋角色。尽管"五四"反传统确实带有"负面性",但我仍然相信,"五四"反传统仍然是一种"积极"的反传统。② 希尔斯(E.Shils)把西方"积极反传统"的传统概括为三个方面:一是原创性,即要求与过去不同,勇敢地去尝试和做前人未做的事;二是科学主义,即用科学去怀疑和拒绝传统的制度和信仰;三是进步主义,即相信人类一切方面都将走向完善。希尔斯指出:"这些积极的传统尤其促发了西方社会已有传统的变迁;它们还传播到西方社会之外,并在这些新的地区,号召人们破除实质性传统。"③可以说,"五四"反传统就是西方积极反传统传播到西方之外的一种表现,它明显具有"原创性"、"科学主义"和"进步主义"的特性。胡适、李大钊、陈独秀等都相信,他们要创造出一种完全有别于传统的"新文化"、"新文明"④,他们对"新"、"今"和"现代"的热烈拥抱,仿佛在此就能获得

---

① 林毓生:《中国传统的创造性转化》,三联书店1996年版,第166页。林毓生从其他一些方面探讨了"五四"激烈反传统的复杂原因,可参见上书,第166—179页。

② 从这种意义上说,我反对把"五四"反传统同"文化大革命"相提并论,也反对把共产主义在中国的兴起"简单"地看成是"五四"的产物,并以此为标准来肯定或否定"五四"。

③ 希尔斯:《论传统》,傅铿、吕乐译,上海人民出版社1992年版,第315页。

④ 如陈独秀说:"我们相信世界各国政治上、道德上、经济上因袭的旧(转下页)

"新生"。"五四"推崇科学并用"科学"作为判定"传统"制度和"价值"的标准，大家熟悉的陈独秀的《本志罪案之答辩书》中的说法最为典型。进化主义之所以能成为"五四"反传统的后台，一个重要原因，是它被视为"科学"；与我们的论题直接相关的"五四"崇拜"进步性"的"进化主义"，更是作为反叛"传统"的武器和替代物而展现自身的。就像希尔斯对西方反传统进步主义所作的阐释那样："进步思想既是描述性的，又是规范性的；这两种特性之间的关系一直模糊不清。这种思想断定，进步已经发生了；它也断定，进步应该发生，而且一旦阻碍进步的障碍被破除之后，它就会出现，这些障碍便是人类一味依恋过去的陈腐习惯和信仰。……传统成了主要敌人，阻碍了人类正当而自然的雄心壮志的实现。这便使传统的辩护士，而不是进步主义的传统处在不利的地位。他们被迫处于守势，其成员正在减少，且自信心日益低落。进步的思想成了不证自明的真理，以致主张保留过去的文化范型成了徒劳无益的事情。"① 整体而言，传统与创造、传

―――

（接上页）观念中，有许多阻碍进化而且不合情理的部分。我们想求社会进化，不得不打破'天经地义'、'自古如斯'的成见，决计一面抛弃此等旧观念，一面综合前代贤哲、当代贤哲和我们自己所想的，创造政治上、道德上、经济上的新观念，树立新时代的精神，适应新社会的环境。"（《〈新青年〉宣言》，见《陈独秀文章选编》，上册，第 427 页）如胡适说："新思潮的唯一目的是什么呢？是再造文明。"（《新思潮的意义》，见《胡适文存》，第 1 集，第 533 页）

① 希尔斯：《论传统》，第 318 页。达尔文主义何以能够成为"五四""反传统"的先锋，林毓生对这一"主义"在中国盛兴原因的宏观解释框架也有助于理解这一点："社会达尔文主义在中国所以流行，有两个主要原因——一是认知上的，一是'意缔牢结'上的。首先应该说明的是，社会达尔文主义在认知上被用来解释西方入侵中国所引起的、史无前例的羞辱和困惑。国人把它当作一个解释工具，去应付由于不明情势所产生的最难忍受的不安。社会达尔文主义对社会和自然之天然演变所做自以为是的事实陈述，在逻辑上，并不能导衍出要求变迁的命辞。'要求'与'事实'有关，但并不能从'事实'逻辑地推论出来。……而中国的民族主义却使它成为求变的'意缔牢结'。"（林毓生：《中国传统的创造性转化》，第 166 页）事实上，包括"五四"知识分子，中国进化论者一直在事实判断和价值判断之间"自由"地游走。有趣的是，这一点恰恰又是中国传统思维的特性之一。

统与科学、传统与进步,肯定不是"全盘"冲突的,但它们之间确实存在着"冲突",当"现代化"或"现代性"被描述为一种"全新"的事物(如认为"现代化"的过程和特征是革命的、复杂的、系统的、全球的、长期的、有阶级的、同质化的、不可逆转的、进步的等等)时[①],传统与现代的冲突,就会被夸大其词。"五四"新文化就是通过夸大传统与现代、传统与进化之间的冲突来反叛传统的。如果说达尔文的进化主义在西方扮演了反叛"上帝"的角色,那么它在"五四"所做的事就是不断地宣判"传统"死刑。现在我们就来看看无所不能的进化主义是如何扮演"五四"反传统的角色这一我们一开始就提出的问题的。

如同开头我们所说,作为科学意义上的达尔文的生物进化主义,之所以在宣布之后对西方思想文化和精神世界产生强大的冲击波,最主要的原因是它同作为西方价值基础的基督教和上帝不相容。包括我们人在内的地球上的一切"生物",其解释权一直被上帝所垄断,永久的答案就在"设计论"和"创世说"中。但是,达尔文不相信这一超自然原因的答案,他要对生物寻找"自然"的解释。他借助于其他科学的成果并根据所掌握到的大量事实,坚定地认为生物是在无限长的时间中通过一些自然原因和机制自然演变过来的,根本不是"主宰性"的上帝的作品。这一学说冲击的决不仅是对"生物"起源的一种解释垄断,而且也是作为西方价值和信仰基础的基督教世界。达尔文把猴子和大猩猩看成是上帝杰出作品"人"的近亲,让那些一心要选择"天使"的教士和牧师们怒不可遏。在 19 世纪的这场世纪性较量中,达尔文最终赢得了胜利。这一科学与宗教冲突的典型事例,体现了达尔文立足于科学实证对权威、正统观念和独断的勇敢挑战精神,也意

[①] 参见 S.P. 亨廷顿:《导致变化的变化:现代化、发展和政治》,见 C.E. 布莱克编:《比较现代化》,上海译文出版社 1996 年版,第 44—47 页。

味着解放和自由。达尔文生物进化主义在知识意义之外的这种"社会"意义,对"五四"新文化派来说,具有反叛"传统"、挑战"权威"和获得"解放"的多重"示范性"和指导性。陈独秀在谈到进化主义冲击宗教的解放意义时说:"宗教之功,胜残劝善,未尝无益于人群。然其迷信神权,蔽塞人智,是所短也。欧人笃信创造世界万物之耶和华,不容有所短长,一若中国之隆重纲常名教也。自英之达尔文,持生物进化之说,谓人类非由神造,其后递相推演,'生存竞争'、'优胜劣败'之格言,昭垂于人类。人类争吁智灵,以人胜天,以学理构成原则,自造其祸福,自导其知行,神圣不易之宗风,任命听天之惰性,吐弃无遗。"① 尼采的"重估一切价值",使陈独秀勇敢地去打倒"偶像",使胡适坚定地去"评判"传统。胡适后来在回顾新文化运动的意义时说:"新文化运动的一件大事业就是思想的解放。我们当日批判孔孟,弹劾程朱,反对孔教,否认上帝,为的是打倒一尊的门户,解放中国的思想,提倡怀疑的态度和批评的精神而已。"②

按照"创世说",生物的种类被创造出来之后,是永远不变的。在达尔文以前,生物物种"可变"的观念已经被提出,而达尔文的进化主义则全面系统地论证了"物种"的由来和变迁,"物种不变论"被彻底摧毁。晚清变法派,首先把中国传统"变"的观念同物种可变观念结合起来使之成为"变法"的理论根据之一。"五四"新文化派反叛传统,更多的是使用进化主义的"可变"观念,而很少再使用中国传统的"变"。我们上面谈到,胡适肯定进化主义对实验主义的重要影响,其中之一就是"物种"和"类"的可变性。胡适指出,中外哲学家一直主张物种不变、类不变。但达尔文革命性地认为,没有不变的"物种"和"类",它们都经历着变化。实验主义哲学家把这种观念运

---

① 陈独秀:《法兰西人与近代文明》,见《陈独秀文章选编》,上册,第 80 页。
② 胡适:《新文化运动与国民党》,见《胡适文集》(5),北京大学出版社 1998 年版,第 579 页。

用在哲学上,用来讨论真理和道德,便产生了"历史的态度",即要求考察事物的发生经过、来龙去脉。这种"历史的态度",在胡适那里是从看似一个方向而实际上是两个不同的方向上被运用的,一是对中国历史和思想文化的"学术性"研究,即胡适所说的"整理国故";一是用来反叛传统。在前一个方向上,胡适以"实证"的精神,也就是他所说的"科学实验室的态度","同情"地"理解"中国文化;但在另一个方向上,胡适用它毫不留情地拒绝中国传统的信仰和价值。从形式上看,对"历史的态度"这两种不同的运用,在事实与价值分离的形式上避免了冲突,但实际上在胡适那里,"同情"地理解传统与"无情"地反叛传统持续地存在着内在紧张。原因之一是,根本上把"真理"与"实用"混为一谈的胡适,难以区分知识与价值;原因之二是,强调"新思潮"的根本意义只是"评判的态度"(也就是尼采所说的"重估一切价值")的胡适,其所说的"评判的态度"("反对盲从"、"反对调和"和"整理国故")已经把是非、善恶、好坏混为一谈,并明显地从"事实"中导出"应该"。如他反对新旧、中西文化的"调和论"说:"为什么要反对调和呢?因为评判的态度只认得一个是与不是,一个好与不好,一个适与不适,——不认得什么古今中外的调和。调和是社会的一种天然的趋势。人类社会有一种守旧的惰性,少数人只管趋向极端的革新,大多数人至多只能跟你走半路程,这就是调和。……所以革新家的责任只是认定'是'的一个方向走去,不要回头讲调和。"[①] 胡适这里所说的"是"就是事实与价值的"混合体",而且他所说的好与不好、适与不适,其标准并不在于"事实上",而在于它是否合乎我们的需要和愿望,如新道德、新信仰。从根本上来说,从"生物"及其"种类"的"可变性"中,我们并不能推出传统道德、价值和信仰的可变性,更不能推出其他"类"是可变的。然而,胡适

[①] 胡适:《新思潮的意义》,见《胡适文存》,第1集,第532页。

从生物物种的可变性中既推出了"类"的可变性，又推出了传统文化不仅是可变的而且"应该"变的，不仅"应该"变，而且应该"激变"、"急变"。

如同我们前面所说，在达尔文那里，生物的"进化"既没有固定的目标，亦非是"进步的"，它只是自然而然"演化"的。但是，当"进化"被运用在社会领域并被作为衡量社会成长的过程和尺度时，"进化"就不仅具有了"进步"的意义，而且具有了目的或目标的意义。这样，在自然领域纯粹作为"事实"的"进化"，在人类社会领域中更多地就成了同"合理性"、"完善"、"应该"等"价值"意义结合在一起的"进化"。这种"进步性"的进化，甚至被扩大化为宇宙的普遍现象。"五四"新文化派反叛传统的最重要根据之一，就是"进化合理主义"。从"可变性"出发虽然能够说明没有"固定不变"的"传统"，但不能说明"变"就是"善"，就是"应该"。能够为"变化"提供合理性论证的是"进步性"的进化，这种进步性的进化同时也成了反叛"传统"的"无上命令"。我们很容易看到，"五四"新文化派正是挥舞着"进化"这一指挥棒到处向"传统"发号施令。如陈独秀断定说：

宇宙间精神物质，无时不在变迁即进化之途。道德彝伦，又焉能外？"顺之者昌，逆之者亡"，史例俱在，不可谓诬。此亦可以阿斯特瓦尔特之说证之：一种学说，一种生活状态，用之既久，其精力低行至于水平，非举其机械改善而更新之，未有不失其效力也。此"道与世更"之原理，非稽之古今中外而莫能破者乎？①

使用了相同逻辑的李大钊亦说：

---

① 陈独秀：《孔子之道与现代生活》，载《新青年》，第2卷，第4号，1916-12-01。

宇宙乃无始无终自然的存在，由宇宙自然之真实本体所生之一切现象，乃循自然法则而自然的、因果的、机械的以渐次发生、渐次进化。道德者，宇宙现象之一也。故其发生进化亦必应其自然进化之社会。而其自然变迁，断非神秘主宰之惠与物，亦非古昔圣哲之遗留品也。[①]

在此，陈独秀和李大钊都是从"进步性"进化的"普遍性"和"必然性"（宇宙中所有的事物）来演绎道德的进化及其必然性。但在这种"崭新"的"进化"名词的外表之下，横卧着的仍是中国传统的思维方式，即宇宙、自然、社会和人类相"连续"的"天人合一"的"有机宇宙观"或"有机世界观"。如果说"思维"和"知识"的"分化"，体现了近代以来的"进步"趋势，那么"整体性"和"连续性"的思维方式恰恰属于尚未经过"进化"的前近代式的范畴。对此，作为"新文化"代表人物的陈独秀和李大钊还处在"无意识"的状态之中。他们使用的是完全超出了达尔文实际上是海格尔的"一元主义"的"进化"观念，以此来推演他们变革传统的"要求"。我们再看一段陈独秀的陈述："人生如逆水行舟，不进则退，中国之恒言也。自宇宙之根本大法言之，森罗万象，无日不在演进之途，万无保守现状之理。特以俗见拘牵，谓有二境，此法兰西当代大哲柏格森之创造进化论所以风靡一世。以人事之进化言之：笃古不变之族，日就衰亡；日新求进之民，方兴未已；存亡之数，可以逆睹。"[②] 陈独秀这里所说的"宇宙根本大法"，只不过是一种无法求证的"假设"，但他却用这种"假设"大胆地去"独断"一切，把一切都归属于"进化"的"法网"之内，陈独秀又以无可辩驳的口气说道："今世万事，皆日在进

---

① 李大钊：《自然的伦理观与孔子》，见《李大钊文集》，上册，第263页。
② 陈独秀：《敬告青年》，见《陈独秀文章选编》，上册，第75页。

化之途，共和亦然，……而世界政制，趋向此途，日渐进化，可断言也。"[1] 这样，声称以"科学"为后盾的陈独秀，恰恰贩运着似乎是"非科学"甚至是"反科学"的逻辑。陈独秀、李大钊等正是在这种"科学"的进化主义之下，向传统宣战的。他们直指中国传统的核心，即以孔子儒家为代表并被意识形态化了的传统的"伦理道德"观念和价值信仰。在他们看来，这种观念和价值信仰，按照"进化"和"进步"的标准，已经成为过时之物，它将被体现了进步的新的道德观念和价值信仰所取代。他们像法国启蒙思想家那样，坚信"道德"、人性是进步的。陈独秀已经发现道德的进步远不如物质和科学的进步快，原因在于道德是"人类本能和情感上的作用"，但他却又相信只要迅速破坏了"旧道德"，就能建立起"新道德"。这种根源于进步乐观主义的思维，使他们把传统道德看成是"新道德"的障碍物。结果，"新道德"与"旧道德"就成了类似于"天然"的敌人，选择一个就意味着必须舍弃另一个。看一看"五四"新文化派对"新旧"所采取的两极化态度，我们就能更具体地观察到他们是如何以"科学"的"进化"为标准，在"新旧"之间做出非此即彼的选择的。[2] 大家都熟悉陈独秀的一个两极性论式："要拥护那德先生，便不得不反对孔教、礼法、贞节、旧伦理、旧政治。要拥护那赛先生，便不得不反对旧艺术、旧宗教。要拥护德先生又要拥护赛先生，便不得不反对国粹和旧文学。"[3] 与此论式相似，汪叔潜断定"新旧"之间没有任何"调和"的余地："二者根本相违，绝无调和折衷之余地。……旧者不根本打破，则新者绝对不能产生；新者不排除净尽，则旧者亦终不能保存。新旧之不能相容，

---

[1] 陈独秀：《驳康有为〈共和平议〉》，见《陈独秀文章选编》，上册，第 244 页。
[2] 有关"五四"时期的"新旧"冲突，请参见王中江：《"新旧之辨"的推演与文化选择形态》，载《中国社会科学》，1999 年第 4 期。
[3] 陈独秀：《〈新青年〉罪案之答辩书》，见《陈独秀文章选编》，上册，第 317 页。

更甚于水火、冰炭之不能相入也。"① 这种"两极性"对立逻辑,就根源于他们"进步性"的进化主义宇宙观。在"五四"新文化派中,作为例外,李大钊主张过"新旧"、"古今"的调和。他强调,"新旧"、"古今"、"进步保守"是"宇宙进化"的两个车轮,只有通过二者的"调和",才能实现"进化"。他说:

> 宇宙的进化,全仗新旧二种思潮,互相挽进,互相推演,仿佛像两个轮子运着一辆车一样;又像一个鸟仗着两翼,向天空飞翔一般。我确信这两种思潮,都是人群进化必要的,缺一不可。②

> 以余言之,宇宙大化之进行,全赖有二种之世界观,鼓驭而前,即静的与动的、保守与进步是也。③

不管李大钊把"调和"与"宇宙"的进化联系起来是否站得住脚,仅就他的"调和"立场本身来说,也是不"彻底的"。他主张"新旧"调和并不是一贯的立场,在这一"立场"的前后,都伴随着"新旧"两极对立的立场。1917 年发表的《自然的伦理观与孔子》是他主张"调和论"之前激烈"反孔"、"反旧"的例子;1919 年发表的《物质变动与道德变动》是他主张"调和论"之后的例子。在《物质变动与道德变动》中,"旧"作为"新"的对立面、作为"进化"的对立面被一脚踢开:"宇宙进化的大路,只是一个健行不息的长流,只有前进,没有反顾;只有开新,没有复旧;有时旧的毁灭,新的再兴。这

---

① 汪叔潜:《新旧问题》,见《回眸〈新青年〉·哲学思潮卷》,河南文艺出版社 1998 年版,第 292 页。
② 李大钊:《新旧思潮之激战》,见《李大钊文集》,上册,第 660 页。
③ 李大钊:《东西文明根本之异点》,见《李大钊文集》,上册,第 557 页。另参见《新的!旧的!》,见《李大钊文集》,第 537—540 页。

只是重生，只是再造，也断断不能说是复旧。物质上，道德上，均没有复旧的道理。"①原因很简单，李大钊作为"五四"新文化派代表，科学主义和进化主义已浸透到了他的深层意识中，他的整个精神气质只能是以"新"和"今"为本位，以进步为本位，他不可能"坚持"新旧"调和"的立场。把"调和"的大权交给最有力的调和者"时代"，是李大钊公开放弃新旧"调和论"的自白。②"五四"新文化派代表人物胡适、鲁迅，事实上也都以"进化"为尺度，去宣布传统和旧道德、礼教的死刑。说起来，1914年1月，胡适在《非留学篇》中曾主张"新旧"调和、"中西"互补，他说得很明确："吾国居今日而欲与欧美各国争存于世界也，非造一新文明不可。造新文明，非易事也。尽去其旧而新是谋，则有削趾适履之讥。……必也先知周我之精神与他人之精神果何在？又须知人与我相异之处果何在？然后可以取他人之长，补我所不足，折中新旧，贯通东西，以成一新中国之文明。吾国今日之急务，无争是者也矣。"但这种立场不久就被他的"新旧不容"、"万事不如人"的一元选择所取代。此时，在他那里，"新"和"西方"成了"进化"的同义语，而"旧"和"中国"则成了落后的代名词。胡适告诫大家必须往前走，后退是没有出路的："你们心眼里最不满意的现状，——你们所咒诅的'人欲横流，人禽无别'，——只是任何革命时代所不能避免的一点附产物而已。这种现状的存在，只够证明革命还没有成功，进步还不够。孔圣人是无法帮忙的；开倒车也决不能引你们回到那个本来不存在的'美德造成的黄金世界'的！养个孩子还免不了肚痛，何况改造一个国家，何况改造一个文化？别灰心了，向前走罢！"③这是多么恳切的规劝啊！

---

① 《李大钊文集》，下册，第151—152页。

② 参见李大钊：《最有力的调和者——时代》，见《李大钊文集》，下册，第114页。

③ 胡适：《写在孔子诞辰纪念之后》，见《胡适文存》，第4集，第362页。

现在我们来看看"适应"观念是如何被"五四"新文化派用来反叛传统的。作为生物领域中的一种普遍现象——"适应",在达尔文以前,有的生物学家从超自然的原因来解释它,把它归结为"造物者"的设计。而拉马克特别注重环境对生物进化的影响,认为生物的多样形态和习性都是环境作用的结果。但是,拉马克或者假定生物本身具有向上力,或者用超自然的力量解释生物的"进化"。到了达尔文,生物进化的"超自然"解释被拒绝。对达尔文来说,生物对不同环境和生活条件的"适应性",完全是"自然选择"的结果,也就是他所说的"适者生存"。"适应"是一个不断的过程,正是在这种不断的"适应"和不断的"选择"中,产生了新的物种,促成了生物从低级到高级、从简单到复杂的进化。生物领域的"适应"、"适者生存"观念,在被运用到社会领域之后,"适应"、"适者"不仅是"优",而且是"善",于是作为事实而存在的生物现象和生物进化法则,就变成了人类社会的可欲目标和生存法则。在中国,严复首先强调这种意义上的社会达尔文主义:"夫群者,生之聚也,合生以为群,犹合阿弥巴而成体。斯宾塞氏得之,故用生学之理以谈群学,造端此事,粲若列眉矣。然于物竞天择二义之外,最重体合,体合者,物自致于宜也。"[①]在"五四"之前,中国进化主义者,主要是用"进化"、"渐进"变法和"激进"革命、竞争、互助来为"变革"开路,包括他们对传统的批判,"适应"观念未被进行"社会"意义上的充分运用。到了"五四"新文化派,与"进化"观念紧密联系的"适应"观念,成了反叛传统的主要正当性根据之一。

"适应"以"适应者"和"环境"二者为前提,中心是强调"适应者"同"环境"的"适应"关系。"五四"新文化派并不认为传统"从来"就是一个多余的"包袱",他们肯定"传统"(如传统道德、孔

---

① 严复译:《天演论》,第89页。

子学说)"曾经"适应过它所存在的历史环境,"曾经"满足或适合过特定的社会历史需要。但是,他们对"传统"所作的这种"相对"肯定,却伴随着他们对"传统"的"绝对"否定。很明显,在他们把"传统"完全限制在"过去"的社会历史"时空"之时,他们也就"绝对"地堵死了"传统"向"现代"转化的可能,"绝对"地判定了"传统"的死罪。作为中国实用主义总代理人的胡适(胡适之),正像他的名字"适"、"适之"所象征的那样,特别强调"适应"观念。"适应"不仅是胡适哲学思想的重要支柱,也是他的方法论基础。胡适的"适应"观念,来源于达尔文、斯宾塞和杜威。正是斯宾塞把达尔文所说的"自然选择",表述为"适者生存"。斯宾塞还用"适应"解释人的心理现象和行为,认为人的意识是适应的结果,行为的好坏也取决于是否"适应"人的目的和需要。胡适把这看成是斯宾塞的主要贡献之一。像杜威一样,胡适拒绝了无用的"绝对"、"超验"等多余的假设,把"经验"作为哲学的根本观念。作为杜威的信徒,胡适接受了杜威对"经验"的理解,认为所谓"经验"就是生活,而"生活"就是在所处的"环境"中去"对付"环境,所谓知识、思想和真理,也都是应付环境的工具,其"真实性"只是取决于它们是否具有对付环境的实际"效果"和"用处"。[1]胡适所说的"对付",其实也就是"适应"。"适应"是在环境中发生的,因此生活对环境的"适应"自然也包括了它"受"环境影响的方面,但生活决不是"被动"地让环境牵

---

[1] 曾经把"真理"看成是"永真"的胡适,经过杜威的洗礼之后,把"真理"变成了"一时一地"具有"实用性"或"适应性"的工具,变成了帮人过河的"摆渡者"和成人之美的"媒婆"。他说:"从前崇拜科学的人,大概有一种迷信,以为科学的律例都是一定不变的天经地义。……但是这种'天经地义'的态度,近几十年来渐渐地更变了。……知道现在所有的科学律例不过是一些最适用的假设,不过是现在公认为解释自然现象最方便的假设。……假设的真不真,全靠他能不能发生他所应该发生的效果。……真理不过是对付环境的一种工具;环境变了,真理也随时改变。"(胡适:《实验主义》,见《胡适文存》,第1集,第213—215页)

着自己的鼻子走,让环境决定自己的命运,它是积极主动地去"对付"和"适应"环境。胡适这样说:"现在我们受了生物学的教训,就该老实承认经验就是生活,生活就是人与环境的交互行为,就是思想的作用指挥一切能力,利用环境,征服他,约束他,支配他,使生活的内容外域永远增加,使生活的能力格外自由,使生活的意味格外浓厚。"①在此,我们仿佛看到了一位永远不知疲倦的"拓荒者"。当胡适用这种"一时一地"意义上的"适应"为标准和方法去看待"传统"的时候,"传统"也就完全被"相对化"为"时地"之物。它曾"适应"过"已往"的历史环境,但"现在"它已经变成了"过时"的不"适应"的"陈迹"。既然如此,就要像抛弃过时的、无用的"真理"那样,抛弃无用的传统:

> 真理原来是人造的,是为了人造的,是人造出来供人用的,是因为他们大有用处所以才给他们"真理"的美名的。我们所谓真理,原不过是人的一种工具,真理和我手里这张纸,这条粉笔,这块黑板,这把茶壶,是一样的东西;都是我们的工具。因为从前这种观念曾经发生功效,故从前的人叫他做"真理";因为他的用处至今还在,所以我们还叫他做"真理"。万一明天发生他种事实,从前的观念不适用了,他就不是"真理"了,我们就该去找别的真理来代他了。譬如"三纲五伦"的话,古人认为真理,因为这种话在古时宗法的社会里很有点用处。但是现在时势变了,国体变了,"三纲"便少了君臣一纲,"五伦"便少了君臣一伦。还有"父为子纲"、"夫为妻纲"两条,也不能成立。古时的"天经地义"现在变成废语了。有许多守旧的人觉得这是很可痛惜的。其实这有什么可惜?衣服破了,该换新的;这支粉笔写完了,该

---

① 胡适:《实验主义》,见《胡适文存》,第1集,第233页。

换一支；这个道理不适用了，该换一个。这是平常的道理，有什么可惜？"天圆地方"说不适用了，我们换上一个"地圆说"，有谁替"天圆地方"说开追悼会吗？①

这种通俗易懂的论式，集中体现了胡适从"适用"实际上也是"适应"的立场出发解构传统的逻辑。这种逻辑既具体又典型的运用，是胡适反对旧文学和主张"文学革命"的态度。从这种明显带有功利主义的"适应"、"适用"立场出发反叛传统的逻辑，决不是只为胡适所拥有，它也是胡适的朋友陈独秀和李大钊共同持有的立场。与胡适一样，陈独秀和李大钊激烈反对传统道德和孔子学说的主要根据之一，就是认为它们"不适应"现代生活，与"现代"需要格格不入。如陈独秀说："盖道德之为物，应随社会为变迁，随时代为新旧，乃进化的而非一成不变的，此古代道德所以不适于今之世也。"②李大钊相信，道德的进化发展，是通过自然和人为"选择"（"淘汰"）实现的，一种道德是否被选择，就看它是否"适应"于社会的需要。孔子之道德之所以要被淘汰，是因为它不适应"今日"社会的需要，只有"新道德"才能适应今日社会的需要。他以达尔文主义的口气论述说："盖尝论之，道德者利便于一社会生存之习惯风俗也。古今之社会不同，古今之道德自异。而道德之进化发展，亦泰半由于自然淘汰，几分由于人为淘汰。孔子之道，施于今日之社会为不适于生存，任诸自然之淘汰，其势力迟早必归于消灭。吾人为谋新生活之便利，新道德之进展，企

---

① 胡适：《实验主义》，见《胡适文存》，第1集，第225—226页。在此，胡适已经背离了他对"真理"、"知识"和"善恶"曾经有过的说法。他1913年10月8日的留学日记有这样的记录："天下固有真是非真善恶，万代而不易，百劫而长存。其时代之变迁，人心之趋向，初无所损益于真是非也。是之真是者，虽举世非之，初不碍其为真是也。……道德不易者也。而人之知识不齐，吾人但求知识之进，而道德观念亦与之俱进，是故教育为重也。"（《胡适留学日记》，第1册，上海商务印书馆1947年版，第141—142页）

② 陈独秀：《答淮山逸民》，见《陈独秀文章选编》，上册，第190页。

于自然进化之程,少加以人为之力,冀其迅速蜕演,虽冒毁圣非法之名,亦所不恤矣。"①前面我们谈到,李大钊曾把达尔文的生物进化主义与马克思的唯物史观结合起来以解释道德的本质和变迁。在他的解释中,这也是从是否能够"适应"社会生活的需要,来衡量道德的价值及其存在的可能。李大钊以似乎非常严密的逻辑推论说:

> 道德既是社会的本能,那就适应生活的变动,随着社会的需要,因时因地而有变动,一代圣贤的经训格言,断断不是万世不变的法则。什么圣道,什么王法,什么纲常,什么名教,都可以随着生活的变动、社会的要求,而有所变革,且是必然的变革。……适应从前的生活和社会而发生的道德,到了那种生活和社会有了变动的时候,自然失了他的运命和价值,那就成了旧道德了。这新发生的新生活、新社会必然要求一种适应他的新道德出来,新道德的发生就是社会的本能的变化,断断不能遏抑的。②

在此,"道德"的变动,"不适应"的旧道德被淘汰和"适应"的新道德之诞生,都被纳入到了"必然性"的轨道。这同时就意味着,谁要是试图保守旧道德,抵抗新道德,谁就是同"必然性"作对。实际上,"五四"新文化派往往就是用这种机械"决定论""恐吓"文化保守主义者的。

通过以上的考察,我们大致已经能够看到,在"五四"新文化派那里,"进化主义"整体上是如何被用来反叛传统的。当然这不是说"五四"新文化派反叛传统"只是"依靠"进化主义"服务于他们的目的,他们还依靠了其他的主义,如"科学主义"、"功利主义"等等。

---

① 李大钊:《自然的伦理观与孔子》,见《李大钊文集》,上册,第264页。
② 李大钊:《物质变动与道德变动》,见《李大钊文集》,下册,第151页。

但既具有"科学"的牌子又以"进步"合理性为实质的进化主义,无疑更适合他们反传统的目的,尽管新文化派对这一主义的理解停留在肤浅的层次上,甚至已经把它"教条化"。在"五四"新文化中,与新文化派相抗衡的文化保守主义之所以显得"苍白无力"并更多地处于"自卫"和"守势"状态,除了他们不能对传统做出"创造性的"转化以及不能有效地应对客观上要求"急变"的呼声等因素外,还有一个因素,就是他们也在同进化主义谈情说爱,使他们难以有力地回应"五四"新文化派。"五四"新文化派通过进化主义激烈地反传统(可以概括为"进化反传统主义"),是"五四"试图通过"内在病症"的诊治和"自我忏悔"解决中国问题的一个努力方向。相应的,他们淡化了对制度和社会政治改革的热心("不谈政治"),也淡化了对外部帝国主义的谴责,就像李大钊所说的那样:"国家之亡,非人亡我,我自亡之;亡国之罪,无与于人,我自尸之。"[①]文化保守主义者试图复兴传统文化和价值的"文化民族主义",虽然与"五四"新文化派的进化反传统立场截然相反,但他们解决中国问题的整体方式也是从"思想文化"入手以求"自我完善"和"超越"的。从这种意义上说,文化保守主义者与"五四"新文化派似乎是不约而同地走到了一起。

三、进化之"源"及"人"的塑造

在"五四"新文化派那里,我们再次遇到了此前我们曾经遇到过的问题,如"自然进化与人为进化"、"竞争进化与互助进化"、"渐进进化与激进进化"等。事实上,这些问题贯穿在中国进化主义思潮演变的主要过程中,但因每一个时期的"社会课题"和"时代精神"的差别,人们解决这些问题的方式和"结合"到这些问题的"具体"内

[①] 李大钊:《厌世心与自觉心》,见《李大钊文集》,上册,第149页。

容则有所不同。在前面几章,我们已经看到了变法派(严复、康有为、梁启超)、革命派(孙中山、李石曾等)、无政府主义者对这些问题的认识,现在我们集中看一看"五四"新文化派的"立场"和"态度"。

从生物领域的进化来说,进化并不存在"自然"与"人为"的这种"二分性"。达尔文提出的"人工选择"与"自然选择"的对比,实际上是想通过"人工选择"(人利用生物变异的特性,选择那些适合人的需要的变异,使之积累下来形成新的品种)中"易见"的事实和易明的"原理",为他的作为生物进化主义基石的"自然选择"原理铺平道路。由此,我们也可以理解,达尔文何以把"人工选择"问题放在探讨整个生物进化的《物种起源》的首章。对达尔文来说,生物进化是无意识、无目的的"自然选择"的结果,作为生物的"人",当然也跑不出"自然选择"的范围。但是,由于两个方面的因素,"自然选择"与"人工选择"被转化为两种"不同"的选择方式,一是达尔文本身所做出的对比被转用到了"社会领域"中,二是社会领域中的"人"是有意识的,他们能够按照自己的目的和需要对"进化"做出"人工选择"。"自然选择"和"人工选择"一旦被进行"社会性"的运用,一旦进入"人"的领地,它们就逸出了达尔文的"含义",被塑造为合乎"人"和"社会"需要的观念。在这一过程中,"自然选择"与"人工选择"已经微妙地被理解为"自然进化"与"人为进化"。像变法派和革命派一样,"五四"新文化派承认,作为"自然"一部分或自然属性的"人",也要在"自然选择"和"自然过程"的范围内进化("自然进化"),但是,作为有"意识"的人、作为"社会化"的人,人在自然选择和自然过程之外,能够通过"人为"自主地"进化",即"控制"进化、"引导"进化、"加速"进化。这种超出"自然进化"的"人为进化",已经成为人类社会进化的"主导"。在革命派那里,我们已经看到他们是如何以十足的信心和勇气"推动"进化车轮的。在"唯意志主义"和"创造进化论"鼓舞之下的"五四"新文化派,把"决定论"、"宿命论"抛到了九霄云外,他们身插"意志自由"的翅膀,让"进化"跟他们一起飞翔。胡适在《白话文学史》中说:"历史进化有两种:一种是完全自然的演化;一种是顺着自然的趋势,加上人力的督促。……演进是无意识的,很缓慢的,很不经济的,难保不退化的。有时候自然的演进到了一个时期,有少数人出来,认清了这个自然的趋势,再加上一种有意的鼓吹,加上人工的促进,使这个自然进化的趋势赶快实现;时间可以缩短十年百年,成败可以增加十倍百倍。"[①] 在此,胡适对历史领域的两种进化所作的区分,未必能够成立,因为只要是人类社会的历史,就不可能有"纯粹"的"自然进化"。如果说在这种区分中,胡适对"自然进化"表现出了一种"谦虚",但他最终的结论显然却更加"傲慢",认为只要加上"人工促进"就有超过自然进化"十倍百倍"的效果。胡适特别欣赏荀子"大天而思之,孰与物畜而制之?从天而颂之,孰与制天命而用之"(《荀子·天论》)的"天人相分"思想,并且把它同人为"进化"联系起来。他说:"依荀子的话,任人而不任天,方有进化。若任天而不任人,必至退化。"[②] 据此,任其"自然",不仅不能进化,反而退化;只有通过"人为"才能促成进化。口出"国家之成,由人创造,宇宙之大,自我主宰"之言的李大钊,在自然进化与人为进化之间会采取什么立场,我们已经可以猜出几分。1915 年,李大钊在《厌世心与自觉心》中,批评国人消极厌世的态度,要求人们具有"自觉心"。他所说的"自觉心",就是积极有为,不为境况所限,不为命运所定,自由地奋发进取。如他说:"人类云为,固有制于境遇而不可争者,但境遇之成,未始不可参以人为。故吾人不得自画于消极之

---

① 胡适:《白话文学史》,见《胡适文集》(8),北京大学出版社 1998 年版,第 151 页。

② 胡适:《先秦诸子进化论》,见《胡适学术文集·中国哲学史》,上,中华书局 1998 年版,第 589 页。

宿命说（determinus），以尼精神之奋进。须本自由意志之理（theory of free will），进而努力，发展向上，以易其境，俾得适于所志，则 Henri Bergson 氏之'创造进化论'（creative evolution）尚矣。吾民具有良知良能，乌可过自菲薄，至不侪于他族之列。"① 像胡适一样，李大钊对外部世界看上去也显示了一定的谦虚，承认人"固有制于环境"，但逻辑一转，外部世界似乎都被握在了"自己"的掌心，任我呼风唤雨。李大钊下面的这段话就是最好的注脚："与境遇奋斗，与时代奋斗，与经验奋斗，……惟知跃进，惟知雄飞，……以创造环境，征服历史。"② 如此"唯意志主义"的李大钊，虽然后来接受了被认为是"历史决定论"的"唯物史观"，但笔者不相信这改变了他的"唯意志主义"。毛泽东是一个更典型的例子，大家都知道，他早年就是一个充满叛逆性的"唯意志主义者"，他接受"唯物史观"之后，我们看不出他对"唯意志主义"的信仰有什么改变。实际上，这位职业"革命家"从"打天下"到"坐天下"，最根本的精神支柱就是"意志"，并且带着浓厚的"乐观主义"和"浪漫主义"情调，演奏出那令亿万中国人为之疯狂和激动的"与天奋斗，其乐无穷，与地奋斗，其乐无穷，与人奋斗，其乐无穷"的铿锵"天籁"，是再自然不过了。如果不是他意识中牢固的"唯意志主义"，他也不会相信"世间一切事物中，人是第一个可宝贵的。……只要有了人，什么人间奇迹也可以造出来"③。比之于毛泽东，更老牌的马克思主义者陈独秀要逊色得多，但他所说的"创造就是进化，世界上不断地进化只是不断地创造，离开创造便没有进化"④，与毛泽东也没有多少差别。鲁迅的情况同样如此，正如北冈正子所指出的那样，鲁迅承认"自然的必然"，但尼采的"权力意志"激发了

---

① 李大钊：《厌世心与自觉心》，见《李大钊文集》，上册，第148—149页。
② 李大钊：《李大钊选集》，人民出版社1959年版，第60页。
③ 毛泽东：《唯心历史观的破产》，见《毛泽东选集》，2版，第4卷，第1512页。
④ 陈独秀：《新文化运动是什么？》，见《陈独秀文章选编》，上册，第516页。

他，使他把历史看成是通过意志自行创造的能动的进化过程。①"五四"新文化派（包括文化保守主义者）的事实再次表明，中国的进化主义者，从来就不是"机械决定论者"，他们在"自然法则"面前最多表现出似乎是"礼貌性"的"一点"谦虚，但从不缩手缩脚，从不在"天命"和"主宰者"面前束手就擒，他们都是"进化"的助产士。不是"进化"创造了他们，恰恰是他们强大的"意志"创造了"伟大"的"进化"。现在我们就要谈到与此有关的"五四"新文化对"渐进"与"激进"的态度，这会进一步加深我们对这一问题的理解。

在变法派和革命派那里，我们已经多次接触到了以"进化"为目的的"渐进"与"激进"之争（或"渐进进化"与"激进进化"之争）。我们看到，变法派与革命派都从"宇宙"的高度为其"进化"速度快慢的设定寻找"根据"，而且不惜把明明是"要求"的"人为进化"转变为受"自然理法"支配的"自然进化"。但是，只要他们"要求"社会的改革，要求"人类"的进化，他们最终就要立足于"人事"的立场，使自己对"自然"保持或大或小的"特权"。也就是说，不管是主张"渐进"，还是提倡"激进"，他们都相信"进化"是可以控制和驾驭的。这样，问题就变成了"我们"自己选择何种"变革"和"进化"的立场——是改良还是革命。在这种意义之下，"渐进进化"与"革命进化"实际上又都回到了"人为进化"的范围。"五四"新文化是如何面对"渐进进化"与"激进进化"的问题的呢？从"五四"新文化派和保守主义者都注重"思想文化"但又以不同方式"处理"传统文化的事实看，他们大致上代表了"文化激进主义"和"文化渐进主义"这两种不同倾向。具体说，一是要求用"现代"迅速"替代"传统，一是要求把"传统"与"现代"结合起来。但是，在"五四"新文化派那里，我们也能够看到"渐进"与"激进"的冲突。胡适与

---

① 参见北冈正子：《鲁迅の进化论》，载《图书》，第 313 号，1975 年第 7 期。

李大钊围绕"问题与主义"的争论①,就是典型的例证。在这一争论中,胡适以"渐进进化"(所谓"点滴"改良)的立场同李大钊的"激进进化"(所谓"根本解决")立场形成了对立的两极。按说,在"文化"上"激进"地反叛传统、主张"文学革命"(开始时使用"文学改良")的胡适,"一贯"下去的立场应该是坚持"激进进化"。我们先看一看与这一"问题"相关的胡适的"渐进进化"主张。1919年7月,在一个月内,围绕"问题与主义",胡适就撰写出了《多研究些问题,少谈些主义!》、《三论问题与主义》和《四论问题与主义》等反对"空谈主义"、多研究实际和具体问题的立场鲜明的文章,直截了当地批评了所谓"根本解决"和"目的热"。在此,虽然还看不出"渐进进化"与"激进进化"的明显对立,但是胡适反对"根本解决"和"目的热",坚持研究具体问题和具体解决,实际上已经反映出了他的"渐进进化"与李大钊的"激进进化"的冲突。同年11月,胡适发表了《新思潮的意义》,再次强调要"研究问题"(列出了"十大问题"),明确打出了作为新思潮"唯一"目的"再造文明"的旗号,并把"再造"的方式定为"点滴进化",胡适带着批评的口气断定说:"新思潮的唯一目的是什么呢?是再造文明。文明不是笼统造成的,是一点一滴造成的。进化不是一晚上笼统进化的,是一点一滴进化的。现今的人爱谈'解放与改造',须知解放不是笼统解放,改造也不是笼统改造。解放是这个那个制度的解放,这种那种思想的解放,这个那个人的解放,是一点一滴解放。改造是这个那个制度的改造,这种那种思想的改造,这个那个人的改造,是一点一滴改造。"②说到底,就是只

---

① 李林论证,胡适围绕"问题与主义"展开论争的原因和对象,并非单一的(参见李林:《还"问题与主义"之争的本来面目》,载《二十一世纪》,第8期,1991年第12期)。但胡适与李大钊的争论,无论从双方的主题还是相互的针对性上,都具有"代表性"。

② 胡适:《新思潮的意义》,见《胡适文存》,第1集,第533—534页。

有"点滴进化"才是有效的。1920年,胡适发表了一篇再度引起争论的文章——《我们走哪条路?》,在此,胡适不仅提出了中国要解决的"具体问题"和目标是什么,而且提出了实现的途径。他把作为不同途径的"革命"与"演进"作了对比,他的结论是,二者只有"程度"上的差别,而没有绝对的界限:"革命和演进本是相对的,比较的,而不是绝对的,相反的。须着自然变化的程序,如瓜熟蒂落,如九月胎足而产婴儿,这是演进。在演进的某一阶段上,加上人工的促进,产生急骤的变化;因为变化来的急骤,表面上好像打断了历史上的连续性,故叫做革命。其实革命也都有历史演进化背景,都有历史的基础。……所以革命和演进只有一个程度上的差异,并不是绝对不相同的两件事。变化急进了,便叫做革命;变化渐进,而历史上的持续性不呈露中断的现状,便叫做演进。"①但是,胡适这里所说的与"自然演进"相对意义上的"革命",并不是"激进"(手段和目的)意义上的社会政治"革命",从他后面反对"暴力"、主张"和平",把"革命"说成是"人工促进",可以看出他所说的"革命",只是"和平的渐进改革"②。造成这种特殊界定"革命"意义的原因,是胡适把"演进"限制为"自然过程",而又把"革命"确定为只有程度之差的它的"对应者",这样就只有以"革命"来代表"人为"的渐进方面。按照我们的说法,在"人为进化"中,本身就存在着"渐进"与"激进"的不同。1920年11月,胡适在对自己的思想作总结性说明的《介绍我自己的思想(〈胡适文选〉自序)》中,把辩证法同达尔文的生物进化学说严格区分起来,认为陈独秀希望把实验主义同辩证唯物史观结合起来的

---

① 胡适:《胡适文存》,第4集,第310—311页。
② 看看胡适文中后面的话,就更加清楚:"一步一步的作自觉的改革,在自觉的指导下一点一滴的收不断的改革之全功。不断的改革收功之日,即是我们的目的地达到之时。这个根本的态度和方法,不是懒惰的自然演进,也不是盲目的暴力革命,也不是盲目的口号标语式的革命,只是用自觉的努力作不断的改革。"(同上书,第315页)

想法是错误的,对辩证法和共产主义一劳永逸式的革命进化的"独断"提出严厉批评,继续坚持自己的"渐进进化"或"点滴改良"的立场:

> 辩证法出于海格尔的哲学,是生物进化论成立以前的玄学方法。实验主义是生物进化论出世以后的科学方法。这两种方法所以根本不相容,只是因为中间隔了一层达尔文主义。达尔文的生物演化学说给了我们一个大教训:就是教我们明了生物进化,无论是自然的演变,或是人为的选择,都由于一点一滴的变异,所以是一种很复杂的现象,决没有一个简单的目的地可以一步跳到,更不会有一步跳到之后可以一成不变。辩证法的哲学本来也是生物学发达以前的一种进化理论;依他本身的理论,这个一正一反相毁相成的阶段应该永远不断的呈现。但狭义的共产主义者却似乎忘了这个原则,所以武断的虚悬一个共产共有的理想境界,以为可以用阶级斗争的方法一蹴即到,即到之后又可以用一阶级专政方法把持不变。这样的化复杂为简单,这样的根本否定演变的继续便是十足的达尔文以前的武断思想,比那顽固的海格尔更顽固了。实验主义从达尔文主义出发,故只能承认一点一滴的不断的改进是真实可靠的进化。①

胡适不愧是达尔文、杜威的信徒,他坚持了根源于他们的"渐进进化主义"路线(在中国,此前大概只有严复纯正地坚持这条路线),认为社会政治改革只能是"点滴改良"。但是,胡适的这种"渐进进化"立场,在当时并未赢得积极的回应,得到的却是反批评。李大钊就是反批评者之一。李大钊围绕"问题与主义"同胡适的争论,究

---

① 胡适:《胡适文存》,第4集,第453页。胡适还以通俗的比喻,强调自己的渐进主义:"进步并不是一种批发的买卖,而是零售的生意,应当一部一部地定约,一批一批地成交。"(《民主与反民主观念体系的冲突》,载《正论》,第3号,1948-03-01)

其实，也就是反对胡适的"渐进进化"立场，而主张"根本解决"的"激进进化"。已经接受了"唯物史观"和"经济决定论"的李大钊，相信"经济问题"的解决就是"根本解决"，"经济问题"一旦解决，其他一切问题就迎刃而解。正如我们所看到的那样，胡适的"渐进进化"同李大钊的"激进进化"作为"进化方式"和"方法"的冲突，直接同他们所预设的"不同""理想"之间的冲突密切相联。胡适所预设和期望的是"低限度的"目标和理想，相反李大钊所预设的是高限度的"乌托邦式"的目标和理想。胡适同李大钊的冲突，再次反映了中国近代以来社会政治改革的截然不同的选择方式。它似乎也折射出了西方近代以来以经验主义与理性主义为基础的两种不同的社会政治改革选择方式。20世纪20年代左右的胡适，在中国扮演了40年代以后哈耶克、波普尔在西方扮演的对抗激进主义乌托邦的角色[①]；而李大钊则是18世纪法国、20世纪俄国激进主义和乌托邦主义在中国的塑造者之一。中国的选择，最终走的是李大钊的立场和路线，但它过滤掉了李大钊浓厚的人道主义情怀。在"五四"之前的"革命"，已经把中国推向了激进主义和乌托邦主义的战车，"五四"新文化加快了这辆战车。胡适在"文化"上的激进主义，恰恰也帮助了这辆战车，虽然在社会政治改革上，他拼命地坚持"点滴进化"。但也正是在这方面，他的观念被抛弃了。"落后"的中国已经迷上了具有强大"动员"力量的乌托邦"信念"。只要是"信念"，它就总能够使人兴奋。比较起来，胡适的社会政治改革的渐进主义，虽然更具有"朴实"的真理性，但它黯淡无光，一点都不激动人心，它被抛弃是很自然的。[②]

在上一章中，我们讨论过革命派和无政府主义者对于"竞

[①] 把波普尔反对激进的"乌托邦工程"、主张"渐进工程"或"零星工程"的理论同胡适的看法比较一下，真是不约而同。

[②] 有关这一点，请参见林毓生：《"问题与主义"论辩的历史意义》，载《二十一世纪》，第8期，1991年第12期。

争"("斗争")与"互助"的理解和立场。"五四"新文化对"竞争"与"互助"问题仍保持了敏锐和热情。"生存斗争"同克鲁泡特金针对"生存斗争"而提出的"互助论"所产生的冲突,在中国似乎更为突出。我们先列举一下"五四"新文化派理解和处理这一问题的例子,然后我们从一般的意义上概括一下"五四"新文化对此的整体倾向。

正如我们在前面所谈到的那样,早年受到严复《天演论》影响的胡适,在不太成熟的心灵中就打上了"生存竞争"、"优胜劣败"的社会达尔文主义的印记,并为处在"劣败之地位"的中国忧心忡忡。但是,这种印记后来在胡适那里受到了削弱,到美国留学后,胡适开始疏离"生存竞争"、"优胜劣败"意义上的进化主义,逐渐向人道、适应、人工选择、进步等意义上的进化主义靠拢。软心肠的胡适开始批判"硬心肠"的"强权主义",悲天悯人的"互助"、"仁爱"也慢慢越来越同残酷的"生存竞争"发生冲突。他像赫胥黎那样,把所谓"普遍公理"的"强权"、"弱肉强食"从人类社会中驱赶出去,使之限于自然领域,让"人定胜天"的"人择"在社会领域中发挥作用。胡适说:

> 今世界之大患为何?曰非人道之主义是已,强权主义是已。弱肉强食,禽兽之道,非人道也。以禽兽之道为人道,故成今日之世界。……"武装和平者",所谓"以暴制暴"之法也。以火治火,火乃益然;以暴制暴,暴何能已?救世之道无他,以人道易兽道而已矣,以公理易强权而已矣。……今之持强权之说者,以为此天演公理也。不知"天择"之上尚有"人择"。天地不仁,故弱为强食。而人择则不然。人也者,可以胜天者也。吾人养老而济弱,扶创而治疾,不以其为老弱残疾而淘汰之也,此人之仁也。①

---

① 胡适:《胡适留学日记》,第 2 册,第 491—492 页。胡适在《〈科学人生观〉序》中,仍然相信人类要受"生存竞争"法则的"制约"。

在胡适那里，作为"适应"和对付环境的"生活经验"、"知识"是根本性的，他的普遍的人道情怀是根本性的，这使他对自然界弱肉强食性的"生存斗争"保持了高度的警惕。虽然他对互助没有什么特别的讨论。

李大钊的情形是，他批评弱肉强食、优胜劣败的社会达尔文主义，认为这是对达尔文主义的误用，是听信了马尔萨斯的理论："地球之面积有限，人口之增庶无穷，吾人欲图生存，非依武力以为对外之发展不可。盖优胜劣败，弱肉强食，天演之义，万无可逃者也。此其所据，全据于马查士之人口论与达尔文之天演论。"[①] 但是，根据李大钊1917年4月发表的《战争与人口问题》，以往的历史，在他的眼中，恰恰又成了残酷的生存斗争和战争史："乾坤，一战局也。阴阳，一战象也。人类之历史，一战尘之积层也。造物之始，始于战也。万化之成，成于战也。人类之蕃，蕃于战也。一事之微，一物之纤，即自显于生存，斯莫离于战象。惟战而后有优劣，惟战而后有胜负，惟战而后有新陈，惟战而后有存灭。……人与天有战，人与物有战，人与人有战。……天演之变无止境，人生之患无穷期，战固不可以已矣。"[②] 如果李大钊这里所说是不争的事实，那么据此提出生存斗争的进化，就很自然。而主张人道和仁爱，恰恰没有"历史事实"的根据。但李大钊越过"事实"跳到了"价值"上，他要讨论的是残酷的生存斗争和战争是否"应该"。"宗天演者"认为"应该"，而"倡人道者"则认为"不应该"。李大钊选择了后者。既然以往的历史是残酷的"战争"，那么人道和仁爱，就只能是作为未来的理想和价值来期待。1916年7月，李大钊发表了《阶级竞争与互助》，在此，一方面，把"互助"作为人类的价值和理想加以强调，并把这一理想建立在克鲁泡特金所说

---

① 李大钊：《战争与人口问题》，见《李大钊文集》，上册，第365页。
② 同上书，第372页。

的("生物"和"人类"以往是"互助"的)历史根据之上,"我们在生物学上寻出来许多证据。自虫鸟牲畜乃至人类,都是依互助而进化的,不是依战争而进化的。由此可以看出人类的进化,是由个人主义向协合与平等的方面走的一个长路程"①。但是,另一方面,他又接受了与"互助"价值"本身"实际上有冲突的"阶级竞争论"(无产阶级与资产阶级你死我活的斗争)。他的逻辑是,以往的"互助"太微小了,我们需要的是"互助"的理想社会,而"阶级竞争"就是实现这一目标的"最后"需要再用一次的手段。残酷的"手段"因与美好的"互助"目标联系在一起而被正当化。实现了"互助"理想的社会主义,"阶级竞争"当然不存在了,那么"竞争"是否也不存在呢?李大钊的回答是:存在,社会主义需要竞争,不过它不是资本主义的"坏"的竞争,而是"好"的竞争:"现在社会主义已到实行之地步,人咸以为实行社会主义之后,决不发生竞争。盖社会由竞争而进步,良好的竞争,是愉快而有味,无不可以行之。至于资本主义的竞争,使人类入于悲惨之境,此种竞争,自不可以。今社会主义毫无竞争,岂不令人枯死么?不知社会主义亦有相当的竞争,不过禁绝使社会上起极大之竞争,如现今的竞争使人犯罪等,故认社会主义为无竞争者误矣。"②

陈独秀更倾向于"生存斗争"和"优胜劣败"的社会达尔文主义,他所说的"抵抗力"、"兽性主义"、"战争本位"、"适者生存",都远离"互助"的价值;鲁迅注重尼采哲学的个人主义层面,反对以强凌弱的"兽性";蔡元培根据第一次世界大战的事实和教训,倾向于"互助",不赞成尼采的"强权主义"。③ 高硎石在《生存竞争与道德》中强调,不能把"生存竞争"只理解为"攘夺"、"攘争"。根据达尔文的本

---

① 李大钊:《李大钊文集》,下册,第16页。
② 李大钊:《社会主义与社会运动》,见《李大钊文集》,下册,第374页。
③ 参见蔡元培:《欧战与哲学》,见《回眸〈新青年〉·哲学思潮卷》,第88—91页。

意,"竞争"宁可被理解为"努力","生存竞争"宁可被理解为"生存努力"。这就把"生存竞争"从一个方面合理化了。问题是"争夺"意义上的"生存竞争"如何处理。高硎石把它从"个人"之中拉出来使之变成"群体"之间的"竞争",而"道德"就要以是否有利于"合群"竞争来衡量。在这一点上,他的思想接近梁启超的逻辑。① 周建人在《生存竞争与互助》中,针对所谓克鲁泡特金的"互助论"与达尔文的"生存斗争"冲突并认为前者要取代后者的说法,立足于生物学,强调二者在"理论上"并不冲突,前者也不能取代后者。因为"达尔文所研究的是物种何以繁变,归结到生存竞争;克鲁巴特金所研究的是何法最利于生存竞争,归结到互助。……达尔文对于生物如何存活这个问题,解答是生物经过生存竞争之后,只有最适合于生存的才能够存活。至于怎样的才是最适者,却并无说明。克鲁巴特金便对此下解答,说最适者便是能互助者"②。周建人肯定,"互助"虽然有利生存,但并不能取消生存竞争。因为"互助"存在于团体之内,在团体之外照样有竞争。在《达尔文主义》中,周建人批评海克尔"弱肉强食"的社会达尔文主义,认为它不符合达尔文的"生存竞争"的本义。但是,他仍然保留了"争夺"意义上的"生存竞争","人类是由个人的竞争,进而为群与群的竞争。再由以上两个要素,成为人类连合一气与生物界及无生物界的竞争"③。周建人还具有另一种意义上的"生存竞争"的观念,它不是"争夺"和"残杀"的负面意义,而是上进、奋斗、创造等正面的价值,人道主义就建立在这种生存竞争上。刘叔雅强烈热衷"强权主义"、"弱肉强食"的社会达尔文主义,这在"五四"时期是很少见的。他热烈讴歌战争,贬斥和平,他相信战争是进化之源,而和平则意味着退化:"战争者,进化之本源也。和平者,退化之

---

① 参见《回眸〈新青年〉·哲学思潮卷》,第 61—64 页。
② 《回眸〈新青年〉·哲学思潮卷》,第 149—151 页。
③ 同上书,第 177 页。

总因也。好战者,美德也;爱和平者,罪恶也。欧洲人以德人为最好战,故德意志在欧洲为最强;亚洲人以日人为最好战,故日本在亚洲为最强。世界诸民族中,吾诸华民族最爱和平,故中国亦最弱。"[1]据此推论,中国不是要被淘汰吗?类似于"欲擒故纵"的心理策略,刘叔雅并不认为中国真的会被淘汰,他只是想以此警醒国人。像梁启超一样,刘叔雅把"强权"完全道德化、正当化,"就今日国际关系言之,则威力诚为正义,强弱诚为曲直"[2]。既然如此,西方列强欺凌贫弱的中国,就既正当又道德,"彼西方晳种灭吾之国,夷吾之种,实为公理所当然,正义所应尔"[3]。刘叔雅"饮鸩止渴"的逻辑倒是一贯。但他仍不相信西方真的会"夷吾种",他把希望寄托在"青年"的"自觉"上。

上面我们以一些人物为例,列举了他们在"竞争与互助"问题上的立场。总体上说,"五四"新文化派,仍然具有"生存斗争"、"适者生存"意义上的社会达尔文主义因素,甚至还有人提倡赤裸裸的"强权主义";但是,他们的主要倾向已转到人道和互助的立场上,他们对"竞争"作了合乎人道的"善意"的理解和使用。很显然,激发人努力向上的合理"竞争",对一切社会都是需要的。当然,他们的观念看起来有些混乱,甚至有矛盾的地方。要对此作出解释,我们可以考虑以下的因素:他们没有清楚地把"事实"与"价值"、"理论"与"现实"分开,或者是化事实为价值,以理论为现实,或者是相反。"生存竞争"或"互助"是"事实上"的还是"价值上"的"应该",首先要分开。从"事实"是这样导不出"应该"是这样。但"五四"新文化派往往把二者混在一起。他们都在使用"竞争"(包含着不同意义),但又各取所需地强调自己所"需要"的"竞争"。这一

---

[1] 刘叔雅:《欧洲战争与青年之自觉》,见《回眸〈新青年〉·社会思潮卷》,河南文艺出版社 1998 年版,第 197 页。

[2] 《回眸〈新青年〉·哲学思潮卷》,第 198 页。

[3] 同上。

点当然也与"struggle"一词本身有关。在"struggle for existence"之中的"struggle",现在我们一般译为"斗争",严复把它译成"竞"(如"物竞"),日人把它译为"竞争"。但这个词本身还有主要是限于"自身行为"的"努力"、"奋斗"、"拼搏"等意义。而且,仅就"竞争"本身讲,它也包括了不同的类型,"从血腥的、旨在消灭对手生命的、不受任何斗争规则约束的斗争,到在惯例上作规定有骑士的决斗……直到有规则的竞赛(体育),从诸如情敌们讨取一位妇女的欢心的无规则的'竞争',谋求交换机会受市场制度约束的竞争,到有规则的艺术家们的'竞争',或者'竞选斗争',它们之间有着千差万别的、毫无缝隙的过渡"[①]。

以上彼此相关的三个论题所围绕的中心可以说都是"何以"进化、"如何"进化问题。当"进化"跳出了"自然"而进入到人类社会范围并变成了"目标"、变成了"应该"、变成了"道德律令"的情况下,"进化"的途径和方式,自然就会被凸显出来而且变得至关重要。不只是"五四"新文化派,大部分中国进化主义者,除了使人接受"进化"的"信念"而把"进化"尊奉为天道和公理外,他们所谓顺应"自然进化"及其法则的"谦虚",往往是表面性的。他们真正关心的是人如何"创造进化"而不是坐待"自然进化",或者说他们恰恰是要与"自然进化"相对抗。哈耶克所说的"自发秩序",就像严复和胡适的"渐进主义"那样,"根本"不能适应处在危机和落后状态之下的中国,他们需要的是"理性设计",而他们自身都是"进化"的"高级设计师"和"进化"的不辞辛苦的"推动者"。当"进化"被定为价值目标和应该的时候,另一个带有终极性的"乌托邦式"的目标和价值,至少同时(更有可能在前)也被设定和预设。在变法派和革命派那里,我们已经欣赏到那令人激动的"美妙"的"大同世界",进化的"快车"开

[①] 韦伯:《经济与社会》,上卷,林荣远译,商务印书馆1998年版,第68页。

足了马力飞速地朝着目标奔驰。"五四"新文化派,整体上对于"大同世界"的热情降低了,除了转向马克思主义者的李大钊等人很快地走向新的乌托邦"大同"外,大部分人关心的是反叛"传统",建立现代"新文化"(当然仍带有乌托邦色彩)。他们所要建立的"新文化"的核心是"新人",是一个用"现代"所有"优秀品质"包装得动人无比的"美丽佳人"。胡适《〈科学人生观〉序》中的"人",周作人《人的文学》中的"人",陈独秀《人生真义》中的"人",吴稚晖《一个新信仰的宇宙观及人生观》中的"人",还有鲁迅意识中尼采式的"人",李大钊向往的"青春式"的"人"等等,都是"新人"的样板。"他"是怀疑的、科学的、创造的、独立的、自主的、个性的、坚强的、进取的、奋发的、互助的等等,正是在这一连串动听悦耳的启蒙呼喊中,在进化主义的"助长灵"和"催化剂"的魔力下,个人主义的而又不排斥社会的"新人"诞生了。这是"五四"新文化派"医治"中国"内在病症"所要"造就"的"健康人"。

中国知识分子注定是"快乐的",中国传统知识分子曾在可望可即的"圣人"中享尽了快乐,"五四"新文化派又在"现代性"的"新人"中饱尝甜蜜;中国传统知识分子曾在"已往"的"黄金时代"("三代")中逍遥畅游,"五四"新文化派也包括变法派和革命派,则在"进化"之舞和"未来"的"大同之世"中自由漫步。对于中国近代以来的知识分子来说,危机、忧患、焦虑和精神痛苦都是一时的,它甚至能增加因"进化"而带给我们的快乐的程度。只要有这一安抚心灵的新"福音",只要有这一新的"快乐的象征"(bluebird),只要我们勇于期望,还有什么可忧虑的呢?赶快"进化"吧!赶快"进步"吧!未来皆美好!

第七章

生命主义的进化思想

——生命、心灵和进化

从20世纪20年代初到40年代末，中国思想文化主要以两种方式演变，一种方式是同学院派结合在一起的不同思想文化的建设，另一种方式是带有政治意识形态性的不同思想文化的提倡和宣导。新文化运动之后进化主义世界观在中国的演变，主要就是在思想文化的这两种演变方式中展开的。我们在以下两章中要讨论和考察的基本上是学院派体系化哲学中的进化思想和世界观。[1] 从20世纪20年代开始，现代中国哲学家从对西方哲学的翻译、移植和传播以及对古代中国哲学的反思中，自觉地转变到了新的哲学理论和学说的创建中，先后提出了不同的哲学思想，构筑起了许多体系化哲学，促成了一场划时代的哲学运动。其中一些重要的体系化哲学，程度不同地都受到了进化主义哲学的影响。换言之，在这些不同的哲学体系中，都包含着许多进化主义的思想、观念和世界观。如不同类型的生命主义哲学[2]、实在主

---

[1] 20世纪20年代之后，中国进化主义世界观还在一些专题、专论中被展开，如"优生"（潘光旦等）、"竞争"（伏枥等）、"互助"（黄建中、李煜等），我们这里不进行一一讨论。

[2] "生命主义"是以"生命"的发生和发展来解释宇宙和人类生活的种种学说和哲学思潮。现代中国的生命哲学，往往假定宇宙本身就是一个大生命，甚至把宇宙精神化。

义哲学①,在一定程度上都称得上是进化主义哲学。在前者中,我们可以举出梁漱溟、朱谦之、熊十力等人②;在后者中,我们则以张东荪、金岳霖、张岱年等人为例。③现在,我们先来看看生命主义哲学中的进化思想。

一、生命和人心的进化

正如梁漱溟自己概括的那样,他一生的思考和行动是围绕着两个问题展开的:一是中国的社会问题,即如何实现民族的自救和复兴;二是人生问题,即如何实现有意义的人生。为了实现他的第一个愿望,他曾一度在不同地区全身心地投入乡村建设之中,也曾穿梭于不同党派和政治势力之间,谋划相互之间的共识和合作;为了解决第二个问题,他出入于儒释之间,出入于东西文化之间,追问、思索和亲证人生的意义和真谛。④在这一方面,梁漱溟建立起了自己的思想体系。他一再指出,他不是学问家,甚至不是学者,他同意别人称他为思想家,但我们更想称他为哲学家。⑤梁漱溟将他晚年出版的《人心与人生》,

---

① "实在主义"是以理念(共相)或物质等为最高实在的哲学思想和思潮。有关这一问题请参见王中江:《金岳霖与实证主义》,载《哲学研究》,1993年第11期。

② 除此之外,唐君毅、张君劢、牟宗三等人的哲学和思想也带有生命主义的情调和色彩,但进化主义在他们思想中的影响相对要小一些。唐君毅在1961年出版的《哲学概论》下卷中,主要是描述西方不同形态的进化论,而不是提出自己的主张和立场。意识形态思想家陈立夫、黄凌霜等,大加发挥孙中山的"生元论"和"民生史观",提出以生命和生存为中心的"唯生论",也算是一种"生命主义"哲学,其中包含着许多进化思想,这里我们也不加讨论。

③ 实在主义哲学家还有冯友兰等,但在他的哲学中,进化主义并不是有力的思想因素。

④ 《答:美国学者艾恺先生访谈记录摘要》,见《梁漱溟全集》,(附录)第八卷,山东人民出版社1989年版,第1148页。

⑤ 有关梁漱溟生平和思想的整体讨论,请参见艾恺:《最后的儒家——梁漱溟与中国现代化的两难》,王宗昱、冀建中译,江苏人民出版社1993年版,第189—196页;景海峰、黎业明:《梁漱溟评传》,人民出版社1999年版,第43—86页。

看成是自己一生最重要的思想著作。但我们决不能说他这部书中的思想，都是他晚年才形成的。事实上，这部书的一些重要思想是他早期思想不断发展的结果，有的在《东西文化及其哲学》中就已提出，有的在20世纪二三十年代就开始形成。梁漱溟整体上建立和亲证的是一种生命主义哲学，"生命"、"人心"、"人生"、"生活"、"直觉"、"理性"等等，则是其中的一些重要概念。梁漱溟对生命和人心的思考，哪怕是他对心理学之心理的看法，一直不是在一个横向的平面上进行，而是在一个纵向的过程中来把握。在他那里，生命和心灵是什么，都是从它们如何发生和变迁来认识，这使得他的生命观和心灵观同进化论具有了密切的联系。这种联系如此重要，如果割断了它，我们就不能把握他对生命和心灵的真正看法。但我们却忽视了这种联系，仿佛在他的生命主义哲学中，进化论似乎可有可无。注重概念抽象分析的金岳霖，批评柏格森的直觉主义，主张把观念如何形成和一种观念是什么区分开，说"观念是怎样演变而成的和它们是什么样的观念是不同的两个问题"[①]。但在注重生活、生命过程的梁漱溟的生命主义哲学中，观念是如何形成的和它是什么样的观念，是一个问题的两个方面或两个方面的一个问题。梁漱溟坚持从生命和心灵的进化过程来认识生命和心灵。反过来说，生命和心灵是什么，对梁漱溟来说，就是生命和心灵是如何进化的。总之，在梁漱溟的视野里，生命和心灵是在进化中展开的，而真正能够代表进化的也是生命特别是心灵。

（一）宇宙生命与创造进化

哲学上的进化论，往往都是整体性的宇宙进化论，至少宇宙的进化被看做其他事物进行的一个大背景。梁漱溟的进化论首先是整体意

[①] 金岳霖：《道、自然与人——金岳霖英文论著全译》，刘培育编，三联书店2005年版，第149页。

义上的，人的生命和人心的进化只是其中的一部分，当然这是他认为最为重要的一部分。梁漱溟的宇宙进化论，更准确地说是宇宙生命进化论。不少哲学进化论，都假定宇宙进化是从无生命的物质开始其进化历程的，包括摩尔根的"突创进化论"；与此不同，怀特海相信宇宙整体上是一个有机体。梁漱溟不接受宇宙是一个大机械和宇宙统一于物质的假定，他认为宇宙是一个"大生命"：

> 宇宙是一个大生命。从生物的进化史，一直到人类社会的进化史，一脉下来，都是这个大生命无尽无已的创造。一切生物，自然都是这大生命的表现。①

梁漱溟说宇宙是一个大生命，似乎是说宇宙整体上是巨大的生命体，但他有时是把宇宙的创造本性看做生命，这种生命同宇宙万物密切贯通而不可分离。如他在《人心与人生》说：

> 说宇宙大生命者，是说生命通乎宇宙万有而为一体也。②

梁漱溟把永恒流转和变化的概念同柏格森的"创造"概念结合起来，相信宇宙大生命是一个不断向上和不断创造的过程。同许多进化论者一样，梁漱溟也认为宇宙创造进化过程，是一个从简单到复杂、从粗到精的过程。说到生命，一般认为它是无机物演化而来的。一些生物学家一直努力探索有机物和生命是如何从无机物进化而成的。③对梁漱溟来说，宇宙的"进化"一开始就是在"生命"层面上展开的，它是不同生物和生命不断向上的创造过程。他说：

---

① 梁漱溟：《朝话》，教育科学出版社1988年版，第72页。
② 梁漱溟：《人心与人生》，学林出版社1987年版，第51页。
③ 参见鲍勒：《进化思想史》，第403—408页。

整个宇宙是逐渐发展起来的。天，地，山，水，各种生物，形形色色慢慢展开，最后才有人类，有我。……宇宙是一大生命，从古到今不断创造，花样翻新造成千奇百样的大世界。这是从生物进化史到人类文化史一直演下来没有停的。①

认为宇宙进化是生命不断向上的进取和创造，是人的心灵和理性的不断发展，这是否意味着梁漱溟相信进化的方向性和目的性呢？机械论者认为未来所有的进化和状态都是事先可预知的，甚至是事先被决定了的；目的论者认为进化是朝着一定的固有目的进行的。但在柏格森看来，这两种看法都不正确。他认为进化只有起点而没有终点；进化没有固定的方向，也不可事先预知。②在柏格森的影响下，梁漱溟既反对机械论的"决定论"，又反对目的论的"目的说"，认为宇宙进化没有方向，不可预测，也没有终点：

本来把宇宙或生命看成一个大目的或是一个机械都不对。所谓宇宙或生命仅仅是一个变化活动，愈变化活动而愈不同。究竟变化活动到怎样为止，完全不知道。我们若用一个不好的名词，就说生命是一个盲目的追求；要用一个好的名词，则生命是无目的的向上奋进。因生命进化到何处为止，不得而知，故说它是无目的的。③

这样来看待宇宙的进化，很容易让人觉得它是一个反复无常的不合理

---

① 梁漱溟:《朝话》，第140—141页。
② 参见约瑟夫·祈雅理:《二十世纪法国思潮》，吴大泉、陈京璇等译，商务印书馆1987年版，第26—29页。
③ 《梁漱溟全集》，第七卷，第965页。有关《孔家思想史》，根据李渊庭和阎秉华的整理后记，根据梁培宽的平实说明，也根据同梁漱溟其他地方思想之间的对照，虽然他说了"全不足凭"，但我们认为还是可以作为梁漱溟思想发展阶段上的资料使用。

过程。柏格森说不是，它是在它的游移中进行自由的创造，并成长和发展。梁漱溟也说不是，它是在不同的可能中因内外不同因素的作用而产生的分化。如动植的分化，人与其他动物的分化，既有它们选择上的偶然性（是否误入歧途），又有它们向上趋势的不同。

（二）生物进化与人类有机体

梁漱溟的宇宙生命进化论真正关心的是人心的进化。人心是人的生命在同其他生物的分化中进化来的。但在梁漱溟那里，"心"还有宇宙本体的意义。他的这一看法，是从物质与精神的关系这一问题引出的。在他看来，心物关系是宇宙的根本问题。如何解决这一问题，有知识之路，也有反知识之路。柏格森是从生物学的知识解决这一问题的，而他走的则是反知识的佛家之路，是直见宇宙本体——"心"。这种"心"与物质相对，它一部分被物质化，而另一部分则同物质保持着争持和不安：

> 此心即心之本义，换言之，即宇宙之本体，即宇宙本体与物质之间有精神。物质本不在心之外，物质就是心——宇宙本体——所化成。心之本体会物质化；已化大半，余剩未化者，即化不了之一缝，有不安之状，有争持之状，就是精神。所谓生命，所谓精神，就是此一缝之争持。①

梁漱溟以宇宙为巨大的生命体，又以宇宙本体为"心"，这使得他的生命主义哲学又具有了"心本体论"的特征。以心为宇宙的本体，宇宙的创造进化总体上就可以说是"心"的进化。确实，他认为一切生物都有"心"，其进化都是"心"的进化：

---

① 《梁漱溟全集》，第七卷，第990页。

> 如我所见，所谓生物进化原只进化得个心。……自极低等之生物以至人类，从心之作用极微极弱而之极著极强，于是吾人可以了解心之为心为何如一物。①
>
> 应当说：心与生命同义；又不妨说：一切含生莫不有心。②

由此来说，"人心"的进化，也只能是"心"的进化的一种表现：

> 人心非他，即从原始生物所萌露之一点生命现象，经过难计其数的年代不断地发展，卒乃有此一伟大展现而已。人类之有人心活动，同于其他生物之有生命表现，虽优劣不等，只是一事。③

但梁漱溟真正关注的是人类的生命和人心，因此，心和生命的进化，在梁漱溟那里，根本上是指人类生命和人类心灵的进化。这就是为什么梁漱溟把心灵的进化看成是真正意义上的进化，也是我们为什么说梁漱溟的进化论根本上是心灵进化论。具体说来，梁漱溟是如何解释人类生命和心灵的进化呢？

对于这一问题，梁漱溟从两方面来回答。一方面是说，人类生命的进化与其他生物的进化具有共同的地方；另一方面是说，人类的进化不同于其他生物的进化。

对梁漱溟来说，人心也就是人的生命。整体而言，人类生命和人心是生物进化的一部分，也遵循着生物进化的一般途径和方式，因此，人的生命和心灵是在生物有机体的进化中诞生的。人类生命与其他生物进化的共同性之一是生存竞争，这是达尔文提出的生物进化法则。梁漱溟强调，生物进化都有两种基本的冲动，一种是争取生存的冲动，

---

① 《梁漱溟全集》，第七卷，第 980—982 页。

② 梁漱溟:《人心与人生》，第 18 页。

③ 同上。

一是繁衍后代的冲动。在这两种冲动的支配下，生物都朝向外部世界以获得生存的条件，并为此而进行竞争。就此而言，梁漱溟接受了达尔文的"生存竞争论"。他说：

> 讲那个生物进化，有自然淘汰，有一句话叫做"弱肉强食"，弱的肉被强的人吃了，弱肉强食是一具客观存在的现象，一个自然之理。①
>
> 争执、斗争是事实，是生物界有的，不单是人类如此。生存竞争，不是有"大鱼吃小鱼"这话吗？弱肉强食，所以这个是一个不可否认的事实，生物界处处可以看出来这种彼此之间的斗争啊，残杀啊，你死我活。②

梁漱溟认为，生存竞争是生物进化中的自然之理（"物理"），而人类的进化则要超出这个法则的限制，这是人的情理（后面再谈）。

按照梁漱溟的看法，生物进化的另一个共同特征，是生物都有一种不断向上发展和创造的趋势。梁漱溟广义上把生命与生活看成是一回事，说"生"就是活，活就是生。生命是活的相续，活就是向上创造，增加灵活性，克服机械性。一部生物进化史，就是一部生物向上的奋斗史。一般把向上、奋斗和创造，看成是人类特有的精神特征，但梁漱溟认为，整个生物的进化都是向上、奋斗和创造的过程，不限于人类。因为既然生物都有其内在的生命冲动，那么它就要努力实现它。马克思把矛盾和斗争看成是事物变化的动力，柏格森用"生命冲动"解释生物为什么能够进化。梁漱溟早期使用柏格森的生命冲动创造解释生物的进化，晚年他接受了马克思的矛盾和斗争概念之后，就

---

① 梁漱溟：《这个世界会好吗？》，艾恺采访，一耽学堂整理，东方出版中心2006年版，第28页。

② 同上书，第164页。

把这两者结合起来解释生物的奋进和创造。他说：

> 生命本原非他，即宇宙内在矛盾耳；生命现象非他，即宇宙内在矛盾之争持也。生物为生命之所寄，乃从而生生不已，新新不住。……生物演进，花样翻新，物种层出不穷，要均来自生命向上奋进之势。①

但是，其他生物进化到某一阶段都打住了，生物一开始都具有的向上、奋斗和创造冲动，最后却只有高等动物和人类保持了下来，并代表了宇宙生命进化的最高阶段。

以上两方面是梁漱溟对生物进化共同性的说法，他指出达尔文生物进化论对他的最大启发在于："昭示宇宙间万物一贯发展演进之理，人类生命实由是以出现，且更将发展演进去也。"②不过，马克思对他的启发则是人类不同于动物的看法。人类不同于动物，在梁漱溟那里是"人禽之辨"问题。在肯定人类生命进化具有生物进化的一般特征基础上，梁漱溟又强调人类进化的独特性，即人类逐渐从其他生物、动物中脱离开并最大限度地发挥自己的创造性冲动。梁漱溟从人类有机体、本能、理智和理性的进化中具体说明了这一点。因此，所谓"人禽之别"，在他那里也就是人类的进化不同于其他动物的进化。

人类生命超越其他生物进化的独特性之一，是人体的机构组织和结构逐渐同其他生物拉开距离，人心则随着人类有机体结构的进化而进化。梁漱溟接受了生命进化的一般看法，认为生命是从单细胞进化到多细胞，从简单机体进化到复杂机体。人类生命机体就是在这种过程中进化出来的。在这一方面，他主要接受了郭任远和柏格森的看

---

① 梁漱溟：《人心与人生》，第126页。
② 同上书，第4页。

法。郭任远把生物机体构造的进化从低到高的不同阶段分为：原生动物的行为→复细胞动物的行为→中枢神经之出现→首尾分离的雏形左右相称体和耳目等器官的发现→头部感官的发达→脑神经的发达。郭任远是行为主义心理学的代表性人物，他激烈反对用本能解释人类的心理，认为心理是行为的结果。他的一系列著作都是围绕这一核心观点而展开的，这些著作有《人类的行为》（上卷，1923）、《行为学的基础》（1927）、《行为主义心理学讲义》（1928）、《心理学ABC》（1928）、《心理学与遗传》（1929）、《行为主义》（1934）、《行为学的领域》（1935）、《行为的基本原理》（1935）等。郭任远把机体的进化阶段同时也看成是一种行为的进化，人有机体进化越来越复杂，人的行为也越来越复杂。根据郭任远的看法，梁漱溟在《人心与人生》中说：

> 在进化的途程中，生物的形体构造、生活机能显见是一贯地由简单渐次趋向繁复，再繁复；此皆从多细胞动物次第发展出各种各样之分工而来。分工是分别各有职司，于其同时必有以联合统一之，神经即于此肇端。……有分工即有整合，分工与整合不断地繁复发展即是进化。如前所言神经细胞之出现，即为后此高等动物发达的中枢神经、大脑皮质之萌始，亦即为后此人心有其物质基础之本。①

梁漱溟在《东西文化及其哲学》出版之后，进一步探讨人心问题，他明显受到了郭任远的《人类的行为》这部书（特别是"行为之进化"这一章）的影响。郭任远将生物机体构造的进化与行为的进化结合起来，他提出行为进化的三条原理：一是行为的进化与生理构造的进化

---

① 梁漱溟：《人心与人生》，第26—27页。

相伴随；二是行为的进化与分工作用并行，行为愈复杂，分工也愈专门；三是分工作用又同统一作用并行。梁漱溟接受了郭任远的行为进化原理，不过他把"行为进化"替换为"心理进化"，把生物机体构造的进化同心理、意识的进化统一起来，认为心理的进化与生理构造进化相伴随，生理构造越复杂，心理活动也越复杂；分工的专门化，促使生理方面神经的发展，促使大脑的进化。

柏格森把生物分为植物与动物，认为植物与动物各有不同的进化方向。在动物中，他又区分节足动物与脊椎动物。受此影响，梁漱溟也采取二分法，把动物的进化与植物的进化分开。植物是自养生物，它只是在一个固定的地方获得生长的营养；与此不同，动物是异养生物，它在不同地方获得食物。两者早先同出于一源，但由于营生的方法不同而有了不同的趋势。在此基础上，梁漱溟将动物二分为节肢动物与脊椎动物，前者如蜂和蚁，人则是从后者进化而来的。梁漱溟又将节肢动物称为"非脊椎动物"，这样，人的机体进化又是同非脊椎动物的分化过程："人类是由脊椎动物界趋向于发达头脑卒成就其理智生活之路者。"①

（三）进化：从本能到理智和理性

伴随着人体结构的进化而发生的人心进化，在梁漱溟那里，整体上是一个从本能到理智和理性的过程：

> 说人心是总括着人类生命之全部活动能力而说，人的全部活动能力既然从生物演进而得发展出现，且"还在不断发展中，未知其所届"，是则必有其发展史之可言。②

---

① 梁漱溟：《人心与人生》，第 256 页。
② 同上书，第 252 页。

"本能"和"理智"是梁漱溟思想中的两个基本概念。心理学家麦独孤（William McDougall）和克鲁泡特金都从动物的共同"本能"解释人的意识，只不过克鲁泡特金强调是动物的互助本能。在《东西文化及其哲学》中，梁漱溟一方面受麦独孤的影响，用本能来解释人类的意识，另一方面也接受克鲁泡特金"本能"与"理智"的二分，而不接受罗素的本能、理智和灵性的三分。但梁漱溟很快意识到靠"本能说"不能解释人与其他动物的不同。他经过进一步思考，认为罗素的划分更可取，克鲁泡特金的二分法不足以解释人的"情意"方面。这种变化在他20年代至30年代初的几次演讲中，就已明显地表现了出来。① 后期的《人心与人生》就是在此基础上而讨论人心的进化的。在告别了麦独孤和克鲁泡特金之后，梁漱溟对人心的理解就不再轻易诉诸"本能"，而是首先诉诸"理智"。于是，"本能"的适用范围在梁漱溟那里变得非常狭窄了，它只是生物为了满足生存和繁衍两个基本需要而对内部和外部状态作出的直接反应，它是当下的，也不借助于任何工具。但人类的进化恰恰要从这里走出来，"理智"就是这种进化的第一标志。

在人类进化中，一开始受"本能"的影响也很大，但人类后来的进化越来越不同于其他动物，这就是人类为了维持基本的生存越来越不依赖于"本能"，而是借助于"理智"。梁漱溟认为，其他动物进化到一定程度不再进化，是因为它们都偏向了"本能"。然而人类之所以能够进化，是因为人类解决生存问题不趋向于本能而趋向了理智。梁漱溟把这看成是动物界进化的两种不同路径：

> 应知动物界在演进上实有本能与理智两大脉路之不同。于虫、鱼所见之计划性，出自天演，虽迹近思深虑远，却非有意识，不

---

① 梁漱溟：《意识与生命》，见《梁漱溟全集》，第七卷，第1035页。

过率循本能之路以发展，达于高致耳。另一路归趋在发展理智，即脊椎动物之所循由，必待人类出现而后造于高致，乃有意识而擅长计划。①

人类趋向理智的进化之路，同人类机体构造的进化越来越独特分不开。这一点我们上面已经谈到了。只是，梁漱溟还从"身心关系"，从心、脑、身的关系来看待"理智"的进化。梁漱溟在他早期的"人心与人生"讲演中，就提出"身心"问题进行讨论；在后期的《人心与人生》一书中，他又分三章专门讨论"身心关系"，这足以看出他对这一问题的重视。从身心进化的关系来说，梁漱溟坚持认为心是随着人的身体的进化而进化的。在这种意义上，他提出了心以身为物质基础的"身先心后说"：

> 从生物进化史看去，总是心随身而发展，身先而心后，有其身而后有其心。正为生物界各有机体的组织构造千态万变其不同，其生命活动的表现乃从而种种不同。②

在解释人的本能与人的理智的分化上，梁漱溟同样强调机体进化与理智进化的相关性。他认为人类心灵从动物的本能趋向理智，这同人的机体从脊椎动物发展出高度复杂的大脑神经系统分不开：

> 本能、理智之异趣，皆缘生物机体构造及其机能之有异而来。此即是说：凡心之不同皆缘身之不同而来；生命表现之不同，恒因生理解剖学上有其条件之不同在也。但本能活动紧接于生理机

---

① 梁漱溟：《人心与人生》，第38页。
② 同上书，第106页。

能，十分靠近身体；理智活动便不然，较远于身体，只主要关系到大脑而已。①

人类作为动物当然具有类似于动物的自然属性，这就是人的本能。达尔文的进化论、麦独孤的本能心理学、弗洛伊德的精神分析，都关注人的本能与人的精神和人的心理意识的关系。梁漱溟为了突出人类理智的重要性，强调人与动物的不同，尽量降低人类本能在人类生活中的意义和作用。他一再强调，人类的进化过程是"理智"脱离本能和反本能的过程：

> 理智对于本能，原不过是生活方法上趋向不同的问题，然其反本能的倾向发展到末后突变时，却变成了人类生命本身性质根本不同了（不再仅仅是生活方法上比较的不同）。由此一根本性的变化，遂使人类成就得理智，而其他动物概乎其未能也。②

梁漱溟从一些不同的方面和角度区别本能与理智，如本能是通过自己的身体直接地、情感式地、当下地从对象中获得生活的方式，与此相反，理智则是间接地、冷静地、通过未来想象等来解决人类的基本问题；本能是人生来就会的一项一项的专门化的能力，并用在特定的方面，而理智则是走普泛之用的方向。人类心灵的进化，明显表现出理智奋进、本能减退的趋势，人类的理智越来越强，适用范围越来越广，人类的本能则越来越弱，适用范围越来越小。梁漱溟喜欢用"动静"特别是局限（"局"、"隔"）和贯通（"通"、"灵"）来揭示理智超越本能的过程。其他生物的本能活动，都是一对一的直接

---

① 梁漱溟：《人心与人生》，第43页。
② 同上书，第42页。

"冲动"和"活动",但人类的理智则摆脱了这种直接"冲动",而是冷静地、不动声色地面对各种对象:

> 理智恒必在感情冲动屏除之下——换言之,即必心气宁静——乃得尽其用。于是一分之理智发展,即屏去一分之感情冲动而入于一分之宁静;同时对于两大问题亦即解脱得一分之自由。继续发展下去,由量变达于质变,人类生命卒乃根本发生变化,从而突破了两大问题之局限。①

在梁漱溟看来,本能与理智的不同,就是"局隔"与"贯通"的不同:

> 生命发展至此,人类乃与现存一切物类根本不同。现存物类陷入本能生活中,整个生命沦为两大问题的一种方法手段,一种机械工具,浸失其生命本性,与宇宙大生命不免有隔。而唯人类则上承生物进化以来之形势,而不拘拘于两大问题,得继续发扬生命本性,至今奋进未已,巍然为宇宙大生命之顶峰。②
>
> 生物进化即是从局向通而发展;其懈者,滞于局也。滞于局者,失其通。吾故谓现存生物于宇宙大生命之一体性都不免有隔。盖自一面看,一切生物说,通都是通的;而另一面看,则其通的灵敏度大为不等。人类而外各视其在进化程中所进之度可以决定其通灵之度。唯人类生命根本不同,只见其进未见其止,其通灵之高度谁得而限定之耶。其独得亲切体认一体性者在此矣。③

---

① 梁漱溟:《人心与人生》,第50页。
② 同上书,第51页。
③ 同上书,第55页。

从一般意义上说，生物进化都是从"局"向"通"的进化，为什么其他生物都陷入了局隔之中，误入歧途而停滞进化，只有人类朝着"贯通"而一直进化呢？梁漱溟提出了这一问题并给了一个解释：

> 当其所向之偏也，果谁使之？——谁使其发展之失乎中耶？发展是它自己发展，失中是它自己失中，无可归咎于外。窃以为是必其耽溺于现前方法便利，不自禁地失中耳。质言之，是其所趋重转落在图存传种之两事，而浑忘其更向上之争取也。①

按照梁漱溟的解释，生物进化误入歧途，都是生物自身造成的，是生物自甘目前现状的结果。而"人心"的进化，之所以能够一直向贯通处发展，取决于"人心"始终向上和不懈的主动争取。我们需要看看梁漱溟的这种"心灵观"。

在梁漱溟看来，生命进化的主动性来自于"生命本性"自身，没有外在的"推动者"起作用，他甚至认为这是"凭空而来"。他说：

> 生命本性可以说就是莫知其所以然的无止境的向上奋进，不断翻新。②

梁漱溟主张一种"奋发有为"的人生观，他认为那些懒惰、松懈的人，都是失去了生命意义的人。人心的奋发有为表现在进化过程中，就是永远"主动地"、"能动地"向上和进取：

> 一切生物的生命原是生生不息，一个当下接续一个当下的；

---

① 梁漱溟：《人心与人生》，第54—55页。
② 同上书，第22页。

每一个当下都有主动性在。①

人心主动地进取和向上进化，事先没有确定的方向和固定的目的，相应地就有了自主选择和自由创造的空间。人类的心灵自由的发展恰恰是在这种非决定、非预测之中创造出来的。梁漱溟说他的生物愈进化就愈自由的看法，同柏格森《时间与自由意志》的说法相似，但他强调他没有采用柏格森的说法，是因为柏格森的自由是形而上学上的，与心理学没有关系。

人心自由进化表现在理智上，在梁漱溟看来，就是人类主动性、灵活性和计划性的进化。但20年代的"人心与人生"讲演，他直接以"人心"的进化而论，认为"心"的进化就是心的操纵和宰制的本领越来越大，即越来越能够使用好的工具和方法来应对环境，并由此而获得自由和闲暇。梁漱溟特别强调心灵复杂的"分工"的作用，认为正是由于心灵的"分工"使人的心灵能够更好地使用工具和方法，使心灵变得越来越自由。如分工和专门工具的使用，提高了我们应对外部环境的能力和效力，为我们节省出了很多可以自由支配的时间。在这一方面，梁漱溟受到了汤姆生（J.A.Thomson）《科学大纲》（The Outline of Science）的影响，特别是其中的《心的初现》这一章。但在后期的《人心与人生》中，梁漱溟对人心自由主宰和控制力的说明，往往也同"理智"结合起来。这种"理智"意义上的人心，主要是指知识和科学。西方文明就是人类这种理智的最高表现。

虽然这种人心，是人类社会高度进化的产物，但它还不能代表人心进化的最高成果，能够代表人类进化最高成果的是"理性"。② 理性与理智有一定的类似性，如理智是超越"局限"的"贯通"，理性也

---

① 梁漱溟：《人心与人生》，第20页。
② 有关梁漱溟的"理性"概念，参见艾恺：《最后的儒家——梁漱溟与中国现代化的两难》，王宗昱、冀建中译，第189—196页。

是；理智是宁静的，理性也是。但理性又不同于理智。从进化来说，"理性"是"理智"进一步减损而来的。理智本身是减损，是不断减少本能活动而来，而理性则是进一步减损理智中的直接东西。

> 减之又减而理性即不期而然地从以出现。①
> 从生物进化史上看，原不过要走通理智这条路者，然积量变而为质变，其结果竟于此开出了理性这一美德。人类之所贵于物类者在此焉。世俗但见人类理智之优越，辄认以为人类特征之所在。而不知理性为体，理智为用，体者本也，用者末也；固未若以理性为人类特征之得当。②

但我们不要把理性玄妙化，忘记了理性的进化过程。正是在这种意义上，梁漱溟提出"理想是归于事实"的说法。

从理智和理性的功能说，梁漱溟以"理性为体，理智为用"。这里的"体用"是"工具"与"美德"的关系：

> 理智者人心之妙用；理性者人心之美德。后者为体，前者为用。③
> 盖理智必造乎"无所为"的冷静的地步，而后得尽其用；就从这里不期而开出了无所私的感情——这便是理性。④

从理智与理性面对的对象来说，理性关心的是人心的情理，而理智关注的则是事物的物理。关注外界物理的研究，成就的是知识和科学。关心内在的人的"情理"，成就的则是人的道德。在人的情理中，

---

① 梁漱溟：《人心与人生》，第256页。
② 同上书，第89页。
③ 同上书，第85页。
④ 梁漱溟：《中国文化要义》，见《梁漱溟全集》，第三卷，第125页。

梁漱溟特别强调人的"无私的情感"。如"不自欺好恶"、"正义感"、"利害得失，在所不计"、"廓然大公"等，在梁漱溟那里都属于"无私的情感"。它表现出来，就是人与人之间的互助、互依、互存的情感；它不是社会本能，而是社会和人心高度进化的产物。有趣的是，在梁漱溟那里，理智与理性的进化，既是中西两种不同文明的进化，又是他个人精神成长的两个不同阶段。

（四）进化的极限：从世间法到出世间法

生物进化论主要是探讨生物的起源和如何进化到当前的状况的，它不预测生物未来的进化趋势，但哲学上的宇宙演化论和社会进化论往往乐于预测未来的进化趋势。梁漱溟不关心宇宙未来的进化趋势，但他关心人类将向何处去的问题。不少进化预言者都相信进化是有方向和最高目标的，这就是各种形态的乌托邦想象。梁漱溟设想了未来人类进化的终极性，但他却不把这建立在宇宙进化的固定方向上。正如我们上面讨论到的，他坚持认为宇宙生命的进化没有事先预知的固定的方向和目的。但不能由此就说，梁漱溟的宇宙生命进化是完全"盲目"和随意的。宇宙"进化"虽然没有事先决定的"具体"方向，但总体上它又是自我主导而走向合理性的。在梁漱溟看来，这是来源于"宇宙本性"。一切进化都是"宇宙本性"的展开，人心则是宇宙生命本原的"最大透露"。[①]"宇宙本性"和"宇宙生命"是梁漱溟思想中的两个重要概念。"宇宙本性"说的是宇宙自身包含着根本性的东西，宇宙生命是说宇宙展开是生命的展开。

人心的进化，主要是理智和理性的进化，它们是宇宙本性的表现。以社会形态说，这是社会形态的进化。在此，梁漱溟吸收了社会主义和共产主义的观念，认为人类将从社会主义进入到共产主义。在他看

---

① 参见梁漱溟：《人心与人生》，第123页。

来，共产主义也是道德的最高进化，它本质上是理性的、道德的。按照马克思的社会发展理想，共产主义是人类的最高形态。但梁漱溟则认为社会理想还有更高的"终极"，这就是宗教的"出世间"，这是人类的归寂、归灭阶段。按照梁漱溟的说法，"出世间"是"世间"的自然发展，也是他的人类文明发展非线性的三个阶段的第三个阶段——意欲向后的宗教，与此相对的是之前的两个阶段：即意欲向前的理智和意欲适中的理性。这是梁漱溟在《东西方文化及其哲学》中提出的看法，对此，他始终坚持。人类文明在东西方发展中表现出的三个阶段（也可以说是三种形态）说①，根本上是人类解决生活所遇到的三种问题的方式，这三种问题是人对物的问题、人对人的问题和人对自己的问题。这三个阶段的第二个阶段，在他的思想早期主要是由儒家来代表的，在他的思想后期，他又将之同共产主义的观念结合在一起。他判断说，现代文明是从第一期之末，就要走到第二期了。但这还不是最高的，最高是第三期，这是由印度的宗教所代表的。

  为什么要走到这一期，它的内在动力仍然是宇宙生命的无限向上创造。梁漱溟还另外提出了一个理论根据，这个根据是，宇宙所有的事物都是有成有毁，没有永恒不灭的事物，人类也不能逃避这种命运。按照现代科学，不仅地球、太阳要消失，就是整个宇宙也要死寂，还有什么根据可以说人类这一物种能够永恒生存下去呢？对人类在宇宙中的这种命运，可能没有什么人会怀疑。庄子从天地看人类，说人类在天地中非常渺小（见《庄子·秋水》）；罗素站在无限的宇宙中看人类，说人类在宇宙中微乎其微。人类最终消亡的必然性，可能使希望人类永恒的人感到悲观。但梁漱溟不这样看，他认为人类的"出世间"是主动的，是人类创造性的选择：

---

① 这三个阶段说，也被梁漱溟看成是人生的"三种态度"和他自己人生发展的三个阶段。参见《朝话》，第 55—57 页。

任何事物有生即有灭，有成即有毁，地球且然，太阳系且然，生活于其间的人类自无待言矣。①

在人间，梁漱溟认为"宗教"将被美育所代替；但是，人类的终极性进化，又将从世间走向宗教的"出世间"境地。这两种说法，看上去是不协调的。梁漱溟大体上是认为，世间法不需要宗教，但实际上，宗教存在于世间已经非常悠久了，至今仍然还没有什么东西能够真正取代宗教。说"世间"的宗教将被美育取代，这是一个疑问。梁漱溟说的出世间宗教，除了让我们知道人类趋向寂灭之外，我们对它的来临不能发生任何作用。梁漱溟的这种看法来自于印度的宗教，但又改造了它。印度的宗教有很强烈的否定世间的特征，但梁漱溟没有。他认为世间法也是"真法"。佛教有"真法"、"象法"和"末法"，梁漱溟没有这种退化论，他是进化论，反过来就是从末法到象法再到真法，或者每一个阶段都是真法。这不是基督教的"千禧年主义"，也不是古代的"大同主义"：

世间法者，生灭法也；生灭不已，不由自主。争取自由者岂遂止此耶？有世间，即有出世间。宗教之真在出世间。于是从道德之真转进乎宗教之真。……此在古印度人谓之还灭，在佛家谓之成佛。然而菩萨不舍众生，不住涅槃，出世间而不离世间。夫谁得为一往究极之谈耶？然尽一切非吾人之所知，独从其一贯趋向在争取自由灵活，奋进不已，其臻乎自在自如，彻底解放，非复人世间的境界，却若明白可睹。②

---

① 梁漱溟：《人心与人生》，第230页。
② 同上书，第257页。

如果人类向上的创造真的会步入出世间法,这就真可以说是人类的"创造性"毁灭。

二、"真情之流"与宇宙进化

生命主义哲学中表现出的进化世界观的第二种形态是"唯情论"的进化论,朱谦之是它的主要代表者。朱谦之以"情"、"本能"、"流动"等概念为中心建立起来的"唯情哲学",也可以说是唯情进化哲学。朱谦之一开始把激进革命与进化结合起来,将以渐进为特征的达尔文的生物进化论,一转而变为突飞猛进的激进性革命进化。这是朱谦之革命激情高涨之际在《革命哲学》中倡导的进化。由于朱谦之受到了叔本华的悲观主义、道家的无为论和佛教的厌世论等影响,因此,他的这种革命进化,又以颠覆、解构一切和宇宙最终的"死寂"为归宿,它是无政府主义的,也是虚无主义的。朱谦之这时的自杀倾向是他的这种思想在生活上的直接反应。朱谦之在回顾自己这一时期的思想和生活时向我们指出了这一点,并说陈独秀批评的"虚无主义"就是指他。但是,经过这一短暂的时期,朱谦之说他从怀疑主义和虚无主义一转而变为信仰主义,这就是对"真情"的信奉。从寂灭到信奉真情,这是他的生活变化的结果。他从牢狱中被释放出来,不再忍受禁锢之苦,他在杭州西湖对自然生命和景致的体验和感受,应该都是促使他变化的因素。朱谦之的"真情"信仰,首先在他的《周易哲学》中表现了出来;对爱情蜜果的甜美享受,使朱谦之把"真情"信仰又展现在他的《一个唯情论者的宇宙观及人生观》中;把"真情"信仰与社会和历史结合起来,就表现为朱谦之的未来理想社会设想。在讨论现代中国的革命思想与进化世界观的关系时,我们已经看到朱谦之如何将革命与进化结合的做法。现在我们要集中考察的是朱谦之的"唯情进化世界观"。

（一）进化：宇宙本体和真情之流

根据前述，我们知道梁漱溟的生命主义进化论，是以人心即人的理智特别是理性为宇宙本性的进化。与之相比，由于朱谦之的生命主义哲学，是以人的"真情"为宇宙本体，因此，朱谦之的生命进化，实际上就变成了"真情之流"的进化。

广义上，朱谦之的哲学同样属于生命哲学，因为他把宇宙整体上看成是一种"生命"，他又称之为宇宙"真生命"。所谓"真生命"，就是生命的最本真的部分，这种"真生命"：

> 须知"真生命"不是别的，就是无所有不可得的宇宙本体……因宇宙万物无一不为"真生命"所摄，所以宇宙万物也都本有个"真生命"所摄，所以宇宙万物也都有个"真生命"，"真生命"也离（疑前脱"不"字——笔者）宇宙万物；换句话说：宇宙就是"真生命"了，"真生命"就是宇宙万物了。[①]

在朱谦之那里，宇宙的生命或"真生命"，又被说成是"情"和"真情"。什么是真情，他有许多解释。在《革命哲学》中，"情"和"真情"已是重要观念，袁家骅是他的同调。袁家骅在他的《革命哲学·序文》中对"情"提出了类似于朱谦之的看法，认为"情"是宇宙的和人生的真正生命、内在奥秘，宇宙和人生的"进化"，就是"情"的流转：

> "情"为宇宙人生之真生命。没有生命，宇宙人生，都不得发

[①] 朱谦之：《无元哲学》，见《朱谦之文集》，第一卷，福建教育出版社2002年版，第292页。

生存在，而宇宙人生之发生存在，也只是情之流转。……情为一切之本源，是"无穷无限的实在生命"，宇宙和人生，尽情之放散罢了！生命花的开放，乃是生命的流动，流行时就是动，就是进化。生命之进化，情之流动，其义则一。①

以"情"为宇宙的"本源"和本真，这是 20 年代中国哲学家的一个立场。在《革命哲学》中，朱谦之主要是从人的"真情"为"革命"寻求心理基础和动力，认为革命发源于人的真情，"真情"是革命心理的根本元素。但朱谦之不满足于此，他又进一步追问"真情"究竟是什么。他追问的方法，是先以"情"为"精神"本体，再以"精神"为宇宙的本体。在他看来，宇宙是由精神或心识变现出来的。这分明是以"精神"推知世界的"唯我主义"。但在《一个唯情论者的宇宙观及人生观》中，朱谦之对"情"与"自我"的关系，变成了万物一体的关系。按照这种关系，真我是在宇宙之情中，真我与宇宙之情是不分的：

> 宇宙间只是"情"，但这"情"是宇宙间公共的，怎能将发育万物都归于"我"，岂不是夸大狂吗？……我以为我和宇宙是平等平等，所以吾心即是宇宙，宇宙即是吾心，是没有谁大谁小的。而所谓真我是什么，就是一片真情浑在其内，换句话说，就是把最普遍的公共的"情"为我，不以分别为我。②

为了论证宇宙本体是"情"，朱谦之从中国古代哲学中寻找思想资源，说宇宙真情就是一直被人们忽视的《周易》中所说的"情"：

---

① 朱谦之：《无元哲学》，见《朱谦之文集》，第一卷，福建教育出版社 2002 年版，第 292 页。

② 朱谦之：《一个唯情论者的宇宙观及人生观》，见《朱谦之文集》，第一卷，第 483—484 页。

> 本体不是别的，就是人人不学而能不虑而知的一点"真情"，就是《周易》书中屡屡提起而从未经人注意的"情"字。我敢说这"情"字便是孔学的大头脑处，所谓千古圣学不传的秘密，就是这个。①

在《周易》中，我们确实能够看到许多"情"字。《周易》中所说的"情"，主要不是指"情感"之"情"，而是指"情实"或"实情"之"情"。如《周易》的《咸卦》、《大壮卦》、《萃卦》等卦的《彖辞》，都有"天地万物之情可见矣"的说法，其中的"情"，就是指真实的情况或状态。《系辞》说的"以类万物之情"的"情"，同《孟子》中说的"乃若其情，则可以为善矣，乃所谓善"的"情"一样，也是指"情实"、"实情"。这种意义上的"情"，同儒家所说的"诚"确有契合之处。其中最重要的一点是，两者都具有"真实无妄"的意义。朱谦之使用的"真情"，强调的就是情的真诚、真实，以区别于虚伪和虚假。只是，朱谦之为"情"赋予的意义要比《周易》中的"情"更广。《周易》中的"情"是作为"描述"语使用的，它是用来说明天地万物的真实性，但在朱谦之那里，"情"则被实体化了，它不是简单的谓词，而是主词，是存在本身，其他的词是要说明它的。作为主词的"情"，它是本体，是宇宙的根本原理：

> 本体不是别的，就是现前原有的宇宙之生命，就是人人不学而能不虑而知的一点"真情"，我敢说这"情"字，就是宇宙的根本原理了。②

---

① 朱谦之：《周易哲学》，见《朱谦之文集》，第三卷，第102页。
② 朱谦之：《一个唯情论者的宇宙观及人生观》，见《朱谦之文集》，第一卷，第473页。

这种宇宙本体意义上的"情",不是《周易》所能涵盖的。此外,朱谦之为"情"赋予的自然、活泼、神奇、相反相成等意义,也超出了《周易》的用法。① 同是生命主义者的梁漱溟,把"生命"的本性归结为"心",最后归结为人的理性。而朱谦之则竭力把"生命"归结为自然的"情感",甚至归结为"本能"(这是他的历史观的核心)。在《一个唯情论者的宇宙观及人生观》中,朱谦之又以"情"为"真理",认为除了"情"之外,没有真理:

> 我敢大胆告诉大家,真理纯以这点"情"而言。②

对"情"的信奉,促使朱谦之批评佛教和道家,他认为两者都是"反情论者"。

朱谦之的进化论就建立在他的宇宙真情这一假定基础之上。简单地说,宇宙的进化在朱谦之那里就是"真情"的"流行",他称之为"真情之流",也称之为"流行的进化"。在《革命哲学》中,朱谦之已有"情的流行"的说法,认为"情的流行"就是情的"用",而情的用恰恰就是情体的表现:

> 即就情之作用而论,有了情就自自然然的会绵延、创化到无限的前途去。③

在《革命哲学》中,朱谦之主要是用"流行的进化",而且其用法同他

---

① 有关朱谦之对"情"的界定,请参见《革命哲学》(《朱谦之文集》,第一卷,第324页)、《周易哲学》(见《朱谦之文集》,第三卷,第106页)。
② 朱谦之:《一个唯情论者的宇宙观及人生观》,见《朱谦之文集》,第一卷,第460页。
③ 朱谦之:《革命哲学》,见《朱谦之文集》,第一卷,第324页。

在《周易哲学》中的用法有所不同。这牵涉到了朱谦之进化论前后的变化。

我们一开始就指出,在《革命哲学》中,朱谦之的"进化论"有"虚无主义"的倾向。这里的"虚无主义"是说进化没有终极目标和目的。柏格森的进化论否定机械的决定论、目的论,坚持认为进化不可预知也没有事先固定的方向,既是指生命进化的"过程",又是指生命进化的最终未来。但朱谦之修正了柏格森的看法,一方面,他将柏格森的没有方向和不可预知变成宇宙进化没有"最终目的"的意义。他站在辩证法的立场上,推断说宇宙进化最终是要走向"寂灭的"。当然,他所说的"寂灭",不是完全死寂,而是向最高的"情"复归,这就是他所说的"宇宙革命"。由此而言,这种虚无主义只是否定现存东西之价值的虚无主义。另一方面,他不同于柏格森,认为宇宙进化虽然没有最终的目的,但每一个进化阶段——即"分段"、"分片"的进化则有目的和目标:

> 总之就进化的全体看,固然没有目的,而就一段一段一片一片的进化讲,却不能不给他一种"创造的目的"……所以流行说一面在本体上看到那永远不断的绵延变化,而一面在实际上却承认进化是有目的的。①

把进化总体的无目标和分段有目标结合为一体,这是朱谦之《革命哲学》中"流行进化"概念的第一个意义层面。

《革命哲学》中"流行进化"的第二个意义层面,是所谓"有一无一有一无"的辩证进化观。按照朱谦之的说法,在无限的时间中,"有无"的流行是不会间断的,而且这一过程不是循环和轮回,而是不

---

① 朱谦之:《革命哲学》,见《朱谦之文集》,第一卷,第308页。

断创新并纵向进化。《革命哲学》中"流行进化"的第三个意义层面,是有关"进化"发生的具体机制的。对此,朱谦之列出了"突变说"和"绝缘说"两种不同的看法。在生物进化论中,"突变说"是针对达尔文的"渐变说"而提出的,它认为进化是生物突然变异的结果,而不是缓慢发生的。朱谦之是在哲学意义上使用"突变"概念的,他以"意识"和"念头"上的变化为例,认为从"无"到"有"、从"有"到"无"都是"突变",中间没有思考的缓慢过程,但他又指出,在"有无"之间的转变中,相互之间又有彼此的"渐变"("潜变")的酝酿。这是调和突变和渐变两种看法。"绝缘说"认为,进化都是对过去的否定,未来的又是对现在的否定;进化是不断的"绵延累积",过去的都保存在现在之中。朱谦之以柏格森为这种看法的代表人物,他指出柏格森断定"只有现在,没有过去"的说法,虽然整体上反映了生命之流行的真相,但把它运用在"分段"上就不能成立。因为分段的进化,都必须是新的,如果把现在都包括在过去的东西中,还有什么进化可言。朱谦之说,柏格森的创造进化看上去是进取的,但认为过去堆积无穷期,又有很强的保守性。

朱谦之心里想的是"革命",因此,他始终关心的是"分段进化"如何发生的问题。这是他《革命哲学》中"流行进化"的第四个重要意义层面。朱谦之回顾说,他的《革命哲学》反映的是他的虚无主义立场。但我们看到,这部书中贯穿着把"革命"和"进化"统一起来的宇宙观和价值观:

> 总而言之,我说的"流行的进化"是要引导"现在"上进化的路,而且指明"革命"是进化的必要条件,因为进化是自然的事实,"自无而有,自有而无"是自然的程序,现在是有了,所以"现在"的进化,只有用革命的破坏力去策助他,知道进化必不可

逃免，可见宇宙革命也一样是不能避免的了。①

按照朱谦之的逻辑，进化与革命密不可分，进化是革命的目的，革命是进化的最有效手段。朱谦之一方面肯定"进化"整体上是一种"自然的过程"，另一方面又认为这一自然过程并不排除人为的作用，实际上人的参与恰恰能够推动和加速进化。说进化是自然的从而放弃人为的努力，这是一种懒惰哲学。革命对进化的具体作用，朱谦之概括为四条：第一，革命是要打破环境；第二，革命是要打破旧环境而向着进化的前途方向前进；第三，革命就是打破旧环境用人力策进自然的进化；第四，革命就是要打破旧环境循着自然进化而向着光明前途。总之，朱谦之把革命观念引入到"进化"中，渐进的进化就变成了迅速的进化；把进化引入到革命中，革命就具有了崇高的价值。

以上是朱谦之《革命哲学》中的进化观，到了《周易哲学》，这种进化观就发生了一定的变化。在此，朱谦之把进化观念与《周易》中的思想结合起来，或者从《周易》来解释进化，或者从进化来看待《周易》，将《周易》中的"情"、"神"、"生生"、"变动"、"一阴一阳"等观念与"进化"联系起来，认为它们都包含着进化的思想。因此，《周易》不啻于是一部进化论：

> 《周易》这本书，无非要发现那自己如此的法则，本进化的眼光，去思考宇宙间的变化。②

具体来说，第一，朱谦之认为《周易》中的"生"、"生生"、"一

---

① 朱谦之：《革命哲学》，见《朱谦之文集》，第一卷，第312页。
② 朱谦之：《周易哲学》，见《朱谦之文集》，第三卷，第125页。朱谦之说中国哲学家从自然中悟出来的就是这个"真情"，参见朱谦之：《一个唯情论者的宇宙观及人生观》，见《朱谦之文集》，第一卷，第481页。

阴一阳"等概念，都是指进化、创造和日新，而且类似于黑格尔说的"正反合"的螺旋上升，而不是指"循环"、轮回和重复。朱谦之引用《横渠易传》解释"生生"为"犹言进进"，

> 原来所谓宇宙，只是生这一动，只是"四时行焉，百物生焉"，流行这里便生这物，流行那里便生那物，所以《系辞》说："天地之大德曰生。"生统万物而言，无所不在，无所不通，无所不为之根柢，大的如天地日月，小的如微尘芥子，无不有"生"在那里流行变化，生之力真是伟大呀！①

《横渠易传》解释"生生"为"犹言进进"，朱谦之引用这一解释来证明他的说法。但《周易》中强调的一阴一阳之道和变动思想，是否真的都是指日新进化，恐怕不一定。

第二，在《周易哲学》中，朱谦之仍然使用"流行进化"的说法，但将其同"真情之流"和"神"结合了起来。在朱谦之那里，"情"、"真情"与"真情之流"，原本是一致的，但前者是体，后者是"用"。从用上说，"真情之流"是说真情的无限绵延、变动，这就是进化：

> 须知宇宙起的时候，即这真情充塞流行的时候，可见宇宙存在是因"真情"作背后的护持力，活泼泼的真情之流啊！②

如果进化是"真情"之"体"的作用，真情之体表现为"真情之流"和永不停息的变动，这就是宇宙进化的"真相"，那么，至此也许已经够了。但在《周易哲学》中，朱谦之又把"神"或无限的"神力"看

---

① 朱谦之：《周易哲学》，见《朱谦之文集》，第三卷，第114页。
② 同上书，第122页。

成是"真情之流"的根源。《周易·系辞传》中有关"神"的观念，主要是指事物变化的微妙性和神奇性，而不是指宇宙"本体"。但在朱谦之手里，"神"又被赋予了宇宙进化的最后根源的意义，宇宙来源于神，真情之流也是神的作用：

> 宇宙间只是一神，真情洋溢，充塞流行。因为宇宙从神而来，由"神"的真情而流出的，所以宇宙即神，神即宇宙，宇宙间的一切事物，无论什么都包含在神的"真情之流"里。……因为神是"真情之流"永久的主宰，"神"的真情流露没有穷期，所以宇宙的变化，也永不休歇。①

朱谦之把他的这种由神主宰的真情进化称之为"泛神的宗教"。但这种主宰性的"神"，并不是《周易·系辞传》之"神"的意义。

第三，在《周易哲学》中，朱谦之认为《周易》中的"往来"、"屈信"、"寒暑"、"阖辟"等两种相反又相互作用的关系，都是互相感应关系，并以此来解释进化发生的机制。在朱谦之看来，宇宙进化和真情之流就是这种相互感应的结果，但他没有就此打住，他又引用"调和"或者"中"的概念来作为"感应"原理：

> 这一感一应有一个所以感应的根本原理，就是"调和"——"中"。所谓变化，就是调和到不调和，结果又归于调和，而这从调和到不调和的两者中间，也是调和的。我现在再简单说句话，进化即是调和了又不调和，不调和了又调和，可以说常常调和，常常不调和。②

---

① 朱谦之：《周易哲学》，见《朱谦之文集》，第三卷，第132页。
② 同上书，第126页。

在《革命哲学》中，朱谦之用"有无"的不断转化来解释进化的无限性，这里又用"调和到不调和"来说明不断的变化。"调和"也许更能具体地反映出事物之间的关系，但要说"调和"是"感应"的原理没有什么根据。

第四，在《周易哲学》中，朱谦之用《周易》的"革"和"化"来说明突变和渐变的关系。在《革命哲学》中，朱谦之是用西方的思想资源对两者进行调和；而在《周易哲学》中，他则用《周易》的思想资源来对两者进行调和。朱谦之认为《周易》的"革"讲的是"突变"，当然《周易》也肯定"渐变"，《周易》中的"化"讲的就是渐变。但《周易》中的"化"，不能说只是指"渐变"，它也具有事物根本性变化的一面。不管如何，在"突变"和"渐变"上，朱谦之一直是要调和进化的连续和中断的关系。

总而言之，朱谦之的宇宙进化论，在《革命哲学》中主要是将"进化"作为"革命"的思想基础来展开的，而在《周易哲学》中则是将"进化"看成是《周易》的古老智慧：

> 我立"真情之流"以为宇宙根本的原理，是完全本于《周易》，并非杜撰出来。①

从思想的一贯性来说，要解释人类的历史或其他领域的事物，就应该运用宇宙的进化的一般原理。但在历史领域，朱谦之基本上不使用"真情之流"，而是诉诸人的本能去解释进化。

（二）本能与进化历史观

进化论为中国思想带来了许多变化，其中之一是中国的历史观已

---

① 朱谦之：《周易哲学》，见《朱谦之文集》，第三卷，第117页。

深深地被纳入到了"进化"和"进步"的滚滚洪流之中。按照这种进步历史观,历史既不是退化,又不是循环,它是不断进步和发展的,未来总是美好的。朱谦之的历史观整体上就属于这种进步史观,它集中体现在朱谦之的《历史哲学》这部书中。这部书原是1924年朱谦之在厦门大学讲授"历史哲学"的讲稿,1926年,上海泰东书局将其以《历史哲学》之名出版,朱谦之称这部书"是中国人第一次对于'历史哲学'的贡献"。现代中国的历史进化观,有许多不同的形态。朱谦之《历史哲学》中所表现出的历史进步观,是以生物进化论为基础的,它具有很强的"生命主义"的色彩,但也不同于梁漱溟的看法。梁漱溟把人类历史的进化,整体上看成是逐渐脱离开本能而向理智和理性的方向进化,但至少在形式上,朱谦之反其道而行之,他拼命认为历史的进化就是人的本能的进化,他对柏格森所说的"智慧"也强烈排斥。整体上,朱谦之的进化历史观是一种混合物,正如他坦言的那样,他受到了"新生机主义者"杜里舒(Hans Driesch)、柏格森、麦独孤的影响,此外,他还从孔德和克鲁泡特金那里接受了"有益的见解"。这样的历史进化论,确实有某种特色,但要说有什么特殊的贡献,就另当别论了。

朱谦之相信历史是进化的,但他所说的历史的进化,主要是指"人类本能"或"知识线"的进化。朱谦之将麦独孤的"本能主义"同杜里舒的"知识线"拼接到一块,作为相互对等的概念使用,但两者从表面上看就很不协调。在朱谦之看来,历史活动的主体是生动活泼的人类,因为只有人类这一生物在自然中达到了最高的进化。即使我们不承认人类中心主义,我们也不能不承认人类在生物进化中的优异性。人类在生物进化中的优异性,使人类成为"历史的创造者":

> 历史实在是人类的产物,只有人类是一种进化到了生机活泼,

有言语时代的动物。①

但是,在朱谦之看来,不是所有的人都能够促进历史的进化。民粹主义者相信大众在历史中的作用,英雄史观相信少数人的作用。朱谦之不主张民粹史观,也不主张英雄史观,在他看来,只有在历史上负过责任的历史人物才是历史进化的推动者,这些人物是宗教家、哲学家、科学家、文学家、批评家和革命家。正是他们促进了"知识线"的进化。"知识线"是朱谦之从杜里舒那里借用来的。继罗素、杜威来华讲学之后,1922年10月,杜里舒也来到中国讲学,他的一系列讲演经人整理后,有的被编入《杜里舒讲演录》中,有的发表在杂志上,对当时的中国哲学界产生了广泛的影响;此外,瞿世英、费鸿年、张君劢等学者也纷纷发表论文,介绍和讨论杜里舒的学说。②杜里舒提出"知识线"的概念,认为"大人物"、种族、国家与进化无关,能够为历史带来进化的只是"知识线"。所谓"知识线",即知识的不断创新、传授和被人类全体所共享:

> 此知识线上之贡献者,世界能有几人,以吾人观之:孔子也,老子也,耶稣也,释迦也,亚里士多德也,牛顿也,歌德也,康德也,其殆近之。然特创者固不可多得,而有功与传播或采纳者,要亦合与前所谓学说之传播之全体性,故知识之授受者,虽概以归诸进化之列可焉。③

杜里舒认为,历史的意义在于历史是"进化的"而不是"堆积的"。他

---

① 朱谦之:《历史哲学》,见《朱谦之文集》,第五卷,第9页。
② 有关这一点请参见黄见德:《20世纪西方哲学东渐史》,首都师范大学出版社2002年版,第100—103页。
③ 朱谦之:《历史哲学》,见《朱谦之文集》,第五卷,第10页。

的这种区分首先是基于物理客体与生物体是两种不同的变化。物理客体和现象的变化是没有内在联系的总和或偶然元素的合成,而生物变化是相互联系和"总体性的"。前者是"堆积",只有后者才有进化。杜里舒的区分,实际上是无机与有机、无生命与生命的分别。无机和无生命千变万化,都只是机械性和数量性的变化,而生命和生物的变化则是机体高度联系和全体性的变化。杜里舒十分重视生物体的统一和"整体性"(wholeness)。他通过生物实验(部分机体能够再生出整个机体),证实生物都是朝向"全体性"的运动,生物都有高度的"自主性"。杜里舒把这种概念引向历史哲学,认为历史的意义也是趋向人类全体性的"进化",而不是"堆积"。从生物"全体性"活动的进化,来推论人类历史活动的"全体性"进化,这是将人类社会"生物化",但他又提出人类的"知识线"进化,这实际上又让人类社会远离"生物性"。

朱谦之不管杜里舒进化历史观中的这些问题,他直接从生物的全体性进化走到人类历史的全体性进化,又把这种进化落实在历史精英人物创造的"知识"及传播上:

> 假如所谓目的,所谓全体,都和胎生中的生机体一般,那末人类历史才是进化的历史,才是整个而活的历史。[①]

人类作为生物的全体性活动同人类的"知识"创造是两种不同的活动,从生物活动的"全体性"中无法引申出人类知识创造活动的"全体性"。因为如果真是这样,历史就不再是人类社会的历史,而是人类的生物史了。朱谦之还接受了杜里舒的生物"自主律"(autonomie)概念。杜里舒的生物自主律是说,生物体每一器官都各有一器官的机能,

---

① 朱谦之:《历史哲学》,见《朱谦之文集》,第五卷,第26页。

它是生物整体机能的一部分，但生物的整体的机能不是各器官机能的总和。因此，如果生物失去一个器官及机能，在全体的机能上就会有其他器官替它履行职能。朱谦之在杜里舒生物"自主律"的概念中，塞进了柏格森的"生命冲动"和生命克服物质惰性的向上追求意义：

> 总而言之：生命本身实有向上的要求，实有一种生机力，督促他冒险前进，不甘于停止一个固定的地方；并且这种内力，似乎很明显地摆在那里，极力使生物脱离物质的桎梏，不绝地创造自身。①

对朱谦之来说，人类历史像生物生命那样，也是不断绵延、不断向上的创造性进化。人类不是被动地适应环境，而是主动地战胜环境。朱谦之批评达尔文的环境适应论，强调认为生物进化不是生物被动适应环境的结果，而是主动进取的结果。这个进取的力量是生命冲动，也是"本能"：

> 人类的历史就是本能与环境宣战的生机主义史，申言之就是在生命进化中本能与物质相冲突的革命史，在人类历史发生的那一日便是同环境冲突开始的那一日，人类历史的继续的新的创造就是证明我们生机力可以无限扩张，用比喻的方法来讲，历史的全体，就是一个浩大的波浪，永远向着那个与这大流相反的物质冲着前进。②

把人类历史全体性的进化归结为"知识线"，使人类的进化同生

---

① 朱谦之：《历史哲学》，见《朱谦之文集》，第五卷，第27页。
② 同上书，第57页。

物的进化拉开了距离；但把"知识线"又拉回到"人类本能"上，又使历史降低到生物学的意义上。麦独孤把"本能"看成是人类心理和行为的基础，用人的本能解释人的各种活动。但朱谦之则把麦独孤的这种人类心理的本能主义，变成人类历史进化的本能主义。一般来说，"本能"就是人类先天具有的各种自然生理能力。朱谦之的"本能"概念比麦独孤的意义更广：

> 若人类的本能，则不单是生理的，而兼有最高心理的动作，所以人的本能含有最高心理的变化，就是知识线上的变化。①

把人类本能包含的东西和范围扩大，相应地就是把人类非本能的东西缩小。柏格森区分本能与智慧，朱谦之则竭力将柏格森所说的"智慧"也拉到本能中去。朱谦之说，过去我们是将本能与智慧分开，而且用智慧去说明人类的高明。但这是有问题的，智慧的原初形式就是本能，仅用智慧不能说明人类历史的进化，人类历史进化的根本表现在于人的"本能的进化"：

> 我们并且敢断言：全部的人类史，就是要求人的本能的扩大，本能愈自扩张，愈自深入，便愈和生命的原动力合为一体。在柏格森只认有盲目同情的本能，在我们却认本能是全体化成的动机，人类究竟是否进化，也只决于本能之是否扩大罢了。②

把"本能"的意义放大，人类后天创造的东西自然也被"本能化"，这不仅从朱谦之将"知识线"也纳入到"本能"中可以看出，而

---

① 朱谦之：《历史哲学》，见《朱谦之文集》，第五卷，第48—49页。
② 同上书，第35—36页。

且从他将"宗教情感"、"自我意识"、社会性和科学都看成是本能更可以看出。朱谦之直接使用"宗教的本能"、"自我的本能"和"社会科学的本能"等概念,既是在本能中为宗教情感、自我意识、社会性和科学寻找根据,也是认为宗教、自我意识、社会性和科学动机就是本能。他解释说,宗教情感是人对宇宙生动感情的虔敬之情,它表现为惊奇、赞美与自卑;自我的本能是自己自觉到他是一个在人与人关系中的自我,自觉到自己是一个良心的自我;社会和科学的本能有两个方面,一个方面是人的同情心和合群要求,另一个方面是人类创造文明的要求。说起来,人类的这三种倾向和情怀,不能说与人的先天的本能没有任何关联,但也不能说它们都是本能的产物。事实上,它们有很多后天的因素,或者主要就是后天的。但朱谦之坚持相信,"本能"就是人类进化的一切。孔德将人类文明发展分成三个阶段,即从宗教经过形而上学再到科学。朱谦之仿效此,也把人类三种本能的进化看成是三个阶段,第一是宗教本能阶段,第二是自我本能阶段,第三是社会和科学的本能阶段。这当然就是孔德阶段论的翻版。这三个阶段说能成立吗?朱谦之说能,他说从儿童本能发展的阶段即可推知人类本能的发展史:

> 懂得一个人的本能发生史,就可推知人类的本能发生史,这种方法,好比我们从比较胎生学来证明人类几万年前之祖先,进至现在状态的路径;是一个道理。……从儿童心理上发展的自然步调来看,也是从宗教的本能到自我的本能,从自我的本能到社会的本能,譬如一个过渡一样,要从这边岸上到那边岸上必不可不经过这个路径,个人如此,民众思想的发展状态也正是如此。①

---

① 朱谦之:《历史哲学》,见《朱谦之文集》,第五卷,第55页。

朱谦之不仅用生物进化来解释人类历史的进化,而且也从生物进化的动力中寻找人类历史进化的动力。朱谦之不接受地理环境决定论,也不赞成唯物史观或经济决定论,他相信柏格森的"生命冲动说"和杜里舒的"生机说",用"生机力"和"生命冲动"来说明人类历史进化的内在原因。与此同时,他也以"本能"为人类历史进化的动力。按照上述说法,朱谦之是以"本能"为人类历史进化的根本标志。如果又把本能看成是人类历史进化的动力,这显然是不严格的。什么进化了和它为什么进化,是两个不同的问题,但朱谦之都用一个东西来回答。他说"地理决定论"、"经济决定论",都称不上是真正的历史一元主义,真正的历史一元主义只能是基于人的"本能"的一元主义:

> 我们知道,种种制度都是由人的本能造成的,以人的本能造成的,所以当我们去找历史进化的原动力的时候,是以人的本能为这个最综合的要素。因为人的本能是主持生命的力,是最会变的东西,所以还是人的本能发生变化,而后经济以及其他制度,才跟着变化,所以"人的本能"就是我讲"历史的一元主义"的起点了。①

人类历史的进化变成了人类本能的进化,这可能令许多历史学家感到吃惊。因为如果真是这样,历史学家要研究的历史就是人类本能的进化史了。确实,朱谦之不仅是这样认识的,也是这样要求历史学家的。他批评过去的历史观和方法论,说以往的历史研究只是记载那些凝固的陈迹,只注重"堆积"的见解,而不是研究历史的绵延和进化。他层层递进地界定历史学的任务说,历史是叙述历史进化现象的,是叙述人类这种生机活泼的动物的进化现象的,是叙述人类在"知识

---

① 朱谦之:《历史哲学》,见《朱谦之文集》,第五卷,第59页。

线上"的进化现象的。由于他的知识线同时就是人类的"本能线",因此,历史说到底就是叙述人类本能的进化现象的。

说朱谦之的历史观是进化论或进步论,是因为他还设想了"大同主义"的理想社会。我们在他的《大同共产主义》(上海泰东书局,1927)和《到大同的路》(上海泰东书局,1928)这两部书中所看到的就是这种理想。他的《大同共产主义》,把古代的大同理念同共产主义思想结合起来,提出了一个理想社会的模型,他介绍说:

> 本书宣传中国政治之精神,以人性为基础,以大同为门户,以美的社会组织为匡廓,以礼乐为妙用,以游艺为依归,意在拨乱反正,以跻斯世于永远太平而止。①

在这部书中,我们看到了他设想的理想的社会组织、政治组织和经济组织。在他看来,只有大同主义才能把中国引向一个光明的前途。他的《到大同的路》主要是论证孙中山的"三民主义"是通向"大同主义"的必由之路。在此,朱谦之的大同主义思想已经同政治意识形态高度合流了。朱谦之的大同主义同样是一个混合物,比起康有为的大同乌托邦想象,朱谦之的想象力就逊色多了。

三、"本心"进化论

现代中国生命主义者进化世界观的第三种形态是熊十力的"宇宙本心"进化论。熊十力称自己的哲学为"新唯识论",当时就有人提出了质疑,熊十力为自己作了辩护。陈荣捷也认为,熊十力把他的哲学称为"新唯识论"不太合适,因为"他的哲学只有在反面的意义上才

---

① 《朱谦之文集》,第一卷,第513页。

算是佛教思想的一部分"[1]。熊十力的哲学现在常常被称为"现代新儒学"或"新儒家",就其整体立场和价值取向来说,这样的称谓更为恰当,这是就他的哲学以新的方式传承古代儒家的传统来说的。在现代新儒家中,熊十力是一位最喜欢玄思冥想并建立了形而上学体系的人。[2] 其他同样获得了现代新儒家称号的人,除了冯友兰之外,梁漱溟、张君劢、马一浮、唐君毅等,都对纯粹的形而上学没有特别的兴趣。事实上,梁漱溟就认为儒家的价值不需要一个高深和玄远的形而上学来支撑,但熊十力则完全不这么认为。[3] 熊十力一心想树立的道德理想可以上溯到孔孟和陆王,但他为道德理想奠定基础的方法,走的则是类似于朱熹或王夫之的形而上学之路。熊十力沿着这条道路,一直思考并不断修订和完善他的理论,但他的整体思想前后没有多少变化。他以"体用"为基本理论框架的形而上学,融合佛教与《周易》的义理,又吸取西方哲学的相关成分,把天人、心物、理气等观念都统一到了他的这一体系之内。从他把"实体"设定为"本心"来说,他确实是"陆王心学"的后继者,说他的哲学是"新唯心论"是不成问题的。在"变化流行的世界"中,熊十力一直强调要克服"唯物"与"唯心"的对立,把心与物都纳入到"统一的实体"中,但在这种统一的实体中,"本心"始终是比"物质"更根本的存在。熊十力的形而上学是本体论与宇宙论的混合体,但主要是宇宙论,更具体地说是"进化"宇宙论,因为在他那里,这是不断变化生成、创新进化的过

---

[1] 陈荣捷:《现代中国的宗教趋势》,廖世德译,台北,文殊出版社1987年版,第163页。

[2] 有关熊十力哲学思想的整体情况,请参见郭齐勇:《熊十力思想研究》,天津人民出版社1993年版,第29—309页。

[3] 在同梁漱溟的通信中,熊十力表示说:"我的作书,确是要以哲学的方式建立一套宇宙论。这个建立起来,然后好谈身心性命切实工夫。我这个意思,我想你一定认为不必要,一浮从前也认为不必要,但也不反对我之所为。"(熊十力:《与梁漱溟》,见《熊十力全集》,第八卷,湖北教育出版社2001年版,第759页)

程。熊十力以"本心"为实体的主要方面,因此,宇宙的进化在他那里主要就是本心的进化。这是他的进化论最有特色的地方,我们把它概括为"本心进化论"。我们的问题就是讨论熊十力的这一"本心进化论"。熊十力哲学中的进化论已被学者提及,他的进化论与柏格森等人的关系的部分事实也被注意到[1],但学界对他的进化论的整体还没有专门的讨论,这确实是研究熊十力哲学的一个课题。

(一) 作为"进化"的"变化"

我们说熊十力的宇宙论形而上学是"宇宙进化论",是基于他把"进化"观念融入了"变化"观念之中,这使得他的复杂的变化思想同时具有了进化的意义。如果说《周易》是一部"变化之书"(The Book of Changes),那么熊十力的著作就是结合了许多新的思想成分的现代的《周易》,这大概不是夸张吧。熊十力的形而上学原理,在很大程度上也可以说是"变化的原理"。在他的"实体"与"作用"统一的理论中,"实体"本身是绝对的和唯一的,就"实体"来直接陈述"实体",他就只能说些最为"原则性"的话。熊十力一直坚持的实体要体现为作用、作用是实体的表现这一思想,为他通过陈述"作用"来间接地"明体"提供了理论前提。这同他批评西方哲学割裂本原与现象、批评佛教哲学重视寂而忽视生化相呼应。在熊十力的视野中,"实体"是"巨大的作用","巨大的作用"即巨大的变化和流行,他称之为宇宙的"大化流行"。"变"、"变化"、"生化"、"生灭"、"恒转"等是熊十力变化思想的常用语。熊十力的"变化"思想主要来源于他所称道的《周易》和佛教,还有道家。他将《周易》的生生、变化同佛教的生灭、断常、刹那观念结合在一起来发展自己的变化哲学。在这种结合中,熊十力使《周

---

[1] 有关这方面,参见冯契:《〈新唯识论〉的"翕辟成变"义与"性修不二"说》,见《玄圃论学集》,三联书店1990年版,第119页。

易》的变化观蒙上了佛教"虚幻"的迷雾。熊十力认为佛教高明的地方是对静寂的"实体"有所认识，而它的盲区是没有认识到"实体"要表现为生生不息的作用。就佛教空宗的实际情况而言，熊十力的这一判断是有问题的。佛教空宗认为"现象世界"没有确定的自性、虚幻不实，它没有"现象"与"本体"相对应的思想构造。①熊十力把佛教的生灭纳入到《周易》和儒教中，他需要做的工作是清除佛教以"现象"为虚假和虚幻的基本立场，但他没有这样做，至少是他没有坚持这样做，他同样认为现象世界及其"变化"都是"假名"和"幻"。熊十力以为事物和现象都在变化就说它们是不真实的，这有悖于他的"实体主义"，因为他的实体是绝对的"实有"和"作用"。他认为"作用"体现的是实体的真实性，又说他是假名，这使他又陷入到了他批评的西方以现象为"现而不实"的境地。陈荣捷在一处评论说，尽管熊十力一再强调"体用一体"，可他又认为"现行世界是假的"，这个事实足以证明他是一位佛教徒了。②熊十力批评佛教的重点在于"出世思想"：

> 佛家证见性体空寂，……但于生化德用，则不免忽略，或虽有证解，而其出世思想，终以逆遏生化为道。③

---

① 有关佛教的"非实体主义"，参见林镇国：《空性与现代性：从京都学派、新儒家到多音的佛教诠释学》，台北，立绪文化事业有限公司2004年版，第97—130页。

② 参见陈荣捷：《现代中国的宗教趋势》，廖世德译，第162—165页。陈荣捷在阐述熊十力思想的另一个地方时又评论说，熊对佛学有冗长、谨慎而深刻的批判："虽然如此，他亦不能免于佛学之一项未解决的显著缺陷，而那是认为外在世界（External World）为一'暂存'（Temporary）或'假'（Chia）的存在。"（陈荣捷：《当代唯心论新儒学——熊十力》，陈瑞深译，见《熊十力全集》（附卷上），第785页）

③ 熊十力：《新唯识论（语体文本）》，见《新唯识论》，中华书局1985年版，第394—395页。熊十力在另一个地方阐述了同样的立场："本书谈转变，即于一切行，都不看作为实有的东西。就这点意思说，便和旧说诸行无常的旨趣是很相通的了。但是，本书的意义，毕竟有和旧学天壤悬隔的地方，就是旧师于一切行而说无常，隐存呵毁，本书却绝无这种意思。"（同上书，第307页）

殊不知，佛教的出世思想正是建立在"现象世界"不真实的基础之上的。熊十力在理论上认为现实世界是不真实的，但又坚持说不能"出世"，反而不像儒家的"极高明而道中庸"更能说服人。

不管如何，熊十力著作的大量文字都在说明宇宙是一个变化的世界，当这个变化的世界被看成是《周易》的"生生不息"、"日新不已"的时候，世界的真实性似乎又回到了我们的面前。把"变化"看成是"进化"的变化，"变化"就有了目标的意义。我们不能说《周易》的思想同"进化"没有可比的地方，但要说《周易》是一部"进化"之书，那肯定是过度诠释。在朱谦之那里，我们已经看到了这种过度诠释。熊十力自觉地把《周易》这一变化之书当成了"进化之书"。对他来说，《周易》的变化观和现代的进化观是十分吻合的。"唯变所适"就是"唯进化所适"。他说：

> 进化论创自达尔文，然后之谈进化者，犹以达氏为堆集论。而以生源动力创造不息明进化。（生源动力，特复词耳。动力即是生源，此动字义，生生义。非是如物体依一定时间通过一定空间之谓动。）此实合于吾大易之恉。吾言进化，义主大易。①

熊十力的这种意识，实际上是受到进化论影响之后的产物。我们已经指出，古代的变化观念更多的是一种循环观念，而在进化论出现之后，变化观念往往就是进化观念了。这对于《周易》同样是适用的，朱伯崑指出了《周易》变化观的这一特征。现代的进步观，也不喜欢循环论。不过，熊十力奇思妙想地把循环与进化统一了起来。他认为，"进化"与"循环"原则上是相容的，两者"交参互涵"。循环之中包含着

---

① 熊十力:《与张君》，见《十力语要》(一)，辽宁教育出版社1997年版，第9—10页。

进化,进化之中包含着循环。他说:

> 循环之理,基于万物本相待而不能无往复。进化之理,基于万象同出于生源动力,而创新自不容已。进化之中有循环,故万象虽瞬息顿变,而非无常轨;循环之中有进化,故万象虽有往复,而仍自不守故常。此大化所以不测也。①

熊十力的这一看法不是为《周易》辩护的,而是用新的理解调和"进化"与"循环"之间的矛盾。问题的起因是当时一位李教授立足中国历史而持"循环论"。熊十力强调,不能把循环看成是事物"周而复始"的重复,它的真正意义是事物在互相往复之中产生和创造出了新的东西。日月的交替是往复,但后之往复不是对前之往复的重复,而是新的创起,只是表面上看起来前后是相续和类似的。人事间的治乱、善恶同样,后来的往复总是不同于之前的往复。冯契评论说这是一种"螺旋式上升"的近代观念。②"螺旋式上升"是黑格尔的辩证法概念,它以肯定、否定、否定之否定的"正反合"作为事物发展的规律。如果说熊十力的进化是螺旋式的"上升",那它不是按黑格尔的"正反合"的法则实现的,而是按他主张的"相反相成"法则达到的。

事实上,熊十力一直用"相反相成"、"往复运动"的法则来解释变化和进化。《周易》的"生生"是指事物通过阴阳的相互作用不断地变化和生成,熊十力理解为"生生化化",陈荣捷把它翻译为"生化及再生化",意思相近。③但熊十力认为它同《老子》的"道生一,一生

---

① 熊十力:《与张君》,见《十力语要》(一),辽宁教育出版社1997年版,第11页。
② 参见冯契:《〈新唯识论〉的"翕辟成变"义与"性修不二"说》,见《玄圃论学集》,第119页。
③ 参见陈荣捷:《当代唯心论新儒学——熊十力》,见《熊十力全集》(附卷上),第787—791页。有关古代中国哲学中"生"的意思,参见张岱年:《中国古典哲学概念范畴要论》,中国社会科学出版社1989年版,第145—146页。

二,二生三"和佛教的"刹那生灭"有着共同的意思,就比较牵强了。他说,一刹那的生就有新生,这是一;一刹那的灭是二;后一刹那又有新生,这就是三。但问题是,佛教的生灭是相反的一对矛盾,而老子的说法则是连续的"三层"。熊十力竭力要论证的是,变化和刹那生灭,不是机械性重复而是在往复之中的日新和进化:

> 大化流行,实无所谓循环。刹那刹那,生灭灭生,即刹那刹那,都是创新而不用其故,根本没有重规叠矩的事情。①

一般认为,"进化"是渐进积累的结果。即使说进化中有突变,那也很难想象进化是不停的"突变"。熊十力的"刹那生灭"的日新和"创新"不是源于渐进积累,好像说的也不是"突变"。他说的刹那生灭是"顿变",要说它是突变,那就是不停的"突变"。我们对渐变、顿变的思考,一般是认为通过渐变而达到顿变,但熊十力的思考与此不同,他的思考是通过顿变才有渐变:

> 凡物生灭灭生而不已,所以进进益盛。假若初起便住,即已守其定形,何由渐至盛大?由此应知,所谓一切物的渐变,确实是基于刹那刹那的顿变,而后形见出来的。②

(二)"本心":进化的根源

上面我们讨论的是熊十力的变化论为什么同时又是进化论,下面我们要讨论的是他的宇宙进化论为什么是"本心"进化论。

---

① 熊十力:《新唯识论(语体文本)》,见《新唯识论》,第339页。
② 同上书,第343页。

我们说熊十力的宇宙进化论是"本心进化论",主要是基于两个根据,一个根据是他把"本心"设想为宇宙实体或本体,断定宇宙的进化是以"本心"为基础和根源的;另一个根据是,在熊十力看来,进化根本上是宇宙"本心"克服同它相反的物质的过程,是"本心"从隐微到显盛的创新过程。这两者按照熊十力的"体用观"仍然是统一的,前者是作为进化基础的"体",后者则是作为实体之表现的进化的"用"。我们先说他的第一个根据。

对熊十力来说,宇宙进化不能凭空产生,它必须有基础或根源。他认为,作为宇宙实体或本体的"本心"或"大生命",就是进化的根源。熊十力不能想象宇宙是空洞无物的,也不能想象进化是无中生有。他认为无不能生有是宇宙的法则:

> 宇宙万变万化万物万事之发生,必率由一大定则,曰不能无中生有。①

熊十力指出,老子的"无"不是指"虚无",魏晋时代以来对"无"的解释,许多都是误解。确实,老子的"无"不能被解释为"虚无"。他推论说,如果宇宙是无,那就等于说"无体而有用",这是不可能的。因此,我们在他那里看到的宇宙本体,是具有无限可能的世界,是一个无尽藏的世界:

> 宇宙全是真实的弥漫,真实是恒久的、不息的,哪有空洞的无呢?②
> 夫所谓本体固具许多潜能者,何耶?能者,犹言可能性。因

---

① 熊十力:《体用论》,中华书局1994年版,第147页。
② 熊十力:《新唯识论(语体文本)》,见《新唯识论》,第311页。

为本体是万理赅备之全体，而无有一毫亏乏的。如其有所亏乏，便不成为本体。须知本体是圆满至极，德无不全，理无不备。所以目为化原，崇为物始。然复应知，本体是必现为大用，是即体即用，而不可分体用为二的。但是，我们为讲说的方便计，姑且把体别离开用来说，即是把万理赅备的本体界，当做无穷尽的可能的世界。这无穷尽的可能，正是隐而未现，恰好像是一个静止的世界。所谓本体固具有许多潜能者，其义如此。①

从"可能"、"潜能"的说法来看，熊十力的"本体论"已经打上了亚里士多德形而上学的印记。按照一般的宇宙生成论，最初的就是比较单纯的，甚至是简单的，复杂性是在宇宙演化过程中获得的，生物进化是最好的例证。熊十力承认进化过程是一个从简单到复杂的过程，但他为了避免无中生有的逻辑，他就将宇宙进化的本体设定为复杂的。因此，我们在他那里看到的宇宙本体是复杂的，而不是单纯的：

> 宇宙万有，定有根源。何以故？明见万有不是如幻，故知有根源。但根源即是万有之实体，不是超脱万有而独存。实体含藏无数的可能，故不可以单纯的性质去猜拟他。只可说他具有复杂性，惟其有复杂性故，则其变动而成为宇宙万有，较然不一样。②

这个复杂性的本体，在熊十力那里，是根本性的"本心"和"生命"。陈荣捷把熊十力的"本心"理解为"原初的心"是合适的。熊十力界定"心"是"虚寂"、"明觉"，都是在"本体"上论心。在熊十力的

---

① 熊十力:《新唯识论（语体文本）》，见《新唯识论》，第536页。
② 熊十力:《乾坤衍》，见《体用论》，第450页。

哲学中，本体的"本心"，也就是"生命"，两者在不同的视角可分开说，但不能被看成是性质不同的两物。"生命"是言其生成变化的奇妙性，"本心"则是言其道德性和智慧性。这表明，熊十力的进化本体原则上是"道德本体"和"精神本体"，它是宇宙进化中的主导性和主宰性力量。

熊十力从这里出发，批评柏格森的"绵延说"和"本能说"，也批评唯物论的物质生化说和叔本华的盲目意志说。在熊十力看来，许多观察进化的哲学家都只是从形迹上看进化，误以为进化是绵延和持续的生命之流。柏格森把它比喻为滚雪球，越滚越大。但进化只是刹那刹那的新旧更替，新新而起，没有故常，而且从本体上说，毕竟只是空和无自性。唯物论以为，进化是以物质为基础的进化，殊不知物质只是"乍现"的现象，它只是进化所需要的一种反作用力，而不是进化的实质。叔本华主张盲目意志，他看到的只是人生后起习染的习气，而不是人心的本体，也不是宇宙进化的本来面目。宇宙进化是本体——即本心和生命的内在真机的作用，它不是盲目冲动和黯淡迷茫的乱闯。熊十力认为柏格森也是主张"盲动"。他说：

> 近人柏格森《创化论》的说法，不曾窥到恒性，只妄意为一种盲动，却未了生化之真也。①

所谓"不曾窥到恒性"，是认为柏格森的进化论没有本体的基础。说柏格森也主张盲动，不知熊十力的根据是什么，可能是指柏格森的"生命冲动"而言。熊十力进化论受到柏格森影响的地方，我们后面再谈，这里我们先说说他批评柏格森的地方。谢幼伟在给熊十力的信中，认为熊十力的"体用合一说"在西方哲学中有同道，认为熊十力的本体

---

① 熊十力：《新唯识论（语体文本）》，见《新唯识论》，第397页。

依赖于性智与柏格森的看法也类似。熊十力在《答谢幼伟》的回信中，问柏格森说法的出处，要谢幼伟翻译柏格森的著作。但熊十力强调不能把他的思想同柏格森的看法相提并论。他说：

> 唯云"与柏氏直觉说有相似说"，则期期以为不可。忆昔阅张译《创化论》，柏格森之直觉似与本能并为一谈，本能相当《新论》所谓习气。习心趣境固不待推想，然正是妄相，不得真实，此与吾所谓本体之认识及性智云者，截然不可相蒙。①

熊十力始终不满柏格森把进化看成是本能说。在他看来，柏格森说的本能类似于他说的"习气"或"习心"，这恰恰是"本心"的对立面。熊十力以本心为道德本体，这同柏格森的"本能"诚然不同。但柏格森的"生命冲动"是进化的动力，它是新颖性的创造，因此不可预知，但它不是盲动。熊十力可能误解了柏格森的意思。他不接受"预定论"，但他不完全反对目的论，并且在非盲目性的意义上认为进化是有计划的：

> 生命之创进本非盲目的冲动，可谓之有计划。而不可谓其计划出于预定。使其计划预定，则应为一成不变之型。②

熊十力不喜欢一个飘浮无根的宇宙，更不喜欢一个盲目的宇宙。他界定本体之"心"为明觉，就是相信"心"的自觉和自主，能够保证宇宙的进化有正确及合理的方向。从这种意义说，他是十足的理性主义者。

---

① 熊十力：《新唯识论（语体文本）》，见《新唯识论》，第 681 页。
② 同上。

（三）"本心"与进化过程

现在我们讨论熊十力的进化论为什么是本心进化论的第二个根据，即本体的大用流行根本上就是"本心"的进化过程。仅仅从静态上看的话，在熊十力那里，作为宇宙本体的本心和生命，同时也是万物的"本心"和"生命"。这是"理一分殊"，也是"体用不二"。

> 万物各有的生命，即是宇宙大生命；宇宙大生命，即是万物各有的生命。①
> 一一物各具之心，即是宇宙的心；宇宙的心即是一一物各具之心。譬如大海水遍现为一一沤，即此一一沤，皆涵有大海水全量。②

熊十力说的每一物的"本心"都是本体之心的"全量"，应从"实质"上来理解，不能从数量上来解释。从数量上说，"一沤水"的数量怎么也不等于大海的数量。从实质上说，"一沤水"的本性也就是大海之水的本性。熊十力的世界是"泛心"和"泛生命"的世界。

从动态上说，本心与万物的关系，实际上是本体之心进化为万物之心。熊十力受西方哲学进化论明显影响的地方之一，是他也接受了摩尔根的进化三大阶段的划分——即从物质进化到生命进化再到人类。事实上，谈论进化论的现代中国哲学家，大都接受了宇宙进化的"三段论"，如我们前面谈到的梁漱溟、张东荪，还有后面我们要讨论的张岱年等，都是如此。熊十力以"学者有言"的口吻引用了这种划分，认为不妨如此来分。③但有时他也采用二分法，把宇宙进化分为两大阶

---

① 熊十力：《明心篇》，见《体用论》，第169页。
② 熊十力：《新唯识论（语体文本）》，见《新唯识论》，第327页。
③ 参见熊十力：《明心篇》，见《体用论》，第168页。

段，即物质层次与生命层次。在生命层中，他又划分出了四个小层次：

> 物界演进，约分二层：一、质碍层。自洪濛肇启，无量诸天体，乃至一切尘，都是质碍相。质碍相者，生活机能未发现故。昔人说物为重浊或沉坠者以此。即由如是相故，通名质碍层。二、生机体层。此依质碍层而创进，即由其组织特殊，而形成为有生活机能之各个体，故名生机体层。此层复分四层：曰植物机体层；曰低等动物机体层；曰高等动物机体层；曰人类机体层。凡后层皆依据前层，而后层究是突创，与前层异类。此其大较也。①

熊十力认为低等动物层从植物层进化而来的划分，受到了梁漱溟的批评，说这是"闻所未闻的笑话"②。照梁漱溟掌握的知识，在原始生物中动植物难分，但后来动物与植物则是进化的两个不同分支，动物不是从植物中进化而来。进化层次的划分是静态性的，不同层次作为进化的过程，不同层次是一层一层进化出来的。

对熊十力来说，问题的关键不在于宇宙本心的进化经过了多少阶段，而在于前后不同阶段和层次之间的内在关系。一般对进化从物质到生命再到心灵这三个阶段的理解，是认为物质是进化的基础，后一阶段对前一阶段来说都是"全新"的类型。但熊十力不接受这种看法，他坚持认为生命不是从物质产生出来的。他的理由是，在生命产生出来之前生命力已潜藏于物质层。他批评唯物论的主要地方，是说唯物进化论把物质看成是进化的基础，认为生命和心灵都是从物质产生出来的。熊十力反问说，纯粹的物质凭什么产生出迥然不同的生命。他的一贯看法是，宇宙进化的物质层不单纯是物质，在它那里已经潜藏

---

① 熊十力：《体用论》，第55—56页。
② 梁漱溟：《读熊著各书书后》，见《熊十力全集》（附卷上），第719页。

着生命。同样，在生命层中，也不单纯是生命，其中也已经蕴藏着更高级的生命和人类的心灵。这正符合"无不能生有"的法则。上面我们讨论熊十力的"本心"，已经知道他的进化本体本身是一个无尽藏，它同时包含着物质、生命和心灵。①熊十力接受了司马迁说的《周易》"本隐而之显"的说法，认为进化就是从包含着无限可能性的本体之"隐"到变现出这些可能性的"显"的过程。熊十力对"本隐而之显"的借用当是直接来自严复的《译〈天演论〉自序》，在这里，严复是把"本隐而之显"解释为演绎法。熊十力说他读过严复的《天演论》：

> 余少时，读严又陵译《天演论》。②

熊十力受到严复《天演论》"质力"等观念的影响，后面再说。熊十力竭力要表明的是，物质、生命和心灵的不同进化阶段，只是说在每一阶段上某一层变成了主要的特征，而不是说每一阶段上都只是单纯的一种东西。换言之，熊十力坚持认为，在宇宙进化的每一阶段上，实际上同时存在着物质、生命和心灵，而只是一种才成为显明的表现，而其他的则是隐而未现。他说：

> 宇宙泰初，洪荒无物，质力隐而未遽显也，不可说本来无物质。生物未出现以前，精神隐而未遽显也，不可说本来无精神。精神不是离物质而独在，但其显发不易，必待无机物进化至生物，为精神预备其显发之资具，而后精神作用盛显。③

---

① 熊十力说："宇宙实体若只是单纯的物质性，本无他种性，则后来忽尔发现生命、心灵，便是无中生有。"（熊十力：《明心篇》，见《体用论》，第166页）又说："宇宙万有从无始时来，由物质层进至生命层，心灵层，元是发展不已的全体，无可割裂。"（第447—448页）

② 熊十力：《十力语要》（二），第304页。

③ 熊十力：《体用论》，第151页。

按照这样的设想，在物质层，只是精神或心灵的表现程度比较低，而到了心灵层，物质的表现就降低到了最低点，心灵就成了主导性的东西。宇宙的整个进化就是从不显明的心灵到显著的心灵的过程。说熊十力的进化是"心灵"或"本心"的进化，这是又一个重要根据。

（四）从进化的动力看

在熊十力对进化机制和动力的说明上，我们也能明显地看出他的进化根本上是指本心进化。原则上，熊十力把进化看成是宇宙相反相成或矛盾法则作用的结果，这也是我们前面讨论的熊十力的变化法则。相反相成、矛盾，在熊十力那里是同义语，这说明他接受了外来的哲学意义上的"矛盾"概念。作为进化动力的"矛盾"概念，在熊十力那里具体是指两对异名同谓的概念：一对是"翕与辟"；一对是"乾与坤"。这两对矛盾概念，在《新唯识论（语体文体）》中都被使用了，但这里主要是使用"翕与辟"这一对。但到了后来的《乾坤衍》，他就主要使用"乾与坤"这一对。

把"翕与辟"作为一对相对的术语使用，首先出现在《周易·系辞上传》中："夫坤，其静也翕，其动也辟，是以广生焉"。在这里，"翕辟"都是说明"坤"的动静表现方式。《系辞上传》有"是故阖户谓之坤，辟户谓之乾，一阖一辟谓之变，往来不穷谓之通"的说法，其中的"阖辟"分别用来说明"乾与坤"的两种作用。严复在《天演论》的按语中，用"翕与辟"、"质与力"等的相互作用来说明斯宾塞的进化：

> 天演者，翕以聚质，辟以散力。方其用事也，物由纯而之杂，由流而之凝，由浑而之画，质力杂糅，相剂为变者也。①

---

① 严复：《天演论》，第6页。

熊十力当时直接从严复那里借用了"翕辟"（还有"质力"）概念，这是他受严复《天演论》影响较大的地方之一，虽然他没有明确说。他把"坤"的"动也辟"的"辟"这一方面嫁接到"乾"上面，同"乾坤"的"阖与辟"统一起来，来说明进化的相反相成的矛盾机制。①蔡元培在《〈新唯识论〉序》中，谈到了熊十力的"翕辟"同《周易》、严复《天演论》的关系：

> 夫翕、辟二字，《易传》所以说坤卦广生之义，本分配于动静两方；而严又陵氏于《天演论》中，附译斯宾塞尔之天演界说，始举以形容循环之动状，所谓翕以合质，辟以出力，质力杂糅，相剂为变者也。熊先生以《易》之阴阳，《太极图说》之动静，均易使人有对待之观，故特以翕、辟写照之。②

"翕"是"收敛"、"聚合"，"辟"是"张开"、"开出"，两者意近"阖与辟"，陈荣捷将其译成英语的"closing"与"opening"。③就此而言，熊十力的用法同《周易》和严复的用法是一致的，但他用来说明的东西不一样。严复使用的"翕辟"，在斯宾塞那里的意思大致是"集中"和"分化"。按照斯宾塞对进化的解释，进化是物质的集中以及同时发生的运动的消散。在这一过程中，物质由相对不确定的、分散的同质状态进到相对确定的、凝聚的异质状态。斯宾塞更高的哲学概念是"力"，"力"是质与能的统一，集中与分化都是力的作用。严复用

---

① 熊十力回忆说："余年十八，读《易·系传》，至'辟户之谓乾，阖户之谓坤'，神解脱然。顿悟虚灵开发者谓之辟，亦谓之心。聚凝阖敛者谓之翕，亦谓之物。"（熊十力：《十力语要》（二），第406页）实际上，翕辟与心物联系起来的思想，不会是18岁形成的。
② 《玄圃论学集》，第12页。
③ 参见陈荣捷：《当代唯心论新儒学——熊十力》，见《熊十力全集》（附卷上），第787—791页。

"质"与"力"即质量与能量来理解斯宾塞的"物质"。熊十力借用严复也可以说是中国哲学的"质力"概念,用在"物质"上,作为"翕"的作用;但他把"辟"看成是精神、本心的作用。整体上,熊十力把作为进化机制的"翕辟"这两种相反相成的力量和作用解释为物质与精神、物质与心灵的相互作用,这是他与严复、斯宾塞对进化解释根本不同的地方。熊十力批评唯心论的地方,是认为唯心论忽视了本体中的物质因素,没有认识到物质对精神的反作用。

在熊十力那里,"翕与辟"有共同之处,两者都是宇宙转变或进化的"动势",但这又是相反的两种力量和作用,缺乏任何一方都不可能构成运动和变化。分别论之,"翕"是"摄聚"、"聚合",它是促成宇宙中"物质"进化的主要力量。熊十力对宇宙进化这一过程的解释,受到了科学和哲学上的双重影响,其中包括汤姆生的《科学大纲》的影响。① 他提出一个原理,这个原理是"巨大事物"都是来自于"最微小的事物"。② 他假定在物质形成之前宇宙中有最微小的成分"小一",这种最微小的"小一"通过"和集"形成多数小一,这些多数小一群又合成"万物":

> 宇宙泰初,质力混然,轻微流动,充塞大宇,是称元气。及其分化,乃为无量小一,和集而成万物。③

在宇宙的物质进化过程中,与"翕"相反的"辟"的生命和心灵创造性、刚健性、向上的力量同时也在发挥作用。只是,在物质进化过程中,生命性和精神性之"辟",受到强大物质力量"翕"的阻塞而不

---

① 参见熊十力:《乾坤衍》,见《体用论》,第582—583页;《新唯识论(语体文本)》,见《新唯识论》,第521页。
② 关于进化的最初原点,参见熊十力:《十力语要》(一),第23页。
③ 熊十力:《体用论》,第138页。

能显现,但"辟"的潜势一定能克服物质的障碍冲决出来。①事实上,"辟"终于克服了翕的向下的巨大阻力,生命出现了。在生命阶段上,辟与翕之间又经过复杂的相互作用,最后最伟大的精神和"心灵"出现了:

> 生命以奋战故,始从无机物中,逐渐显发其力用。于是而能改造重浊之物质,以构成有机物,及从有机物渐次创进,至于人类,则其神经系统特别发达。而生命乃凭之以益显其物物而不物于物之胜能。②

对熊十力来说,宇宙的本体虽然主要通过"翕"产生了物质的世界,但这个世界只不过是"辟"借用的工具。③"翕"所代表的向下的"物质化"趋势,在宇宙进化中,只是一个陪衬的角色,而"辟"所代表的向上的生命、精神化趋势,则是主角。进化的这两种相反运动,根本上就是辟的生命力、精神性战胜翕的物质惰性的过程。熊十力的翕辟、物质与精神这两种相反的运动关系,也许可以用河道与河流的关系来比喻。"翕"的物质性好像河道,"辟"的精神性仿佛是河流。生命和精神的河流离不开河道,要借助于河道而流动,但它总是要克服河道上的阻力为自己开辟前进的方向。在这条河流的上游,河水是有限的,河道的阻力很大,但微小的生命小溪已潜伏或微显在河道中,越到下面,生命的河水就越壮大,它克服了河道的阻力,甚至淹没了河道。

熊十力以"翕与辟"、物质与精神为两种向上、向下的相反力量及

---

① 参见熊十力:《新唯识论(语体文本)》,见《新唯识论》,第 325 页。
② 参见上书,第 528 页。
③ 熊十力说:"本体现为大用,心有一翕一辟。而所谓翕者,只是辟的势用,所运用之用。"(见上书,第 323 页)

其作用的思维方式，可以肯定地说，主要是来源于柏格森。广义上说，熊十力的生命哲学受到了现代西方哲学的影响，他自己承认，他与西方的生命哲学有契合。① 如上所述，在同柏格森思想的关系上，熊十力强调了两者之间的差异，特别是他不接受柏格森的本能说和直觉说。但与此同时，他又受到了柏格森思想的重要影响，其中之一，柏格森生命"创造"的概念，其中之二，柏格森的生命运动是与物质下降趋势相反的运动的看法。柏格森说：

> 整个生命，自从它被原始冲动推入世界以来，就表现为上升的波浪，受到物质下降运动的阻挡。在其大部分表面上，在不同的高度上，生命之流被物质转化为在原地打转的漩涡。它只在惟一的点上自由奔腾，拖着障碍，障碍使它的前进步伐变得沉重，但不能阻止它前进。这个惟一的点就是人类，这就是我们的得天独厚的处境。②

柏格森为什么采取这种二元论的方法，一是由于笛卡尔的阴魂不散，二是由于当时的物理学发展还有限。祈雅理认为，柏格森的这种二元论是他思想的一大缺陷，让人完全不能接受。③ 但熊十力恰恰就接受了物质与精神的二元论模式。冯契说熊十力受柏格森创造进化的影响，主要在于柏格森的生命之流不断创新而又被削弱、被阻塞而有物质化的趋势，这一判断是正确的。④ 在柏格森那里，物质与精神的二元不是

---

① 熊十力说："生命论者，其所见足与《新论》相发明者自不少。"（熊十力：《十力语要》（一），第7页）
② 柏格森：《创造进化论》，姜志辉译，商务印书馆2004年版，第223页。柏格森说："生命本质上是一种穿越物质的流动，吸取物质中的东西。"（第220页）
③ 参见约瑟夫·祈雅理：《二十世纪法国思潮》，吴永泉、陈京璇等译，商务印书馆1987年版，第29—31页。
④ 参见冯契：《熊十力的"新唯识论"》，见《熊十力全集》（附卷下），第997页。

并行的，生命和精神是主导性的。熊十力的逻辑与此一致。不过，在柏格森那里，主导性的东西是"生命冲动"和本能；在熊十力那里，主导性的东西是道德本性和精神的反思能力。至于把"乾坤"与"心物"对应起来，这就是熊十力的发明了。

通过以上不同侧面的讨论，我们可以肯定，熊十力的宇宙进化根本上是精神和心灵的进化，物质在其中扮演了既是工具又是阻力的双重作用。

（五）进化：人的本心与自我证成

从总体上说，进化论为人类在宇宙中所处的地位带来了不同的看法。一种看法是，人类的地位被降低了，因为人类原来是猴子的近邻，这就打破人类的尊严和高贵性。与此不同，另一种看法是，人类是宇宙进化的最高成就，人类在宇宙中仍然具有他的崇高性。现代中国哲学家大都持这后一种看法，熊十力的本心进化论也决定了他选择后者。有人根据进化论，宣称儒家以人为天地之心的这种人类中心观念已不能成立。对此，熊十力的回应是，人类中心的观念不可动摇，问题只是旧的解释是错误的。他认为达尔文的进化论恰恰为人类中心给予了新的解释：

> 今站在进化的观点上说，自然界从无机物而生物而动物而人类，层层进化。人类进至最高级，他渐减却兽性而把宇宙底真善美发展出来。易言之，宇宙底真理在人类上才表现得完足。所以说人者天地之心，所以人类中心观念得进化论而益有根据。[①]

熊十力说的"宇宙真理"即是"宇宙本心"或"宇宙大生命"。人是宇

---

① 熊十力:《十力语要》（二），第369—370页。

宙真理的完满表现，就是说人类是宇宙本心的最高发展，是宇宙本心的最高体现者。正是在这种意义上，熊十力一再强调，宇宙本心即人类的本心，人类的本心即宇宙本心。人类本心，在熊十力那里主要是指道德之心以及对道德的反思能力。熊十力说：

> 本心即是性，但随义异名耳。以其主乎身，曰心。以其为吾人所以生之理，曰性。以其为万有之大原，曰天。①

实际上，这是一种人性善的思想。人类存在的意义就是返本复心，不断追求道德价值和自我完善：

> 人类的机体始足为生命发展的优良工具，故自人类出现，而生命的德用乃可以完全显露出来，生命始能不受躯体的役使，而显发其刚健、炤明的盛德与胜用。②

但是，熊十力没有把人类完全理想化，在肯定人类是宇宙进化最高成就的同时，他又指出人类身上携带有向下堕落的可能性。人类身上包含着最少的物质阻碍，但不能说没有障碍；人类有向上的创造性力量，也有向下的残余力量。人类只是接近天使，还不是天使。这同他的本体同时包含着物质、生命和心灵三者而进化也是三者交错消长的逻辑是一致的：

> 人生元有两方面的可能：一方仍保留动植物受锢于形躯的余习，一方因自识其生命而能爱护而尊重生命，不忍自暴自弃。由前一

---

① 熊十力：《新唯识论（语体文本）》，见《新唯识论》，第252页。
② 熊十力：《明心篇》，见《体用论》，第209页。

方言之，人生有下坠之可能；同后一方言之，人生向上之可能毕竟强大。①

这是熊十力为他的"人性善"附加上的一个限制。熊十力为他的"人性善"附加上的另一个限制，是就人类中的不同的个体来说的。在他看来，人类先天的本性、本原处虽然本来是没有差别的，但人类不同个体，在形体上、在才性或气质上是不同的。这种不同，包括了人类个体在道德和认知两方面的先天能力。②

由于人类在宇宙进化中带有缺陷，人类的存在就不免要受到人类不良东西的影响，并产生出"习心"和不良的行为。为了克服人类的习心或"物化"，保持本心，证成本心，人类就要不断地进行自我创造。这个自我创造，主要是道德人格，但也包括理智和知识。熊十力是理性主义者，他肯定科学和知识的重要：

> 一友问：哲学家每有反对知识者，尊意云何？先生曰：哲学不应取反知主张，生物进化至人类，知识才发达，如欲反知，是将率人类而为混沌氏，未见其可也。③

熊十力还认识到了科学知识对道德的作用。④ 因此，在熊十力那里，人类对本心的证成，是整体性的，它越过了传统"心学"，是"心学"的现代形态。

---

① 熊十力：《明心篇》，见《体用论》，第209页。
② 参见熊十力：《新唯识论（语体文本）》，见《新唯识论》，第642页；《十力语要》（二），第339—340页。在此，熊十力走向了"才三品说"，并相应地为圣人赋予了教化"下愚者"的责任。
③ 熊十力：《十力语要》（二），第343页。
④ 同上书，第309页。

第八章

实在主义的进化思想

——实在、进化和人类

体系化哲学中的另一种大的类型是不同形态的实在主义,这种形态中的进化思想,不是以"生命"、"心灵"、"生存"为根本来看待进化,而是以不同的"实在"为基础来说明进化,我们把这种"进化"思想称之为实在主义的进化论,以别于生命主义的类型。但在实在主义类型的进化思想中,仍然存在着不同的倾向和理路。在这里,我们要提出讨论的是三位实在论哲学家的进化思想,这三位哲学家是张东荪、金岳霖和张岱年。他们都设定世界的客观实在性,但他们所设定的实在又是各自不同的,在张东荪那里它是"架构",在金岳霖那里它是"道"(即"式"和"能"),在张岱年那里它则是"物质"。三位哲学家设定的实在不同,他们确定的宇宙进化的基础自然也不同,这就又出现了不同实在论下的不同实在进化思想。现在,我们就来分别讨论一下。

一、"架构"进化论

从现代中国哲学来说,张东荪同西方现代哲学进化论的关系可能比其他任何一位哲学家同西方现代哲学进化论的关系都密切。这些哲学进化论包括柏格森的"创造进化论"、摩尔根(Conway Lloyd Morgan)

和亚历山大（Samuel Alexander）的"突创进化论"（也译为"突创论"、"涌现进化论"）和怀特海的"过程进化论"。张东荪同当时这些前沿性的哲学进化论的密切关系表现在：第一，他直接翻译了部分哲学进化论的论著；第二，他引介和评述了这些进化论；第三，他的进化思想就是在这些哲学进化论的基础上提出的。张东荪论著中同进化论关系密切的部分，主要是他的《一个雏形的哲学》和《一个雏形的人生观》这两篇论文。在对现代不同进化论的评述中，在他的其他主题的论著中，他强化和推衍了这两篇论文中的基本思想。张东荪广泛接触和吸取不同的现代进化论思想使得他的进化观带有明显的融合色彩。从这种意义上说，他的进化思想同我们下一节将要讨论的金岳霖的进化思想明显不同。张东荪在对不同进化学说的融合中具有自己的主动性，他选择和吸取了他想要的部分，使之成为他的进化观的核心内容。张东荪的宇宙观一般被称为"架构宇宙观"，但我们也完全可以说它是一种"架构进化"的宇宙观。我们的直接论题是他的进化思想，从现代中国不同的进化论而言，这是一种宇宙架构的进化思想，其中最核心的概念是"架构"和"进化"。我们比较多地从宇宙论上讨论他的"架构论"[①]，而鲜少从"进化论"上讨论它。比较张东荪、金岳霖和张岱年的实在进化思想，我们可以看出，张东荪主张的是"架构实在"的进化，金岳霖强调的是"道实在"的进化，张岱年肯定的是"物质实在"的进化。为了理解张东荪的架构进化观，我们首先需要弄清他所说的"架构"究竟是什么。在此基础上，我们来探讨他的"架构"的创造和进化。张东荪将他的宇宙架构进化观运用到人生、道德和社会文化上，

---

① 有关这方面的讨论，参见胡啸：《张东荪的架构论宇宙观和多元认识论》，载《复旦学报》（社会科学版），1984年第4期；张耀南：《从西方哲学看张东荪之"架构论"——"架构论"与怀特海、波普尔及结构主义》，载《广东社会科学》，2000年第2期；杜运辉、周德丰：《张东荪与张岱年的宇宙层次论比较研究》，载《天津师范大学学报》（社会科学版），2008年第1期。

从而也形成了他的进化人生观、道德观和文化观。这说明"进化"观念在张东荪整个哲学中影响的广度和深度。

（一）对西方现代进化论的译介和评述

正如我们一开始就指出的那样，在现代中国进化思想史中，张东荪同现代西方的进化哲学有密切关系，他是现代中国哲学界翻译、介绍和评述西方哲学进化论的代表性人物。张东荪对当时重要的哲学上的进化论，几乎都有所接触和了解，并差不多同步地翻译和引介了这些进化学说。张东荪的例子说明，20世纪20年代前后的中国哲学，已经同西方哲学打成一片。

张东荪在这方面做的第一项工作，是翻译现代西方进化论哲学著述。他在中国率先翻译了柏格森的 L'evolution Creatrice，张东荪将其译为《创化论》，他依据的是密启尔（Arthu Mitchell）的英译本。他的翻译先以连载的形式从1918年（民国七年）1月开始分12次刊发在《时事新报》上。此书于次年（民国八年）作为"尚志学会丛书"之一，由上海商务印书馆出版初版，分上下册，署名为"张东荪重译"。到1932年，该书重印五次。新近的译本，不再译为《创化论》。如王珍丽等人的译本（湖南人民出版社，1989）、姜志辉的译本（商务印书馆，2004），都译为《创造进化论》。张东荪在这部书的"译言"中，对他的翻译方法作了说明，其中专门谈到当时他为什么没有接受日本的译法将书名译为"创造的进化"，而是翻译为"创化论"。他认为日本的译法是口语，不够准确。后来在谈到他的译法时，他还解释了他为什么要译为"创化论"：

"创化论"是我对于法国大哲学家柏格森的大著 L'evolution Creatrice 的译语。亦有人译作"创造的进化"。其实，作一个名辞来用，似乎"创造的进化"来得好些，而用作书名则"创化论"较为简明。①

翻译柏格森的《创化论》之后，张东荪又翻译了柏格森的《物质与记忆》。此书1923年由上海商务印书馆出版，这是张东荪翻译的柏格森的第二部著作。1928年，张东荪翻译了斯密特（J.C.Smuts，又译为"斯墨次"）的 Holism and Evolution，他译为《全体主义与进化》，该书分两次刊载于《哲学评论》第一卷第二期和第三期上。斯密特的 Holism and Evolution 是1926年出版的，张东荪1928年就翻译此书，他的反应是非常迅速的。

除翻译之外，张东荪在引进西方进化论方面的工作主要是推介和评述。1921年，他在《民铎》第三卷第一号上发表了《柏格森哲学和罗素的批评——一个批评的研究》。这篇论文后被收入到他的《新哲学论丛》中，题名为《批评逻辑对于柏格森的批评》。张东荪是为柏格森辩护的，他批评了罗素对柏格森的批评。按照他的说明，他的批评分两部分，一部分是总体上批评罗素对柏格森哲学的总批评，一部分是从局部批评罗素对柏格森哲学的局部批评。

在进化论上，罗素对柏格森的批评，主要是认为柏格森的"进化论"是非哲学的，也是非科学的。说它是非哲学的，因为它只是对科学的某种事实作出的生吞活剥的概括，而不是从哲学上对变化与连续作出普遍的说明；说它是非科学的，是因为它缺乏事实根据，而不是从事实中严格地推演出来。张东荪不同意罗素对柏格森的这种批评，他反过来批评罗素说：

罗素说进化哲学既非哲学的又非科学的，原来在罗素的意思，

---

① 张东荪：《层创的进化论》，见《新哲学论丛》，台北，天华出版事业股份有限公司1979年版，第316页。

> 以为进化之问题，当由分析变化与连续而解决，惟变化与连续之分析不属于生物学；今进化论只依据生物学便不是科学的了；且只根据生物学而下急就的断案所以亦非哲学的了。其实乃由罗素根据他的数学上见地承认连续（continuity）与无穷（infinity）所以否认进化（progress）。不过进化与连续及无穷究竟是否有抵触，在初学如我这样的人却有些疑惑。恐怕在或种意义之下是没有矛盾罢。况且柏格森主张进化在表面上似根据生物学，其实苟我们细看他的《物质与记忆》与《创化论》两书，我们必可发见他的进化哲学，不是根据生物学乃是根据心理学。①

在现代中国哲学界，对柏格森的直觉主义提出批评的有金岳霖，他主要从概念和逻辑的确定性出发，认为"直觉主义"是不成立的。实际上，罗素和金岳霖的哲学代表的都是理性和分析的哲学，这同柏格森的哲学完全是格格不入的。

《新进化论》是张东荪研究和评述西方哲学进化论的又一重要论文，这篇论文发表在1928年第25卷第1号的《东方杂志》上，后被收入他1929年出版的《新哲学论丛》，题为《层创的进化论》。这篇论文一开始，张东荪先列出了当时西方哲学进化论的重要人物和他们的著述：其中有摩尔根（又译为"穆耿"）和他的《层创进化论》（1923）、《生活、大脑和精神》（Life, Mind and Spirit, 1925）及《一个进化哲学》（A Philosophy of Evolution, 1924），亚历山大（又译为"亚历桑达"）和他的著作《空间、时间和神性》（Space, Time and Deity, 1920），斯密特和他的著作《整体主义与进化论》（Holism and Evolution, 1926）及《进化自然主义》（Evolutionary Naturalism, 1922）等。

张东荪不是西方进化论的单纯翻译者和译介者，在翻译译介西方

---

① 张东荪：《批评罗素对于柏格森的批评》，见《新哲学论丛》，第355—356页。

进化论的同时，他提出了以宇宙架构为中心的进化观，这集中表现在他的《一个雏形的哲学》和《一个雏形的人生观》中（均见《新哲学论丛》，商务印书馆，1929）。这是张东荪论文结集中的两篇。前者分为上篇和下篇，其中上篇是由原来分别的两篇合并而成，一篇是《这是甲》，载于《东方杂志》1923 年第 20 卷第 1 号，一篇是《知识之本质》，载于《教育杂志》1923 年第 15 卷第 4 号；下篇原是《宇宙观和人生观——我所献议的一种》，载于《东方杂志》1928 年第 25 卷第 7 号、第 8 号，张东荪将这篇论文一分为二，一部分作为《一个雏形的哲学》的下篇，另一部分作为《一个雏形的人生观》的附录。在这两篇论文之后，张东荪仍然通过不同的方式发展自己的进化论。下面，我们就来具体考察他的架构进化思想。

（二）作为实在的"架构"

为了准确地理解张东荪的架构进化论，我们首先看看他的"架构进化论"的"架构"。在张东荪的思想中，"架构"是一个要在多角度、多层面来解释和理解的概念。在直接的意义上，张东荪所说的"架构"就是"构造"和"结构"，即英文中的 structure。他不用"结构"而更倾向用"架构"，照他的解释，是想使这个词的意义更加"显明"。实际上，构造和结构的意义没有什么不显明的。他用"架构"要显明的是什么呢？根据他使用的"空架构"说法，我认为他是想强调"结构"的"形式性"、"构造性"意义，尽量剥离掉"结构"中的物质和实体方面的含义。他确实也是这么认为的："物质仅为架构，并非实质。"[①]结构主义者用"结构"来理解人类原始思维的特征这是后来的事。"结构"概念在其他领域受到重视，同现代科学和突创进化论具有密切的关系。张东荪多次谈到化学对各种元素结构的揭示，认为化学用不同

[①] 张东荪：《哲学 ABC》，世界书局 1924 年版，第 104 页。

元素的构造来说明新的东西的产生,这是科学为我们认识事物带来的重大变革之一。他说:

> 科学上首先发见这个架构原则的是化学。化学上有所谓"同质异物",如炭与黑铅及金刚钻,都是由炭素组成,而只因其分子的配列不同,遂成截然不相类的三物。①

张东荪强调事物的本性都是"架构",与他排斥"物质实体"是相对应的。在他看来,没有所谓"物质实体",宇宙中存在的只是关系、构架和条理:

> 我亦主张确没有外界的物质而只有外界的秩序(条理)。②

在西方进化哲学中,摩尔根直接使用了"结构"并将其作为他的层创进化论的基本概念。但在摩尔根那里,"结构"概念也是"关系"概念,两者完全可以互换:

> 我的主张,即我们哲学思考最重要之点就在于,我的理论以关系或结构为中心。
> 一个电子就是关系或结构的实例。一个有机体乃至一个人也是关系与结构的实例。③

同样,在张东荪那里,"关系"也是作为"架构"的同义语而被使

---

① 张东荪:《一个雏形的哲学》,见《新哲学论丛》,第30页。
② 张东荪:《认识论》,世界书局1934年版,第62页。
③ 摩根(即摩尔根):《突创进化论》,施友忠译述,长沙商务印书馆1938年版,第75页。

用的。"关系"一般是指事物与事物之间发生的事情。在张东荪把"关系"作为"架构"的同义语使用的时候,他强调的不是事物与事物之间的关系,而是构成某一事物自身的内部关系。为了突出"架构"在他的进化论中的重要性,张东荪强调他所说的"架构"也是摩尔根所说的"关系"。

> 我们既知近世科学完全筑其基础于"格构"上,而我们所谓的"格构"正是穆耿所谓的"关系"。①
> 其实这个"关系"就是我们普通所谓的"结构"(structure)。②

其实,张东荪也可以说他的"架构"就是摩尔根说的"结构"。如果说分析"架构"所看到的就是一系列的关系,而不同的"关系"又构成了不同的事物的结构,那么结构与关系彼此就可以说是对等的。但一般来说,结构与关系在相对意义上是可以区分的。如果架构被看成是整体,关系被用来说明整体的各个部分之间是如何结合的,那么构架就同关系有差别。张东荪强调,摩尔根使用的关系概念,指的是一个事物自身中各种关系者与关系者凝聚在一起而形成的"全境"。这个关系的"全境"就是"架构"。为什么张东荪不指出他的"结构"也是直接来源于摩尔根,而强调他说的"架构"就是摩尔根的"关系",他也许是为了显示他的"架构"的自我性。张东荪指出,摩尔根的"全境"说的是自成体系的一个事物,一滴水是一个全境,一个原子和一个分子也是一个全境。富有联想的张东荪,很快就想到怀特海的"事"和"物"。在他看来,一个电子既然是物又是事,那么它就可以被称为"事物",这就是摩尔根说的事物的整个关系和"全境"。他批评把事

---

① 张东荪:《层创的进化论》,见《新哲学论丛》,第335页。
② 同上书,第333页。

物看成是"关系者",认为关系不能凝聚成事物,新实在论的关系——"外在关系"指的就是这种关系。与此不同,布拉德雷(F.H.Bradley)主张的"内在关系",则为此作出了贡献。但是,我们知道,"内在关系"说的关系的"内在性",不仅是指一个事物自身的"内在性",而且也是指所有事物之间的关系都是内在的不可分开的关系,譬如一个原子、一个分子或者一滴水同所有的事物都具有内在的关系,彼此不能分开。这种内在关系说,很像宇宙有机体说。而摩尔根的"关系"和"结构",并不注重这种宇宙整体的内在关系。新实在论哲学为了论证通过"分析"同样可以获得知识和真理,就用"外在关系说"反对新黑格尔主义建立在"内在关系"之上的整体真理理论。

张东荪不仅把他的架构看成是摩尔根所说的关系,也把它看成是佛教教义中的"因缘说",他说佛教的"因缘"就是"关系",也是怀特海的"事"。一件事就是因缘和合而成的一个"结子"。佛教以宇宙为无数因缘关系相互依赖的存在,佛教说的"帝网重重"、"事事无碍"就是他说的"架构宇宙";佛教说的"空"、"毕竟空"就是他说的世界无实质、无本质;佛教承认的"法相"是"有",也就是他所承认的"架构"的客观性。在做这些类比时,张东荪可能过于轻率了。佛教的因缘关系和空论,所指不限于事物的内部关系,它也是指事物的内外整个关系。佛教认为事物是由各种关系和条件促成的,也随着各种关系和条件的变化而生灭,主要是为了论证事物没有"独立的"自性,它不是"实在"、"实有",而是"空"。但摩尔根的"关系"不能放在"空"上去理解,张东荪的"架构"即使不是他所说的"实体",但也是"实在"和"实有"。这同佛教认为事物本性是"空"、现象是"有"不同。

在张东荪那里,"架构"不仅是摩尔根的"关系"和佛教的"因缘",而且它又同康德和亚里士多德的哲学相联系。亚里士多德把事物看成是"形式"与"质料"的结合。形式构成了事物的本性和目的,质料构成了事物的材料。康德认为人用自己先天的直观形式为自然立法（"条理"、"秩序"）。张东荪把"架构"、"格构"，同亚里士多德的"形式"和康德的"方式"、"条理"结合起来。当然，张东荪不满意亚里士德将形式与质料二分。在他看来，现代科学的"架构"、"格构"打破了形式与质料的二分。格构不能离开质料，质料也不能离开格构，格构见之于质料，质料也见之于格构。另外，现代科学也打破了格构一成不变的思想。张东荪也不满意康德把"条理"和"秩序"完全看成是人赋予自然的主张，他强调条理和秩序有其外在世界的客观基础，它是人的认识同外在世界相互结合的产物。柏拉图和亚里士多德都有类型的概念，而且认为类型是一成不变的。这种思想同进化相矛盾，在这一点上，张东荪的批评是恰当的。按照亚里士多德的生物存在之链说，生物是连续的系列，自然有阶梯，从植物到人越来越完善。这看起来好像包含着生物进化的思想，但亚里士多德是从静态立场上对生物进行分类，而不是说生物的类型是进化出来的。张东荪似乎忽视了这些方面，他将亚里士多德看成是进化论的古代先驱，给予了他很高的地位：

> 因为亚里士多德把全宇宙看作一个大计划（即大构置），于此中一层一层推进，而趋向于一个最高的目的。因为这样的推进是有目的的，是依着构置的，所以在上的一层比在下的一层为高。不然，只是变化而已，分不出高下。我们于此可得数点，即第一。①

照这里所说，亚里士多德的存在之链说，不啻于是一种架构进化论了。

我们说宇宙和世界是什么，事实上是指我们认识到的宇宙和世界

---

① 张东荪：《层创的进化论》，见《新哲学论丛》，第345页。

是什么。如果我们相信我们的认识是真的，我们就说宇宙实际上就是我们所说的那样。但我们一般不说这是我认识的宇宙，而是说宇宙实际上就是这样。张东荪的哲学一开始就将宇宙是什么的问题放在我们如何认识宇宙的问题上。特别是，他认为"宇宙"是什么同主体的认识"形式"分不开。按照他的说法，宇宙是外在的所与主体的能相互结合的产物：

> 换言之，即从认知作用一点上我们能窥见宇宙的秘密。认知是一层一层地开展，一层一层地统摄；统摄一步便开展一步，开展一层便统摄一层。这样的进历正足以表示宇宙的性质。所以我们研究认识论即可推知本体论。①
>
> 宇宙并无总体，乃是无数结构的总称；而心的作用就是参与这种结构的构成，又为结构的构成时的表现。②

张东荪明确承认，他的认识论是沿着康德的路线发展的。他受到了康德的认识依赖于主体的认知形式这一看法的影响，但他强调他同康德又有所不同，他不把认知的形式看成是纯粹主体性的东西，他也肯定外界本身有"条理"，"架构"就是外界的条理：

> 我主张感觉不能给我们以条理的知识，这虽和康德相同，但条理却不能完全是心的综合能力所产生，这又和康德不同了。因此我承认外界有其条理；内界（即心）亦有其立法。③

从理性形式施加于外在对象说，张东荪认为他的认识论也有"唯心"

---

① 张东荪：《一个雏形的哲学》，见《新哲学论丛》，第20页。
② 同上。
③ 张东荪：《认识论》，第45—46页。

的成分，但他指出"心"所认识到的对象和外界的条理、架构，也是外界本身原有的，真正的知识就是对此的把握，而不是主观赋予外界的。他说：

> 总之，我们这个宇宙并无本质，只是一套架构。这个架构的构成不是完全自然的，而必须有我们的认识作用参加其中。因为我们不能拨开认识以窥这个架构的本来面目。但这个架构在认识中虽非本相，然而亦决不十分大亏其本性，所以仍可以说宇宙是个架构。①

犹如张君劢认为张东荪的进化论主要是受柏格森的影响一样，孙道升误认张东荪的架构认识论是唯心论。张东荪在给郭湛波的信中专门指出，他在认识论上同康德的唯心论有所不同。他以非常量化的标准说，康德的认识论，唯心论成分占十分之八，实在论成分占十分之二，而在他的认识论中，实在论的成分比康德的多（至少占十分之四），唯心论的成分比康德的少（占十分之六）。在宇宙论上，张东荪虽然接受了摩尔根一派的突创性的"泛架构论"，但他也没有接受他们的极端实在论，他将唯心论引入其中，使唯心的成分占十分之六，使实在论的成分占十分之四。②张东荪的这种区分也许没有实际意义。因为"架构"是他的认识论的对象，也是宇宙中存在的东西，按照他的认识论与宇宙论相统一的观点，认识到的架构也就是宇宙的架构，宇宙的架构也就是认识到的架构，宇宙"架构"的实在论成分与认识论中的架构成分，应该是相等的。既然承认"架构"和"条理"也是外在世界所有的，那么它就是实在的。张东荪说：

---

① 张东荪：《认识论》，第133页。
② 参见郭湛波：《近五十年中国思想史》，"再版自序"，山东人民出版社1997年版，第4页。

我们看见有新的东西出来，我们只能说这个东西的认识是由于加以认识的立法于其上，但决不能说所以有这个新奇是纯粹出于我们主观的构造。因此我们必须把新东西所以出来的根由而归于外界确有与其相应者。这个相应者便是一种条理，因为这样的相应亦只在架构上，而不关于内容。①

　　总之，在张东荪那里，"架构"是宇宙的本性。宇宙不外乎就是一个总架构，或者是架构的总和。这是他对宇宙的一个基本定性。他列举出了宇宙中一些基本的架构和条理，如物、生物、心、时、空、原子性、连续性、创变性，等等。只是，张东荪的"架构宇宙"从来就没有被设想为"完成"的宇宙，他没有宇宙"死寂说"，他认为宇宙始终是一个建设中的宇宙。所谓建设性的宇宙也就是一个"进化"的宇宙。它不是上帝特意造出和安排的，而是通过自身的力量演变和创造出来的。这个演变和进化的宇宙是一个理性化的过程，也是一个浪漫化和理想化的过程。宇宙"架构"是如何被创造出来的和进化的呢？这是下面我们要讨论的问题。

（三）进化与层创

　　就其最一般的意义来说，"进化"就是新的东西产生和出现，如"生物"通过变异的积累出现新的"种类"。张东荪对"进化"概念的界定，也是指新种类和新特性的产生，这是事物在已有基础上产生出了新的事物。"进化"是一种变化，但变化不等于进化，进化必须具有"新颖性"，而变化可以是单纯的机械性重复。"新种类"和"新特性"，在张东荪那里具体就是指"新架构"的出现和产生，这是他的"架构进化论"的基本意义：

---

① 张东荪：《认识论》，第61页。另参见张东荪：《新哲学论丛》，第31页。

> 就是我们的这个宇宙乃是无数架构互相套合互相交织而成的一个总架构；其中无数的架构间又时常由缔结的样式不同而突然创生出新种类来；这个新种类架构的创出，我们名之曰进化。①

> 我以为宇宙只是空架的结构，不过这种空的架构可以进化，于是由简而至繁，由散而至紧，由松而至密。所谓进化不过是幻相加富而已。②

在一些方面，张东荪确实接受了摩尔根和亚历山大"层创进化论"的看法。摩尔根用 Emergent 这个词来表示他的进化论的主旨。张东荪将这个词译为"突创"。受此影响，后来施友忠也将摩尔根的 *Emergent Evolution* 这部书译为《突创进化论》。张东荪还将摩尔根和亚历山大的进化论，整体上称为"层创进化论"。③"层创"包括了层次和创新、创造两层重要意思。Emergent 这个词，中文还有"涌现"、"突现"、"突发"等不同的翻译。研究者将这个术语的意义追溯到穆勒的两种因果关系学说。按照穆勒（J.S.Mill）的看法，存在着两种因果关系，一种是"合成因果关系"，它由同质的原因以合力的原则导致其结果，这种因果关系由同质定律所支配；另一种因果关系他称为"异质效应"（heteropathic effect），它是由多因共同作用而产生的结果，而不是各个原因单独作用的总和，这种因果关系由"异质定律"所支配。受穆勒思想的影响，刘易斯（L.H.Lewes）将后一种因果关系称为"突现"（emergence）。他举例说，两种物质化学合成产生出的第三种物质，具有不同于前两种物质独立存在时的任何一种的性质，也不同于把它们放在一块的性质。从氢和氧的性质中看不到任何它们化合在一起后

---

① 张东荪：《哲学 ABC》，第 104 页。
② 张东荪：《一个雏形的哲学》，见《新哲学论丛》，第 21 页。
③ 有关"突现论"，参见范冬萍：《英国突现主义的理论价值与局限——从复杂性科学的发展看》，载《系统科学学报》，第 14 卷第 4 期，2006 年第 10 期。

所产生的水的性质。糖的味道并不是它的组成部分的总和。

"突现进化"强调的是进化过程中产生出的新东西（也可说是"突变"），但它没有明显的"创造"、"创新"的意义。张东荪将"创造"加在"突现"上面，是为了强调进化的创造性意义，这是用柏格森的"创造进化"来改造摩尔根的"突现论"。张东荪使用"突创"和"层创"这个术语提出的"架构进化"，主要包含以下的不同方面和内容。

第一，"架构进化"不是不同事物和因素之间机械式的结合和组合，而是事物的"创造"和"创新"。在张东荪那里，事物的每一种"创新"都是"新架构"的诞生，也是事物内部"新关系"的出现。张东荪用化学元素、汉字、字母ABC等的不同排列和组合来证明，创新是产生新架构和新关系。确实，不同元素和材料的排列组合（arrangement），就能产生不同的事物。这是"突创进化论"用来说明"突创"喜欢使用的例证，如摩尔根就以 H_2 和 O_2 化合成 H_2O 为例，说明突创是不同物质元素相结合而出现的新性质或新状态。如果进化真的就像这样只不过是不同元素的排列组合，是类似于化学的上"同质异物"，它就同机械论的立场没有多大差别。张东荪当然不想让自己陷入到机械论中，他所说的进化的创新特别是高层次的创新，决不是不同元素的简单排列和组合。按照机械论，给我一些初始发生的数量，未来便可预知。知道已经发生了什么，我们就可知道它原来是什么。如18世纪法国数学家拉普拉斯在他的《概率论文集》中说的下面一段话，算得上机械论世界观的典型性表述之一：

现在的世界状态可以看作是它的以前状态的结果，而且，亦可以看作是它以后的状态的原因。如果在创造世界时世界的状态便为一个有无限精力而又无限勤勉的数学者把它最微小的细节都详细记录下来，则这一数学者便能推断出整个世界的未来历史。对他来说，没有一件事物会是不确定的；未来犹如过去，都会呈现在他的眼前。①

柏格森为了克服这种意义上的机械主义，强调创造性进化是不可预知的，未来的世界对于已有的世界总是新奇而又不可捉摸。机械主义程度不同地也是还原论，它相信如果我们知道已经发生了什么，我们就可知道它原来是什么。摩尔根为了对抗还原论的机械主义，强调未来突现的新结构和新关系都是不可还原的。柏格森也许克服了机械主义，但摩尔根使用的化学上的例子，很容易又陷入机械主义，张东荪同样。

第二，"架构进化"是新架构和关系的"突然"出现和"跳跃式"发展。达尔文的进化论坚持用变异的缓慢积累来解释进化的发生，但后来的生物进化论者对此提出质疑，认为缓慢的变异积累不足以解释进化的发生，他们认为生物进化是生物"突变"的结果。张东荪当时知道荷兰遗传学家德佛里斯（又译"坻费里"）提出了生物学上的"突变"概念（1903），说他的"突变论"（theory of mutation）已广为人知，并助长了普朗克（Planck，又译"濮朗克"）物理学上的"量子论"。事实上，摩尔根的 Emergent，也受到了生物突变论的启发。张东荪说：

> 因为一个格构是一个全体，由这个全体变到那个全体便不能不是一种跳跃。所以格构除非是不变，变则必是突跃。新创化论既主张由在这一层的性质不能推知那一层的新性质，则必定亦须主张由这一层变到那一层是一跃而跻。这便是新创化论的又一长处，因为他把最近科学上的突变论吸收了进去。②

---

① 引自秦斯（J.Jeans）：《物理学与哲学》，吴大基译，商务印书馆1964年版，第117页。有关机械论的进化观和世界观，参见宋子良、王平主编：《科学社会史》，科学技术文献出版社1991年版，第18—50页；约瑟夫·祈雅理：《二十世纪法国思潮》，第26—30页。

② 张东荪：《层创的进化论》，见《新哲学论丛》，第340页。在《认识论》中，张东荪也说："我们主张这个世界虽是自性本空的一簇架构，但这个架构却自身在（转下页）

第三,"架构进化"是按照从低到高、从简单到复杂的层次无限展开的。张东荪提醒说,跳跃式突变不是随意的,如果进化是随意的跳跃和突变,它就同进化层与层之间的"连续性"和"层次性"相冲突。如果达尔文的进化论容易被误认为自然从来不飞跃,突变论就容易被误认为自然从来无渐进。架构进化是飞跃,但它是从一个阶段到另一个阶段的飞跃,它不是从最低阶段一下子飞跃到最高阶段。从这种意义上说,进化具有严格的"连续性"特征。张东荪把"连续性"作为宇宙的条理之一,就与此相关。摩尔根将宇宙进化分为三大阶段或三大层,即物质、生命和心灵;亚历山大的划分更细,从最基本的时空、物质、第二性的质,到有机体、生命,再到心灵、价值和最高的神性。张东荪指出,摩尔根的分层虽然没有亚历山大的细致,但这不是说摩尔根就认为事物的进化中只有三层,而只是说进化有"三大层",每一层中又有很多小的层次。张东荪接受了三大层划分法,并将摩尔根与亚历山大的分法折衷起来,提出六层划分,即从低层的时空、物质、生命,到心灵、人格和最高的未可知的 X 层。张东荪相信宇宙的进化确实像宝塔那样是一层一层从低到高的:

> 从他的一层一层向上添加来看,这便是所谓进化。因为这种进化是一层一层加上去的,不是积微逐渐而成的,所以特名之曰层创的。就是说进化的历程虽是前进,然却是一段一跳地向前走,而不是平流。虽则是一段一跳而其互相间却有关系。①

(接上页)那里进化,常有新种类突创出来。这种进化的发现在思想上可谓是开启了一个新纪元。"(《一个雏形的哲学》,见《新哲学论丛》,第 40 页)

① 张东荪:《层创进化论》,见《新哲学论丛》,第 345—346 页。在《人生观 ABC》中,张东荪也说:"我们以为这个宇宙乃是一个创造进化的历程,换言之,就是堆集的产物,好像一座极高大的塔,一层一层向上添造出来,但是都联着成一体的,不能各自分开。"

"进化"的层次说，可以看成是对已知宇宙中一些重要事物进行的分类，只要把这些分类变成一阶梯并同时间联系在一起，就不难变成进化的不同层次。问题是如何看待这些层次之间的关系。按照摩尔根的看法，每一层次都有其基本的规律和性质，高一层次是从低一层次进化而来，因此它包含了低一层的规模和性质。如心灵总是包含生命，生命总是包含物质。张东荪将这一意思翻译成"包底"。而且，高一层次不是低一层因素的简单结合，它具有全新的规模和性质，它能够支配下层，不能还原为低一层次，也不由下层所决定。① 张东荪将此理解为"上属"。他用上层事物相互关系的紧密程度和通体合作程度来说明上层为什么高于下一层：

> 我们从"物"的结构而进化到"生"的结构，从"生"的结构而进化到"心"的结构来看，其间显然有些特点。就是物的互相倚靠不及生的互相倚靠来得紧；物的互相交感不及生的互相交感来得切；物的通力合作不及生的通力合作来得大；至于"生"之与"心"亦是如此。换言之，即由物到生，由生到心，这显然的三级，其所以为增进的缘故即在通体合作的性质增加一级，其综合统御的范围增大一层，其活络自主的程度增进一步。这个就是进化。所以进化就是指架构的由简单疏散而变到通体圆活而已。②

张东荪还将斯密特的"整体主义"与高层次的架构新特征结合起来，

---

① 在这一方面，布罗德（C.D.Broad）有一个简洁的说明，高层次 B 具有低层次聚合体 A 所不具有的性质，并且这些性质是不可从 A 性质以及 B 复杂性结构中通过任何在低层次中支配自身的组成规律中演绎出来。参见《心灵及其在自然界中的地位》（C.D. Broad, *The Mind and Its Place in Nature*, London, Routledge & Kegan Paul, 1925, p.77）。

② 张东荪：《一个雏形的哲学》，见《新哲学论丛》，第 40—41 页。在张东荪那里，"生物"与非生物的根本区别在于架构的复杂程度："而生物之为架构乃是更综合一层、更复杂一层、更交互一层、更精密一层的一种架构。"（第 33 页）

说生命与心的差别在于整体化程度的高低。斯密特以生命的整体主义对抗还原主义（reductionism）。在张东荪看来，进化层次的高低又是"自由"程度的高低。进化程度越高，自由的程度就越高。所谓自由的程度高，就是它的统御力更大，它的主宰力更强。据此，张东荪对自由与命定提出了一个调和的解释，说没有绝对的自由，也没有绝对的命。没有绝对的自由，是因为进化一些，自由就高一些；没有定命，是因为随着进化，我们就获得了新的自由的机会。

层次进化的动力来自哪里？机械论和还原论都试图从基本的因素和物理、化学解释各种现象，哪怕是生命现象和人的精神心理。柏格森的创造进化试图用生命冲动解释这一切，而汉斯·杜里舒的生机论和活力论则用"隐德来希"来解释生命现象。摩尔根的突现论拒绝这些解释，他认为事物进化的动力来源于自身。亚历山大相信上帝内在于事物自身之中，上帝就是事物突创的内在动力。摩尔根也接受了亚历山大这种意义上的上帝，认为上帝的冲动促进事物的突创。[①]

如果允许我们评论一下的话，张东荪的"架构进化"可以说是柏格森的创造进化、摩尔根和亚历山大的突创进化论等的混合物或者调和物。他很先进地接触到了现代西方哲学中新兴的不同的进化论，但他没有好好地消化这些东西，并深思熟虑地创造出一种系统化的新东西。其思想的芜杂和粗糙自然难免。

（四）进化的人生观和道德观

在张东荪的哲学中，人生和道德问题也受到了高度的关注和讨论。他投身哲学之后较早发表的论文就有《由自利的自我到自制的自我》、《宇宙观和人生观》。之后他讨论人生和道德问题的专门著作就有《人

---

① 有关这一点，参见陈蓉霞：《进化的阶梯》，中国社会科学出版社1996年版，第165—167页。

生观 ABC》(1929)、《道德哲学》(1931)、《价值哲学》(1934)等。这里我们不是从整体上讨论张东荪的人生观和道德观,而是讨论他的人生观和道德观同他的架构进化论的关系。正如我们在前文中已经谈到的那样,张东荪的宇宙观以架构进化为中心。张东荪强调他的人生观是建立在他的宇宙观之上,这无疑是说架构进化论就是他的人生观的基础。确实,他最初提出的人生观就同他的架构进化论具有密切关系。在《一个雏形的人生观》的最后,他将自己的人生观总结为六个方面,其中的前四方面都是立足于架构进化论之上:

第一,这种人生观是根据层创的进化论的宇宙观而始成立。所以人生于宇宙进化的层次中,其所处的那一层,其所有的特点是理智与人格。人生的真义即当本此而发挥理智,构成人格。所以这种人生观是一种主智的人生观。

第二,这种人生观既根据层创的进化论的原理,所谓高的包有低的,低的役于高的,则必是人格必包有机器,机器必服务于人格。如此虽为机器而不失有价值。所以此种人生观从这一点来看,亦可以说是自然的人生观。

第三,这种人生观既根据层创的原理,所谓一层突创一层进化开来,则必是向上奋进,由朴素人而自己改造以成文化人;而对于文化又不断地在那里改造,去其渣滓,所以将来或许更有所谓"超越人"出现亦未可知。其人是智明更切一层,主宰更强一层,圆活更大一层,自由更甚一层。所以这种人生观又是创造的人生观。

第四,这种人生观虽则注重于创造,却不是把人驱于浪漫之途,并不想越阶而飞。依然是按着进化的程序。所以就按照进化的历程而言,这种人生观乃是乐天的人生观。①

---

① 张东荪:《新哲学论丛》,第63—64页。

不管张东荪所说的那些人生观是否必须以层创进化论为基础，从以上的这些说法看，他确实把他的进化引入到了他的人生和伦理道德问题之中，使他的人生观和伦理道德观充满着进化论的色彩。我们完全可以称之为进化的人生观和道德观。

按照张东荪的架构进化层次论，心灵和人格是宇宙进化的最高层次和最高突创品（虽然他还设想在之上还有未知的更高可能的层次）。人在宇宙进化中的这种特殊地位使人具有了高于物质和其他生命的意义和价值。他说：

> 所以人类的价值是在全宇宙的进化历程上而定的。个人的价值是在全人类进化历程上而定的。宇宙进化的结果创出一层来：这一层名曰价值层，人类刚刚在这一层内。①

在张东荪看来，相比于本能、情感，人的心灵和人格最根本的特质是认知、自觉和理智：

> 因为他的统一最强，他的摄括最广，他的交倚最密，他的支配最活。换言之，即从团圆与自由来看，他是最进化的。因此我们认为其为最高的突创品。其中所含的要素而为其下一级所无的乃是周详的思辨力与亲切的责任感。这两件合起来遂成所谓"自觉"。就是自己晓得自己处于宇宙中的真正地位。详言之，即对于自己的存在以及自己以外的存在都有充分的认识。②

宇宙进化整体上既然是一个"自然的"过程，那么被创造出来的理智

---

① 张东荪：《人生观ABC》，第85页。
② 张东荪：《一个雏形的哲学》，见《新哲论丛》，第47页。

和人格也就是"自然",这是人生的自然事实,但这是人生需要充分发展和扩充的最有价值的"自然"。相对于人的本能和欲望自然,这种自然是高贵的自然。因为本能和欲望也是其他生命和生物所有的,只有理智和自觉才将人同其他生命及动物区分开。按照张东荪的层创进化论,高层次的架构包括了低层次的架构,高层次的架构要能够控制低层次的架构,而高层次的架构不能还原为低层次的架构,也不能被低层次的架构所役使。人生包括低层次的生命本能和欲望,但高层次的理智和自觉能够控制它。张东荪进化人生观的核心是用人的理智和自觉来处理的人的本能和欲望。张东荪的基本看法是,人的本能和欲望,需要得到一定程度的满足,这使他既不接受禁欲主义,也不接受纵欲主义。要说他应该接受节欲主义,但他也不赞成,他提出"化移主义"或"移欲主义",以别于对待欲望的其他不同立场。他从弗洛伊德那里借来了"升华"的概念,认为人的理智能够把人的性情转移到更高级的精神和文化生活的创造上。人用理智来化欲,就是去转移自己的自然人性,发展自己的精神和道德价值。

人不是仅仅作为接受宇宙进化的既成"理智"而存在的,"理智"自身的意识性和自觉性,使理智本身的有目的和发展成为可能。按照宇宙自然创造进化来说,人的理智从生命进化而来,是不可推知的,也不是有目的的结果。也就是在这种意义上,张东荪说,人生是无目的的,它一开始就像是"放花炮"那样,一下子喷发出来。正是人的理智的意识和自觉,使人生变成有目的活动,使人类的进化带上目的性和目标性。因此,在张东荪那里,"理智"既是宇宙进化的最高的自然突创品,同时又是自身不断发展的"创造者"。对于张东荪来说,"理智"的进化过程,就是人类的文化和文明的"创造"过程,具体说就是人类一步步摆脱野蛮、原始和朴素的状态,创造出各种文明和文化的过程。按照张东荪的说法,文化和文明的创造进化,就像是宇宙架构不断层累和堆积一样,它也是分层进化的。心的最低层是本能和感觉，最高层则是文化。张东荪的这种说法，容易使我们感觉到，人类的文化已经被"完全"创造了出来。一方面，张东荪确实相信"心"是宇宙整体创造进化中达到的最高"突创品"，由此来说，"心"的理智，就是已经"现实化"的存在；但另一方面，张东荪又确认为这一"现实的"突破品仍然在创造进化之中。可以这样来表述，人类有了"理智"和"文化"，还要不断地推进和创造这个理智和文化。这样我们就可以理解，张东荪为什么一再强调要发展理智的人生，要创造人类的文化。

在张东荪那里，经济、政治、宗教、学术和道德等都是不同的文化层。经济文化层在发展人的价值和意义方面起的作用比较小，所以它在文化中所处的层次比较低。张东荪大概是认为，经济文化主要是为解决人的基本生活方面的需要而建立起来的，而人生核心是理智。张东荪以道德为文化创造的最高层，这很符合他的人生的"道德主智主义"。"主智"可以是科学知识等理性价值，也可以是道德理性价值。一般来说，张东荪的"主智"或"理智"是知识价值和道德价值的混合体。张东荪承认科学知识理性，文化层中的"学术"相当于科学知识。[①] 从张东荪关注科学知识技术的"理智"来说，他并不认为科学对人生观没有作用。这是他对"科玄论战"的一个回应。但按照张东荪的化欲论和人格论，他的人生观更关注的是人的道德和人格方面的发展。他强调心的"人格"方面的意义原因就在于此。在张东荪看来，道德有两方面不同的性质和作用，一方面道德是比较消极的，它的目的是约束人和规范人，以避免人的堕落，他称之为"拘束的道德"。但道德更重要的性质和作用，是使人通过道德"铸成"自己的"性格"。

但道德本身也是进化的，道德的进化是道德范围的扩大和内涵的

---

① 参见张东荪：《道德哲学》，上海中华书局1931年版，第576页。

加深。张东荪认为一些道德如诚实和仁爱是基本的或根本的道德，其他的道德则是从这里发展出来的。张东荪将"生物遗传"的概念引进到文化和道德的发展之中，相信人类有机体的遗传中也有后天获得的道德的遗传。在生物学中，一般认为生物后天习得的东西是不能遗传的，人类的心理和意识也是不能遗传的。这个问题也许没有这么简单。按照巴甫洛夫的条件反射（conditioned reflexes）实验结果及其说法，生物的后天经验具有遗传性。据此，张东荪认为人类的"道德经验"也有遗传。我们每个人身上的道德感都来自于祖先的道德经验和道德规范，这些道德经验和规范经过一代代的遗传已经被人类"有机化"到后人的生命中了：

> 关于道德的行为亦是如此。我们的祖先对于道德行为的决断必亦是在那里乱试。他们碰试的结果知道说谎的总是吃亏；忠实的总是得益；利己害公的总是反害自己；拿人当人来看总是无损。诸如此类，所以我敢说凡现在人类社会所存的道德规律无一不是由经验而得来的。这些经验，历了五千年，而代代遗传，以迄于今天的我们，直是在我们的机体上铸了深刻不磨的痕迹。①

只是，我们对于遗传得来的道德，不像我们对于后天新学习的道德那样具有明确的意识。在张东荪看来，人的"良心"这种道德判断就是人类道德经验不断遗传和有机化的结果（"良心只是理智的有机化"）。人的良心是否能够用进化遗传来解释仍是一个疑问。人类在知识、科学和技术方面的进步容易被承认，但人类的道德自古以来是否有真正的进化则面临激烈的争论。如果说人的道德能力真的就像张东荪所说的那样，完全可以"遗传"，那么人类的道德就已经达到了很高的发

---

① 张东荪：《一个雏形的哲学》，见《新哲学论丛》，第48页。

展。现代人的道德觉悟和道德境界也一定比古人高。然而事实并非如此。张东荪意识到了这个问题,为了调和道德遗传与当下的实践,他提出人格的构成还需要每个人自己的"当下理智":

> 但人格的自己构成不仅在理智的有机化,且亦在当下的理智。理智的有机化是我们祖先的理智传到我们身上;而当下的理智即是我们自己的理智,我们必须合这两种方得有善良的人生。我相信把人生完全托付于理智乃是最适宜的人生观。①

张东荪用进化解释人的"良心",也用进化来看待人的"不朽"。冯友兰认为,人的"不朽"是说人在宇宙存在中的事实,人在宇宙中发生过的言行,都是不灭的。从这种意义上,冯友兰说人的流芳百世和遗臭万年同是不朽。②但张东荪不同意这种"不朽观",他认为一个人的不朽不是说一个人在时间的流传多久,也不是说人在宇宙中有什么言行,而是纯粹指人对宇宙进化的影响有多大。这种影响当然是有价值和意义的影响,而不是一般性的发生了什么。张东荪区分说,一件事实或事物就其本身来说,无所谓价值,价值是相对于它在宇宙进化中的作用。人生追求不朽,真正的不朽只是就人在宇宙进化中所起的作用而言。张东荪的社会道德遗传论,实际上已经揭示了人的"不朽性",人的不朽应就是指人对人类的道德进化产生了什么积极的影响。中国古代信奉立德、立功和立言方面的不朽,就是从一个人对人类的贡献和留下的影响而说的。但张东荪把这种影响放在整个宇宙进化中去说:

---

① 张东荪:《一个雏形的哲学》,见《新哲学论丛》,第49页。
② 有关冯友兰所说的"不朽",参见冯友兰:《一种人生观》,见《三松堂全集》,河南人民出版社2000年版,第24—25页。

我以为人之不朽即在其人于死后对于进化的前途有无真正的影响。因为宇宙是在那里进化的，人生是在那里向上的。苟一个人能顺着宇宙进化的本性，依了人生向上的天职，无论是思想也罢，是功业也罢，是品德也罢，只要有所增进，则便可算是不朽。反之，对于宇宙人生的进化，若是常滞而不进，逆而不顺，则其人其行纵有许多人知道，亦不足称为不朽。因为宇宙是进化的，惟有推进文化是加一分力于进化；惟加一分力于进化始有真正的影响及乎后世；惟真能致影响于后世人生方为不朽。[①]

人在宇宙进化中的影响，首先是人对人类社会进化的影响。

　　由于张东荪的进化人生观、文化观和道德观，是把"进化"运用到人的心灵、文化和道德上，相信道德遗传，如果说这也是一种进化主义的话，这不是生存竞争、"优胜劣败"的进化主义，而是心灵和道德的进化主义。如果心灵和道德也是架构的话，那么这种架构则是人类理智主义之下的架构，它也是实在的和创造的。

二、"道演"：进化与人类

　　在现代中国的体系化哲学中，金岳霖的哲学最具体系性。在这一方面，他是能够让西方哲学的体系化特征在中国哲学中充分表现出来的真正的代表性人物。[②] 金岳霖通过现代逻辑分析方法层层绎哲学概念和问题，使得他的哲学体系很严密。他的三部书——《逻辑》、《论

[①] 张东荪：《一个雏形的哲学》，见《新哲学论丛》，第61—62页。
[②] 有关金岳霖生平和哲学思想的整体讨论，请参见王中江：《理性与浪漫——金岳霖的生活及其哲学》，河南人民出版社1993年版；胡军：《道与真——金岳霖哲学思想研究》，人民出版社2002年版；胡军、王中江等：《金岳霖思想研究》，中国社会科学出版社2004年版。

道》和《知识论》，分别代表了他在逻辑学、知识论和形而上学三个领域中彼此不同而又相互关联的三个体系，他的进化思想主要包含在他的形而上学体系中。过去，我们研究金岳霖的形而上学体系，一般是不注意其中所包含的"进化"思想的。其实，认真研究的话就会发现，金岳霖的形而上学是本体论与宇宙演化论的复合体。说它是本体论，是因为金岳霖预设了形而上学的根本前提，以此来推演他的整个理论体系和解释世界；说它是宇宙演化论，是因为金岳霖预设的根本前提是在无限的时间之流中不断展开的。他把"式能"的无限展开称为"道演"，就很好地说明了这一点。下面，我们就以他的"道演"这个概念为中心，来看看他的形而上学体系中的进化思想。这是一种十分玄远的无限进化世界观，它比我们已经遇到过的进化世界观都深远。

（一）"实在"的无限展开和历程

金岳霖的"道演"可以说是他的"道"之"体"的"用"，因为它旨在强调"道"的展开和过程。为了把握金岳霖的"道演"这一概念，我们需要对他的"道"有所了解。"道"作为金岳霖形而上学中最高的"实在"，被设定为"式"与"能"的统一。"式"是"析取"的无所不包的可能；"能"是不能用知识世界的言语来言说的纯粹的"质料"，它相当于英文"stuff"。在金岳霖的形而上学中，"能"有三个主要特性。第一，"能"是纯粹的"潜能"，英文中的 potentiality 可以间接地表示它；第二，"能"是实质（类似于 substantiality），它潜在于所有本体（可能）之中，它将实质给予了本体，否则本体自身就是空洞的"可能性"；第三，"能"是纯粹的活动（类似于 activity），是能动的。金岳霖指出，他所说的"式"和"能"相当于亚里士多德哲学中的形式和质料、朱熹哲学中的理与气。为了避免从"名言世界"上看待"式"和"能"，金岳霖强调"式"和"能"是永恒的和无限的，它们没有一般事物意义上的所谓"存在"、"先后"、"生灭"等问题。他用中国哲学的术语区分"式"与"能",说"式"是静、柔、阴、显,而"能"则是动、刚、阳和晦。我们特别关注的是他为"式"和"能"设定的"动静"区别,因为这同他的"道演"进化观紧密相联。

金岳霖的"道演",从无限的时间之流来看,就是"实在"的无限展开过程(或历程)。在金岳霖那里,这一过程既是"能不断出入于可能"的"居式由能"的过程;又是"无极而太极"的过程。静态的"道"是"式"与"能"的统一,动态的"道"是活动的,它具体表现为主动的"能"不断同"静"的"式"相结合。用金岳霖的表述,"能"出入于"可能"就是"道"(即"居式由能")。在亚里士多德那里,形式是主动的,质料是被动的。朱熹的理与气同样。在唯心主义那里,"物"是被动的;在机械唯物主义哲学中,"物质"也如同是死的东西。同以往哲学中的"质料观"、"物质观"相比,金岳霖形而上学之"能"的最大特点,就是他为"能"赋予了非常主动、能动的活力,它被看成是纯粹的"活动"。"能"的纯粹活动,在金岳霖看来就是"最初的因"。它同名言世界中事物相互之间因果关系的"因"当然不同,它是引起一切活动的活动。不同于"能","式"被金岳霖看成是静态的、被动性的东西,它似乎是静静地呆在那里,乖乖地坐等着"能"向它示爱。主动的"能"出入于静态的"式",就如同是汹涌澎湃的河水不断地出入一条河床那样。金岳霖说,他的这种"能"出入于"可能"("居式由能")的"道",有"由是而之焉"的情形。"能"要居于式中("居式")、要遵循"式"("由是"),容易让人产生"能"不自由的联想,但金岳霖说,实际上,"能"根本没有不居式的问题,能始终是与式结合在一起的,因此,这样的道,仍然能够令人怡然自得:

从情感方面说,我总觉得印度思想中的"如如"(引用张申府先生底名词)最"本然",最没有天人底界限。我们既可以随所之而无不如如,在情感方面当然最舒服,中国思想中的"道"似乎不同。我觉得它有由是而之焉的情形。有"是"有"由",就不十分如如。可是"道"不必太直,不必太窄,它底界限不必十分分明;在它那里徘徊徘徊,还是可以怡然自得。①

动态的"由是而之焉"的"道",同时也就是实在之道的整个展开过程和历程,这就是"道演"。

从金岳霖对"无极而太极"的说明中,我们更容易理解他所说的"道演"。"无极而太极"作为古代中国哲学的一个说法,出自周敦颐的《太极图说》。朱熹以"无极"为"太极"的形容词,认为"无极"是形容"太极"的无形态、无方所而又无所不在的绝对性。金岳霖从建立形而上学的需要,对这一说法作了自己的解释和运用,其中心是以"无极"为"无始之极",以"太极"为"无终之极",所谓"无极而太极",就是从"无始之极"到"无终之极"的演化。只要说到"进化",就会涉及时间和起点问题,金岳霖的"道演"同样有开始。但"道演"的开始不能是"具体时间"上的开始,因果如果这样,它就变成了科学意义上的宇宙起源问题。"道演"的起点是从无限的过去开始的。金岳霖预设了道在时间上"无始"而又有极限的"开始",他称之为"无极"。绝对的无不能生有,能生有的无,仍然是"道"中的"有"。从"无极"是"万物"之所从出的地方来说,它是"有"。但在"无极"的起点上,老是现实的可能——时间、空间还没有现实,无极的现实还没有任何可分别的具体的东西,因此"无极"又是"无",是"混沌"。换言之,在无极的混沌状态中,事物的现实化程度最低。用能与式的关系来说,在无极中,能几乎不出入于式。换言之,"无极"是不等于"能"而"近乎能"的状态。"道演"就是从此开始的,而其过程

---

① 金岳霖:《论道》,商务印书馆1985年版,第19页。

就是从无极到太极的过程。"而"所表示的就是这一过程。它与"由是而之焉"（居式由能）的"而"意思类似。"道演"的最终极限是"太极"。正如"道"无始而有极一样，道也无终而有极，这一极限就是"太极"。对于"太极"，我们暂时先说到这，后面在讨论到"道演"的方向和目标时，我们再来说它。

从以上我们对"道演"的讨论来看，金岳霖的进化学说包括了自然世界进化的意义但决不能等同它，因为金岳霖的进化学说比它宽广得多：

> 无极而太极可以说是天演，也可以说是造化。好些可能只在现实底历程中现实，例如自然史所发现的许多野兽，在太极这些可能不会再现实，从这一方面，现实底历程像天演，但现实底历程范围比天演大得多，而无极而太极的比现实历程底范围更大。①

自然世界意义上的进化都是相对于已经"现实化"的自然世界，但"道演"还包括了无限的尚未现实而都可以现实的部分。正是基于此，金岳霖一方面使用"天演"，另一方面又使用"道演"。"天演"在严复那里，意思是"自然的演化"。"自然的演化"是在现实的"自然世界"中发生的，如大到宇宙、天体和地球的演化，小到生物、动物和人类的演化，都属于自然演化的例子。而"道演"不限于"自然世界"，而是指无限世界无限可能的进化。他说："天演这名词范围不够宽，'道演'两字也许合格。"② 这就是说，金岳霖的"天演"是在现实历程（如"自然史"）的意义上使用的，道演是在无限世界历程的意义上使用的。后者当然包括了前者。金岳霖的"道无限"和"宇宙"概念，更能帮

---

① 金岳霖：《论道》，第 200 页。
② 同上书，第 202 页。

助我们理解他的进化思想的宽广性。金岳霖的形而上学的"宇宙",是指整全的所有一切的宇宙,而不是天文学的宇宙。"道无限"的展开,也就是"整全的"宇宙的进化。所有的一切都在无限的宇宙中进化,而宇宙本身是不演化的。正如"道演"中的所有一切都是进化的而道本身则无进化一样。如果宇宙和道本身也是演化的,它就变成了具体的东西,而具体的东西都是有限的,有限就不宽广。金岳霖说:

> 当我们说这一整个世界是永远在变化的时候,我们当然是在说宇宙中的具体世界,而不是说宇宙自身,说的是道无限的展开,而不是道一自身。在宇宙中的某些实体不能说是变化或没有变化,这样的实体有可能、宇宙和概念,等等。宇宙是无外的,是无所不包的,它并不局限于某个具体的世界,而接连不断的具体的世界并不能构成宇宙。①

在"无极而太极"的"道演"中,"时间"无疑是一个重要的因素。在这里,我们不必详细讨论金岳霖的时间观,我们只需知道,他假定了绝对的时间,并以此作为相对时间的标准即可。按照金岳霖的说法,"时间"是一个老是现实的可能。在道演中,正因为时间一直在现实,道才能成为一个不断展开的过程,也才有各种各样的事物出现和进化。有关时间在进化中的重要作用,金岳霖说:

> 时间本质上是一不断进化的过程。它是我们在这篇论文中叫做过程实在的一个基本因素。正是在时间之流中,一切事物都在变化之中,某些事物继续生存下去,而另一些事物则停止了生

---

① 金岳霖:《道、自然与人——金岳霖英文论著全译》,刘培育编,第114—115页。

存。而且所有变化的发生都是根据于殊相的出现或消失或者是可能的现实或共相的成虚。我们在此仅仅是描绘了发展中的时间,并没有提出什么特殊的进化理论,或追溯这样的理论的历史。至于什么将生存下去,或从什么东西中幸存下来的,或在过程中是否有进步,或如果有进步,那么什么是标准,诸如此类的问题不是我们在此所要考虑的。我们也不是从某一遥远的年代开始讨论的,因为不管它们的年代是多么的久远,它们也不可能久远到成为时间的开端,因为对我们来说时间是没有开端的。不管自然史选择什么样的年代作为它的主题的起点,在这一年代之前总还是有时间的,因此也就有进化。这样的进化并不因为人类的出现或也不会因为20世纪的到来而终止。我们现在正在谈论的不是时间的片断,也不是局限于地球表面的属于我们的现实。因为我们在本质上谈论的是过程中的实在,我们当然也在谈论着道的展开。表明时间是一进化的过程也同样是说在道的展开中也有进化的过程。……作为进化过程的时间是一无限的过程。在这一过程之中所有种类的事物的发生都是可以想象的和可以思议的。①

按照这里所说,"时间"本身也是进化的。这是什么意思呢?我们的理解是,绝对时间在无限地变成相对的具体的时间,任何具体的时间都是无限绝对时间进化的结果。一般所说的进化都是指在时间之流中的各种不同事物的进化,而没有说"时间"本身的进化。上帝创世之后的时间只有五六千年,这实际上是说物种只是在此之前才出现的。生物的自然进化所需要的时间再长,即使等同于地球的年龄,按照金岳霖的"时间观",那也只是绝对时间的一小部分。无限的"时间"

---

① 金岳霖:《道、自然与人——金岳霖英文论著全译》,刘培育编,第137—138页。

进化过程，自然不能等同于已经出现的任何"自然史"，"道演"的长度就是无限的时间长度，道演的过程也是无限的时间过程。在这一无限的过程中，任何种类的事物的出现和进化都是可能的，以此来衡量我们已有的世界进化史，它当然都不过是其中的一个片段和时间段罢了。

（二）进化机制："适者生存"

在中国20世纪50年代之后普遍盛行的政治批判和自我批判中，金岳霖同许多知识分子一样，也对自己在50年代之前建立的哲学体系进行了批判。其中，他对《论道》一书的自我批判，特别检讨了他的达尔文主义和"庸俗进化论"倾向。他说：

> 在《论道》一书里，我不仅有宇宙的达尔文主义，而且隐含着社会达尔文主义。七·一六说："有得于时，有失于时，得于时者适，不得者乖。"接着就谈生长成衰灭。显然，这就是物竞天择的学说引用到永恒宇宙中个体的永恒变化上去了。果然如此的话，社会也就受这一原则的支配了。七·一八更清楚地表示了，它说：个体的变动适者生存。这显然是庸俗的进化论。①

"庸俗进化论"是政治意识形态批判进化论的一个常用语。在《论道》这部书中，金岳霖并没有使用这一术语。过去我们研究金岳霖的哲学，不关心他的哲学中的进化论思想，自然也不会注意他从这方面对自己哲学的批判。除了上面这一段话，他还有一段话也是有关这方面的批判：

---

① 金岳霖：《〈论道〉一书的总批判》，见《金岳霖文集》，第四卷，甘肃人民出版社1995年版，第196页。

原来想的,生物植物动物方面的规律要多些。主要的是庸俗进化论,虽然说了些保留的话。谈到数的地方主要是第七章。第七章是讲过程的,而这个过程是"数"与"几"组成的。它们也就是时间的内容。七·一六说:"有得于时,有失于时,得于时者适,不得者乖"。七·一八又说:"个体底变动适者生存。"虽然我没有提优胜劣败,可是这个意思还是有的。在动物界,我原来的看法是杀气腾腾的,不过我没有说而已。我所说的完全是一般的。任何东西都是有生长成衰的。想法的主要来源虽然是庸俗进化论,然而也有别的因素。①

金岳霖第一段话对自己的批判,是说他的进化论是宇宙达尔文主义和社会达尔主义,理由是他把"物竞天择"运用到了永恒宇宙中的所有个体上了,就是社会也不能例外。在第二段话中,金岳霖认为他的进化论包含着"优胜劣败"的思想,说他的看法是"杀气腾腾的"。他把他的这些思想概括为"庸俗进化论"。

政治意识形态对"庸俗进化论"的一般解释是,它将生物进化理论运用到了不该运用的社会领域,而且它只承认社会的渐进变化,否认社会和政治革命。② 政治意识形态中的"阶级斗争"概念,据考证它也受到了进化论中"生存竞争"观念的影响,要是这样的话,它就难免"庸俗进化论"的嫌疑。我们这里关心的不是金岳霖对自己进化论的批判("庸俗进化论"),而是他对自己进化论的说明。按照他的说明,他的进化论是广义的,这是上面我们已经讨论过的。另外,他的进化论也受到了"物竞天择"、"适者生存"、"自然淘汰"观念的影响。

---

① 金岳霖:《〈论道〉一书的总批判》,见《金岳霖文集》,第四卷,第223—224页。

② 中国"革命派"的进化世界观并没有受到渐进论的约束,他们把激进革命的思想输入到了进化论中。

在《论道》第七章中，金岳霖这样解释第十八条的"个体底变动适者生存"：

> 这句话读者也许会感觉到似曾相识底味道。有些读者也许想到物竞天择，优胜劣败，适者生存。本条所要表示的意思与这差不多。

根据这里所说，达尔文进化论中的关键性术语和思想，都被金岳霖提到了。这说明金岳霖确实受到了达尔文思想的影响。不过，金岳霖的进化论是哲学意义上的，他所理解的"适者生存"等观念，则是相应于他的哲学体系的需要。譬如，他的"适者生存"，完全超出了生物进化的范围：

> 天演论似乎是限制到生物，至少它是以生物为主题的学说。本条不限制到生物，任何个体都是适者生存。不仅草木鸟兽，就是山川河流也都是这样。也许有人以为山川河流无所谓适与不适。这其实不然。山颓底理由也许很多，无论如何，总是失于几与数。①

此外，在金岳霖那里，"适者"更比生物进化论所指的范围广泛。生物进化论的"适者"被限制在生物的不同种类上，但金岳霖的"适者"不限于生物的种类，它包括了所有事物的种类，而且也指所有的"个体"。这从他说的"个体底变动适者生存"这句话可以看出。范围如此广泛的"适者生存"的"适"，在金岳霖那里是什么意思呢？这是我们重点讨论的问题。

---

① 金岳霖：《论道》，第170页。

生存竞争、自然选择、优胜劣败和适者生存，是达尔文用来解释生物进化机制和原因的。金岳霖的进化论对万物何以"进化"的解释，主要是从哲学上发挥"适者生存"的观念。在达尔文那里，"适者生存"也就是"自然选择"，两者是可以互换互用的概念，虽然他更多地使用"自然选择"概念。按照达尔文的生物进化论，生存竞争和环境的变化为生物进化提供了动力，"变异"则是生物在生存竞争和新的环境中获得的有利于生物生存的东西，这种东西通过自然选择而被保存下来，这就是"适者生存"，而那些没有被自然选择的东西（即不适者），则被淘汰。由此，生物在漫长的时间之流中产生了进化。"适者"与"不适者"也被看成是优者与劣者，因此，"优胜劣败"就成了自然选择或适者生存的更通俗的用语。金岳霖是一个万物平等主义者，他以更温和的方式来说明万物的演化，而不愿使用带有强烈评价意义的"优胜劣败"一词：

> 我们在本条根本就没有谈到优胜劣败。当然我们可以说适者就是优，淘汰者就是劣。这样地说，优劣二字在这地方与人生哲学中底优劣虽同名而实异义。这办法虽无可非议，然我仍觉得以不谈优劣为宜。①

金岳霖所说的"适"，简单说是指万物在"尽性"过程中对"环境"的适应。"环境"总是"一时一地"的环境，它构成了个体生存的空间。金岳霖更注重的是"时间"中的环境，是万物在时间中流动的环境。"适合环境"就是获得了时间，不适合环境就是失去了时间。金岳霖在自我批判中引用过一句话："有得于时，有失于时，得于时者适，不得者乖"。这里的"时"看上去同我们一般所说的"时间"没有

---

① 金岳霖：《论道》，第 171 页。

差别，它也可以被理解为我们一般所说的"时势"。但金岳霖对"适时"之"时"有更独特的界定，他的具体界定是"几与数谓之时"。"几"与"数"是金岳霖为解释和说明个体为什么出现和变化而使用的两个概念。按照我们前面的讨论，实在的进化历程是"能"不断出入于"可能"的过程，是可能不断现实化、个体化的过程。但为什么"能"在某一时间中出现于某一"可能"，某一种类的事物、某一个体为什么在某一时间中产生并进化，这是需要说明的。为此，他起用了中国古典哲学中"几"这一概念。按照他的界定，"几"是"能"的即将出或即将入。由于金岳霖区分共相的可能与特殊的殊相，因此，他将"能"的即将出于可能或即将入于可能称之为"理几"，将"能"即将出入个体的殊相称之为"势几"。"理几"说的是事物种类的产生和灭亡，而不是种类中的个体的出现和逝去：

> 在自然史底历程中，从前有而后来没有的动物植物非常之多，这表示能之入而后出的可能非常之多。在现在能之出入于可能底速度似乎比从前增加。就出而说，不仅天演淘汰许多东西。人力也加入此淘汰而增加此淘汰底速度。煤与煤油底恐慌都是人力消耗底恐慌。……各种发明的机器都是能所新入的可能，各种试种出来的草木鸟兽也都是能所新入的可能。①

"势几"说的是个体"殊相"方面的变化，个体"殊相"方面的变化比较频繁。从进化论来说，进化主要体现为新的种类的产生和已有种类产生新的变异，但金岳霖同时也注意个体的殊相的变化，并从理论上回答"个体"为什么正好在某一个时刻产生。他把促使某一个体在某一时刻正好出现的相关因素称之为个体的"运"，类似于日常生活中我

---

① 金岳霖：《论道》，第156页。

们所说的"运气"。

在金岳霖那里,与"几"相对的概念是"数"。"数"是指能"会"出入于可能,它有不可避免的意思,也就是我们一般所说的"必然"。由于金岳霖对"必然"有特殊的用法,他不称"数"为"必然"。与"几"一样,"数"又被金岳霖分为"理数"和"势数"。"理数"是能会出入于可能,势数是能会出入于殊相。"数"强调的是"能"出入于可能的确定性,因此它对于个体来说是"命"。"数"和"命"决定了某一个体的出现。金岳霖用"几"、"数"、"运"、"命",是为了从整体上解释现实和个体的产生、消灭,说"现实之如此如彼是几所适然数所当然"。"几"与"数"共同构成了"时",因此,"适"之"时","适者生存"之"适",就是获得了生存的"时机",否则就要被淘汰:

> 一种一类底淘汰是失于理几与理数,一个体底淘汰也可以是失于势几与势数。[1]

根据我们上面的讨论,在金岳霖那里,"个体"的变化是一个"尽性"的问题。这样,"适"与"不适"又是指环境适合不适合个体的"尽性"。每一个体都要"尽性",有的条件是适合的,有的条件是不适合的。适合个体尽性的条件是顺,不适合的则是逆。现实中的冲突和斗争都是个体在"尽性"过程中的相互逆反而产生的结果:

> 在变更底程序中,至少有一部分的变更是因为尽性而发生的。一个体底尽性也牵涉到别的个体。火尽性可以温房,也可以烧林,水尽性可以洁人底身,也可以决堤底口。天演论是一部分的个体底尽性而发生的影响。人尽性,其它个体所受的影响更是非常之

---

[1] 金岳霖:《论道》,第156页。

大。在个体底尽性程序中，也许有所谓冲突或战争。①

在个体中，有一类是有知识、有意志的个体（当然我们会马上想到人类个体），这一类个体的"尽性"有明显的目标性和与此相对应的手段要求。由于手段与目标的关系错综复杂，因此这类个体的"尽性"就更为复杂，也总有适与不适的问题。尽管这类个体可以改造一时一地之环境的"运"，但它们也不能改造"命"。金岳霖说：

> 个体底变动总有适与不适底问题，此变动中的有意志的变动也总免不了调和与冲突。在现实底历程中，不仅调和免不了，冲突也免不了。②

事物的"适"就是事物在相互调和与冲突中看谁更适合环境，它既表现为新种类的不断出现，又表现为一类个体的不断出现。

由于金岳霖的进化是质料入于"可能"，而可能是事先已经存在的，它构成了事物的"性质"。质料活动于"可能"之中，就是对作为事物性质的可能的表现过程。这种表现始终只是对已有本质的"展现"，而不是在过程中获得新的"变异"。因此，金岳霖的进化论，带有强烈的"目的论"的特征。另外，在金岳霖那里，"可能"（共相、理）是不生不灭的，是不会变化的，它原来如此就永远如此，生灭和变化都只是"个体"的事情：

> 我所谈的宇宙不是一般自然科学家所说的宇宙，它是无始无终的，生长成衰灭是就一类一类的个体说的。宇宙不属于任何类，

---

① 金岳霖：《论道》，第80页。
② 同上书，第177页。

它无外,也就无以有别于其他,它不是一个个体。宇宙中的个体是有生长成衰灭的,它们所现实的类也是会灭亡的。①

因此,金岳霖所说的"适者生存"的"适"又是本质主义的。他的这种看法,很容易让我们联想到亚里士多德的"形式"和"自然"就是事物的本性和目的思想。②

(三)"进化"和"目标"

在传统的历史观念中,我们往往能够看到各种各样的退化论、末世论和循环论,但在现代历史观念中,我们常常遇到的则是相反的形形色色的进化论和进步论。现在我们对朝向未来的"进化"和"进步"理念已经不像过去那样乐观了,甚至出现了黯淡悲观的情调,虽然"发展"(特别是经济和技术领域)的观念仍然是发展中国家坚持的目标。谁只要从原则上接受进化论,接受了进化论的广泛运用,那么他就会接受进步和发展的概念,接受进化方向和目标的概念。现代中国进化世界观整体上都相信宇宙和自然的进化,相信历史的进步和发展,尽管人们对进化的方向和目标有着不同的设想。金岳霖的"道演"作为实在无限展开的历程,其"方向性"和"目标性",根据上面讨论到的"居式由能"、"由是而之焉"特别是"无极而太极"概念,我们已经有了初步的认识。但我们没有具体讨论到金岳霖所说的"历程"是一个什么样的历程,也没有讨论这一个历程的最终目标是一种什么样的目标。

从总体上说,金岳霖的实在展开"历程",是朝着更好方向"进化"的历程,这是所有个体都在实现自己的本性的过程。金岳霖沿袭

---

① 金岳霖:《〈论道〉一书的总批判》,见《金岳霖文集》,第四卷,第224页。
② 有关这一点,参见陈蓉霞:《进化的阶梯》,第8—9页;另参见安乐哲、梁涛:《国学、实验主义与中国文化的重建——安乐哲教授访谈录》,载《国学学刊》,2009年第2期。

古代中国哲学的性情、体用概念①，提出了非常独特的"尽性得体论"。按照上述金岳霖的理路，实在展开的总历程是从无极走向太极。在这种总历程中，有许多"不老是"现实的可能（即共相和理）都走向现实，这些可能的现实就是共相表现在个体上，形成有许多共相的每一"个体"，其中的每一个体又有自身的殊相。共相是"个体"的性质，而殊相则是每一个个体独有的东西。"个体"都有自己的历史，从产生到变化到消亡，金岳霖称之为"个体的变动"。不同地域的哲学传统都有不同的"变化观"，但在进化论出现之前，"变化"一般没有明显的"进化"意义。进化论的诞生，为哲学的变化观带来了改变，这就是从"进化"来认识和理解变化，金岳霖的形而上学是其中的一个例子。他的"变动"是朝着更高方向进化的运动。这个方向就是类中的个体，都要以自己的特殊的"情"去充分实现自己的类本性（共相），都要以相对于其他个体的特殊的"用"去完成自己的"实体"（共相）。在儒家思想传统中，"尽性"主要是指"尽人之性"，虽然也有"尽物之性"、"成物"和参天地之化育的主张，但在金岳霖那里，"尽性"（或"得体"）完全是普遍的，现实中的所有存在者，万事万物没有不"尽性"的。下面的话，是他主张普遍尽性论的一个例证：

> 情总是求尽性的，用总是求得体的。水之就下，兽之走旷，是具体的水求尽水底性，具体的兽求尽兽底性。大多数树木之弃阴就阳也就是具体底树木求尽树木底性。风雨雪雹，星辰日月都有这情求尽性用求得体的现象。求尽性似乎是毫无例外的原则，不过程度有高低的不同，情形有简单与复杂底分别而已。②

---

① 金岳霖对"性情"、"体用"的具体界定，请参见王中江：《理性与浪漫——金岳霖的生活及其哲学》，第129—135页。

② 金岳霖：《论道》，第189页。金岳霖特意指出："不过我们要想到人底尽性问题对于人虽是非常之重要的问题，而在个体界它不过是这普遍的尽性问题之一（转下页）

当我们说"个体"的性质时,我们可以从"个体"的主要性质说,也可以从个体的从属性质说。个体的从属性质,金岳霖说这是宽义的 quality 所指的属性。个体的主要性质是指个体之所以为某类个体的本性(即"共相")。个体在这种意义上的尽性,自然是尽它的类本性。金岳霖所说的"性"是主要性质,是狭义的 nature 所指的意义,是得于"天"的"性":

> 如果所谓"天"就是理,或就是共相的关联,则性得于天。①

"尽性"也主要是指这种意义:

> 任何现实可能底个体都有它必具的性质,万物各有其性就表示这个意思。可是,物之不同各如其性,每一现实可能底个体都各有它底特性。有些性质简单,有些复杂,有些尽性容易,有些尽性烦难,有些尽性底程度高,有些尽性底程度低,有些个体能尽性与否差不多完全靠外力,有些至少有一部分靠它们本身。②

但个体既然有次要方面的属性,因此它的尽性自然也不限于主要属性。使个体成为某一类个体的性质(共相)应该是一,但一个个体往往表现出不同方面的共相。金岳霖强调,个体表现出不同方面的共相,这是个体不同"方面"的共相数目,不是个体的共相数目;是个体的复杂,不是属性与关系的复杂。例如一块石头表现的不同方面的共相要

(接上页)方面而已。也许这问题在人这一方面特别地复杂,也许特别地重要,但无论如何复杂,如何重要,它不过是一现实可能底个体底尽性问题,而不是一个普遍的尽性问题。"(第79—80页)

① 金岳霖:《论道》,第188页。金岳霖也把主性的性称之为个体的命(参见第170页)。

② 同上书,第79页。

少，而人表现的不同方面的共相就比较多。这就意味着，表现不同方面共相多的个体的尽性要复杂得多。正是在这种意义上，金岳霖列举了人尽性的复杂性：

> 即以人而论，人是物，是生物，也是动物。……某甲是物，他求尽物性，他是生物，他求尽生物底性，他是动物，他求尽动物底性；他是中国人，他求尽中国人性，他是银行行员，他求尽银行行员性，他是男人，他求尽男人性，他结了婚，求尽丈夫性，他生了儿子，他求尽父亲性，他在社会上有地位，他求尽社会方面的责任；他爱美，他求尽爱美性，这在他底环境之下也许出于留心装饰，也许出于收买字画，他长于文艺，也许他要办杂志。这样写下去是写不完的。总而言之，他所求尽的性非常之多。①

把个体的尽性同进化结合起来看，"尽性"可以说就是"进化"，就是个体朝着自身的本性和目标的发展。一类个体的总量有多有少，但不管是多是少（多不能多到无限，少至少也要有一个），个体的尽性、进化，也就是一类个体的所有个体都在尽性和进化。个体去实现自己的本性，就是自己进化的目标和宗旨。我们已经说过，金岳霖的进化外延是无限宽广的，它既包括已经现实化的个体，又包括未来将会现实的可能。据此而论，所有个体的进化都有自己的进化方向和目标。②

> 现实的历程可以视为天演，可以视为道演。天演是相对于一类的观点而说的。普通所谓天演是"自人观之"的历程。天演的天无非表示非人类之所能左右。人力虽不能左右，而人类的观点

---

① 金岳霖：《论道》，第189—190页。
② 但他有时将"目标"限制到"有知识"和"有意志"的一类个体，但实际上主要想到的仍然是"人"。

仍不能免。从人类看来,世界上何以有恐龙似乎毫无宗旨可言。个体的变动,视为天演,可以说有有宗旨或无宗旨的分别。但是,如果把现实的历程视为道演,情形两样。自分开来说的道而言之,情求尽性用求得体,个体的变动各有其宗旨,而现实的历程无无宗旨的。现实的历程虽无无宗旨的变动,而在名言世界则没有总宗旨。因为宗旨不融洽,总宗旨也是不通的概念。如果我们作一种理智上的跳跃,跳出名言世界范围之外,我们可以说"能"的活动是所有个体的变动的总宗旨。可是,它自己无所谓宗旨,假如说它有宗旨,它活动的宗旨是它活动本身或它本身的活动。①

现实个体的尽性和进化,由于受现实各种条件的影响,都不可能达到"理想的"目标。所谓个体的理想目标,就是个体完完全全要实现的绝对性目标,如完全的人、完全的方、完全的红,等等。在有限的现实时间中,无论个体如何尽性和进化,完满的境界都是达不到的。因此现实中个体的尽性和进化,都是相对的有限的尽性和进化,而所实现的宗旨和目标,也都是相对的宗旨和相对的目标。金岳霖的这一思想,反映了柏拉图对现实与理念之间关系的看法。在柏拉图那里,理念与现实之间的鸿沟是永远无法消除的。但在金岳霖那里,理想与现实之间的鸿沟,在有限的时间中是无法消除的,在个体"无限"的尽性和进化中,则是可以消除的。金岳霖为"道演"设想的最高的综合目标——"太极"就是如此。"道演"至"太极",这是事物尽性和进化的极致。在此,势归于纯净的理,逆绝尽顺,一切事物都达到了至真、至善、至美和至如的状态:

太极既是绝对的,真善美也是绝对的,所以本条说至真、至

---

① 金岳霖:《势至原则》,见《金岳霖文集》,第二卷,第 196 页。

善、至美。但是为甚么也至如呢?虽然道莫不如如,而在日常生活中,因为情不尽性用不得体,万事万物各就其本身而言都不完全地自如。在现实底历程中任何一阶段,万事万物都在那不均衡的状态中,无时可以安宁,无时可以休息,所以无时不在相当紧张状态中。这就是说它们都不完全自在,不完全自在,当然也就是不完全自如。在太极情尽性,用得体,万事万物莫不完全自在,完全自如。本条特别提出太极至如这一点,因为我们要免除好些西方的性情中人对于天堂那种敬鬼神而远之的态度。太极不是不舒服的境界,它不仅如如,而且至如。①

在真、善、美之外,金岳霖又加上了一个"如"。这样,神圣而庄严的"道"、"太极",就变成了一切事物自由的故乡和逍遥的伊甸园。如果说金岳霖的"太极"境界是乌托邦的话,那么,这是任何已有的乌托邦都无法相比的。这是宇宙乌托邦,是道的乌托邦。但人们也许不高兴,因为金岳霖的这个宇宙乌托邦,不是对人类而言的。他设想现在我们地球上的人类,作为现实过的可能,很可能已经不存在了(进化与人类的命运我们在后面具体谈)。金岳霖想象说,这一太极的综合目标仍然是相对于有意志的个体而言的,但这一有意志的个体是什么,不好具体说,它也许是"比人更灵巧的动物"。金岳霖的"道演"和"太极"进化目标,是最理想的,但对人类来说,又是最悲观的。

(四)进化与人类及其命运

在宇宙进化的链条上,人类虽然只是其中的微小部分,但对人类自身来说,这却是最切身、切己的部分,因此,它往往会引起我们更多的反应。但在金岳霖那里,情况似乎比较特别。他的知识论批评人

---

① 金岳霖:《论道》,第197页。

类中心主义和自我中心主义;在形而上学中,他从宇宙中心主义的立场来看待人类和个人,更是主张万物齐一和万物平等,一再强调我们不要夸大人类在宇宙中的位置,更不要突出"自我"在人类中的位置以及同他人的差异。在他的宇宙进化哲学中,他对人类进化前景和未来表现出忧郁和悲观的情调,同各种人类进化的乐观主义形成了鲜明的对比。他说:

> 在太极有好些现实总是要淘汰的,历史上的野兽免不了已经淘汰。切己的问题当然是人。大多数的人以为人是万物之灵。这从短期的历史上着想,大概是这样。在现实底历程中是否有过类似我们这样的东西已经淘汰,我们不敢说,也无法知道。以后人类是否会被淘汰,我们也不敢说。我个人对于人类颇觉悲观。这问题似乎不是人类以后会进步不会底问题。人之所以为人似乎太不纯净。……人类恐怕是会被淘汰的。①

这是他在20世纪30年代末的《论道》中表现出来的思想。20世纪50年代之后,金岳霖在自我批判中,对他的这种人类观也进行了批判,他说他当时不仅是想逃避社会,也是想逃避人类。因为,当时他心目中的人都是自私自利的人,是像猴子那样的非常世故的人,对于这种人他没有能力应付。说这样的人要不得,实际上是说人类要不得。② 以上我们讨论到,金岳霖的实在进化论,相信宇宙和实在的进化有最高的目标和境界,这个境界和目标就是他从他的逻辑中推论出的"太极",他把他的"太极"状态想象得非常美好和美妙。但是,在这一状态中,已经没有人类的位置。尽管这种目标和境界,与其说是目标和

---

① 金岳霖:《论道》,第203页。这段话中的标点有所改动。
② 参见金岳霖:《〈论道〉一书的总批判》,见《金岳霖文集》,第四卷,第229—237页。

境界，不如说是对永远不会来的未来的一种幻想和想象。不需要用这种无限的进化论尺度来衡量，即使按照自然宇宙观，人类最终也难逃灭亡的命运，虽然人类未来的进化时间还会很长。整个人类最终都要灭亡，作为个体的个人自然更不可能不死。追求不死和长生，在金岳霖看来是低俗的，也完全是徒劳的：

> 希望一个不老的躯体的想法会夺取一个人应该具有的变化、成长和衰老所带来的种种乐趣。希望有一个永恒的心灵的想法实际上是惩罚一个人使他具有包括排遣上帝样的孤独和寂寞。想要上面的一个或想同时要上面的两个想法都不过是在追求别人所不能具有的一种特权。①

金岳霖对于人类未来的预测，是基于他的形而上学的进化世界观。按照这种世界观，"人类"的灭亡也只是人类所有个体的灭亡，至此现实的"人类"也就不存在了。由于在金岳霖的哲学中，"类"和"可能"没有生灭的问题，因此，"人类"这一可能自然也没有生灭的问题。据此推论，现实过的人类，在未来仍然又有现实的可能，而且本性上应该与已现实过的人类是共同的。

> 没有理由假定我们应该为人类将来的终结而苦恼不已、痛苦万状。虽然进化是不会重复自身的，但是可能的现实却是可能重复现实的。在人类灭绝后的几百万年或几亿年之后人类发展的另一个阶段的出现并不是不可能的。②

---

① 金岳霖：《道、自然与人——金岳霖英文论著全译》，刘培育编，第101页。
② 同上书，第105页。

在金岳霖那里，对人性的忧郁和对现实人类未来命运的某种程度的悲观是一回事，对我们如何渡过人类的生活又是一回事。人类既然要来到宇宙之中，他就需要生存下来。从人类在实在进化的历程出现来说，金岳霖认为人类的出现并不是偶然的，它是现实的可能，但又是老不现实的可能。人类作为目的和心灵最有成效的结合而出现，就使"实在"二分化为对象实在和主体实在。这就是说，人类在使自己的实在成为主体而存在的时候，为了维持自己生存的需要，他就要掌握、控制、利用和改造客观的自然：

> 他们有很多基本的欲望和需要，这些欲望和需要的满足并不总是很容易的一件事，因为总有不少的障碍需要克服，而且经常是很难克服这样的障碍的。为了生存，他必须斗争，必须取得力量来征服他的敌手。他必须获取知识，用知识的力量来争取生存，他必须生存下去来完成赋予他的使命。①

同自然作斗争和征服自然的概念，在现在看来是很刺眼的。但在金岳霖那里，同自然的斗争只是围绕着人类生存的基本需要而展开的。也正是在这种意义上，金岳霖强调了知识对人类的重要，称赞西方英雄式人生观使西方社会在同自然的斗争中取得了惊人的成就，认为这正是中国需要向西方学习的地方。

但金岳霖的进化世界观决不主张全面斗争的观念，或提供一种斗争哲学。他担心人类为了生存的斗争而变成为了力量而进行斗争。作为满足生存基本需求的斗争是手段，一旦达到了目的，斗争自然也不需要了。但如果为了力量而进行斗争，斗争就没有限制了。它不仅将这种斗争无限地运用在客观自然上，而且也会运用在人类自

---

① 金岳霖：《道、自然与人——金岳霖英文论著全译》，刘培育编，第152页。

身上，这就会造成人类的各种冲突。金岳霖的进化世界观根本上容不下生存竞争和弱肉强食观念，虽然他说他有杀气腾腾的社会达尔文主义。原则上自然并不是人类的敌人，人类同自然的和谐及合而为一，同样也是重要的。为了帮助人类更容易地认识他的形而上学，金岳霖在《道、自然与人》中专门补充了"人与自然"的部分，这一部分的核心思想是提倡一种"天人合一"的"圣人"人生观。按照这种人生观，人类要克服人类中心主义。人类要充分意识到他在宇宙和自然中并不是至高无上的，他的存在历史不是终极性的，只是实在之道展开过程中的一个阶段，他同其他事物和种类是相互依赖和相互渗透的。按照这种人生观，人要克服自我中心主义，他需要认识到一个人只是在抽象的意义上才是与其他人相互独立的，实际上，每个人同他人都是互相依赖和相互渗透的。在人与自然的关系上，金岳霖的理想是"万物齐一"；在人与人之间，金岳霖的理想是人与人平等。强调自身种族的优越，或强调自己高人一等，同金岳霖的进化世界观都是不相容的。

在宇宙的进化历程中，既然人类最终消失的命运，并不意味着人类可以悲观地存在；同样，个人都要死去的命运，也不意味着他可以放弃他的责任和使命。个人既然来到人间，他就需要完成一个人的使命，选择合理的健全的生活方式：

> 在人类生命的漫长历史中那些可以被叫做人的人，他们必须去做孤独的努力和奋斗以完成所期待于他们的那些作用或角色，尽其可能去完成或尽其可能去接近人性的最全面和最本质的现实。……目标并不一定要比过程更有价值，目的也并不一定比手段更重要。只有在过程中所需的工作已经做完，目标才会变得更有价值。整个人类的生命正像个体人的生命一样，盛大铺张的葬礼并不

能给个人生命以尊严，真正给他以尊严的是他的生活方式。①

生活方式的本质是按照被给予的或被分配的角色去发挥作用。一个活着的人应该朝着按照活着的人的本质去生活或努力。亚里士多德就是向着亚里士多德性而生活或努力的。②

如果我们接受金岳霖的话，我们人生面对的问题主要是如何更有意义的生活，而不是如何更长时间地活着。

三、进化：从物质实在到生命和人

实在进化思想的第三种形态是张岱年基于物质实在而建立的进化思想。③张岱年的哲学他自己曾称之为"新唯物论"，以别于他所说的"旧唯物论"。他的新唯物论可以被称为"物本论"④，因为它是以"物质"为万物产生的基础；他的新唯物论也可以被称为"天人新学"，因为晚年他在整理自己的哲学论著时，曾用"天人五论"来概括他的哲学著作。张岱年的新唯物论之新颖点之一，是他对"物质"作了在他看来不同于以往的一些新的理解。正是以此理解为前提，他建立起了自己的哲学体系。张岱年新唯物论的另一鲜明特征，是他主张对不同的哲学和哲学传统进行融合和综合，其中主要是将列宁的唯物主义、

---

① 金岳霖：《道、自然与人——金岳霖英文论著全译》，刘培育编，第126—127页。
② 同上书，第148页。
③ 有关张岱年哲学思想和学术的研究，参见刘鄂培、衷尔钜编：《张岱年研究》，清华大学出版社2004年版；王中江编：《中国哲学的转化与范式——纪念张岱年先生九十五诞辰暨中国文化综合创新学术研讨会文集》，中州古籍出版社2006年版。
④ 有关张岱年哲学体系的名称，参见张学智：《张岱年思想的特质与名称》，见王中江编：《中国哲学的转化与范式——纪念张岱年先生九十五诞辰暨中国文化综合创新学术研讨会文集》，第245—258页。

儒家的理想和罗素的分析方法这三者结合起来,这是他建立哲学一开始就具有的明确的意识。当然,他的哲学思想的来源远不止这些。张岱年以物质实在为根本的哲学体系其中所包含的"进化"思想,主要是把宇宙的变化看成是一个从物质到生命再到人的进化历程。张岱年的进化思想,同样体现出融合的特征,最明显的是他试图将有机主义者柏格森、摩尔根和怀特海的有机观同唯物论的物质观结合起来。为此,他进行了选择取舍和改造,而没有落到一边。他不像机械唯物论那样认为宇宙是一架机器,但他也不像有机主义者那样,认为宇宙就是一个有机体。这就足以看出他的"进化"思想的个性。张岱年哲学中包含的宇宙伟大进化历程的思想,确实值得我们讨论。

(一)物质、宇宙和进化的"历程"

张岱年的进化论之所以称得上"实在进化论",是因为他以"物质"为基本的实在。因此,我们要理解他的进化思想,首先就要了解他的"物质"概念。按照张岱年的"新唯物论"的"物质观","物质"不是最高的"实体"和"本体"。传统意义上的"本体"概念已经过时,虽然经过改造它还可以发挥作用。张岱年的这种物质观主要是相对于机械唯物论的立场而说的:

> 机械唯物论所谓唯物,乃谓物质是宇宙本体,而新唯物论的宇宙论,则根本已废去本体观念。新唯物论根本不主张所谓"自然之两分",根本不承认有所谓现象背后的实在。新唯物论之根本态度,乃认为现象即实在,现象之外更无实在可说。[①]

[①] 张岱年:《哲学上一个可能的综合》,见《张岱年文集》,第一卷,清华大学出版社1989年版,第211页。

在张岱年那里，"物质"不是现象背后的"本体"，它是现象世界本身以及现象世界的统一本质。他曾将"物质"分为显物和微物。显物是我们所能观察到的各种现象，微物是构成显物的基本元素。张岱年受到了现代物理学物质观的一定影响，把物质看成是质与能、粒子与波的统一，更假定最基本的物质元素是"究竟元子"。这种"物质"实在为什么是进化的呢？张岱年对此的回答，既显示了他的"新唯物论"不同于机械唯物论的另一个地方，又反映了他的进化观。

机械唯物主义的"物质"是"被动"的物质，它本身没有活力，没有能动性。与此不同，张岱年的新唯物论的"物质"，不是死的和固定不变的物质，而是具有活泼性和能动性的物质。物质内部有动荡，它自身是自动的，不是他动的。张岱年说：

> 昔莱卜尼兹（即莱布尼兹——引者）谓宇宙为自动的精神单子所成，此皆由于认为惟精神方能自动，实则物质亦是能自动的。恩格斯曾谓物与动不可分离，新物理之发见，乃更是将物与动结合在一起。不惟物无时无刻不在动中，而且物本身即是流动之体，乃在动的状态中。①

这是为"物质"进化寻找物质自身的内在动力。赋予"物质"本身以活力和能动性，就排除了任何其他力量使物质变化的外力推动说，这种外力可以是"上帝"，也可以是"精神"。正是由于物质本身具有内在的动力，它自身就可以发生变化和进化。作为"最究竟元子"的物质，在自身展开的进化或转化过程中，它首先"结集"为"次究竟元子"。

---

① 张岱年：《哲学上一个可能的综合》，见《张岱年文集》，第一卷，第215页。在《天人简论》中，张岱年亦说："无不动之物，无离物之动。……常物所含之元子常在动中，常物之整体亦常在动中，常物所在之环境亦常在动中。"（张岱年：《真与善的探索》，齐鲁书社1988年版，第222页）

"次究竟元子"结聚为"一般元子","一般元子"结聚为"分子",再由分子变为一般的事物。"物质"演化的层次,从静态上看,很像是物理学对物质基本结构层层还原的逆反分析。在怀特海看来,唯物论是不能通向进化论的,两者之间有一道无法逾越的鸿沟。怀特海说:

> 其实彻底的进化哲学和唯物论是不相容的。原始的质料,或唯物论哲学用作出发点的质料,是不能进化的。这种质料本身就是最后的实体。从唯物论看来,进化这一名词就等于是描述各部分物质之间的外在关系的变化。这样,可供进化的东西并不存在了;因为一套外在关系和另一套外在关系之间是无分轩轾的。可能出现的只是无目的、不进化的变化。但现代理论的基本精神就是说明较简单的前期机体状态进向复杂机体的进化过程。因此,这一理论便迫切地要求一种机体观念作为自然的基础。①

但是,在张岱年看来,他的新唯物论的"物质"同进化之间没有鸿沟。他以究竟元子为"物质"的最基本单位,以物质为整个宇宙进化的出发点,这自然是认为宇宙进化的出发点是"最简单"的。确实,张岱年认为"究竟元子"没有结构,但他认为其他的层次都有结构:"除至极究竟之元子而外,其余各层之物体,莫不有细密之结构组织。"②宇宙的进化过程就是从这一最简单的元子开始,然后进化出一层比一层更复杂的事物和现象来。这是一个"从简单到复杂"的进化过程,也是一个"从粗到精"的进化过程(这一点后面我们再谈)。机械主义者把宇宙设想为巨大的机器,反其道而行之,生命主义者则相信宇宙是一个有机体。按照怀特海的信念,宇宙整体上是有机的,进化

---

① A.N.怀特海:《科学与近代世界》,何钦译,商务印书馆1989年版,第104页。
② 张岱年:《真与善的探索》,第259页。

是从较简单的机体发展为较复杂的机体。张岱年的哲学虽然受到了柏格森、摩尔根和怀特海的影响，但他没有将宇宙整体上看成是有机的。在他看来，宇宙固然不是机械，但也不是一个有机体：

> 宇宙非一大机械，亦非一大有机体。机械物与有机物皆宇宙以内物体之类型，各有其界域，而不可以指谓宇宙之大全。①

对张岱年来说，宇宙有机体和生命是从无机体和无机物演变出来的。

> 宇宙是物质的发展历程。宇宙是物质之生生不已的创造历程。生命与心知，皆物质演化之结果。②

正如这里所说，以"物质"为始点的无限演化过程，用张岱年的说法就是"宇宙的历程"。

在张岱年那里，"宇宙"是一个囊括了时空及其所有事物的概念。在类似的意义上，张岱年也使用了"天"这一术语。在古代中国哲学中，"天"具有不同的意义。他使用的"天"是指至大无外的大一，是包括了一切的总名。③张岱年不接受"可能的宇宙"或"另一宇宙"等说法，在他看来，这样的说法同宇宙大全相矛盾。如果要说，那也只能是指天文学所观测的宇宙。④按照达尔文的看法，生物不是上帝的特创，不是任何奇迹的产物；按照海克尔的看法，宇宙万物都是自然演化的结果。像在其他许多领域一样，19世纪后期以来的哲学，程度不同地都受到了"进化"的洗礼。我们看到了柏格森的创造进化世界观，

---

① 张岱年：《真与善的探索》，第258页。
② 同上书，第268页。
③ 参见上书，第130页。
④ 参见上书，第258页。

也看到了怀特海的有机主义的过程世界观。按照柏格森的看法，世界是生命创造进化的过程；在怀特海那里，世界是实在展开的"过程"，每一个现实物都是一个"过程"。①张岱年从柏格森那里接受了"创造"的概念，从怀特海那里接受了"过程"的概念，并把两者结合起来，认为宇宙是一个创造的伟大"历程"：

> 存在是变化历程。宇宙中之一切皆历程。世界是历程之总和。凡物皆一历程。凡物皆为一相当持续的统一体，其统一体之发展变化，形成一历程。②

怀特海的 process 概念，我们现在一般译为"过程"，张岱年译为"历程"，意思一致。张岱年还受到了怀特海 event 概念的影响。③event 一般译为"事件"，张岱年译为"事"。event 是怀特海在《自然的概念》《科学与近代世界》中使用的一个重要概念。在《过程与实在》中，怀特海主要使用 actual occasion、actual entity，张岱年译为"现起"和"现素"。张岱年主要使用"事"的概念（又分"事"为"事素"、"事象"和"事实"），认为宇宙中所有"现实"和"事态"都是活动，也是进化的"历程"。④事情发生就是实有的产生，事情过去就是实有的失去。一切实有都是事事相续的历程（即"流行"），无限之事的相续就形成了宇宙总的进化历程。按照现代哲学中的变化观，变化几乎就

---

① 有关怀特海的过程概念，参见曲跃厚：《怀特海哲学若干术语简释》，载《世界哲学》，2003 年第 1 期。

② 张岱年：《真与善的探索》，第 256 页。

③ 按照张岱年的说明，他的"事"概念，也受到了罗素的影响，只是他不赞成罗素的"中立一元论"。参见张岱年：《真与善的探索》，第 120 页。

④ 有关张岱年的"事"观念，参见张学智：《怀特海与张岱年早期著作中的"事"概念》，见王中江编：《中国哲学的转化与范式——纪念张岱年先生九十五诞辰暨中国文化综合创新学术研讨会文集》，第 331—343 页。

是进化,但在古代哲学中,变化的进化的意义是非常稀少的。张岱年将中国古代哲学中的"变易"、"流变"和"大化"观念都纳入到了进化历程之中,因此他的变化观同时也是进化历程观。

(二)"进化":多极性和机制

以物质实在为基础的宇宙进化,在张岱年那里是由"一本"(即"物质")向多极方向分化和发展的过程,他称之为"一本而多极"。许多哲学家都相信宇宙的进化是由简单到复杂的过程,张岱年不仅这样认为,而且又认为宇宙的这种进化从价值和意义上看是有等级的,它是一个"由粗到精"、"由卑到高"、"由少到多"、"由低级到高级"的过程,他把这称之为"本至关系"。"至"是指最高的发展。

从宇宙进化的阶段看,每一更高阶段的进化,都是以已有的阶段为基础而发展出的新质。张岱年区分四种"新",一是事件的新,每一后出的事件对于已经发生的事件都是新;二是事物的新,每一后出的事物相对于先有的事物都是新;三是种类的新,原来没有的种类第一次出现,相对于已有的种类它是新;四是等级的新,相对于已有物质的类别,出现了一个全新的类别。在这四种新中,事件之新和事物之新是个别之新,种类和等级之新是新类型之新。只有种类和等级之新,才是进化之新质的新。由此而言,宇宙进化不是日日新,时时新,它要通过不断的积累才能产生出新的类型。由于张岱年的"类型",也就是"理"和"性",因此,进化的类型之新也就是"理"和"性"之新。但是按照理性主义者或共相实在论者的立场,事物的"理"没有新旧之分,即使没有个体事物,事物之理就已经存在。张岱年不接受这种看法,按照他的新唯物论立场,事物的理不能离开事物而单独存在。"理"是由事物来表现的,没有显现理的事物,就没有"理"。据此,进化之新质,就是"新理"和"新性"之新。

张岱年说的"等级"之新是"类型"之新中的一种重大类型,这

应当就是他所说的宇宙进化的三大等级,即从一般的无机物质进化到生物再从生物进化到人类的心灵。在《天人简论》中,张岱年说:

> 宇宙演化之大历程是由物质(一般物质)而生命(有生命的物质)而有心物(有心知的有生物质)。物为基本,生命心知为物质演化而有之较高级的形态。……物为本源,心乃物质演化而有,为支流。物源而心流。物为一本,生物,有心物为较高级之物。一本而多极。①

对于张岱年宇宙进化的三大等级论,我们要注意的,一是他在其中贯穿的"一本多极"、"物源心流"的新唯物论路线。在生命主义者那里,"物质"被看成是高级意识和心灵的障碍物,生命和人类心灵的进化是一个克服物质惰性的过程,但在张岱年那里,生命和心灵也被看成是"物"的不同层次的一种形态,它是统一而又多层的关系,自然就不存在物质与生命和心灵之间的对立关系:

> 生、心以物为本,虽各有其特殊之规律,而实以物之规律为基本。各级虽不同,而有其统一:故云一本。世界虽是统一的而实有层级之区别:故云多级。高级为低级发展之由量变转为性变。②

二是物质、生命和心灵这三大等级的演化模式是由摩尔根提出的,许多进化论者都接受了这一模式。张岱年指出,他的三大等级说是取自于摩尔根的分法:

---

① 张岱年:《真与善的探索》,第 221—222 页。
② 同上书,第 266 页。

> 近今突创进化论者如摩尔根等,多讲三级,即物质、生命、心识。①

对于摩尔根来说,生命和心识不是物质的不同形态,因此它们不能被统一在物质之中。与此不同,张岱年把它们都统一在"物质"之内,虽然它们有不同的层次。如果像生命主义者那样,把宇宙整体上理解为有机体和生命的存在,进化就只能是从低级有机物到生命、从低级生命再到高级生命的过程,那么,张岱年所说的"物质"就没有存在的余地了。

作为初级进化阶段的物质,它的特性是"自存"。"自存"也许也可以理解为就是自然的存在,它是无机的,它的主动性和能动性最低。物质进化到生命和生物,它就获得了自我保持和自我发展的能力,它具有自己的目的,对于环境它也不再是完全被动的适应。心知属人类特有,在已有的动物世界中,没有比人类更高级的动物了。金岳霖承认,心灵的出现在宇宙演化中是非常重要的,但他不认为人类就是宇宙演化的最高产物,他想象可能还有比人类更高级的动物将会出现。在张岱年看来,人是万物中最优异的存在,人为万物之灵,人类的出现是宇宙进化的最高成就和最高境界("至")。张岱年以心知的出现为演化之至,肯定了人在宇宙中的最高价值。心知的最大特点是自我意识和思维,能够辨别万物(有关人类进化,后面我们再专门讨论)。

张岱年的进化思想中充满着强烈的价值等级色彩,这不仅从宇宙进化的三大阶段中可以看出,而且就是进化产生出的各种类型的事物都有价值上的高低。但不管如何,这些都是宇宙进化历程中"创造"出来的"新质"。张岱年的物质实在进化论,借助于柏格森的"创造"

---

① 张岱年:《真与善的探索》,第146页。有关摩尔根的这一理论,参见摩尔根:《突创进化论》,施友忠译述,第10—16页。

概念，强调宇宙的进化历程是一个创造的历程。柏格森以生命的进化为创造，以求克服机械主义的世界观；张岱年把创造概念引入到他的进化论，以物质进化为创造，既不同于机械主义，又有别于生命主义：

> 宇宙是一个不断的创造历程，生与心，皆新的创造。①

在张岱年看来，"创造"有两种方式：一是由一变化出多，二是由多合而为一。从他认为"进化"是一本而多极来说，宇宙的创造是从"一"分化为"多"。具体到每种新类型的出现，一化为多则是浑然相同的元素通过不同的结合而创造出新类型。多合为一，是许多不同的东西结合为一新质。这两种创新都很像是物质不同元素之间的机械结合。如果新的生命类型是创造出来的，那么它的创造就不是简单的结合问题。张岱年将柏格森的"创造进化"同摩尔根的"突创进化"结合起来，说创造也是"突进"：

> 新类之创造，较之新种之生成，为不常见。新级之创造，尤为罕事。然自长久言之，自然历程实乃不断的创造历程。凡新类与新级之成立，皆系突变。每一新变或新级之成立，可谓自然中之一突进。②

在"突创论"看来，缓慢的变异积累不能解释生物的进化，生物新的类型的出现是突然变化的结果。这是将进化同缓慢变异对立起来。有别于此，张岱年将"量变"与质变的概念运用到进化中，认为创造和突进是物质量变达到一定程度后的质变。他说：

---

① 张岱年：《真与善的探索》，第266页。
② 同上书，第149页。

> 变化有渐有骤，骤者性易，渐者量移。渐变积而骤变至，骤变出而渐变显。渐变合则成骤变，累骤变亦成渐变。骤变亦曰突变。①

张岱年也把这种从量变到质变的进化看成是否定之否定的过程。否定之否定是对此前的肯定和否定进行的综合，是对立的综合。

达尔文从自然选择中解释生物为什么能够进化，生命主义者试图从生命自身中寻找进化的动力，张岱年则是从事物的矛盾关系中解释宇宙的进化。这涉及张岱年新唯物论的另一个思想——对立统一的矛盾观。在张岱年看来，宇宙万物都有其对立面，宇宙充满了对立和矛盾。事物变化的根源在于事物的对立和矛盾：

> 事物何以有变？物极何以必反？在于对立之相互作用。凡物莫不含有对立之两方面。对立两方面相推相摩，相攻相克，而变化以起。对立两方面，势不两立，互不相容，谓之矛盾。事物内部相互矛盾之两方面相互作用，为事物自己运动之根源。故云："刚柔相推而生变化"（《易传》），"阴阳接而变化起"（《荀子》）。②

对立统一被辩证唯物者看成是世界的普遍规律，张岱年把中国哲学中的"两一"视为类似于对立统一的辩证法思想。"两一"的说法，来自张载（"两不立则一不可见"），但"两一"的思想不限于张载。张岱年认为，宇宙从无机物到有机物，从有机物到生命，从生命再到人，其中都包含着"两一"的关系：

---

① 张岱年:《真与善的探索》，第265页。
② 同上书，第223页。

> 无机物为简单的两一,有机物为复赜的两一,进化为两一之加繁。由无机而有机,亦是两一。物质之发展,遂有生命;生命之进化,遂有心知;物质发展变化之极遂生成与物质相对待之心。此乃两一。①

基于世界的矛盾和两一观念,张岱年认为《中庸》中说的"万物并育而不相害,道并行而不相悖",并不符合现实世界的实际情况。因此,他将《中庸》的这句名言改为"万物并育而更相害,道并行而亦相悖",认为这才是现实世界的实际情况。不过,到了晚年,面对人类生态危机,他认为强调万物相害、道理的相悖,对维持生态平衡是不利的,他又将《中庸》中的这句话改为"万物并育,虽相害而不相灭;道并行,虽相悖而亦相成。"达尔文主义的生物世界,是一个充满竞争的世界,社会达尔主义把这种竞争扩大到整个社会中。但克鲁泡特金的世界,则主要是一个"互助"的世界。如果说矛盾、冲突和斗争是事物变化和进化的动力,那么世界充满着矛盾、冲突和"斗争",这对事物来说虽然是一个残酷的现实,但却又是使事物得到锻炼的事实。如上所述,张岱年认为生命和生物的基本特征是"自我保持"。为了自我保持和生存,生物要展开生物之间的竞争,来克服生存的矛盾。张岱年强调,生存就是争取生存,这是生物自我保持和进化的动力:

> 生存有待于争取,生存的过程即争取生存的过程,争取生存亦即为生存而斗争。一旦丧失了争取生存的力量,则生命终止。②

---

① 张岱年:《真与善的探索》,第262页。古代中国哲学的"两一"思想同西方哲学中的"对立统一"观念,都有复杂的思想源流,张岱年显然是以简化的方式处理它们的。

② 同上书,第382页。

生存斗争的一种说法是弱肉强食，但在生物世界中，强弱都是相对的，既没有最强者，又没有最弱者，因此生物生存斗争的自然结果是维持一种生态平衡。但张岱年强调的生存斗争，主要是指生物同环境的斗争，广义的环境当然包括了其他生物的存在。在这一方面，张岱年具有与天奋斗、与地奋斗的征服自然思想。按照达尔文的进化论，进化就是生物能够适应环境。但张岱年认为，生存争取是生物不断地克服环境和战胜环境。一般来说，环境是生物生存的场所和条件，在适合生物的生存环境中，生物生存的压力就小；而恶劣的环境，则使生物的生存变得艰难，使它需要同恶劣的环境进行顽强的斗争。张岱年的生物战胜环境说，强调的应是后一种环境，他说他是从一棵树的顽强生存事实中悟出的这一道理：

> 尝与友人同游北平郊野，至右安门，见城墙之上有一树，生于砖隙之中，乃将城上之砖挤落十数，曲干挺出，甚具雄姿，因悟生命之本性，而叹此树真能表现生命力者，生于砖隙，不可谓不难，乃能克服环境，以得丰满之生活。凡生命皆有一力量，特此树因处逆境，故表现最显。①

张岱年的对立统一和两一辩证观，还包含着事物彼此相辅相成与和谐的思想。他认为，矛盾和冲突作为事物进化的动力，主要是促成了旧事物的灭亡。如果没有矛盾和冲突，事物就将处于静止的状态。但事物要存在和发展还需要相对的稳定和和谐，如果没有一定的和谐，事物就不能继续存在，新的事物也不能产生。张岱年还用史伯的"和实生物"来说明和谐产生新物的道理：

---

① 张岱年：《真与善的探索》，第270页。

> 凡物之继续存在，皆在于其内外之冲突未能胜过其内部之和谐。如一物失其内在的和谐，必由于内部冲突而毁灭。生命之维持，尤在于和谐。如有生机体之内部失其和谐，则必致生之破灭，而归于死亡。人群亦然，如一民族内部斗争过甚，则必亡国、灭族。①

社会达尔文主义者强调在不同民族、种族和国家之间展开激烈的生存竞争，这是对人类和谐和共同生存价值的颠覆。一个国家的内战和内部冲突，是对一个共同体和谐生存和共同生存价值的摧残。在生物领域，生物之间既存在着斗争和冲突，又存在着"互助"。同类之间是互助，异类之间是"相济"。完整地说，张岱年进化动力说，是对立与和谐、斗争和互助的统一。

（三）进化与人类社会进步

心识的出现被张岱年看成是物质进化的最高阶级，这是人不同于万物的卓越之处。金岳霖认为，心和目的的出现使实在产生了二分，即对象实在和主体实在。张岱年认为，心识的出现，使自然的演进有了自觉性：

> 由自然而有人，是自然之趋于自觉。世界无人前，是不自觉的演进；有人，然后有盲渐得不盲，由无明而渐得明。人之作用在于自觉参加于宇宙创造大流中，而赞助自然的创造。于是乃得宇宙之自觉。②

---

① 张岱年：《真与善的探索》，第199页。
② 同上书，第268页。

生物的进化是创造，人类的进化更是自觉的创造。这种自觉的创造，主要表现为两大方面：一是人类自觉参与到自然大化之中，这是通过知识、工具利用自然和改造自然的过程，通过这一过程人类获得基本的生活条件。如同生物同自然之间有冲突一样，人类同自然界也有冲突，自然灾害就是自然加之于人类的危害之一。对于自然灾害，人类必须用知识和技术加以克服。张岱年批评静的天人合一，主张动的天人合一。动的天人合一，即改造自然使之符合人的理想，并进一步达到人与自然的和谐。

在张岱年那里，人对自然的改造，还包括人对自身人性的改造。因为在他看来，人类由其他动物进化而来，人性中既有好的性质，又有不好的性质。孟子主张性善，荀子主张性恶，看到的分别是人性的不同方面。人性的进化就是不断脱离禽兽性，增加道德性。[①]人应该充分发挥自己的良好之性，克服其不好的性质：

> 人性常在改进之中，亦常在创造之中，人不惟应改造物质自然，更应改造其自己的自然。人类不惟是自然的创造物，且应是自己的创造物。人所以异于禽兽，在于能自觉地创造自己的生活。

创造自己的生活，也就是创造理想的人生。这种理想人生，张岱年概括为"充生以达理"、"胜乖以达和"。"充生"是指扩充人的生存能力，扩充人改造自然的能力。因为人的生存是争取生存，知识、技术和工

[①] 张岱年对"人性"的看法非常理性，他不美化人性，也不丑化人性。对于人性的进化，他既不悲观又不乐观，他既是现实的，又是理想的。他说："人性由无而有，由微而彰，人类乃由非人之类演进而成。未有人类之时，亦无所谓人性。及人类既有，乃有所谓人性。方人类始有之时，人性与禽兽之性，相去几希。人类日进，而人性与禽兽之性相去渐远。愈进而愈远。至于今日，人类之道德智慧固极超拔，而其凶残巧诈更非禽兽之所及。嗟呼！善恶并进，乃人生之自然；崇善胜恶，乃人生之当然。"（《真与善的探索》，第213页）

具就是人类创造出来的扩充生存能力的方式;"胜乖"就是克服妨碍和有害于人类生存的各种因素,其中的规范和道德就是为此而建立起来的。"达理"、"达和"是人通过扩大生存的能力和克服各种不利于生存的东西,以达到生与生的和谐、理与生的统一的境界,这也是张岱年所说的"动的天人合一"的境界:

> 人生之历程,即人之竞存进德之历程。竞存则与妨害人之生存者斗争,进德则与妨害生活之合理者斗争。①

人类作为"社会性"的存在,它需要解决好人与人的关系以建立和谐的共同体;人类作为历史的自觉创造者,它需要进行各种创造和制度改革,以促进社会历史的发展。对于第一方面,张岱年除了强调道德的作用外,他提出的根本理念是"群己一体,与群合一":

> 理生合一的实际是与群为一,或群己一体。与群为一者与社会民族为一体,扩大其我,以群为我。乐人之乐如乐我之乐,苦人之苦如苦我之苦。群即是我,我即是群,为群忘我。②

张岱年对群体价值的高度推崇和信奉,同他不以"万物一体"为人生的最高境界和目的的看法是相对的。张岱年承认"万物一体"作为一种精神体验,对于人生自有其美妙之处,但在他看来,这种境界是短暂的和消极的,不足以作为人生的目的。对于第二方面,张岱年除了强调知识、科学和技术的创造外,提出的根本理念是消除不平等的压迫和剥削的制度。在这一方面,张岱年接受了社会主义的观念,

---

① 张岱年:《真与善的探索》,第213页。
② 同上书,第279页。

主张社会革命，消除压迫和奴役，建立平等的社会。

对于那些进步乐观者来说，人类的进步最终将达到一种最为理想的状态。然而张岱年没有这种思想。他承认人类有理想，人类社会和历史是追求理想的过程，但理想的境界，永远不可能达到。由此他又同其他社会主义者的信仰不同。在他看来，"至善"的说法是矛盾的：

> 所谓至善是矛盾的。善要求二事，一完满，二进步。此二者不能并存，故至极之善是不可达到的。完全之善包含静止，绝对的和谐将是寂静。然宇宙无静止，故绝对的善为不可能。①

张岱年的社会历史进步观是一个相对的概念，他没有黑格尔的"绝对理念"最终完成的观念，也没有最美好的社会将最终实现的幻想。

---

① 张岱年：《真与善的探索》，第354—355页。

结　语

在经历了近代早期进化主义初传中国的阶段之后，因19世纪90年代严复对赫胥黎的《天演论》的翻译及其对斯宾塞进化主义的介绍，"进化主义"在中国的历史进入到了一个新的阶段，并在此后一直保持着"强盛"不衰的势头。正如进化主义在西方就是一个巨大的历史"复合体"一样，它进入中国之后也经历着复杂的变化和变奏，并具有多样性的形态。要准确地概括中国进化主义的历史阶段及其特征，并不容易。伊藤秀一把进化主义在中国近代的经历划分为"接受时期"、"信奉时期"和"试图克服时期"。[①] 根据我们的考察，除了近代早期主要是传播生物进化主义和20世纪50年代之后政治意识形态以"庸俗"之名批判进化主义之外，从清末一直到20世纪中叶，可以说，进化主义一直都扮演着世界观和意识形态方面的重要角色，它赢得了广泛普遍的认同和信奉，同中国近代以来的社会政治革命、思想文化等息息相关，此外，作为自然科学意义上的生物进化也得到了广泛的传播和研究。本书所考察的中国进化主义，既是思想观念和世界观意义上的，又是整个社会革新意义上的。就此而论，它也是一个复杂的"复合体"，它容摄了西方不同形态的进化主义，但又不是简单地照录，它是西方许多进化观念际遇中国之后而形成的"次生形态"，是"中国式"

[①] 参见伊藤秀一：《进化论と中国の近代思想》，（一）、（二），载《历史评论》，123号、124号，1960（11）、1960（12）。有关清末进化论的演变及特征，另参见绪形康：《清末进化论の思想位相とその归趋》，载《中哲文学会报》，第9号，1984（6）。

的进化主义。

　　进化主义进入中国之后,"首先"是作为"科学"和"知识"而存在的;但在19世纪90年代以后,作为科学知识的"进化"学说,逐渐"主要"成为一种(影响至大的一种)普遍的宇宙观、世界观、意识形态和价值观意义上的进化主义。我不是说科学知识意义上进化学说消失了,实际上,我们看到,后来作为科学知识的进化学说,不管是对西方有代表性的进化主义著作的翻译,还是系统的研究,都有了长足的发展,我们在不同的章节中也涉及了这一方面。但我们"关心"的重点并不是科学知识意义上的中国进化学说,而是作为宇宙观、世界观和意识形态意义上的"中国进化主义",是西方进化主义经历"中国"之后的进化主义。因此,我们特别强调进化主义作为一种宇宙观、世界观和意识形态的意义,特别注重它与晚清以来中国社会政治和思想文化变革之间的"内在关联"。当中国进化主义者把作为"科学知识"意义上的进化学说用作论证社会政治和思想文化等变革的"合理性"("公理"、"公例")、正当性、合法性的时候,当把它作为"社会进化主义"、"社会达尔文主义"加以运用的时候,"科学知识"意义上的进化学说,就越不具有"科学知识"的意义。从大的方面说,在中国,当"进化主义"被作为形式化的科学知识(也有一些人,如陈兼善、马君武、朱洗等,主要是把它作为实质性的学说)时,它是"描述性"的;当它被作为宇宙观和价值观的时候,它是"规范性"的,严复、康有为、梁启超、孙中山、胡适等都是这样。

　　作为宇宙观和价值观的中国进化主义,它与中国近代民族主义和自由主义的兴起密切相关。在相当大的程度上,它帮助中国人从传统的"天下"和"大一统"、"华夷之辨"等自我中心主义观念中解放了出来,并开始逐步"谦虚"地把中国纳入到"各国"之间"平等"竞争的"国际秩序"中。但由于这一过程在现实中是一个被"强行"纳入到世界体系中的过程,它首先遇到的却是"国际秩序"中的"不平等",是西方列强对中国的殖民化。因此,进化主义帮助中国人建立的民族主义(对主权独立和内部统一的意识和自觉)主要表现为首先反抗"帝国主义"和"强权主义",把中国从不平等的被奴役甚至"亡国"、"亡种"、"亡教"的危机中拯救出来。作为社会达尔文主义的进化主义,一方面满足了中国人"认识"和"解释"中国何以处在这种"被动"的局面(像林毓生所说),另一方面也使中国人找到了迅速改变这种局面的动力和源泉。中国进化主义者,虽然都使用了带有剧毒性的"优胜劣败"、"弱肉强食"的社会达尔文主义,但他们并不真的相信中国会被淘汰。在他们的内心深处,它只是一种"自强"的警钟,是一种严厉的"警告"。对不同的人来说,中国进化主义与民族主义的结合和联系程度并不相同,甚至很不相同。不注重"民族主义"的严复,从进化主义中找到的主要是自由竞争和渐进改革;注重合群民族主义的梁启超,把进化主义推向了"强权主义",并采用了帝国主义的逻辑;"五四"新文化派从中找到的是反叛传统、是自我反省和自责。一些人在民族主义和世界主义之间左右游动,更增加了问题的复杂性。一般来说,民族主义与自由主义并没有"必然"的冲突,但它容易形成紧张。当严复把个人的自由和竞争这种进化主义作为富强或自强的基础来强调时,他对注重"国家"、"群体"的民族主义,自然就不会热心。与此不同,梁启超从进化主义中找到的是"合群"民族主义,自由主义在他那里就被大大淡化。

进化主义在成为中国社会政治和思想文化"变革"合理化尺度和武器的时候,问题一直就在两方面上展开,一是中国"必须"变革、"应该"变革,保守和复归没有出路。从一方面说,进化主义呼吁变革,推动变革,成了一切变革的助产士;从另一方面说,进化主义打击保守主义,消除一切阻碍变革的力量。二是中国如何变革,是采取"渐进"的方式还是采取"激进"的方式。因对变革方式的不同选择所形成的冲突,既尖锐而又持久。中国进化主义者都"自称"他们从进化主义那里找到了"合理"的改革方式，或者说他们都坚持认为，他们所要求的变革是受"进化主义"保护的。一方说，进化主义"公理"只支持"渐进"变法；但另一方则坚持说，进化主义"公理"是"革命"的孪生兄弟和亲密伙伴，要进化就必须革命。从这种意义上，当进化主义成为中国社会政治和思想文化变革的"后台"时，中国进化主义就分成"渐进的进化主义"和"激进的进化主义"。晚清的变法派、文化保守主义者属于前者，而革命派、反传统派则属于后者。从总的趋势来说，在中国，进化主义一开始是作为"渐进主义"而存在的，它催生了"改革"和"变迁"；但它很快就被"革命派"的"激进主义"所抛弃。事情的结果一发不可收，一旦离开了渐进主义，变革就急速地转向了激进主义，并被不断地强化，以渐进主义始而以激进主义终。这与中国进化主义者"根本上"不注重"自然进化"而强调"人为进化"相关。对他们来说，不受天命约束的人，"完全"能够控制进化、推动进化、驾驭进化。既然这样，"进化"不就完全可以由人来定了吗？是的。人不仅能够战胜"天"，而且能够战胜"一切"。"天道"最终屈服于"人道"，自然进化让位于人为进化，客观的力量不得不向"意志"缴械投降。中国进化主义者在"竞争"和"互助"之间不停地跳动，但他们都把竞争或互助看成一种价值和应该，并认为二者都可以通过人为来塑造。于是作为进化动力的竞争或互助，最终也由人来决定。既然进化由我们控制，进化就在我们掌心，那么"落后"，不仅不是障碍，反而成了进化的"加速器"；既然进化之路已经由西方开出，那么，我们不仅可以避免西方的挫折，而且可以缩短进化的路程并一日千里地进化。这样，"后进性的"中国，恰恰具有了"超过"西方进化的"特权"。然而，人虽然参与"历史进化"之中，但历史进化的逻辑并不就是人的意志随心所欲的产物。因此，中国进化主义越是具有明确的"目的意识"，越是要求进化，他们就越不能达到他们的目的，越不能实现他们要求的进化。

从进化主义到进步主义和乌托邦，是中国进化主义的又一大景观。对中国进化主义者来说，进化主义就是进步主义。他们乐观地相信，"进化"、"进步"是直线的、全面的、不可逆的过程。进化不仅体现在物质方面，它更体现在社会政治、思想观念、人生和道德价值方面，它是一种全面的增长。中国进化主义者乐观地相信，时间之箭飞速地指向正前方飞去，它把传统和历史抛在了九霄云外；"新的"、"今的"、"现代的"、"未来的"，"先天"就是优越的，他们像扔掉沉重的包袱那样，毫不犹豫地扔掉"旧的"、"古的"和"传统的"。他们都在讲述着"世界成长的故事"，都在演奏着动听的理想曲。进化不仅使历史进步合理和正当，它还使未来的历史成为"宿命"，因为人们相信，他们所设定的未来乌托邦目标，不仅"应该"，而且"必然"；进化主义使中国知识分子勇气倍增，危机和落后都是暂时的，未来注定是属于中国的；进化主义使中国知识分子快乐，痛苦和不安最终不过是加大他们快乐的"良药"。

无论如何，对19世纪之后的中国来说，"进化主义"是一副药力极强的"兴奋剂"，它令许多人着迷和疯狂，为中国人提供了对未来的强烈乐观信念。这种信念，西方在19世纪末之前曾经历过。但是，正当西方对"进步性进化"的乐观情绪黯淡下来的时候，恰恰就是中国对"进步性进化"充满信心的开始。历史时空的迅速转换，为理解进化主义的盛行增加了捉摸不定的复杂性。西方第一次世界大战的残酷事实，给中国知识分子的心灵遮上了一层阴影，激起了他们对进化主义的怀疑情调（特别像章太炎）。但中国知识分子就像"溺水者连稻草都抓"一样，对进化主义这一普遍的世界观，"根本上"并没有产生动摇。进化主义是晚清以后中国知识界和思想文化领域中最强有力的精神符号之一，它是比"科学"这一符号兴起得更早并持久不衰的一种"神话"。至少从形式上看，就它被用来服务于不同的需要来说，它在中国的命运与它在西方的遭遇差不多。它适合了众多人的口味和需要,自由主义者、无政府主义者、国家主义者、社会主义者、民族主义者等等,都在进化主义中找到了适合自己胃口的东西,找到了自己的护身符。正如巴克准确指出的那样:"这种应用确实非常普遍。达尔文主义业已为迥不相同的诸党派强行用于为政治服务。军国主义者也借助于生存竞争和选择适者的观念为战争征兵机构辩护。个人主义者则借助这些观念来为自由放任主义的国内政策辩护,这种政策不干预有选择地进行'和善斗争'的活动。剽窃达尔文有关自然世界的理论以应用于人类关系的精神世界而忘记加以变通,这实在是一件轻而易举之事。'既然自然让孩子们竞争,也让国家让它的公民们竞争吧;既然自然承认最强有力的物种是最优良的物种,也让人类世界承认最强有力的民族是最优秀的民族吧。'进行这样的争辩并非难事。"[1] 在经历了上面诸章的讨论之后,我们也许已经具体地看到了进化主义被不同运用的一幕幕历史剧。

---

[1] 欧内斯特·巴克:《英国政治思想——从赫伯特·斯宾塞到现代》,第100—101页。

中国进化思想文献

（一）著作

雷侠儿（Charles Lyell，今译赖尔）:《地学浅释》（八册），玛高温口译，华蘅芳笔述，江南制造局1871—1873年版。

赫胥黎（Thomas Henry Huxley）:《天演论》，严复译，沔阳卢氏慎始基斋1898年刻本。

文教治（G.Owen）:《地学指略》（上、中、下），李庆轩笔述，华美书馆1899年版。

达尔文（Charles Darwin）:《物种原始》，马君武译，中华书局1903年版。

颜一:《进化要论》，开明书店1903年版。

琴斯（J.H.Jeans）:《宇宙及其进化》，张贻惠译，出版信息不明。

陆新球:《进化遗传与优生》，出版信息不明。

鲁妥努（C.Letourneau）:《男女关系的进化》，卫惠林译，出版信息不明。

加藤弘之:《道德法律进化之理》，金寿康、杨殿玉译，广智书局1903年版。

李问渔:《哲学提纲（生理学）》（附:《天演论驳议》），土山湾印书馆1907年版。

李春生:《天演论书后》，美华书局1907年版。

李春生:《东西哲衡》，美华书局1908年版。

蒋智由:《中国人种考》，华东书局1910年版。

吴稚晖:《天演论图解》,文明书局1911年版。

汤穆森(J.A.Thomson):《宇宙进化论》,莫安仁口译,许家惺述文,广学会1911年版。

斯宾塞(Herbert Spencer):《群学肄言》,严复译,商务印书馆1915年版。

张纯一:《世界进化之先导》,广学会1915年版。

过耀根:《人类进化之研究》,商务印书馆1916年版。

陈长蘅:《进化之真象》,出版单位不详,1918年版。

柏格森(Henri Bergson):《创化论》(上下册),张东荪编纂,商务印书馆1919年版。

陈寿凡:《人种改良学》,商务印书馆1919年版。

丘浅治郎:《进化与人生》,刘文典译,共学社1920年版。

赫克尔(Ernst Haeckel):《赫克尔一元哲学》,马君武译,中华书局1920年版。

达尔文:《达尔文物种原始》,马君武译,中华书局1920年版。

克鲁泡特金(Пётр Алексеéевич Кропéткин):《互助论》,周佛海译,商务印书馆1921年版。

朱谦之:《革命哲学》,泰东图书局1921年版。

陈安仁编:《人类进化观》,泰东图书局1921年版。

葛拉普(A.W.Graban):《地球与其生物之进化》,王烈口译,赵国宾、杨钟健笔记,泰东图书局1921年版。

麦开伯:《进化:从星云到人类》,商务印书馆1922年版。

海克尔(Ernst Haeckel):《生命之不可思议》,刘文典译,商务印书馆1922年版。

陈长蘅、周建人:《进化论与善种学》,商务印书馆1923年版。

朱谦之:《周易哲学》,上海学术研究会1923年版。

费鸿年:《杜里舒及其学说》,中华学艺社1923年版。

王诲初:《进化浅说》,商务印书馆1924年版。

麦开柏（Joseph Mc Cabe）：《进化——从星云到人类》，太朴译，商务印书馆1924年版。

李石岑：《李石岑论文集》，商务印书馆1924年版。

李石岑：《李石岑讲演集》，商务印书馆1924年版。

沈润身：《系统进化哲学》，中华印刷局1924年版。

陈安仁：《天演评论》，南太平洋包埠互助合作社1924年版。

蔡和森：《社会进化史》，民智书局1924年版。

刘雄：《遗传学与优生》，商务印书馆1924年版。

宫廷璋：《人类与文化进步史》，商务印书馆1926年版。

陈兼善：《胎教》，商务印书馆1926年版。

朱谦之：《历史哲学》，泰东图书局1926年版。

王其澎：《遗传学概念》，商务印书馆1926年版。

张伯简：《社会进化简史》，国光书店1926年版。

Wicker Ely：《人类经济进化史略》，邵光谟译，泰东图书局1926年版。

汤姆逊（J.A.Thomson）：《进化福音》，伍况甫译，商务印书馆1828年版。

张慰宗：《进化论ABC》，世界书店1928年版。

G.A.Dorsey：《人类生命的进化》，钱伯涵译，北新书局1928年版。

蒋文鹤：《社会进化原理》，卿云图书公司1928年版。

柯脱（Coulter）：《进化概论》，张百良译，北新书局1929年版。

黄凌霜：《社会进化》，世界书局1929年版。

麦开柏（T.Mc Cabe）：《进化论概要》，王自然译述，大东书局1929年版。

游嘉德：《人类起源》，世界书局1929年版。

陈安仁：《人类进化观》，泰东图书局1929年版。

张东荪：《新哲学论丛》，商务印书馆1929年版。

萨可夫斯基：《社会进化之铁则》，高希圣等译，平凡书局1928—1930年版。

司考梯（William Berryman Scott）：《进化论证》，冯景兰译，神州国光社

1930年版。

周建人：《进化和退化》，光华书局1930年版。

斯科特（William Berryman Scott）：《进化论浅释》，张东民译，商务印书馆1930年版。

达尔文：《人类原始及类择》，马君武译，商务印书馆1930年版。

符树勋：《创化真理》，培英印务公司1930年版。

张资平：《人类进化论》，商务印书馆1930年版。

张作人：《人类天演史》，商务印书馆1930年版。

韩觉初：《世界进化指南》，海南书局1930年版。

加藤弘之：《自然界之矛盾与进化》，王璧如译，世界书局1931年版。

邓初民：《社会进化史纲》，神州国光社1931年版。

陈绶荪、何环源：《社会进化概论》，新世纪书局1931年版。

斯宾塞尔（Herbert Spencer）：《斯宾塞尔哲学爻言》，饶孟任翻译，京华印书局1931年版。

李石岑：《超人哲学浅说》，商务印书馆1931年版。

约翰·杰德（John W.Judd）：《进化论发见史》，严既澄译，商务印书馆1931年版。

林塞（A.W）：《进化论与物源论》（上卷），译者自刊，1931年版。

达尔文：《人类原始及类择》，马君武译，商务印书馆1932年版。

陈兼善：《进化论浅说》，中华书局1932年版。

靳斯：《宇宙及其进化》，张贻惠译，科学编译社1932年版。

李煜瀛：《我之互助观》，世界社1932年版。

吴泽霖：《现代种族》，新月书店1932年版。

林惠祥：《世界人种志》，商务印书馆1932年版。

邵乐安：《互助学在中国哲学上之研究》，北平世界社1932年版。

拉来桑（J.L.Lanessan）：《生存互助论》，吴克刚译，商务印书馆1932年版。

邵乐安：《老庄之互助学》，世界编译局1933年版。

斯各脱（W. B. Scott）:《进化论证》，张东民译，商务印书馆 1933 年版。

汤姆逊（J. A. Thomson）:《进化福音》，伍况甫译，商务印书馆 1933 年版。

小栗度太郎:《进化思想十二讲》，胡行之译，开明书店 1933 年版。

潘光旦:《优生学》，商务印书馆 1933 年版。

翟世英:《进化哲学》，世界书局 1934 年版。

陈立夫:《唯生论》，正中书局 1934 年版。

张资平:《赫克尔》，开明书店 1934 年版。

基德士（P. Geddes）、汤姆生（J. A. Thomson）:《进化论》，张微夫译，辛垦书店 1935 年版。

陈兼善:《进化论纲要》，商务印书馆 1935 年版。

陈兼善编:《进化论初步》，中华书局 1935 年版。

石川千代松:《人类之由来》，杨倬孙译，商务印书馆 1935 年版。

李达:《社会进化史》，北平大学法学院 1935 年排印本。

和佈豪（L. T. Hobhouse）:《社会进化与政治学说》，廖凯声译，商务印书馆 1935 年版。

德拉日、果尔德斯密斯:《进化学说》，危淑元译，辛垦书店 1935 年版。

小泉丹:《进化要因论》，任一碧译，商务印书馆 1936 年版。

纽曼（H. H. Newman）:《进化论之今昔》，刘正训译，商务印书馆 1936 年版。

石川千代松:《进化论》，罗宗洛译，商务印书馆 1936 年版。

丘浅次郎:《进化论讲话》，亚东图书馆 1937 年版。

哀利赛、邵可侣:《社会进化的历程》，郑绍文译，文化生活出版社 1937 年版。

摩尔根（Conway Lloyd Morgan）:《突创进化论》，商务印书馆 1938 年版。

班纳科克:《社会进化与生物进化》，钟复光译，言行出版社 1939 年版。

周硫英:《民生史观与社会进化》，新中国文化出版社 1940 年版。

伏枥:《竞存略论》，开明书店 1940 年版。

王化民:《生物的进化》,世界书局1941年版。

贾祖璋:《生物的进化》,桂林(广西)文化供应社1942年版。

潘光旦:《优生与抗战》,商务印书馆1943年版。

何定杰:《生物进化论——进化法则的探讨》,乐山文化印书馆1944年版。

袁月楼:《唯生进化论》,正中书局1944年版。

陈立天:《生之原理》,正中书局1944年版。

黄建中:《比较伦理学》,四川大学出版部1944年版。

陈兼善:《人类脑髓之进化》,正中书局1947年版。

邵可侣(Elisee Reclus):《进化与革命》,毕修勺译,平明书店1947年版。

于景让:《人种改良》,正中书局1947年版。

朱维基:《生物的进化》,永祥印书馆1848年版。

周建人:《生物进化浅说》,哈尔滨生活书店1948年版。

S. J. Ed. Bone:《人之出生及进化》,沈世安译,上智编译馆1948年版。

顾钟骅:《进化的故事》,开明书店1949年版。

陆新球:《进化遗传与优生》,中国科学图书仪器公司1949年版。

周建人:《论优生学与种族歧视》,三联书店1950年版。

方宗熙、王以诚:《达尔文主义浅说》,人民教育出版社1952年版。

朱洗:《生物的进化》,科学出版社1958年版。

舒炜光:《达尔文学说与哲学》,上海人民出版社1959年版。

赫胥黎:《进化论与伦理学》,翻译组译,科学出版社1971年版。

卢继传编:《进化论的过去与现在》,科学出版社1980年版。

达尔文:《人类的由来及性选择》,叶笃庄、杨习之译,科学出版社1982年版。

赵纪彬:《赵纪彬文集》,河南人民出版社1985年版。

万宗熙、江乃萼:《进化论》,高等教育出版社1986年版。

E. 拉兹洛(Ervin Laszlo):《进化——广义综合理论》,闵家胤译,社会科学文献出版社 1988 年版。

魏尔玛·乔治:《进化论的创始人——达尔文》,刘重德译,湖南出版社 1991 年版。

皮亚杰(Jean Piaget):《行为,进化的原动力》,李文灏译,商务印书馆 1992 年版。

陈容霞:《进化的阶梯》,中国社会科学出版社 1996 年版。

德日进(P.Teilhard de Chardin):《人的现象》,范一译,辽宁教育出版社 1997 年版。

斯蒂芬·杰·古尔德(Stephen Jay Gould):《自达尔文以来:自然史沉思录》,田洺译,三联书店 1997 年版。

李文阁、王金宝:《生命冲动——重读柏格森》,四川人民出版社 1998 年版。

詹腓力(Philip E.Johnson):《审判达尔文》,中央编译出版社 1999 年版。

德尼·布伊康(Denis Buican):《达尔文与达尔文主义》,史美珍译,商务印书馆 1999 年版。

皮特·J.鲍勒(Peter Bowler):《进化思想史》,江西教育出版社 1999 年版。

冯客:《近代中国之种族观念》,江苏人民出版社 1999 年版。

乔万尼·卡拉达(Giovanni Carrada):《人类的进化》,傅明明译,明天出版社 2002 年版。

吴新智:《人类进化足迹》,北京教育出版社、少年儿童出版社 2002 年版。

宋如峰:《进化的光芒:2 亿年~1 万年前》,台北艾阁萌全美公司 2002 年版。

龙建国等:《生命起源与进化》,湖南科学技术出版社 2002 年版。

爱德华·斯蒂尔(Edward J.Steele)、罗宾·林德利(Robin Lindley)、罗伯特·布兰登(Robert V.Blanden):《生物进化探秘》,任斌、杨晓峰等

译，新华出版社 2002 年版。

迈克尔·博尔特（Michael Boulter）:《灭绝：进化与人类的终结》，张文杰、邓可译，中信出版社 2003 年版。

彭一良等:《进化生物学概论》，哈尔滨地图出版社 2003 年版。

奥利维亚·贾德森（Olivia Judson）:《动物性趣：性的进化生物学》，杜然译，中国财政经济出版社 2003 年版。

恩斯特·迈尔（E.Mayr）:《很长的论点：达尔文与现代进化思想的产生》，田洺译，上海科学技术出版社 2003 年版。

高衡:《追寻我们的祖先，谈谈人类进化》，云南教育出版社 2003 年版。

大卫·洛耶（David Loye）:《达尔文：爱的理论》，单继刚译，社会科学文献出版社 2004 年版。

欧文·拉兹洛（Ervin Laszlo）:《人类的内在限度：对当今价值、文化和政治的异端的反思》，黄觉、闵家胤译，社会科学文献出版社 2004 年版。

哈伊姆·奥菲克（Haim Ofek）:《第二天性：人类进化的经济起源》，张敦敏译，中国社会科学出版社 2004 年版。

孙志海:《自组织的社会进化理论方法和模型》，中国社会科学出版社 2004 年版。

戴维·布尔尼（David Burnie）:《进化：生物如何适应与生存》，陈养正译，三联书店 2004 年版。

D.洛耶（David Loye）:《进化的挑战：人类动因对进化的冲击》，胡恩华等译，社会科学文献出版社 2004 年版。

菲尔·盖茨（Phil Gates）:《进化之谜》，刘岳译，北京少年儿童出版社 2004 年版。

葛刚、黄平槐:《"生态人"——一种协同进化的社会化行为模式》，江西科学技术出版社 2004 年版。

许波:《进化心理学：心理学发展的一种新取向》，中国社会科学出版社 2004 年版。

郝瑞、陈慧都:《生物的思维与进化》,香港教育出版社 2004 年版。

郭豫斌:《进化与灭绝之谜》,北京少年儿童出版社 2004 年版。

闵家胤:《社会进化系列》,社会科学文献出版社 2004 年版。

闵家胤:《宇宙进化系列》,社会科学文献出版社 2004 年版。

闵家胤:《文化进化系列》,社会科学文献出版社 2004 年版。

闵家胤:《广义进化研究译丛》,社会科学文献出版社 2004 年版。

闵家胤:《生命进化系列》,社会科学文献出版社 2004 年版。

陶同:《进化中的宇宙》,经济日报出版社 2004 年版。

刘泽:《生物进化:基于生命物质融合的演变过程》,中国农业科学技术出版社 2005 年版。

孙时元:《物质世界加速进化新理念:探究过去,预测未来》,青海人民出版社 2005 年版。

彭新武:《造物的谱系:进化的衍生、流变及其问题》,北京大学出版社 2005 年版。

徐桂荣:《生物与环境的协同进化》,中国地质大学出版社 2005 年版。

李难:《进化生物学基础》,高等教育出版社 2005 年版。

亚历山大·J.菲尔德(Alexander J. Field):《利他主义倾向:行为科学、进化理论与互惠的起源》,赵培、杨思磊、杨联明等译,长春出版社 2005 年版。

恩斯特·迈尔:《进化》,赵世人译,外语教学与研究出版社 2005 年版。

秦海:《达尔文:探索进化的秘密》,台北京中玉国际 2005 年版。

彼得·狄肯斯(Peter Dickens):《社会达尔文主义——将进化思想和社会理论联系起来》,涂骏译,吉林人民出版社 2005 年版。

万冬梅:《环境与生物进化》,化学工业出版社 2006 年版。

马尔科姆·波茨(Potts, Malcolm)、罗杰·肖特(Roger Short):《自亚当和夏娃以来:人类性行为的进化》,张敦福译,商务印书馆 2006

年版。

王铁招：《自组织进化图景：用自组织进化的观点看世界》，河北科学技术出版社 2006 年版。

舒远招：《西方进化伦理学：进化论运用于伦理学的尝试》，湖南师范大学出版社 2006 年版。

费比恩（A.C.Fabian）：《进化》，王鸣阳译，华夏出版社 2006 年版。

张雷：《进化心理学》，广东高等教育出版社 2007 年版。

王志艳：《生命的进化》，内蒙古人民出版社 2007 年版。

理喻：《生命与进化》，河北教育出版社 2007 年版。

约翰·C.埃克尔斯（John C. Eccles）：《脑的进化：自我意识的创生》，潘泓译，上海科技教育出版社 2007 年版。

斯蒂芬·R.帕卢比（Stephen R. Palumbi）：《进化爆炸：人类如何引发快速的进化演变》，温东辉译，中国环境科学出版社 2008 年版。

王崇云：《进化生态学》，高等教育出版社 2008 年版。

贾里德·戴蒙德：《性趣探秘：人类性的进化》，郭起浩、张明园译，上海科学技术出版社 2008 年版。

李难：《行为与进化：人类和动植物行为的奥秘》，复旦大学出版社 2009 年版。

波音：《追寻达尔文的脚步》，化学工业出版社 2009 年版。

恩斯特·迈尔（Ernst Mayr）：《进化是什么》，田洺译，上海科学技术出版社 2009 年版。

林恩·马古利斯（Lynn Margulis）：《生物共生的行星：进化的新景观》，易凡译，上海科学技术出版社 2009 年版。

史蒂芬·杰·古尔德（Stephen Jay Gould）：《生命的壮阔：从柏拉图到达尔文》，范昱峰译，江苏科学技术出版社 2009 年版。

刘平：《生物主动进化论》，山东大学出版社 2009 年版。

丁子：《宇宙的进化》，中国地质大学出版社 2009 年版。

(二)论文

严复:《原强》,《直报》1895-03-04, 1895-03-09。

康有为:《上海强学会序》,《强学报》第1号, 1895-11。

梁启超:《说群一 群理一》,《知新报》第18册, 1897-05-17。

章太炎:《视天论》,《清议报》第25册, 1899年。

章太炎:《菌说》,《清议报》第28—30册, 1899年。

康有为:《清帝第六书》,《知新报》第78册, 1899-01-22。

企德:《相争相进之理》,《万国公报》第123册, 1899-04。

梁启超:《论强权》,《清议报》第3册, 1899年。

章太炎:《原变》,《訄书》, 1900年。

梁启超:《就优胜劣败之理以证新民之结果而论及取法之所宜》,《新民丛报》第2号, 1902-02-22。

梁启超:《史学之界说》,《新民丛报》第3号, 1902-03-10。

梁启超:《天演学初祖达尔文之学说及其略传》,《新民丛报》第3号, 1902-03-10。

梁启超:《论进步》,《新民丛报》第10、11号, 1902-06-20, 1902-07-05。

雨尘子:《论世界经济竞争之大势》,《新民丛报》第11、14期, 1902-07-05, 1902-08-18。

梁启超:《论合群》,《新民丛报》第16号, 1902-09-16。

梁启超:《进化论革命者颉德之学说》,《新民丛报》第18号, 1902-10-16。

梁启超:《释革》,《新民丛报》第22期, 1902-12-14。

马君武:《社会主义与进化论之比较》,《译书汇编》第11期, 1903-02-15。

李书城:《学生之竞争》,《湖北学生界》第2期, 1903-02。

竞盦：《政体之进化》，《江苏》第1、3期，1903-04，1903-06。

佚名（作者不详）：《论外交之进化》，《外交报》第58期，1903-10-05。

佚名（作者不详）：《革天》，《国民日报汇编》第1集，1903年。

君平：《天演大同辨》，《觉民》第9、10期合本，1904年。

依可：《论中国之优胜》，《东方杂志》第2卷第1号，1905-02-28。

杜亚泉：《物质进化论》，《东方杂志》第2卷第4号，1905-05-28。

见之：《论中国之进化》，《东方杂志》第2卷第10号，1905-11-21。

宜果：《论中国之进步》，《东方杂志》第3卷第1号，1906-02-18。

章太炎：《俱分进化论》，《民报》第7号，1906-09-05。

真：《进化与革命》，《新世纪》第20期，1907-11-02。

比：《好古》，《新世纪》第24期，1907-11-30。

刘师培：《克鲁巴特金学术述略》，《天义报》第11至14册，1907-11-30，1907-12-30。

鲁迅：《人之历史》，《河南》第1号，1907-12。

李石曾：《无政府说》，《新世纪》第31、36、38、40、41、43、46、47、60期，1908-01-25，1908-08-15。

鲁迅：《摩罗诗力说》，《河南》第2、3号，1908-02，1908-03。

鲁迅：《科学史教篇》，《河南》第5号，1908-06。

章太炎：《四惑论》，《民报》第22号，1908-07-10。

鲁迅：《文化偏至论》，《河南》第7号，1908-08。

白水：《世界和平说》，《民声》第2期，1910-06。

侯声：《博爱主义》，《南报》第3期，1910-11。

严复：《天演进化论》，《平报》，1913-04-12，1913-05-02。

杜亚泉：《精神救国论》，《东方杂志》第10卷第1至3号，1913-07-01，1913-08-01，1913-09-01。

钱智修：《现今两大哲学家学说概略》，《东方杂志》第1号，

1913–07–01。

华林:《人群进化观》,《东方杂志》第 1 号,1913–07–01。

章锡琛:《白祸史》,《东方杂志》第 10 卷第 3 号,1913–09。

汪叔潜:《新旧问题》,《新青年》第 1 卷第 1 号,1915–09–15。

陈独秀:《东西民族根本思想之差异》,《新青年》第 1 卷第 4 号, 1915–12–15。

陈独秀:《吾人最后之觉悟》,《新青年》第 1 卷第 6 号,1916–02–15。

李大钊:《青春》,《新青年》第 2 卷第 1 号,1916–09–01。

胡适:《先秦诸子进化论》,《科学》第 3 卷第 1 期,1917–01。

李大钊:《自然的伦理观与孔子》,《甲寅》,1917–02–04。

高侧石:《生存竞争与道德》,《新青年》第 3 卷第 3 号,1917–05–01。

樊炳清:《进化与进步》,《东方杂志》第 15 卷第 3 号,1918–03–15。

李大钊:《"今"》,《新青年》第 4 卷 4 号,1918–04–15。

李大钊:《新的！旧的！》,《新青年》第 4 卷第 5 号,1918–05–15。

李大钊:《东西文明根本之异点》,《言治》第 3 册,1918–07–01。

蔡元培:《欧战与哲学——在北大"国际研究"演讲会上的演说词》, 《北京大学日刊》第 232 号,1918–10–21。

陈长蘅:《进化之真象》,《东方杂志》第 16 卷第 1、2 号,1919–01–15, 1919–02–15。

黄凌霜:《本志宣言》,《进化》第 1 期,1919–01–20。

李大钊:《新旧思想之激战》,《每周评论》第 12 号,1919–03–09。

李大钊:《我的马克思主义观》,《新青年》第 6 卷第 5、6 号,1919–05, 1919–11。

周建人:《人种起源说》,《东方杂志》第 16 卷第 11 号,1919–06。

朱执信:《睡的人醒了》,《民国日报》副刊《觉悟》,1919–06–28, 1919–07–03。

李大钊:《阶级竞争与互助》,《每周评论》第 29 号,1919–07–06。

朱执信:《不可分的公理》,《星期评论》第 16 号,1919–09–21。

陈独秀:《抵抗力》,《新青年》第 7 卷第 1 号,1919–11–15。

伧父:《何谓新思想》,《东方杂志》第 16 卷第 11 号,1919–11–15。

陈嘉异:《我之新旧思想调和观》,《东方杂志》第 16 卷第 11 号,1919–11–15。

陈独秀:《调和论与旧道德》,《新青年》第 7 卷第 1 号,1919–12–01。

李大钊:《物质变动与道德变动》,《新潮》第 2 卷第 2 号,1919–12–01。

景藏:《我之新思想观》,《东方杂志》第 16 卷第 12 号,1919–12–15。

曹任远:《达尔文与近代社会思想》,《新群》第 1 卷第 1 号,1920–01。

陆观村:《人类进步之止境》,《东方杂志》第 17 卷第 3 号,1920–02–10。

何粹:《公理与势力》,《东方杂志》第 17 卷第 4 号,1920–02–25。

朱谦之:《革命底目的与手段》,《奋斗》第 4 号,1920–03–20。

李石岑:《尼采思想之批判》,《民铎》第 2 卷第 1 号,1920–08–15。

S.T.W:《尼采学说之真价》,《民铎》第 2 卷第 1 号,1920–08–15。

朱侣人:《超人和伟人》,《民铎》第 2 卷第 1 号,1920–08–15。

周建人:《生存竞争与互助》,《新青年》第 8 卷第 2 号,1920–10–01。

李璜:《法兰西一个学者的进化观》,《东方杂志》第 17 卷第 22 号,1920–11–25。

蔡元培:《美术的进化》,《东方杂志》第 17 卷第 22 号,1920–11–25。

周建人:《达尔文主义》,《新青年》第 8 卷第 5 号,1921–01–01。

周建人:《善种学的理论与实施》,《东方杂志》第 18 卷第 2 号,1921–01–25。

愈之:《克鲁泡特金的道德》,《东方杂志》第 18 卷第 4 号,1921–02–25。

马鹿:《人类退代说——奥国生物学家教授的厄言》,《东方杂志》第 18

卷第 16 号，1921-08-25。

三无：《文明进步之原动力及物质文明与精神文明之关系》，《东方杂志》第 18 卷第 17 号，1921-09-10。

丁文江：《哲嗣学与谱碟》，《改造》第 3 卷第 5 号，1921 年。

陈兼善：《进化观念在近代哲学上之影响》，《民铎》第 2 卷第 3、5 号，1921 年。

翟世英：《柏格森与现代哲学趋势》，《民铎》第 3 卷第 1 号，1921-12-01 年。

袁舜达：《人类社会反淘汰之现象及其救济法》，《东方杂志》第 18 卷第 24 号，1921-12。

费鸿年：《非达尔文主义》，《学艺杂志》第 4 卷第 3 号，1921 年。

陈兼善：《进化之方法》，《民铎》第 3 卷第 4 号，1922-04-01。

朱光潜：《进化论证》，《民铎》第 3 卷第 4 号，1922-04-01。

张作人：《突然变异论》，《民铎》第 3 卷第 4 号，1922-04-01。

周建人：《死的进化》，《民铎》第 3 卷第 4 号，1922-04-01。

常乃德：《读鲍尔文〈发展与进化〉》，《民铎》第 3 卷第 4 号，1922-04-01。

翟世英：《社会进化论》，《民铎》第 3 卷第 4 号，1922-04-01。

严既澄：《进化论与历史》，《民铎》第 3 卷第 4 号，1922-04-01。

胡嘉：《赫克尔对于进化论贡献》，《民铎》第 3 卷第 4 号，1922-04-01。

胡嘉：《赫克尔主义与中国》，《学灯》，1922-08。

陈兼善：《达尔文以后之进化论》，《民铎》第 3 卷第 5 号，1922-12-01。

天警：《达尔文以前之进化论》，《民铎》第 3 卷第 5 号，1922-12-01。

常道直：《达尔文主义与社会学》，《民铎》第 3 卷第 5 号，1922-12-01。

杨人杞:《达尔文学说与唯物论的关系》,《民铎》第 3 卷第 5 号,1922-12-01。

聂稍庚:《以佛法论进化》,《民铎》第 3 卷第 5 号,1922-12-01。

陈兼善:《达尔文年谱》,《民铎》第 3 卷 5 号,1922-12-01。

佚名(作者不详):《关于进化论之名著介绍》,《民铎》第 3 卷第 5 号,1922-12-01。

陈兼善:《进化论发达史》,《民铎》第 3 卷第 5 号,1922-12-01。

费觉天:《达尔文主义与社会主义(译文)》,《评论文评论》第 2 卷第 2 号,1922 年。

胡适:《五十年来之世界哲学》,《最近之五十年》(《申报》馆),1923-02。

蔡元培:《五十年来中国之哲学》,《最近之五十年》(《申报》馆),1923-02。

李大钊:《今与古》,《社会科学季刊》第 1 卷第 2 号,1923-02。

李大钊:《演化与进步》,《学灯》,1923-04-17。

胡适:《科学与人生观》,《亚东图书馆》,1923-11。

李大钊:《人种问题》,《新民国杂志》第 1 卷第 6 期,1924-05-13。

陶孟和:《种族问题》,《现代评论》第 3 卷第 63 号,1926-02。

张铭鼎:《进化论与近代哲学》,《民铎》第 8 卷第 5 号,1926 年。

张东荪:《新创化论》,《东方杂志》第 25 卷第 1 号,1928-01-10。

张星烺:《中国人种印度日尔曼分子》,《辅仁杂志》第 1 期,1928 年。

张栗原:《生物发展法则与人类社会发展法则》,《新中华》第 2 卷第 23 期,1934 年。

陈铨:《从叔本华到尼采》,《清华学报》第 11 卷第 2 期,1936-04。

齐思和:《种族与民族》,《禹贡》第 7 卷第 1 至 3 号,1937-04。

林同济:《优生与民族——一个社会科学家的观察》,《今日评论》第 1 卷第 23 期,1939-06-24。

林同济:《力!》,《战国策》第 3 期,1940-05-01。

陈铨:《尼采的道德观念》,《战国策》第 12 期,1940-09-15。

陶云达:《力人——一个人格型的讨论》,《战国策》第 13 期,1940-10-01。

林同济:《演化与进化》,《大公报》,1942-04-29。

研究参考文献

（一）著作

李泽厚:《中国近代思想史论》,人民出版社1979年版。

罗伯·尼斯贝:《西方社会思想史》,台北桂冠图书公司1979年版。

朱洗:《生物的进化》,科学出版社1980年版。

铃木修次:《日本汉语と中国》,东京中央公论社1981年版。

李国祈等:《近代中国思想人物论——民族主义》,台湾时报出版公司1982年版。

小野川秀美:《晚清政治思想史论》,台湾时报出版公司1982年版。

李国祈等:《近代中国思想人物论——民族主义》,时报文化出版事业有限公司1982年版。

James Reeve Pusey, *China and Charles Darwin*, Cambridge, Mass.: Harvard University Press, 1983.

近代日本思想史研究会:《近代日本思想史》,第一卷,商务印书馆1983年版。

《进化论选集》编辑委员会编:《进化论选集——纪念达尔文逝世一百周年学术讨论会论文选编》,科学出版社1983年版。

丁文江、赵丰田编:《梁启超年谱长编》,上海人民出版社1983年版。

八杉龙一:《进化论の历史》,东京岩波书店1985年版。

卢继传:《现代综合进化论》,光明日报出版社1987年版。

李亦园总审订:《观念史大辞典》,台北幼狮文化事业股份公司1987年版。

欧内斯特·巴克:《英国政治思想:从赫伯特·斯宾塞到现代》,商务印书馆1988年版。

林毓生:《中国意识的危机——"五四"时期激烈的反传统主义》,贵州人民出版社1988年版。

近藤邦康:《救亡与传统——五四思想形成之内在逻辑》,山西人民出版社1988年版。

莫里斯·迈斯纳:《李大钊与中国马克思主义的起源》,中共党史出版社1989年版。

王跃等编:《五四:文化的阐释与评价——西方学者论五四》,山西人民出版社1989年版。

柳父章:《翻译语成立事情》,岩波书店1989年版。

伯恩斯:《当代世界政治理论》,商务印书馆1990年版。

李难:《进化论教程》,高等教育出版社1990年版。

曾乐山:《中西哲学的融合——中国近代进化论的传播》,安徽人民出版社1991年版。

费正清主编:《剑桥中国晚清史》,中国社会科学出版社1993年版。

金观涛、刘青峰:《开放中的变迁——再论中国社会的超稳定结构》,香港中文大学出版社1993年版。

柯文:《在传统与现代之间——王韬与晚清改革》,江苏人民出版社1994年版。

熊月之:《西学东渐与晚清社会》,上海人民出版社1994年版。

史华慈:《寻求富强:严复与西方》,江苏人民出版社1995年版。

张灏:《梁启超与中国思想的过渡(1890—1907)》,江苏人民出版社1995年版。

丹皮尔:《科学史及其与哲学和宗教的关系》,商务印书馆1995年版。

高瑞泉主编:《中国近代社会思潮》,华东师范大学出版社 1996 年版。

陈蓉霞:《进化的阶梯》,中国社会科学出版社 1996 年版。

萧公权:《近代中国与新世界:康有为变法与大同思想研究》,江苏人民出版社 1997 年版。

冯契:《中国近代哲学的革命进程》,华东师范大学出版社 1997 年版。

钱穆:《中国近三百年学术史》,商务印书馆 1997 年版。

丸山真男:《日本近代思想家福泽谕吉》,世界知识出版社 1997 年版。

陈万雄:《五四新文化的源流》,三联书店 1997 年版。

汪晖:《汪晖自选集》,广西师范大学出版社 1997 年版。

古尔德:《自达尔文以来:自然史沉思录》,三联书店 1997 年版。

高力克:《调适的智慧——杜亚泉思想研究》,浙江人民出版社 1998 年版。

达尔文编:《达尔文生平》,辽宁教育出版社 1998 年版。

高瑞泉:《中国现代精神传统》,东方出版中心 1999 年版。

鲍勒:《进化思想史》,田洺译,江西教育出版社 1999 年版。

冯客:《近代中国之种族观念》,江苏人民出版社 1999 年版。

金观涛、刘青峰:《中国现代思想的起源——超稳定结构与中国政治文化的演变》(第一卷),香港中文出版社 2000 年版。

郝翔:《进化论与中国近代社会观念的变革》,武汉水利电力大学出版社 2000 年版。

吴丕:《进化论与中国激进主义(1859—1924)》,北京大学出版社 2005 年版。

舒远招:《西方进化伦理学:进化论运用于伦理学的尝试》,湖南师范大学出版社 2006 年版。

王天根:《〈天演论〉传播与清末民初的社会动员》,合肥工业大学出版社 2006 年版。

沈永宝、蔡兴水编:《进化论的影响力:达尔文在中国》,江西高校出版社 2009 年版。

浦嘉珉:《中国与达尔文》,钟永强译,江苏人民出版社 2009 年版。

科因:《为什么要相信达尔文》,叶盛译,科学出版社 2009 年版。

(二)论文

伊藤秀一:《进化论と中国の近代思想》(一)、(二),《历史评论》123 号、124 号,1960 年第 11 期,1960 年第 12 期。

伊藤秀一:《清末における进化论受容の诸前提——中国近代思想史における进化论の意味》,神户大学文学会编《研究》,史学篇 22, 1960 年第 3 期。

邓桦:《严复的庸俗进化论和不可知论》,《光明日报》,1964-03-13。

高田淳:《严复の天演论の思想——普遍主义への试み》,《东京女子大学附属比较文化研究所纪要》第二十卷,1965 年。

北冈正子:《鲁迅の"进化论"》,《图书》1975 年第 311 期。

高田淳:《严复と西欧思想——〈天演论〉の场合》,《图书》1975 年第 311 期。

史全生:《论严复的进化论历史观》,《南京大学学报》1975 年第 2 期。

苏沛:《清末维新派如何利用庸俗进化论》,《社会科学战线》1980 年第 2 期。

杨宪邦:《孙中山的进化论的唯物主义世界观》,《中国哲学史论文集》,山东人民出版社 1980 年版。

吴德铎:《达尔文学说何时传来我国》,《羊城晚报》,1981-09-04。

叶晓表:《早于〈天演论〉的进化观念》,《湘潭大学学报》1982 年第 1 期。

陈学超:《试论"五四"前后鲁迅的和平进化观念》,《西北大学学报》1982 年第 1 期。

陈庆坤:《西学东来的桥梁与进化的哲学》,《中国哲学史研究》1982 年第 2 期。

吕明灼:《李大钊思想从进化论到阶级论的发展》,《哲学研究》1982 年第 3 期。

吕延博:《康有为"三世"说的历史观》,《学术研究丛刊》1983 年第 1 期。

汪子春等:《达尔文学说在中国初期的传播与影响》,《中国哲学》,第九辑,三联书店 1983 年版。

杨宪邦:《论严复的天演论哲学》,《社会科学辑刊》1984 年第 1 期。

马树林:《廖仲恺的进化历史观》,《社会科学战线》1984 年第 1 期。

绪形康:《清末进化论の思想の位相とその归趋》,《中哲文学会报》1984 年第 9 期。

谷野:《从"古今中西"之争看严复的进化论》,《中国哲学》,第 11 辑,三联书店 1984 年版。

张连良:《李大钊早期的进化历史观》,《中国近代哲学史论文集》,天津人民出版社 1984 年版。

曾乐山:《再论中国近代哲学史上的进化论》,《中国近代哲学史论文集》,天津人民出版社 1984 年版。

邝柏林:《中国近代进化思想发展初探》,《中国近代哲学史论文集》,天津人民出版社 1984 年版。

肖万源:《进化唯物主义思潮的兴起》,《中国近代哲学史论文集》,天津人民出版社 1984 年版。

罗耀九:《严复介绍的进化论思想》,《学术月刊》1985 年第 4 期。

曹靖田:《梁启超进化史观的演变》,《东北师大学报》1985 年第 4 期。

吴德:《严复在〈天演论〉中宣扬了些什么》,《中国哲学史研究》1985 年第 3 期。

张朋园:《社会达尔文主义与现代化》,《中国近代现代史论集》,第十八编《近代思潮》(下),台湾商务印书馆 1986 年版。

郭正昭:《社会达尔文主义与晚清学会运动(1895—1911)》,《中国近代现代史论集》，第十八编《近代思潮》(下)，台湾商务印书馆 1986 年版。

卢继传:《进化论在中国的传播与影响》,《现代综合进化论》，光明日报出版社 1987 年版。

马自毅:《进化论在中国的早期传播与影响》,《中国文化研究集刊》1987 年第 5 期。

赫翔:《论中国近代资产阶级哲学对进化论学说的改造》,《中国哲学史研究》1988 年第 1 期。

黎红雷:《理解与创造——从解释理论看进化论对严复、章太炎的影响》,《福建论坛》1989 年第 4 期。

胡晓:《胡适实验主义进化论初探》,《徽州师专学报》1989 年第 1 期。

袁伟时等:《"进化唯物主义"献疑》,《中国近现代哲学史论集》，中国人民大学出版社 1989 年版。

李军:《进化论在近代中国传播和发展的原因》,《中国近现代哲学史论集》，中国人民大学出版社 1989 年版。

肖万源:《论朱执信进化史观中的唯物主义思想闪光》,《中国近现代哲学史论集》，中国人民大学出版社 1989 年版。

佐藤慎一:《〈天演论〉以前の進化論——清末知識人の歴史意識をめぐって》,《思想》1990 年第 792 期。

王东生:《关于达尔文进化论的哲学思考》,《江苏社会科学》1991 年第 3 期。

王杰秀:《康有为进化论思想的二重性》,《江西师大学报》1991 年第 2 期。

黄长义:《进化论与近代中国思想文化的变革》,《江汉论坛》1991 年第 5 期。

陈卫平:《论中国近代资产阶级革命派进化论的特征》,《哲学研究》1991 年第 7 期。

高柳信夫:《〈天演论〉再考》,《中国哲学研究》1991 年第 1 期。

李坚:《论中国近代进化史观向唯物史观的演变》,《北方论丛》1994 年第 2 期。

坂元弘子:《中国民族主义の神话——进化论、人种观、博览会事件》,《思想》1995 年第 3 期。

陈卫平:《中国近代进化论思潮形成的内在逻辑》,《文史哲》1996 年第 3 期。

杨贞德:《进化与自由——胡适自由主义中的历史观及其意涵》,《中国文哲研究集刊》1999 年第 14 期。

张明国:《进化论在近代中国社会的传播过程、特点及其原因》,《科学技术与辩证法》1996 年第 3 期。

陈可畏:《康有为"七上书"的进化论思想》,《浙江师范大学学报》1996 年第 5 期。

陈卫平:《器道升替:中国近代进化论的历程》,《学术界》1997 年第 1 期。

乔潮:《严复的进化论历史观》,《西安教育学院学报》1998 年第 4 期。

殷明:《略论进化论思潮在近代中国的历史作用》,《四川教育学院学报》1998 年第 3 期。

李军:《进化论对近代中国的影响》,《发展论坛》1998 年第 6 期。

张步仁:《进化论对中国近代人学思想的影响》,《河南师范大学学报》1999 年第 1 期。

彭平一:《"道德进步论"与"俱分进化论"——梁启超和章太炎伦理思想比较之二》,《安徽大学学报》1999 年第 2 期。

张航:《理解与启蒙——19 世纪末 20 世纪初进化论在中国的传播》,《安庆师范学院学报》2000 年第 2 期。

杨惠敏:《简论中国近代进化论思想的发展过程》,《乐山师范学院学报》2001 年第 6 期。

王向清:《激进的庸俗进化论及其流变》,《湘潭大学社会科学学报》
　　2002年第1期。
苗春凤:《严复的进化论思想与救亡图存》,《大理学院学报》2002年第
　　1期。
叶凯:《论辛亥革命时期资产阶级革命派的进化论》,《湖州师范学院学
　　报》(增刊)2002年第1期。
刘黎红:《五四时期进化论的变迁与文化保守主义》,《天津社会科学》
　　2002年第4期。
陈天林:《严复进化论与老庄天道自然观》,《江西社会科学》2002年第
　　5期。
王向清等:《章太炎的俱分进化论刍议》,《湖湘论坛》2002年第6期。
陈国庆等:《严复对进化论的选择与创新》,《西北大学学报》2003年第
　　1期。
赵璐等:《论近代中国进化论的思想渊源》,《长安大学学报》2003年第
　　1期。
沈素珍等:《论青年陈独秀对进化论的演绎与推进》,《党史纵览》2003
　　年第4期。
王永茂等:《人性价值观念的演进——从严复的三民说到鲁迅的进化
　　论》,《重庆邮电学院学报》2003年第4期。
侯银厚等:《进化论思潮及其在近代社会的影响》,《历史教学》2003年
　　第10期。
李伏清:《试探孙中山的历史进化论》,《内蒙古农业大学学报》2004年
　　第1期。
袁进:《试论中国近代对西方进化论思想的接受》,《中国比较文学》
　　2004年2期。
李怡:《近代中国从竞争到互助进化论的文化转向与文化回归现象》,
　　《华中师范大学学报》2004年第2期。

王民:《严复"天演"进化论对近代西学的选择与汇释》,《东南学术》2004年第3期。

俞政:《严复的社会进化论》,《人民论坛》2004年第3期。

王贻社:《中国近代进化论哲学的发展演变》,《山东大学学报》2004年第3期。

周宇等:《孙中山人性——道德进化论》,《湖南师范大学社会科学学报》2004年第3期。

彭新武:《进化论在社会科学中的应用及其问题》,《中国人民大学学报》2004年第3期。

郭华:《略论进化论思想在中国近代的发展》,《内蒙古农业大学学报》2004年第4期。

赵璐:《论近代中国进化论"多源多流"的特点》,《西北大学学报》2004年第5期。

税海模:《郭沫若与进化论哲学》,《郭沫若学刊》2005年第1期。

王晓明:《西方进化论与近代中国社会》,《教学与研究》2005年第10期。

李萍:《进化论伦理学何以可能》,《湖南科技大学学报》2006年第1期。

陈敏荣:《梁启超进化论伦理观中的自由意蕴——以〈新民说〉为中心》,《华中科技大学学报》2006年第1期。

邹顺康:《严复进化论伦理思想评述》,《西南师范大学学报》2006年第2期。

郭刚:《论梁启超汲取日译西学的启蒙思想——以进化论和民权说为例》,《理论月刊》2006年第3期。

张洪波:《进化论与陈独秀早期思想》,《当代世界与社会主义》2006年第4期。

刘晓春:《殖民主义时代的时间观——以进化论、民族志、结构主义为对象》,《哲学研究》2006 年第 5 期。

邹顺康:《严复进化论伦理思想评述》,《西南师范大学学报(人文社科版)》2006 年第 5 期。

苏中立:《天演、进化、进步的内涵及其关系研究述评》,《安徽史学》2006 年第 4 期。

张法:《中国现代性以来思想史上的五大观念》,《学术月刊》2008 年第 6 期。

名词索引

B

霸道（rule by force） 175

柏格森主义（Bergsonism） 255, 268, 269

保守主义（conservatism） 108, 117, 179, 197, 255, 268, 273—275, 277, 292, 293, 297, 438, 439

悲观主义（pessimism） 150, 230, 268, 274, 330

本能（instinct） 12, 22, 64, 65, 92, 199, 227, 228, 266, 285, 292, 317—323, 326, 327, 330, 334, 340, 341, 344—348, 357, 358, 366, 367, 390, 391

本质（essence） 7, 14, 126, 266, 292, 328, 366, 375, 378, 381, 400, 401, 408, 409, 418, 419, 421

必然性（necessity） 13, 51, 77, 79, 105, 138, 181, 194, 195, 197, 284, 292, 328

变法（political reform） iv, 48, 51, 53, 60, 106, 108, 109, 111, 115—123, 128, 129, 142, 151, 163, 179—181, 184, 190, 191, 193, 196, 200—203, 216, 231, 233, 234, 237, 251—254, 277, 278, 281, 288, 294, 297, 307, 308, 439

变异（variation） 2, 3, 7, 15, 17, 19—21, 25, 27, 28, 45, 203, 238, 294, 300, 336, 382, 385, 405, 406, 408, 428

博爱（fraternity） 135, 136, 192, 201, 217, 224, 225, 237

博物学（natural science） 14, 15, 17—20, 23

不干涉主义（noninterventionism） 30, 57, 79

C

才能（ability） 5, 23, 29, 50, 80, 118, 124, 132, 140, 152, 159, 161, 164, 170, 174, 181, 182, 193, 194, 196, 201, 215, 217, 218, 235, 286, 291, 295, 305, 348, 400, 425

超人（superman） 30, 249, 268—272

传统（tradition） iv, 34, 36, 45, 46, 50,

67, 71, 73, 75—77, 79, 81, 82, 85, 91, 97, 103, 108, 109, 116, 118, 119—121, 123, 125—127, 131, 142, 144, 146, 149, 152, 156—158, 161, 175, 178, 179, 182, 196—199, 201, 210, 211, 215, 226, 228—231, 237, 239, 244, 251—255, 263, 270, 271, 276—285, 287—293, 297, 298, 308, 349, 369, 409, 410, 419, 420, 437—440

创世说（doctrine of creation）7, 35, 38, 42, 280, 281

创造性进化（creative evolution）344, 385

造反（rebellion）197

D

达尔文主义（Darwinism）iii, 17, 25, 27, 29, 30, 36, 37, 47, 48, 53, 56, 57, 62, 64, 67, 70, 72, 79, 81, 82, 87, 113, 116, 124, 125, 132—134, 136, 142, 149, 161—163, 166, 168, 170, 174—177, 191, 200, 212, 215, 216, 219, 220, 222, 225, 232, 238, 240, 241, 247, 252, 254, 255, 258, 260—262, 266—268, 271, 272, 275, 277—279, 288, 291, 300, 302—306, 402, 403, 418, 430, 432, 437, 438, 441

大宇宙（macrocosm）83

单子（monads）8, 10, 421

道（Tao）35, 36, 44, 46, 47, 52, 66, 73, 78—87, 89—91, 109—111, 118, 119, 132—136, 142, 147, 166, 186, 187, 210, 240, 264, 267, 338, 351, 361, 365, 370, 396—402, 414, 439

道德（moral）11—13, 22, 50, 61, 62, 73, 82—86, 99, 101, 123, 143, 153, 156—158, 165, 169, 170, 173—175, 177, 178, 181, 182, 184, 189, 214, 215, 221—223, 225, 227, 228, 230, 232, 241—244, 250, 259, 266, 271, 272, 274, 275, 278, 279, 282—288, 291, 292, 304—307, 326, 328, 329, 349, 357, 358, 367—369, 371, 372, 388—395, 433, 434, 440

道义（morality and justice）90, 241

地理（geography）46, 80, 84, 246, 282, 347, 375

地球（earth）4, 5, 9, 13—15, 21, 26, 38—44, 50, 85, 92, 99, 121, 128, 129, 137, 142, 164, 217, 221, 240, 280, 303, 328, 329, 399, 401, 414

地质学（topology）14, 18, 19, 22, 35, 38, 41, 46, 180, 203

帝国主义（imperialism）30, 33, 113, 125, 149, 160, 164, 166, 174, 176, 200, 223, 241, 252, 257, 293, 438

E

恶（evil）12, 86, 89, 100, 101, 123, 133—135, 139, 156, 158, 166, 168, 173, 180, 204, 210, 228, 232, 240, 242—245, 263, 270, 282, 291, 306, 327, 353, 431, 433

F

法（law） 53, 80—82, 87, 110, 112, 113, 148, 155, 166, 183, 204, 218, 220, 235, 273, 275, 316

法治（nomocracy） 170

非理性主义（irrationalism） 268

分工（division of labour） 92, 93, 318, 319, 325

佛教（Buddhism） 135, 172, 248, 249, 329, 330, 334, 349, 350—352, 354, 378

富强（prosperous and strong） 1, 37, 49, 50, 67, 68, 70, 72, 77, 80, 82, 85, 90, 108, 109, 112, 113, 117, 122, 123, 163, 181, 215, 233, 257, 274, 438

G

改良（reform） 112, 115, 118, 120, 136, 139, 140, 185, 202, 258, 267, 276, 297, 298, 300

改良主义（reformism） 115, 118, 267

革命（revolution） iii, iv, 21, 22, 25, 63, 67, 98, 106, 107, 111—115, 117, 120, 123, 130, 131, 141, 145, 149, 150, 155, 162, 163, 177, 179, 181—185, 189—204, 206, 207, 209—212, 216—220, 224—226, 228—231, 233—235, 237, 238, 246, 248—254, 256, 258—262, 264, 266, 267, 269, 274, 275, 277, 278, 280, 281, 287, 288, 291, 294, 296—301, 307, 308, 330—332, 334—337, 340, 342, 344, 403, 435, 436, 439

格致（science） iv, 37, 40, 41, 43, 44, 46, 47, 50, 51

个人（personal） iv, 12, 24, 30, 57, 79, 83, 88, 89, 91, 95, 96, 97, 113, 124, 132, 141, 146, 151, 152, 154—162, 168, 169, 173, 188, 191, 212, 219, 225—227, 235, 240, 258, 265, 270, 298, 304, 305, 308, 327, 346, 376, 390, 393—395, 415, 416, 418, 419, 438, 441

个人主义（individualism） 30, 57, 88, 89, 97, 113, 154, 162, 191, 212, 270, 304, 308, 441

个体（individual） 21, 28, 84, 88—91, 95, 97, 102, 114, 151, 154, 213, 214, 228, 360, 369, 396, 402—414, 416, 418, 425

工具理性（instrumental rationality） 13

公道（just） 84, 89, 96, 235

公法（public law） 49, 52, 84, 163, 167, 184

公理（axiom） iv, 2, 79, 84, 85, 86, 101, 106, 107, 110, 113, 116, 123, 128, 138, 142, 144—150, 152, 167, 174, 175, 180, 181, 192—196, 198, 199, 201, 210, 215, 217, 218, 220—226, 228—230, 238, 240, 241, 247, 248, 302, 306, 307, 437, 439

公例（general rule） 60, 79, 87, 90, 105—107, 145, 146, 148, 160, 162, 166, 167, 169, 173, 181, 183, 186, 195, 221, 261, 263, 437

公正（justice） 21, 49, 168, 228

功利主义（utilitarianism） 101, 291, 292

共和（republic） 129, 130, 131, 138, 191, 196, 198, 201, 218, 233—235, 247, 250, 251, 285

光复（recover） 197, 199

归纳（induce） 146

国粹（the quintessence of a country） 199, 285

国家（country） 11, 30, 36, 48, 49, 57, 69, 74, 78, 84, 87—89, 91, 93—97, 104, 105, 111, 113, 114, 121, 124, 129, 130, 132, 140, 144, 148, 151, 152, 155, 156, 158, 160—162, 164—167, 170—179, 185, 191, 192, 200, 202, 211, 212, 218, 221—223, 225, 226, 229, 233, 235, 241, 246—248, 258, 270, 287, 293, 295, 342, 409, 432, 438, 441

国家主义（nationalism） 57, 88, 97, 164, 175, 177, 178, 441

H

合法性（legitimacy） 108, 193, 195, 198, 437

合理性（rationality） 99, 107—109, 111, 113, 116, 118, 119, 138, 144, 147, 149, 158, 180, 185, 193—195, 229, 238, 244, 283, 293, 327, 437

互助（mutual aid） 30, 63, 149, 150, 170, 174, 178, 192, 212—216, 218—231, 233, 248, 256, 264—267, 275, 276, 288, 293, 302—306, 308, 309, 320, 327, 430, 432, 439

化石（fossil） 14, 15, 18, 19, 38

化学（chemistry） 16, 18, 29, 42, 67, 221, 259, 299, 300, 371, 372, 375, 376, 383—385, 388, 399, 437

环境（environment） 2, 4, 5, 15, 16, 19, 20, 28, 32, 38, 45, 76, 85, 139, 140, 222, 256, 258, 259, 267, 271, 279, 288—290, 296, 303, 325, 337, 344, 347, 405, 407, 408, 412, 421, 427, 431

J

机械论（mechanism） 8, 30, 32, 153, 273, 313, 384, 385, 388

机械唯物主义（mechanical materialism） 268, 397, 421

基督教（Christianism） 7, 23, 34, 41, 45, 135, 165, 175, 280, 329

基因（gene） 27

激进（radicalness） 96, 107, 111, 112, 116, 117, 120, 131, 155, 182—186, 190, 191, 193, 195, 196, 200, 202, 203, 216, 230, 233, 237, 238, 251, 252, 274, 288, 293, 297—299, 301, 330, 403, 438, 439

集体主义（collectivism） 30, 88, 125, 140, 154, 155, 159, 162, 188

计学（economics） 90

假设（hypothesis） 9, 19, 21, 284, 289

价值（value） iv, 22, 34, 36, 45—47, 51, 84, 89, 97, 113, 120, 127, 132—134, 138,

142, 144, 148—151, 153—155, 158, 159, 167, 173, 175, 178, 179, 181, 185, 186, 188, 191, 193, 194, 196, 198, 200, 201, 215, 218, 220, 223—227, 229, 232, 235—238, 240, 247, 248, 251, 252, 263, 264, 270—272, 275—283, 285, 292, 293, 303—307, 335—337, 349, 368, 383, 386, 389—392, 394, 418, 425, 427, 432, 434, 437, 439, 440

兼爱（universal fraternity） 111, 237

渐进（gradual） 5, 8, 24, 42, 45, 48, 53, 106, 107, 111—118, 120, 131, 180, 183, 186, 187, 190, 191, 193, 196, 202—204, 210, 211, 216, 224, 233, 238, 251, 285, 288, 293, 297—301, 307, 330, 337, 354, 386, 403, 438, 439

阶级斗争（class struggle） 30, 236, 260, 264, 265, 300, 403

阶级竞争（class struggle） 63, 264, 265, 303, 304, 455

解放（liberation） 206, 211, 271, 273, 281, 298, 329, 437

解剖学（anatomy） 15, 23, 321

进步（progress） iii, iv, 8, 10—14, 25, 28, 30, 47, 48, 50—53, 56, 57, 63, 72, 75, 78, 98—104, 109, 112—116, 120, 125—131, 134, 139, 141—143, 145, 159, 172, 177, 179—182, 185—189, 191, 193, 196, 197, 202, 203, 207, 208, 210—212, 214, 215, 218, 219, 224—226, 230, 232, 233, 237—239, 242, 248, 252, 261, 263, 267—269, 278—280, 283—287, 293, 300, 302, 304, 308, 341, 348, 352, 366, 393, 401, 409, 415, 432, 435, 440

进化（evolution） iii, iv, v, 1, 3—10, 13—43, 45—48, 51—85, 87—89, 91—109, 111, 113—117, 119—122, 125—128, 130—136, 139—151, 153, 155, 159, 162—164, 169, 173, 176, 177, 179—181, 183, 186—196, 198, 201—246, 248, 250, 253—264, 266—281, 283—288, 291—305, 307—332, 334—350, 352—377, 379, 381—406, 408—410, 412—433, 436

进化主义（evolutionism） iii, iv, v, 1, 3, 6—10, 14—21, 23—39, 41—43, 45—48, 51, 53—70, 73—76, 80—82, 87, 97—99, 102, 107—109, 113—116, 119, 120, 125, 127, 132, 134, 140—151, 162, 163, 169, 173, 176, 177, 179, 186, 189, 190—193, 196, 202—204, 212, 213, 215, 216, 219, 225, 230, 231, 237—239, 241, 242, 248, 250, 253—256, 258, 259, 263, 266—269, 271—281, 285—288, 292—294, 297, 300, 302, 307—310, 395, 436—441

经（classics） 127, 184

经验（experience） 103, 105, 108, 109, 183, 211, 248, 256, 259, 289, 290, 296, 301, 303, 393

精神（spirit） 5, 11, 13, 15, 101, 150, 152, 171, 179, 185, 206, 207, 209, 210, 212,

225, 252, 254, 261, 263, 265, 270, 272, 274, 275, 277, 279—283, 287, 293, 296, 308, 309, 314, 316, 322, 327, 332, 348, 357, 361, 362, 364—367, 374, 388, 391, 421, 422, 434, 440, 441

竞争（struggle） 29, 30, 37, 47, 49, 56—59, 61, 63, 72, 79—81, 83—85, 89, 91, 97, 108, 109, 111, 113, 114, 116, 120—122, 124, 125, 131—136, 142, 143, 145, 146, 150—152, 159—164, 166—168, 171—174, 176, 177, 188, 189, 191, 192, 198, 200, 205, 212—229, 231, 238, 242, 243, 248, 257, 260, 264, 265, 271, 274, 281, 288, 293, 302—307, 309, 315, 316, 395, 403, 405, 418, 430, 432, 437—439, 441

绝对精神（absolute spirit） 13

军国主义（militarism） 30, 150, 226, 272, 441

K

开明（enlightened） 37, 49, 53, 61, 90, 91, 117

科学（science） iv, 1, 2, 5, 7, 8, 9, 11, 13—16, 20—23, 26, 28, 30, 31, 33—35, 37, 43, 45, 47, 50, 51, 55, 67, 83, 98, 104, 108, 110, 120, 124, 126, 140, 146, 147, 150, 176, 192—194, 197, 203—205, 209—211, 213, 214, 231, 232, 253—257, 259, 269, 276, 278—280, 282, 285, 287, 289, 292, 293, 300, 302, 308, 312, 325, 326, 328, 342, 346, 353, 364, 369, 371, 373—377, 379, 383, 385, 388, 392, 393, 395, 398, 408, 422, 424, 434, 436, 437, 440

科学主义（scientism） 51, 278, 287, 292

孔教（Confucianism） 251, 275, 281, 285

宽容（tolerant） 41

矿物学（mineralogy） 18

L

乐观主义（optimism） 2, 12, 98, 99, 114, 125, 150, 172, 179, 186—189, 198, 210, 212, 230, 234, 242, 285, 296, 415

理论（theory） iii, iv, 9, 14—16, 20—30, 32, 35, 48, 56, 64, 69, 74, 75, 80, 83, 91, 95—97, 99, 100, 102, 115—119, 127, 138, 140, 147, 150, 151, 172, 174, 175, 180, 200, 232, 242, 260—263, 272, 281, 300, 301, 303, 305, 306, 309, 328, 349, 350, 352, 376, 378, 383, 396, 401, 403, 406, 422, 427, 441

理念（idea） 6, 13, 67, 166, 251, 310, 348, 409, 413, 434, 435

理学（New Confucianism） 5, 24, 26, 58, 70, 71, 72, 76, 80, 83, 84, 99, 101, 164, 213, 242, 267, 275, 311, 318, 320, 322, 325, 366, 374, 385, 421, 422

理智（intelligence） 4, 11, 14, 23, 82, 142, 158, 178, 179, 206, 211, 317, 319—323, 325—328, 331, 341, 369, 389—395, 413

力（force） 3—15, 19, 21, 22, 25, 26,

29—32, 37, 38, 44, 47—52, 68—76, 77, 82, 84—86, 89—91, 94, 123, 153, 161, 163, 164, 166—177, 207—209, 211, 272

历史（history） 2, 3, 6, 8, 10—14, 16, 22, 29, 30, 32—38, 40, 45, 47, 48, 51—54, 56, 57, 60, 66, 68, 73, 78, 96, 98—109, 111, 112, 114—116, 118—120, 122, 125—127, 130—134, 143, 151, 152, 159, 160, 165, 172, 174, 176, 178, 179, 181, 186—194, 196—199, 201, 202, 208, 209, 211, 221—223, 230, 231, 233, 234, 236—238, 241, 242, 245, 248, 250, 252, 253, 259—263, 265—267, 272, 275, 277, 282, 289, 290, 295—297, 299, 301, 303, 304, 330, 334, 340—348, 353, 384, 401, 409, 410, 415, 418, 434—436, 439—441

历史学（history） 98, 231, 347

利己主义（egoism） 62, 90

良心（conscience） 92, 346, 393, 394

列宁主义（Leninism） 252

伦理学（ethics） 5, 24, 58, 71, 72, 76, 83, 99, 101, 213, 242, 267, 275

逻辑（logic） iv, 1, 2, 5, 48, 52, 56, 67, 74, 81, 83, 88, 102, 104, 107, 112—114, 119, 122, 123, 132, 135, 138, 139, 142, 147, 149, 155, 157, 162, 163, 167, 168, 173, 174, 178, 181, 182, 185, 186, 191, 192, 195, 196, 199, 201—204, 207, 209, 219, 220, 224, 225, 228, 241, 244, 245, 265,

272, 279, 283, 285, 286, 291, 292, 296, 304—306, 337, 356, 367, 368, 373, 374, 395, 396, 415, 438, 439

M

马克思主义（Marxism） v, 30, 189, 236, 254, 255, 259—263, 265—267, 296, 308

绵延（duration） 32, 39, 334—336, 338, 344, 347, 357

民德（civil moral） 84, 89, 112, 171

民力（the power of the people） 84, 171, 233

民权主义（civil liberalism） 176, 209, 235, 236

民生（the people's livelihood） 84, 91, 92, 96, 104, 108, 235, 236, 310

民智（civil intelligence） 78, 81, 84, 90, 112, 146, 148, 171, 201, 216

民主（democracy） 96, 129—131, 149, 185, 198, 207—209, 223, 224, 231, 233—237, 241, 250, 251, 253—255, 259, 276, 300, 348

民主主义（democracy） 259

民族（nation） 36, 57, 80, 85, 113, 116, 122, 124, 125, 132, 139, 142, 144, 147, 148, 151, 152, 158, 160—162, 164—167, 171—174, 176, 177, 179, 185, 192, 199, 200, 207, 223—229, 233—235, 246, 247, 249, 251, 252, 257, 267, 270, 272, 279, 293, 306, 310, 432, 434, 437,

438, 441

民族主义（nationalism） 80, 85, 113, 116, 122, 124, 125, 142, 160, 164, 166, 167, 174, 176, 177, 185, 192, 199, 200, 223, 228, 235, 246, 247, 249, 251, 252, 257, 270, 279, 293, 437, 438, 441

名学（logic） 76

命定论（fatalism） 81, 173

命运（destiny） 12, 81, 104, 105, 141, 172, 173, 190, 202, 234, 272, 290, 295, 328, 366, 414, 416—418, 440

目的论（teleology） 12, 48, 245, 248, 273, 313, 335, 358, 408

N

尼采主义（Nietzscheanism） 255, 268, 269, 272

P

胚胎学（embryology） 15, 25, 75

平等（equality） 29, 49, 92, 98, 115, 130, 132, 136—141, 163—169, 189, 191, 192, 198, 201, 209, 225, 228—230, 233—237, 245—247, 249, 304, 332, 405, 415, 418, 434, 435, 437, 438

平等主义（equalitarianism） 136, 139, 192, 198, 225, 230, 234, 237, 249, 405

普遍（general） iv, 1, 2, 3, 8, 12, 13, 29, 31, 36, 38, 44, 52, 56, 68, 70, 75, 77—84, 98, 99, 102, 104, 106, 107, 109, 111, 113, 120, 122, 134, 136, 144, 146—150, 159, 175, 179—181, 185, 186, 191, 193—195, 198, 215, 218, 227, 229, 230, 234, 238, 240, 241, 247, 248, 250, 253, 255, 262, 263, 283, 284, 288, 302, 303, 332, 373, 402, 410, 411, 429, 436, 437, 440, 441

Q

启蒙（enlightenment） 11, 12, 43, 56, 57, 60, 90, 125, 141, 142, 176, 236, 237, 253, 254, 258, 285, 308

器（instrument） iv, 9, 15, 16, 35, 36, 46, 50, 52, 86, 90, 93, 110, 123, 133, 147, 174, 190, 191, 193, 199, 205, 209, 215, 223, 224, 275, 279, 318, 343, 344, 389, 406, 420, 422, 438, 439

强权（might） 49, 84, 85, 113, 122, 123, 142, 149, 163—171, 173—179, 188, 192, 212, 215, 218, 221—226, 228—230, 235, 237, 247, 272, 302, 304—306, 438

强权主义（hegemonism） 113, 122, 142, 163—168, 170, 171, 173—179, 192, 212, 215, 218, 225, 247, 272, 302, 304—306, 438

情感（sensibility） 22, 26, 92, 177, 227, 285, 322, 327, 333, 334, 346, 390, 397, 398

权（right） 7, 21, 30, 49, 50, 56, 57, 59, 61, 62, 84, 85, 88—91, 94, 96, 108, 113, 118, 119, 120, 122, 123, 127—130, 139, 141,

142, 145—147, 149, 150, 153—155, 159—161, 163—179, 188, 192, 195, 201, 209, 211—213, 215, 218, 221—226, 228—230, 233—238, 244, 247, 248, 250, 251, 260, 268, 270—272, 280, 281, 287, 296, 297, 302, 304—306, 416, 438, 439

权力（power） 7, 30, 85, 166—168, 170, 174, 176, 250, 268, 270—272, 296

权力意志（the will to power） 30, 270, 271, 272, 296

权威（authority） 119, 123, 127, 145—147, 195, 213, 250, 251, 280, 281

群体（colony） 74, 84, 88, 91, 97, 108, 124, 146, 152, 154, 155, 159—162, 188, 189, 226, 252, 305, 434, 438

群学（sociology） 68, 77, 86, 91, 96, 100, 162, 288

R

人道（humanity） 12, 66, 73, 78, 81—83, 85—87, 89, 90, 91, 99, 100, 110, 113, 119, 124, 130, 134, 136, 142, 175, 210, 220, 224—226, 230, 233, 239—242, 247, 264, 265, 272, 301—303, 305, 306, 439

人道主义（humanism） 85, 87, 113, 226, 301, 305

人工（man-made） 15, 173, 278, 294, 295, 299, 302

人工选择（artificial selection） 278, 294,
302

人口（population） 19, 20, 23, 29, 264, 303

人类（human being） 4, 5, 8, 10—13, 15, 19, 20, 22, 24—26, 28—31, 35, 40—42, 45, 50, 55, 57, 65, 69, 70, 78—85, 87, 88, 92, 99, 100, 104, 106, 113, 128, 130, 132—140, 143, 150, 152, 156, 159, 160, 162, 164, 165, 168—172, 174—177, 184, 186, 187—189, 192, 194, 202, 204—207, 210, 212—215, 217, 218, 220—233, 235—237, 239—241, 243—246, 248, 260, 262—266, 270—272, 274—276, 278, 279, 281—285, 288, 294, 295, 297, 302—305, 307, 309, 312—330, 340—348, 359—361, 365—370, 375, 390—395, 399, 401, 408, 412—418, 426, 427, 430, 432—435, 441

人类学（anthropology） 28, 29, 31, 83, 276

人为（artificial） iv, 11, 15, 16, 47, 59, 64, 83, 92, 96, 107, 137, 141, 154, 172, 173, 182, 183, 200, 206—209, 221, 232, 235, 236, 239, 240, 244, 245, 261, 263, 271, 291—297, 299, 300, 306, 310, 337, 367, 427, 439

人为淘汰（artificial selection） 59, 200, 291

人性（human nature） 11—13, 135, 170, 175, 177, 205, 206, 221, 228, 231, 232,

243, 244, 285, 348, 368, 369, 391, 412, 417, 418, 433

仁爱（benevolence） 135, 136, 170, 175, 264, 302, 303, 393

仁义（justice and virtue） 84, 110, 222

仁政（benevolent government） 119, 175

儒学（confucianism） 36, 37, 349, 351, 353, 363

弱肉强食（law of the jungle） 37, 48, 62, 69, 84, 113, 122, 125, 132, 166, 174, 215, 217—219, 222, 264, 266, 271, 274, 302, 303, 305, 316, 418, 431, 438

S

获得性状遗传（acquisitive heredity） 16, 27, 28

三世（sanshi） 116, 125—131, 142, 187, 188, 463

善（virtue） iv, 5, 8, 11—13, 17, 29, 32, 40, 46, 50, 66, 71, 78, 83, 84, 86, 89, 92, 93, 97, 100, 101, 104, 106, 107, 112, 113, 118, 127, 132, 134, 140, 144, 149, 150, 152, 153, 156, 158, 161, 171, 173, 175, 180, 183, 186, 187, 195, 202, 208, 216, 220, 228, 240—244, 246, 247, 264, 275, 276, 278, 281—283, 288, 291, 293, 306, 333, 349, 353, 367—369, 379, 394, 413, 414, 421—424, 426—435, 437, 441

善种学（eugenics） 29, 276

上帝（God） iii, 5, 7, 8, 9, 14, 22, 23, 35, 38, 41, 44, 77, 89, 202, 209, 270, 280—382,

388, 401, 416, 421, 423

社会达尔文主义（Social Darwinism） iii, 25, 29, 30, 37, 47, 48, 53, 56, 57, 62, 64, 67, 70, 72, 79, 81, 82, 87, 116, 124, 125, 132—134, 136, 142, 149, 161, 162, 163, 166, 168, 170, 174—177, 191, 200, 212, 215, 216, 219, 220, 222, 225, 238, 240, 241, 247, 252, 254, 258, 260—262, 266, 267, 271, 272, 275, 277—279, 288, 302—306, 402, 418, 432, 437, 438

社会契约（the social contract） 92

社会学（sociology） 30, 55, 58, 63—65, 80, 93, 150, 259, 276

社会主义（socialism） 30, 55—57, 135, 150, 217, 220, 221, 225, 234, 235, 237, 246, 247, 260, 304, 327, 434, 435, 441

社会有机体（social organism） 74, 88, 91, 93—95, 97, 155

神学（theology） 5, 13, 17, 18, 22, 126, 269

生存斗争（struggle for existence） 20, 21, 29, 44, 50, 69, 83, 88, 159, 174, 175, 212, 214, 228, 229, 248, 260, 261, 266, 275, 302—306, 431

生存竞争（struggle for existence） 47, 49, 58, 59, 61, 72, 79, 111, 121, 122, 132—134, 145, 159, 161—164, 174, 176, 177, 189, 200, 212—216, 218, 219, 222, 223, 225, 228, 229, 257, 260, 271, 274, 281, 302, 304—306, 315, 316, 395, 403, 405, 418, 432, 441

生理（physiology） 22, 29, 64, 100, 164, 318, 319, 321, 345

生命（life） 4—6, 9, 15, 16, 23, 32, 57, 88, 93, 94, 102, 120, 140, 155, 261, 262, 267—269, 271—274, 307, 309—317, 319—324, 327, 328, 330—336, 341, 343—345, 347, 348, 355—361, 364—368, 370, 386—391, 393, 418—420, 422—424, 426—432

生命冲动（elan vital） 32, 267, 269, 272—274, 316, 344, 347, 357, 358, 367, 388

生物（living beings） iii, 4—8, 10, 14—16, 18—22, 24—29, 31, 32, 35, 38—48, 54—56, 58, 60, 63, 64, 66, 69, 70, 72, 74—77, 79—81, 85, 93—95, 98, 109, 111, 125, 128, 132—135, 140, 142, 144, 147, 149, 150, 168, 173, 186, 200, 203—206, 212—215, 218, 225, 232, 239, 243, 256, 257, 259—261, 266, 267, 271, 273, 276, 280—283, 288, 290, 292, 294, 299, 300, 304, 305, 312—327, 330, 336, 341, 343—345, 347, 356, 360, 361, 367, 369, 374, 379, 382, 385, 387, 391, 393, 399, 401, 403—405, 412, 423, 426—433, 436

生物学（biology） 6, 8, 10, 14—16, 19, 22, 25—29, 35, 45, 54, 55, 58, 75—77, 79—81, 93, 98, 134, 140, 147, 150, 204, 212, 213, 218, 256, 259, 271, 288, 290, 300, 304, 305, 312, 314, 345, 374, 385, 393

生物有机体（biologic organism） 29, 94, 95, 315

实体（entity） 8, 77, 209, 333, 349—351, 355, 356, 361, 375, 376, 378, 400, 410, 420, 422

实验主义（pragmatism） 258, 259, 281, 289—291, 299, 300, 409

实用主义（pragmatism） 255, 256, 258, 259, 289

实证主义（positivism） 13, 310

世界（world） iv, 1—3, 5, 6, 8, 10—13, 26, 31, 35, 36, 39, 41, 47, 48, 50—52, 60, 61, 68, 70, 71, 74, 76—81, 85, 104, 107—109, 114, 116, 118, 121, 122, 124, 126, 128, 133, 135—139, 143, 144, 146, 147, 149, 150, 153, 160, 164—178, 182, 184, 186—189, 191—193, 195, 196, 198, 201, 202, 206—208, 211, 213, 215, 217, 218, 221—224, 227, 228, 230—235, 237, 243, 245, 248, 253, 256, 258, 259, 263, 264, 268, 269, 271, 272, 275—278, 280, 281, 284—287, 296, 302, 304, 306—309, 313, 316, 330, 332, 342, 348, 349, 351, 352, 355, 356, 359, 365, 366, 370, 375, 376, 378, 379, 381, 384, 385, 396, 397, 399, 400, 402, 403, 409, 413, 416—418, 421, 422—424, 426—432, 436—438, 440, 441

世界观（world outlook） iv, 3, 35, 36, 47, 48, 68, 70, 76, 77, 79—81, 114, 147, 149,

191, 193, 253, 258, 259, 275, 284, 286, 309, 330, 348, 384, 385, 396, 403, 409, 416—418, 423, 424, 428, 436, 437, 440

世界主义（cosmopolitanism） 116, 166, 177, 178, 184, 192, 215, 228, 233, 438

适应（fit） iii, 4, 6, 15, 32, 38, 45, 80, 86, 88, 108, 111, 113, 120, 122, 153, 162, 173, 175, 180, 183, 191, 193, 194, 198, 203, 212, 222, 223, 232, 250, 256, 258, 259, 266, 271—273, 278, 279, 288—292, 302, 303, 307, 344, 405, 427, 431

适应性（adaptability） 6, 38, 113, 122, 180, 183, 278, 288, 289

适者生存（survival of the fittest） 21, 25, 29, 44, 47, 59, 69, 79, 81, 83, 85, 107, 122, 159, 173, 215, 225, 241, 257, 258, 261, 288, 289, 304, 306, 402—405, 407, 409

淑种学（eugenics） 29

思想（idea） iii, iv, 1—7, 9, 10, 11, 13, 15, 17, 19, 20, 22—24, 26—30, 32—34, 36, 37, 40, 45, 47, 48, 50, 51, 53—58, 61—64, 66—69, 71, 72, 75—77, 80, 82, 88—90, 93, 96, 97, 102, 104, 106, 107, 109, 111, 112, 114—116, 118, 123, 125—128, 130, 135, 138—146, 148—155, 158, 159, 162—168, 170—173, 175—179, 181—185, 188—192, 194, 195, 198, 200—203, 208, 219, 224, 226—228, 230, 232, 234, 235, 236—239, 244, 246, 248, 249, 251—254, 256—259, 262, 267—272, 274—282, 285, 289,

290, 293, 295, 297—300, 305, 309—313, 320, 327, 328, 330, 332, 337, 338, 340, 346, 348—352, 358, 363, 366, 368, 370—372, 375, 379, 381, 383, 386, 388, 395—398, 400, 402—404, 409, 410, 413, 415, 418—420, 427, 429—431, 435—440, 441

斯多亚主义（stoicism） 84

宿命论（deterministic） 29, 81, 295

T

淘汰（eliminate through selection） 21, 23, 30, 58—60, 63, 64, 81, 120—122, 125, 137, 139, 148, 173, 183, 184, 200, 217, 219, 221, 224, 225, 228, 241, 257, 291, 292, 302, 306, 316, 403, 405—407, 415, 438

天（nature） iii, iv, 4, 7, 9—13, 16, 22, 24, 26, 28, 29, 36, 38, 40, 42—48, 50—52, 56—62, 66—84, 86—90, 92—110, 113, 117—124, 128, 129, 131, 133, 134, 139, 141—143, 145—150, 152—154, 160—162, 164, 166—169, 171—173, 176, 177, 180, 181, 183, 184, 186, 187, 190, 195, 197, 199, 201, 202, 205, 207—211, 213, 216—218, 220—222, 224—226, 228, 231—233, 236, 237, 239—241, 243—246, 256—258, 260, 262—264, 267, 270, 272, 274, 275, 279—282, 284—286, 288—291, 295—297, 302, 303, 307, 313, 320, 328, 333, 338, 345,

346, 349, 351, 360—363, 366—369, 371, 373, 379, 389, 393, 395, 397, 399, 400, 402—404, 406, 407, 410—413, 414, 418, 419, 421, 423, 426, 431, 433, 434, 436, 437, 439, 440

天道（natural law） 44, 66, 78—84, 86, 87, 98, 118, 119, 122, 133, 134, 147, 169, 186, 210, 239, 240, 264, 307, 439

天赋权利（natural right） 88, 90, 139, 141

天理（justice） 84, 302

天演（evolution） iv, 24, 36, 38, 45, 48, 58, 59, 60, 62, 66, 67, 70—79, 81, 83, 84, 86, 87, 89, 90, 92—98, 100—102, 107, 128, 133, 134, 142, 143, 145, 146, 148, 150, 161, 162, 166, 167, 169, 173, 183, 186, 195, 202, 207, 210, 217, 218, 221, 228, 256, 257, 260, 262—264, 267, 274, 275, 288, 302, 303, 320, 361—363, 399, 404, 406, 407, 412, 413, 436

天择（natural selection） 58, 76, 79, 81, 86, 89, 93, 100, 113, 148, 150, 160, 166, 168, 173, 210, 217, 220—222, 226, 257, 258, 264, 288, 302, 402—404

同情心（sympathy） 92, 93, 175, 346

突变（mutation） 28, 32, 183, 204, 322, 336, 340, 354, 384—386, 428, 429

突变论（mutation） 28, 183, 204, 385, 386

突驾（make giant strides） 202, 207

图腾（totem） 104

退化（degeneration） 10, 16, 29, 31, 73, 103, 104, 136, 139, 140, 243, 263, 264, 295, 305, 329, 341, 409

W

王道（benevolent government） 175

唯生哲学（Life philosophy） 274

唯物史观（Historical Materialism） 254, 260—263, 265, 266, 292, 296, 299, 301, 347

唯物主义（materialism） 9, 25, 259, 268, 274, 275, 397, 419, 421

唯心论（idealism） 1, 349, 351, 353, 363, 364, 381

唯意志主义（voluntarism） 209, 268, 272, 274, 294, 296

文化保守主义（cultural conservatism） 255, 268, 273, 275, 277, 292, 293, 297, 439

文化民族主义（cultural nationalism） 199, 251, 293

乌托邦（utopia） v, 52, 53, 101—103, 115, 116, 120, 129, 130—132, 135—138, 140, 141, 163, 170, 177, 182, 189, 191, 192, 198, 211, 230, 233, 234, 245, 248, 301, 307, 308, 327, 348, 414, 440

乌托邦主义（utopianism） 52, 53, 234, 248, 301

巫术（witchcraft） 4

无产阶级（proletariate） 260, 304

无政府主义（anarchism） 30, 88, 190—193, 195, 201, 202, 212, 216—218, 224—

226, 228—231, 233—238, 246—248, 259, 294, 301, 330, 441

物化（reification） 18, 44, 64, 77, 343, 369

物竞（struggle for existence） 58, 61, 62, 76, 79—81, 86, 93, 94, 100, 113, 143, 148, 150, 160, 162, 166—168, 173, 217, 220—222, 226, 257, 258, 264, 288, 307, 402—404

物质（matter） 4, 8—11, 13, 31, 32, 62, 74, 75, 77, 78, 122—124, 138, 175, 206, 221, 225, 231, 236, 239, 261, 263, 266, 269, 270, 273, 274, 283, 285—287, 292, 310, 312, 314, 318, 321, 344, 349, 355, 357, 359—368, 370, 371, 373—376, 383, 384, 386, 387, 390, 397, 419—423, 425—428, 430, 432, 433, 440

物种（species） 6, 9, 12, 15, 16, 17, 19—28, 35, 36, 38, 42, 55, 58, 68—70, 83, 144, 192, 203, 212, 214, 215, 220—223, 228, 229, 231, 267, 281, 283, 288, 294, 305, 317, 328, 401, 406, 441

X

现代（modern） 3, 14, 30, 34, 67, 71, 72, 80, 88, 93, 102, 116, 124—126, 152, 154, 155, 177, 182, 196, 213, 228, 229, 252, 261, 263, 269, 278, 280, 283, 289, 291, 297, 308—310, 325, 328, 330, 341, 348—352, 359, 366, 367, 369—372, 374, 375, 379, 388, 394, 395, 409, 421, 422, 424, 440, 441

小宇宙（microcosm） 83

心理学（psychology） 5, 275, 311, 318, 320, 322, 325, 374

形而上学（metaphysics） 4, 13, 30, 32, 45, 98, 126, 255, 267, 325, 346, 349, 350, 356, 396—398, 400, 410, 415, 416, 418

形式（form） 2, 5, 7, 10, 13, 30, 32, 63, 66, 67, 69, 70, 80, 92—94, 103, 116, 119, 125, 144, 146, 152, 155, 171, 195, 203, 221, 228, 229, 282, 341, 345, 372, 375, 378—380, 396, 397, 409, 437, 440

选择（selection） 5, 21, 22, 24, 27—31, 35, 40, 48, 56, 59, 62, 64, 65, 67, 69, 70, 72, 77, 79, 81, 85, 91, 92, 96, 100, 107, 118, 120, 126, 134, 137, 140, 167, 183, 191, 192, 198, 203, 212, 214, 224—228, 232, 235, 266, 271, 278, 280, 285, 287—289, 291, 294, 297, 300—303, 314, 325, 328, 367, 371, 401, 405, 418, 420, 429, 438, 441

Y

演化（evolution） iii, 4—6, 8—10, 14, 22, 26, 41, 84, 102, 128, 204, 211, 263, 273, 283, 295, 300, 312, 327, 356, 396, 398—400, 405, 422, 423, 426, 427

演绎（deduction） 25, 146, 284, 361, 387

一元论（monism） 25, 31, 424

遗传（heredity） 5, 16, 19, 23, 27—29, 58, 99, 140, 172, 200, 203, 222, 227, 318, 385, 393—395

遗传学（genetics） 27, 28, 200, 385

意识形态（ideology） v, 3, 36, 47, 148, 149, 165, 193, 199, 251, 254, 267, 285, 309, 310, 348, 402, 403, 436, 437

意志（volition） 23, 30, 77, 122, 126, 207—211, 249, 267—272, 274, 294—297, 306, 325, 357, 408, 412, 414, 439

优生学（eugenics） 29, 140, 200, 276

优胜劣败（survival of the fittest） 37, 47, 48, 53, 56, 57, 59—62, 79, 81, 85, 113, 115, 116, 122, 125, 133, 137, 145, 146, 148—150, 159, 161, 163, 164, 166, 168, 169, 173, 176, 200, 210, 215—223, 225, 241, 257, 258, 260—262, 264, 266, 271, 281, 302—304, 395, 403—405, 438

宇宙（cosmos） 5—9, 13, 14, 23—26, 31, 32, 35, 68, 76, 78, 80, 82—88, 98, 99, 102, 106, 115, 118, 133, 134, 149, 159, 180, 186, 193, 202, 204, 206, 215, 245, 250, 253, 261—263, 271, 275, 276, 283, 284, 286, 295, 297, 308, 309, 311—314, 317, 323, 327, 328, 330—340, 346, 348—350, 352, 354—362, 364, 365, 367—371, 375, 376, 378—383, 386—392, 394—396, 398—400, 402, 403, 408, 409, 414—418, 420—429, 432, 435, 437

宇宙观（world outlook） 35, 68, 76, 149, 250, 253, 261, 262, 276, 284, 286, 308, 330, 332—334, 336, 337, 371, 375, 388, 389, 416, 437

原子（atom） 5, 157, 377, 378, 382

Z

灾变论（catastrophism） 14

哲嗣学（eugenics） 29, 276

哲学（philosophy） 4—10, 13, 14, 16, 22, 23, 25, 26, 28—32, 36, 40, 45, 55—59, 67, 72, 77, 78, 96, 99, 126, 127, 143, 150, 153, 154, 160, 172, 173, 178, 186, 192, 228, 232, 255, 256, 258, 259, 260, 268, 269, 271, 272, 273, 274, 281, 282, 286, 289, 295, 300, 304—306, 309, 310—312, 314, 318, 320, 327, 328, 330—350, 353, 357, 359, 362—364, 366, 367, 369—380, 382, 383, 385—390, 392—398, 402, 404—406, 410, 415—417, 419—425, 429, 430

真理（truth） 144, 146, 147, 194, 221, 235, 251, 258, 259, 268, 279, 282, 289—291, 301, 334, 367, 368, 378

正义（justice） 123, 165—168, 174, 175, 218, 228, 306, 327

政治学（politics） 1, 5, 10, 29, 30, 78, 130, 138, 143, 173

知识（knowledge） iv, 10, 11, 18, 22, 30, 36, 40, 41, 45—49, 51, 53, 56, 59, 63, 65, 72, 81, 85, 88, 108, 116, 123, 124, 128, 140, 143, 144, 146—150, 158, 165, 171, 173, 175, 179, 192, 194, 203, 205, 209, 210, 230, 234, 237, 239, 243, 244, 250, 252—254, 259, 268—270, 273—275,

279, 281, 282, 284, 289, 291, 303, 308, 314, 325, 326, 341—345, 347, 348, 360, 369, 375, 378, 380, 381, 392, 393, 396, 402, 408, 412, 414, 417, 433, 434, 437, 440

直觉（intuition） 4, 7, 131, 268, 311, 358, 366, 374

植物学（botany） 18, 28, 35, 204

至善（absolute perfection） 5, 134, 413, 435

智慧（wisdom） 43, 50, 52, 86, 99, 105, 138, 216, 226, 239, 243, 244, 340, 341, 345, 357, 433

智力（intelligence） 29, 48, 50, 51, 99, 138, 171, 225

种质说（germ plasm） 28

种族（race） 26, 28—30, 36, 60, 78, 79, 84, 85, 113, 125, 131, 132, 136—140, 148, 155, 164—166, 172, 173, 175, 184, 185, 189, 196, 198—201, 205, 212, 227, 229, 235, 241, 245, 246, 276, 342, 418, 432

种族主义（racialism） 30, 85, 113, 125, 136—138, 164—166, 172, 175, 184, 185, 198, 200, 212, 241, 245, 246

资产阶级（bourgeoisie） 260, 267, 276, 304

自然（nature） iv, 4—16, 19—31, 38, 43—45, 50, 54—56, 59, 60, 62, 64, 69, 73—89, 92—95, 97—100, 103, 107, 109—111, 116, 118, 122, 125, 126, 133—135, 137, 146, 147, 150, 153—155, 159, 165, 172, 173, 180, 182, 183, 186, 188, 191, 193, 198, 203—207, 209, 210, 213, 214, 217, 220, 221, 223, 224, 227—229, 232, 236, 239, 240, 241, 243, 244, 250, 251, 256, 261—264, 267, 268, 271, 277, 279, 280, 283, 284, 286, 288, 289, 291—297, 299—303, 307, 311, 312, 316, 322, 328, 330, 334, 336, 337, 341, 345—367, 370, 374, 379, 381, 386—391, 399—403, 405, 406, 408, 409, 411, 416—420, 422—424, 426—429, 431—433, 436, 438, 439, 441

自然法（natural law） 79, 118, 198, 209, 284, 297

自然界（natural world） 6, 8, 10, 13, 19, 31, 83, 85, 126, 172, 203, 204, 264, 268, 303, 367, 387, 433

自然选择（natural selection） 5, 21, 22, 24, 27—31, 56, 69, 77, 79, 92, 107, 137, 203, 227, 228, 232, 271, 288, 289, 294, 405, 429

自然主义（naturalism） 31, 45, 73, 74, 84, 98, 99, 107, 186, 244, 374

自然状态（state of nature） 83, 86, 92, 126, 165

自我肯定（self-positive） 88

自我约束（self-obligation） 83, 88

自营（self-support） 90, 91, 146, 160

自由（freedom） iv, 8, 12, 27, 30, 56, 57, 67, 79, 88—92, 96—98, 111, 113, 114,

123, 124, 145, 159, 161, 165, 168—171, 177, 178, 181, 188, 191, 192, 197, 201, 211, 212, 217, 219, 220, 226, 235, 237, 247, 252, 268, 269, 271, 275, 279, 281, 290, 295, 296, 308, 314, 323, 325, 329, 366, 388—390, 397, 414, 437, 438, 441

自由主义（liberalism） 57, 89, 113, 114, 161, 197, 252, 437, 438, 441

宗法（patriarchal clan system） 104, 105, 290

宗教（religion） 5, 9, 13, 15, 16, 18, 22, 23, 26, 30, 31, 61, 63, 130, 143, 148, 155, 162, 181, 184, 189, 216, 271, 275, 280, 281, 285, 328, 329, 339, 342, 346, 349, 351, 392

人名索引

A

阿拉克西米尼　4
阿礼国　36
阿那克西曼德　4
岸本能武太　64,65

B

八杉龙一　54,459
巴克　30,80,88,93,102,155,441
巴枯宁　201,228
巴特文　274
柏格森　31,32,178,255,268,269,272—274,284,311—314,316,317,319,325,335,336,341,344,345,347,350,357,358,366,367,370,372—374,381,384,385,388,420,423,424,427,428
柏拉图　6,7,10,140,243,379,413,451
坂垣退助　57
鲍勒　3,17,19,20,27,29,219,230,232,312
贝拉米　52
贝特森　28

伯尔曼　197,198,230,231
布丰　15
布莱克　10,29,30,138,173,280
布林顿　197
布依康　260

C

蔡和森　261,262,266
蔡元培　255,269,272,304,363
陈安仁　275
陈独秀　iv,253,255,259—263,265,270,273,278,279,281,283—285,291,296,299,304,308,330
陈兼善　66,144,437,444—447,456,457
陈立夫　274,310
陈铨　272
陈尚素　61
陈寿凡　276
陈天华　202
陈万雄　252,461
陈映璜　276
陈长蘅　276

城泉太郎　64

D

达尔文　iii, 5, 15—31, 33, 35—40, 42—44, 47, 48, 53, 55—58, 62, 64, 66—70, 72, 73, 75—77, 79—82, 87, 98, 106, 111, 113, 116, 124, 125, 132—134, 136, 142—144, 148—150, 159, 161—163, 166, 168, 170, 172—177, 183, 186, 191, 192, 200, 202—204, 212—216, 219—223, 225, 227, 229, 230, 232, 238—241, 247, 252, 254—256, 258—262, 266—268, 271—275, 277—281, 283, 284, 288, 289, 291, 292, 294, 299, 300, 302—306, 315—317, 322, 330, 336, 344, 352, 367, 385, 386, 402—405, 418, 423, 429—432, 437, 438, 441

大杉荣　55, 56

丹皮尔　5, 9, 13, 16, 22, 23, 26, 30, 31

德佛里斯　28, 204, 385

德谟克利特　5

狄德罗　9, 10

笛卡尔　8, 366

丁韪良　42, 43

董仲舒　109, 110, 127

杜尔哥　11

杜威　255, 256, 259, 289, 300, 342

杜亚泉　255, 274, 275

多布赞斯基　28

E

恩培多克勒　5

F

费觉天　202

费诺罗萨　56

冯客　125, 200, 276

冯契　260, 350, 353, 366

冯自由　197

弗洛伊德　26, 322, 391

傅兰雅　37, 38, 41, 42

G

高尔顿　29, 140

高柳信夫　67

高田淳　127

高砌石　304, 305

戈宾诺　138, 139

格雷　21, 23

格林　1, 89

葛兰特　17, 18

龚自珍　127, 208

古尔德　20, 25, 26, 75, 76

贵荣　42

H

哈耶克　103, 137, 140, 197, 211, 301, 307

韩非　37

何休　127

河田悌一　238

赫茨勒　140

赫顿　14

赫尔德　10

赫克尔（又译海克尔）　24

赫胥黎　iii, 23, 24, 33, 58, 66—68, 71—73, 76, 79, 80, 82—88, 90—93, 97, 99—101, 107, 133, 134, 149, 159, 212, 213, 215, 220, 239, 242, 257, 267, 302, 436

黑格尔　4, 7, 13, 95, 104, 239, 258, 338, 353, 378, 435

亨斯罗　18

亨廷顿　190, 196, 197, 201, 280

侯声　217, 224

胡德　274

胡克　21, 23

胡适　iv, 34, 117, 141, 254—259, 267, 269, 270, 271, 273, 277—279, 281, 282, 287, 289—291, 295—303, 307, 308, 437

花之安　49, 50

华蘅芳　38, 442

华莱士　20, 21

黄建中　275, 309

黄凌霜　195, 224, 310

黄遵宪　60

霍布豪斯　1

霍布斯　165

J

伽利略　20, 26

吉登斯　230

吉丁斯　64

加藤弘之　56, 57, 59, 61, 62, 176, 177

蒋梦麟　255

颉德　63, 155, 162, 274

金寿庚　61

金岳霖　1, 89, 310, 311, 370, 371, 374, 395—419, 427, 432

井上哲次郎　57, 58

居维叶　15, 16

鞠普　237

K

凯士勒　214

康德　8, 9, 12, 14, 342, 378—381

康有为　iv, 40, 52, 63, 64, 71, 106, 115—142, 144—147, 151, 163, 164, 179, 180, 184—188, 193, 199, 200, 201, 209, 215, 216, 231, 234, 236, 251, 252, 285, 294, 348, 437

柯林武德　98, 99

科恩　197

克鲁泡特金　30, 174, 178, 212—216, 220, 225, 227, 228, 230, 265, 274, 276, 302, 303, 305, 320, 341, 430

孔德　13, 104, 126, 341, 346

孔多塞　11, 13

孔子　62, 118, 119, 123, 127—129, 131, 135, 187, 215, 233, 261, 283—287, 291, 292, 342

L

堺利彦　56

拉马克　15, 16, 19, 27, 29, 31, 39, 42, 75, 219, 288

拉美特利　9

拉普拉斯　9, 14, 384

莱布尼兹　8, 10, 421

赖尔　14, 15, 19—21, 24, 38, 203

赖特　255, 256

李大钊　iv, 62, 63, 253, 255, 259—266, 270, 273, 278, 283—287, 291—293, 295, 296, 298, 300, 301, 303, 304, 308

李鸿章　43

李强　77, 82

李石岑　269—271, 273

李石曾　193, 194, 201, 202, 216—220, 229, 234, 235, 237, 271, 294

李太郭　36

李提摩太　52

李文森　175, 178, 179

李煜瀛　275, 276

里德　23, 451

立花铣三郎　55

梁启超　iv, 40, 51, 52, 59—63, 71, 97, 115—117, 122—125, 128—131, 133, 134, 141—189, 192, 193, 195, 198, 200, 201, 208, 209, 215—218, 225, 247, 252, 253, 256, 259, 260, 267, 272, 294, 305, 306, 437, 438

梁漱溟　255, 269, 273, 310—329, 331, 334, 341, 349, 359, 360

廖平　127

林奈　15, 16, 21

林同济　272

林毓生　149, 252, 276—279, 301, 438

刘逢禄　127

刘师培　216, 217, 225, 235

刘叔雅　305, 306

卢梭　11, 88, 90, 92

鲁迅　40, 62, 253—255, 270, 271, 287, 296, 297, 304, 308

路德　117

罗比内特　10

欧皮茨　11, 104

M

马场辰猪　56

马尔萨斯　19, 20, 214, 303

马君武　35, 40, 144, 192, 437

马克思　v, 30, 104, 126, 189, 236, 254, 255, 259—267, 292, 296, 308, 316, 317, 328

玛高温　38

迈斯纳　266

麦鼎华　61

麦华陀　43

蒙博杜　11

孟德尔　27

孟子　92, 109, 119, 187, 206, 244, 333, 433

摩尔根　28, 312, 359, 370, 374, 376—378, 381, 383—388, 420, 423, 426—428
摩根　273, 376
莫斯　55, 56, 63, 143
慕维廉　44

N

尼采　30, 175, 209, 255, 268—272, 274, 281, 282, 296, 304, 308
尼斯贝　228
牛顿　20, 26, 342

O

欧文　23, 449

P

波普尔　126, 140, 197, 211, 301, 371
潘光旦　276, 309
培根　11, 51, 123, 304
皮尔士　255
平沼淑郎　55
蒲鲁东　228
浦嘉珉　33, 36, 161, 174, 183, 184, 188, 223, 254

Q

钱智修　217, 224, 225, 268, 269, 454

S

三宅雪岭　57

山本梅崖　60
山川均　56
山县悌三郎　64
上野益三　54
邵乐安　276, 445
石川千代松　55, 57, 59, 62, 63
石川三四郎　56
时雨花　42
史华慈　67, 72, 77, 82, 97, 113, 250, 252, 277
史壮柏格　19, 20, 23, 26, 176, 268
矢田部良吉　55, 56, 59
矢野文雄　56
手代木有儿　67
舒炜光　268
斯宾塞　iv, 25, 29, 30, 31, 43, 55—58, 61, 64, 66—68, 72, 73, 75—83, 87—103, 106, 107, 111, 134, 155, 157, 161, 191, 202, 203, 212, 213, 217, 219, 238, 239, 265, 273, 274, 288, 289, 362—364, 436, 441
斯密　90, 92, 373, 374, 387, 388
松森胤保　54
苏格拉底　4, 243
孙竞存　257
孙维新　37, 40
孙逸仙　197
孙中山　iv, 107, 112, 117, 123, 179, 183—185, 190, 191, 197, 198, 200—202, 205—211, 220—225, 229, 231—237, 251, 267, 294, 310, 348, 437

T

蒂里希　v, 248
泰利士　4
谭嗣同　40, 110, 116, 117, 120, 208, 209, 243, 252
汤志钧　128—131
唐文权　238
特兰门德　274
梯利　4, 5
托克维尔　197
托洛茨基　192, 211

W

外山正一　55, 57
丸山真男　165, 166, 170
汪叔潜　285, 286
汪子春　36, 192
王国维　252, 268
王韬　37, 40, 49, 51—53, 163
王小航　117
王佐才　46, 47
威尔伯福斯　23
韦廉臣　40, 41
韦政通　127
魏斯曼　27, 28
魏源　127
文教治　42
吴建常　61
吴稚晖　194, 216, 255, 308

X

希尔斯　278, 279
夏曾佑　71, 78
萧伯纳　23
小野川秀美　162
幸德秋水　56
熊十力　310, 348—369
熊月之　36, 37, 52
徐继畬　36
徐维则　40
荀子　50, 91, 92, 129, 205, 243, 295, 429, 433

Y

亚里士多德　4, 6, 7, 104, 153, 342, 356, 378, 379, 396, 397, 409, 419
亚历山大　273, 371, 374, 383, 386, 388
严复　iv, 34, 35, 38, 47, 51, 52, 54, 57—62, 66—117, 119, 121—125, 128—131, 133, 134, 140—147, 149, 151, 160, 161, 163, 171, 174, 179, 180, 184, 186, 191, 193, 202, 203, 215, 216, 219, 231, 234, 237, 240, 242, 251—253, 256, 259, 260, 267, 288, 294, 300, 302, 307, 361—364, 399, 436—438
杨千里　257, 258
杨天择　257
杨廷栋　61
杨荫杭　61
伊藤秀一　36—38, 40, 436

伊耶陵　61
伊尹　119
伊泽修二　63
有贺长雄　61, 63, 64
余一　200
远藤隆吉　64
云窝　200

Z

曾乐山　40, 260
詹姆斯　255
张岱年　310, 353, 359, 370, 371, 419—435
张东荪　269, 273, 274, 310, 359, 370—395
张灏　151, 152, 155, 171, 234, 244
张继　216
张君劢　255, 269, 273, 310, 342, 349, 381
张朋园　177

章士钊　255
章太炎　64, 65, 147, 149, 184, 185, 192, 198—201, 204—206, 209, 216, 230, 237—249, 440
甄克思　104
郑观应　50—52
植木枝盛　56
钟天纬　43, 44, 47
周佛海　214
周建人　276, 305
周作人　255, 308
朱谦之　194, 195, 269, 310, 330—348, 352
朱庆轩　42
朱洗　66, 214, 256, 257, 276, 437
朱执信　179, 225, 226
邹容　107, 195, 196, 200, 201
佐藤慎一　36, 45, 47, 48, 464

书名索引

B

比较伦理学 275
比较现代化 280
变化社会中的政治秩序 190,197,201
布莱克维尔政治学百科全书 10,29,30,138,173

C

陈独秀文章选编 261,262,279,281,284,285,291,296
春秋公羊传 127

D

达尔文生平 17—20,23—25,461
达尔文物种原始 35
达尔文学说与哲学 268
达尔文与达尔文主义 260
达朗贝的梦 9
大同书 122,130,132—139
当代世界政治理论 138,174,175
道德法律进化之理 61
地球论 14

地学浅释 iv,37—40
地学指略 42
地质学原理 14,19,38,203
狄德罗哲学选集 10
第一原理 75
东西文化及其哲学 273
动物进化论 55,56,59,130
动物学哲学 16
中国与达尔文 33,36,161,174,183,223,254

E

俄国革命的历史 192

F

法律与革命——西方法律传统的形成 197,198,230,231

G

告别革命——回望二十世纪中国 231
革命逸史 197
格物探原 41
格致书院课艺 37

观念史大辞典　3, 6, 11, 12, 22

H

胡适文存　117, 256, 258, 259, 271, 279, 282, 287, 289—291, 298—300

胡适文选　299

胡适早年文存　258

胡适自传　141, 257, 258

互助论　149, 178, 212—216, 218, 219, 227, 229, 256, 264—266, 275, 276, 302, 305

回头看纪略　52

J

加藤弘之讲演集　61

金岳霖学术论文选　1, 89

进化过程的遗传学　28

进化论讲话　56

进化论与伦理学　24, 58, 71, 72, 76, 83, 99, 242

进化论与善种学　276

进化思想史　3, 17, 19, 20, 27, 29, 219, 230, 232, 312, 372

进化新论　55, 64, 130

进化要论　64, 130

进化原论　63, 130

近代经学与政治　128, 129

近代日本思想史　55, 57, 143, 165, 166, 170, 176, 177

近代西方思想史　20, 23, 26, 176, 268

近代中国思想人物论——民族主义　185

近代中国与新世界　118, 128

近代中国之种族观念　125, 200, 276

K

开放中的变迁　254

康南海自编年谱　127, 128

康有为变法与大同思想研究　118, 128

康有为政论集　117—121, 123, 124, 130, 131

科学史及其与哲学和宗教的关系　5, 9, 13, 16, 23, 26, 30, 31

科学中的革命　197

L

莱布尼兹自然哲学著作选　8

老庄之互助学　276

李大钊文集　63, 262—266, 284, 286, 287, 292, 293, 296, 303, 304

李大钊选集　296

李大钊与中国马克思主义的起源　266

李石岑论文集　271, 273

历史的观念　99

历史理性批判文集　12

梁启超选集　145, 146, 151—153, 156—162, 167, 176, 180—189

梁启超与清季革命　177

梁启超与中国近代思想　179

梁启超与中国思想的过渡　151, 152, 155, 171, 460

梁启超哲学思想论文选　143, 150, 153,

154, 172, 173, 178
刘师培论学论政 225
鲁迅全集 270, 271
论传统 278, 279
论严复与严译名著 58
论语注 130, 131

M

美国思想中的社会达尔文主义 162
孟子微 119
民约 92, 145

Q

訄书 64, 199, 200
权利竞争论 61

R

人口论 19, 20, 23, 264, 303
人类的进化 25, 28, 133, 213, 304, 315—317, 320, 322, 344, 391, 433
人类的由来 22, 35, 40, 55, 212, 214, 227
人类精神进步史表纲要 13
人类学 28, 29, 31, 83, 276
人类原始及类择 35, 40
人权新说 56, 59, 61, 176
人是机器 9
人是植物 9
人种改良学 276
日本国志 60
日本近代思想家福泽谕吉 165, 166, 170

日本书目志 63, 130

S

社会的构成 230
社会进化论 61, 63, 80, 130, 327
社会进化史 266
社会学 30, 55, 58, 63—65, 80, 93, 150, 259, 276
社会学大学教科书 64
社会学研究 93
生物学原理 25, 76
生之原理 274
孙中山全集 107, 190, 201, 206—210, 221—224, 229, 232, 233, 235—237, 251

T

谈天 40, 46, 264
谭嗣同全集 208, 209
弢园文录外编 37, 49, 51—53, 163
天演论 iv, 24, 36, 38, 45, 48, 58—60, 62, 66, 67, 70—73, 76—79, 83, 86, 87, 89, 90, 93, 97, 98, 100, 101, 102, 128, 142, 143, 150, 256, 257, 260, 264, 267, 274, 288, 302, 303, 361—363, 404, 407, 436
天演评论 275
天则百话 61, 62
通俗进化论 64, 130

W

唯生论 274, 310

文化进化论　192, 211
我之互助观　276
无政府主义思想资料选　195, 202, 224, 235
五四：文化的阐释与评价　250, 252
五四新文化的源流　252
戊戌变法　117, 129, 190
物竞论　61, 62
物种起源　15, 17, 20—25, 27, 28, 35, 36, 38, 55, 58, 68, 69, 70, 144, 192, 203, 212, 214, 267, 294

X

西方社会思想史　228
西方哲学史　4, 5, 9, 126
西学大成　44
西学东渐与晚清社会　36, 37, 52
西学考略　42, 43
辛亥革命前十年间时论选集　194, 195, 200, 210, 217, 219, 220, 224, 225, 235, 237, 274
形而上学　4, 13, 30, 32, 45, 98, 126, 255, 267, 325, 346, 349, 350, 356, 396—398, 400, 410, 415, 416, 418
形态学概论　25
寻求富强：严复与西方　67, 72, 77, 82

Y

严复集　34, 69, 71, 73, 74, 76—81, 83, 84, 85, 87, 89—92, 94—98, 103—106, 108—113, 128—130, 141

严复与福泽谕吉——中日启蒙思想比较　57, 90
遗传学与物种起源　28
遗传与天赋　29
饮冰室合集　40, 208
英国政治思想——从赫伯特·斯宾塞到现代　30, 80, 88, 93, 102, 155, 441
瀛环志略　36
宇宙体系论　9
宇宙之谜　25

Z

增版东西学书录　40
章太炎全集　147, 239—248
章太炎生平与学术　238
章太炎思想研究　238
章太炎选集　199, 201, 204, 205, 216
哲学史讲演录　4, 7
哲学字汇　58, 59
郑观应集　50, 52
政教进化论　61
政治讲义　73, 74, 78, 87, 90, 95, 98, 106
政治进化论　61
中国传统的创造性转化　278, 279
中国近代社会思潮　201
中国近代现代史论集　177
中国近代与儒教　127
中国近代哲学的革命进程　260
中国十九世纪思想史　127
中国意识的危机——"五四"时期激烈的反传统主义　149, 277

中西哲学的融合——中国近代进化论
    的传播 40,260
周易 197,330,332—335,337—340,
    349—353,361—363
朱执信集 226
自达尔文以来:自然史沉思录 20,25,
    26,75,76

自然创造史 25
自然论 9
自然史 8,10,15,20,25,26,75,76,399,
    401,402,406
自西徂东 49,50
宗教进化论 63,130
族制进化论 61,63,130

王中江著作系列

第 1 卷　　简帛时代与早期中国思想世界（上）
第 2 卷　　简帛时代与早期中国思想世界（下）
第 3 卷　　根源、制度和秩序：从老子到黄老学
第 4 卷　　道家形而上学及其展开
第 5 卷　　儒家精神之道和社会角色
第 6 卷　　近代中国思维方式的演变
第 7 卷　　进化主义在中国的兴起
第 8 卷　　自然和人：近代中国两个观念的谱系
第 9 卷　　世界巨变：严复的角色
第 10 卷　　严复与福泽谕吉启蒙思想比较
第 11 卷　　理性与浪漫——金岳霖的生活和哲学
第 12 卷　　从古典到现代：观念和人物